Telekolleg II
Geschichte

**Band 2
Lektion 14–26**

**Herausgeber:
Frank Haase, Norbert Zwölfer**

TR-Verlagsunion München

TELEKOLLEG II

wird im Medienverbund von den *Kultusministerien* der Bundesländer Baden-Württemberg, Bayern, Nordrhein-Westfalen, Rheinland-Pfalz und Saarland (in Nordrhein-Westfalen und im Saarland in Zusammenarbeit mit den Einrichtungen der Weiterbildung) sowie den *Rundfunkanstalten* Bayerischer Rundfunk, Südwestfunk (für den Sendebereich Südwest 3) und Westdeutscher Rundfunk durchgeführt.

Dieser Band enthält das Arbeitsmaterial zu den 1991/92 vom Südwestfunk produzierten Lehrsendungen Telekolleg II/Geschichte 14 bis 26.

Der Verlag konnte in einzelnen Fällen die Inhaber der Rechte an den reproduzierten Abbildungen nicht ausfindig machen. Er bittet, ihm bestehende Ansprüche mitzuteilen.

© 1992 by TR-Verlagsunion GmbH, München
Alle Rechte vorbehalten
Entwurf des Einbandes: Wilfried Reich, Baden-Baden
Gesamtherstellung: Gebr. Bremberger, München
ISBN: 3-8058-2267-7

Inhalt

Lektion 14
Die Weimarer Republik

A. Überblick

Die Weimarer Republik (1919–1933) existierte nur 14 Jahre. Dennoch ist das Interesse an ihrer Geschichte nach wie vor ungebrochen. Scheint sie doch ein Lehrstück zu sein für das Versagen demokratischer Kräfte gegenüber Rechtsradikalismus und Faschismus. Die Analyse der „Fehlerquellen" dieses ersten demokratischen Staates in der deutschen Geschichte hatte denn auch Einfluß auf die Ausgestaltung der zweiten Republik, der Bundesrepublik Deutschland: Bonn sollte nicht Weimar werden. Das Grundgesetz, der föderale Staatsaufbau, das Erziehungswesen und vieles andere wurden mit Blick auf die „Mängel" von Weimar gestaltet. Darauf wird in Lektion 21 genauer eingegangen.

Nun mögen eine „Fehleranalyse" und eine „Fehlerkorrektur" gut und recht sein für politisches Handeln. Dem historischen Denken geht es um anderes. Nicht „falsch" oder „richtig" interessiert den Historiker. Sein Interesse richtet sich auf die rechtlichen, politischen, gesellschaftlichen und wirtschaftlichen Bedingungen, die die Weimarer Republik von Anfang an zu einem instabilen Staat, ja zu einer politischen Verlegenheitslösung werden ließen; auf die Bedingungen, die diesen Staat dann zum Erstaunen vieler Zeitgenossen länger als erwartet am Leben erhielten, und auf die, die letztendlich doch zu seinem sang- und klanglosen Untergang führten.

Überblickt man die Geschichte der Weimarer Republik unter diesen Fragestellungen, dann lassen sich drei historische Phasen voneinander abgrenzen:

Die Jahre 1918–1923 als Phase des krisenhaften Aufbaus der Republik.

Die Jahre 1923–1928 als Phase der Scheinstabilität.

Die Jahre 1929–1933 als Phase des Niedergangs.

Zeittafel

9.11.1918
Abdankung des Kaisers. Philipp Scheidemann ruft die Deutsche Republik aus.

19.1.1919
Wahlen zur Nationalversammlung. Bildung der sogenannten „Weimarer Koalition".

28.6.1919
Unterzeichnung des Versailler Vertrages.

13.3.1920
Kapp-Putsch.

11.5.1921
Die Annahme von Reparationszahlungen wird von den Alliierten durch das Londoner Ultimatum erzwungen.

11.1.1923
Beginn des Ruhrkampfes nach der Besetzung des Ruhrgebietes durch Frankreich.

9.11.1923
Hitler-Putsch.

1.9.1924
Dawes-Plan: Auslandskredite bewirken Konjunkturaufschwung.

26.4.1925
Hindenburg wird Reichspräsident.

8.9.1926
Eintritt Deutschlands in den Völkerbund.

25.10.1929
Zusammenbruch der New Yorker Börse: Weltwirtschaftskrise.

28.3.1930
Kabinett Brüning: Ende des parlamentarischen Systems.

14.9.1930
Reichstagswahlen: NSDAP wird zweitstärkste Fraktion.

30.1.1933
Hitler wird Reichskanzler.

Anmerkungen zur Sendung

Die Sendung dokumentiert schwerpunktartig die erste Phase der Weimarer Republik, also die Zeit von 1918–1923, weil hier bereits die wichtigsten politischen, gesellschaftlichen und wirtschaftlichen Konflikte, die die Geschichte der Republik beherrschten, modellhaft sichtbar werden:

Im politischen Bereich begann mit der Novemberrevolution von 1918 der Machtkampf zwischen Republikanern und Antirepublikanern um Staatsform und Gesellschaftsordnung. Dieser Kampf verschärfte sich mit Inkrafttreten des Versailler Vertrages (1919), der Deutschland beträchtliche Kriegsfolgelasten aufbürdete.

Gesellschaftliche Konflikte ergaben sich daraus, daß die alten Eliten aus Wirtschaft, Verwaltung und Militär sich in die Republik hinüberretten konnten und dort entschieden Position gegen alle Sozialisierungs- und Demokratisierungsversuche der Arbeiterbewegung bezogen.

Wirtschaftliche Kernprobleme waren die kriegsbedingte hohe Staatsverschuldung und die Inflation, die eine ökonomische Stabilisierung bis 1924 verhinderten.

Lernziele

Am Schluß dieser Lektion sollten sie beschreiben können, wie es 1919 zur Gründung der Weimarer Republik kam.

Sie sollten erklären können, warum die Weimarer Republik innenpolitisch von Anfang an instabil war.

Sie sollten in der Lage sein zu begründen, warum die Zeit von 1924–1928 als Phase der „Scheinstabilität" bezeichnet wird.

Sie sollten wissen, wie die Nationalsozialisten 1933 an die Macht kamen.

Sie sollten darüber urteilen können, ob man in Hinblick auf den 30. Januar 1933 besser von „Machtergreifung" oder von „Machtübernahme" spricht.

Zentrale Begriffe

Novemberrevolution – Dolchstoßlegende – Arbeiter- und Soldatenräte – Mehrheitssozialisten – Freikorps – „Erfüllungspolitik" – Ruhrkampf – Präsidialkabinette

B. Darstellung

Die Krisenjahre der Republik (1919–1923)

Novemberrevolution

Als Anfang November 1918 die deutsche Seekriegsleitung trotz des Ersuchens um einen Waffenstillstand den Befehl ausgibt, die deutsche Hochseeflotte gegen England auslaufen zu lassen, verweigern die Matrosen den Gehorsam. Sie sind nicht bereit, in dem bereits verlorenen Krieg sinnlos ihr Leben aufs Spiel zu setzen. Aus der Befehlsverweigerung wird ein Aufruhr, der sich von Kiel aus schnell nach Süden ausdehnt; und am 9. November 1918 schlägt der Aufruhr in eine Revolution um: Kaiser Wilhelm II. muß abdanken. Das bedeutete zugleich das Ende des Kaiserreiches, das Bismarck 1871 geschaffen hatte.

Die Revolution brachte jedoch nicht nur den Sturz des monarchischen Systems, sie eröffnete auch die Möglichkeit, die bürgerlich-kapitalistische Gesellschaft insgesamt zu beseitigen. Denn die revoltierenden Arbeiter und Soldaten waren inzwischen in zahlreichen Städten dazu übergegangen, nach dem Vorbild der russischen Revolution (s. L. 12) spontan *Sowjets* (russisch für „Räte") zu bilden und die politische Macht in die Hand zu nehmen. Die Frage war: Sollte man diesen Weg weitergehen und ein sozialistisches System nach russischem Muster schaffen, oder sollte man sich mit gesellschaftlichen Reformen in einem bürgerlich-liberalen Staat begnügen?

Die sozialistischen Parteien, die – wie alle anderen – vom Ausbruch der Revolution überrascht worden waren und jetzt versuchten, sich an die Spitze der revolutionären Bewegung zu stellen, spalteten sich in dieser Frage in zwei Lager: Ein linker, sozialrevolutionärer Flügel – bestehend aus dem von *Karl Liebknecht* und *Rosa Luxemburg* geführten *Spartakus-Bund* und aus Teilen der *Unabhängigen Sozialdemokratischen Partei Deutschlands* (USPD), die sich 1917 von der SPD abgespalten hatte – plädierte für die Fortsetzung der Revolution. Ein rechter, gemäßigter Flügel – bestehend aus Mehrheitssozialisten (MSPD) und Teilen der USPD – wollte die Revolution aus Sorge vor Chaos und Bürgerkrieg in ein ruhigeres Fahrwasser lenken.

So kam es, daß am Nachmittag des 9. November der MSPD-Politiker *Philipp Scheidemann* von einem Fenster des Reichstages aus die *deutsche Republik* ausrief, und nur wenig später der Führer des Spartakus-Bundes, Karl Liebknecht, die *sozialistische Revolution* proklamierte.

Konstituierung der Republik

In den folgenden Tagen und Wochen kam es immer wieder zu Straßenkämpfen zwischen den Anhängern dieser so unterschiedlichen Richtungen. Letztendlich konnten sich aber die gemäßigten MSPD-Kräfte politisch durchsetzen, und zwar aus folgenden Gründen:

- Die *Arbeiter- und Soldatenräte* waren in ihrer Mehrheit durchaus nicht sozialrevolutionär eingestellt. Das zeigte sich schon am 10. November 1918, als eine Vollversammlung der Berliner Arbeiter- und Soldatenräte eine provisorische Regierung wählte, die sich aus drei Politikern der *Mehrheitssozialisten* (MSPD) - zwei von ihnen waren Friedrich Ebert und Philipp Scheidemann - und aus drei USPD-Politikern des rechten Flügels zusammensetzte. Noch deutlicher wurde das Kräfteverhältnis am 16. Dezember 1919. An diesem Tag trat eine Reichskonferenz der Arbeiter- und Soldatenräte in Berlin zusammen, um über die Frage „Räteherrschaft", also Fortsetzung der Revolution, oder „Parlamentarismus", also Ende der Revolution, zu entscheiden: Mehr als zwei Drittel aller Kongreßmitglieder votierten gegen die Räteherrschaft und für Wahlen zu einer *Nationalversammlung* am 19.1.1919.

- Die MSPD-Führung unter Ebert ging schon in den Anfangstagen der Revolution ein taktisches Bündnis mit der Reichswehrführung ein, das der Reichswehr den Bestand und der MSPD die Macht sicherte: Es waren von Reichswehroffizieren kommandierte Soldaten, die in den Straßenkämpfen gegen die bewaffneten Anhänger der Revolution vorgingen und letztlich die Oberhand behielten. Daß die Mehrheitssozialisten unter Ebert und Scheidemann sich zu einem solchen Kompromiß mit der Reichswehr, aber auch mit den anderen traditionellen Eliten in Wirtschaft und Verwaltung bereit fanden, war eine entscheidende Weichenstellung für die weitere Geschichte der Weimarer Republik. Denn damit war klar, daß ein Umbau der Gesellschaft unter sozialistischem Vorzeichen nicht stattfinden würde.

- Die große Mehrheit der Deutschen versprach sich nicht viel von sozialistischen Experimenten. Man wollte, daß die provisorische Regierung die konkreten Probleme löste, und die waren tatsächlich groß genug: Millionen von Soldaten standen im November 1918 noch auf den europäischen Schlachtfeldern. Sie alle mußten demobilisiert und wieder in den Arbeitsprozeß eingegliedert werden.

- Es war nötig, die Kriegswirtschaft unter Vermeidung übergroßer Arbeitslosenquoten auf Friedenswirtschaft umzustellen. Die Versorgungslage, die sich in den letzten Kriegsjahren immer weiter verschlechtert hatte, bedurfte einer Verbesserung. Der kriegsbedingte, katastrophal hohe Berg an Staatsschulden mußte abgetragen werden. Separatistische Bewegungen mußte man bekämpfen, sollte nicht das Reich in seine Bestandteile auseinanderfallen, usw. Angesichts dieser Probleme erschien es der Bevölkerung, aber auch der MSPD-Führung geradezu als nationale Pflicht, möglichst rasch wieder Ruhe und Ordnung herzustellen.

Weimarer Koalition

Die Wahlen zur deutschen Nationalversammlung bestätigten diese Einschätzung der Situation: Die beiden sozialistischen Parteien (MSPD und USPD) erhielten 45,1 Prozent der abgegebenen Stimmen (die MSPD allein 38 Prozent), die bürgerlichen und bäuerlichen Parteien erreichten die Mehrheit.
Letztere waren allerdings in unterschiedliche Richtungen zersplittert. Da nun aber auch bei den sozialistischen Parteien infolge der ablehnenden Haltung der USPD kein Regierungsbündnis zustande kam (die USPD wollte die Revolution nicht „verraten"), mußte die zur Regierungsverantwortung bereite MSPD Koalitionspartner im bürgerlichen Lager suchen. Sie fand sie im *Zentrum,* also der Partei des politischen Katholizismus (Wahlergebnis: 20 Prozent), und in der *Deutschen Demokratischen Partei* (DDP, Wahlergebnis: 18,5 Prozent), die beide

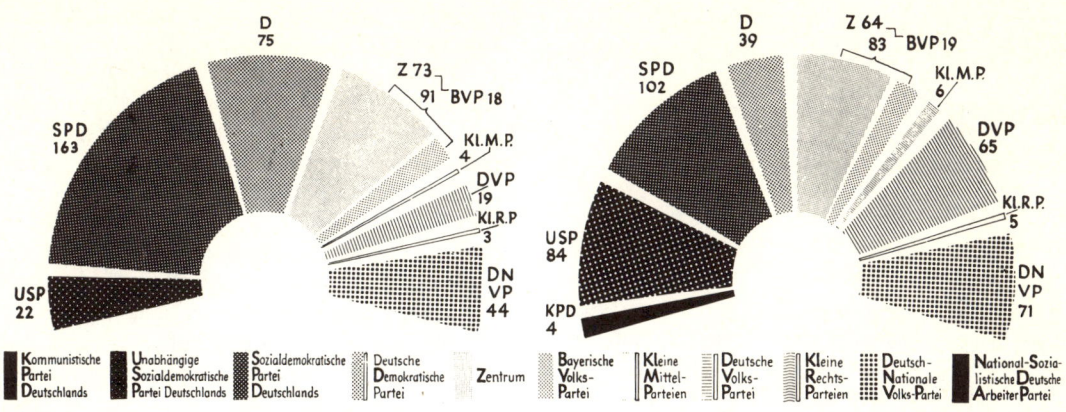

Sitzverteilung in der Nationalversammlung (gewählt am 19. 1. 1919) und im ersten Reichstag (gewählt am 6. 6. 1920). (Aus: F. A. Krummacher/A. Wucher (Hrsg.): *Die Weimarer Republik*. Kurt Desch Verlag München 1965, S. 142. Grafik: Wilhelm Heinold.)

einen linksliberalen Kurs steuerten. Mit einer starken Dreiviertelmehrheit ausgestattet, bildeten diese drei Parteien am 12. 2. 1919 die *Weimarer Koalition*. Sie stand unter der Führung des Sozialdemokraten Philipp Scheidemann.

Berufen worden war dieses erste Reichskabinett durch den Sozialdemokraten *Friedrich Ebert,* der am Tag zuvor (11. 2. 1919) von der in Weimar tagenden Nationalversammlung zum *Reichspräsidenten* gewählt worden war. Der Reichspräsident bildete gewissermaßen einen Ersatz für den abgedankten Kaiser, und es war die Frage, ob er auch einen vergleichbaren Einfluß auf die Politik haben sollte. Die Verfassungsväter beschlossen, daß der Reichspräsident vom Volk in direkter Wahl auf sieben Jahre gewählt werden sollte, daß er mit dem militärischen Oberbefehl auszustatten sei, daß er das Recht der Parlamentsauflösung habe (Art. 25) und daß er schließlich bei „erheblicher" Störung oder Gefährdung der öffentlichen Sicherheit oder Ordnung vorübergehend eine vom Parlament und auch von den Grundrechten losgelöste Alleinregierung führen könne (Artikel 48: „Notverordnung"). Diese beachtliche Machtfülle mußte nicht viel bedeuten, solange der Demokrat Friedrich Ebert das Amt innehatte und solange das Parlament arbeits- und beschlußfähig war.

Gerade von letzterem hing allerdings vieles, wenn nicht alles ab. Nur wenn sich Regierung und Parlament auf das Vertrauen einer breiten, vor allem auch bürgerlichen Öffentlichkeit stützen konnten und wenn die unterschiedlichen politischen, wirtschaftlichen und gesellschaftlichen Interessengruppen bereit waren, das Parlament als Stelle der Erörterung und Vermittlung widerstreitender politischer und wirtschaftlicher Standpunkte anzuerkennen, konnte (und kann) das parlamentarische System überhaupt funktionieren.

Versailler Vertrag

In diesem Punkt nun hatte es das Weimarer Parlament von Anfang an schwer. Was vor allem auf ihm lastete, waren die Folgen des Krieges. Der *Versailler Vertrag* wurde von den Alliierten ohne Verhandlungen zur Annahme vorgelegt. Zu den wichtigsten Bestimmungen gehörten:

Gebietsabtretungen:

Elsaß-Lothringen an Frankreich (ohne Abstimmung). Nordschleswig an Dänemark (mit Abstimmung). Eupen und Malmedy an Belgien (mit – umstrittener – Abstimmung). Posen und Westpreußen, Teile von Ostpreußen und Hinterpommern als „polnischer Korridor" an Polen (ohne Abstimmung).

Ostoberschlesien an Polen (mit Abstimmung).
Saargebiet für 15 Jahre unter Kontrolle des Völkerbundes, Ausbeutung der Kohlengruben durch Frankreich.
Danzig mit Weichselmündung als „Freie Stadt" unter Kontrolle des Völkerbundes mit Sonderrechten für Polen.
Sämtliche Kolonien als Mandatsgebiete verschiedener alliierter Staaten.
Verbot der Vereinigung mit Österreich entgegen dem Beschluß der Nationalversammlung der Republik Deutsch-Österreich.

Abrüstung:

Beschränkung der Heeresstärke auf 100 000 Mann langdienender Berufssoldaten; Verbot der allgemeinen Wehrpflicht; Verbot schwerer Waffen, Panzer, Flugzeuge, U-Boote, Schlachtschiffe.
Überwachung durch eine alliierte Kommission.
Besetzung des linken Rheinufers und rechtsrheinischer Brückenköpfe auf 15 Jahre; Verbot der Truppenstationierung und des Unterhalts von Verteidigungsanlagen in einer Zone von 50 km rechts des Rheines.

Reparationen:

Neben einer noch festzusetzenden Zahlung in Goldmark Sachlieferungen von Kohle, Verkehrs- und Transportmitteln, Maschinen, Farbstoffen und Chemikalien, Vieh, alle Handelsschiffe über 1600 Tonnen.

Weimarer Verfassung

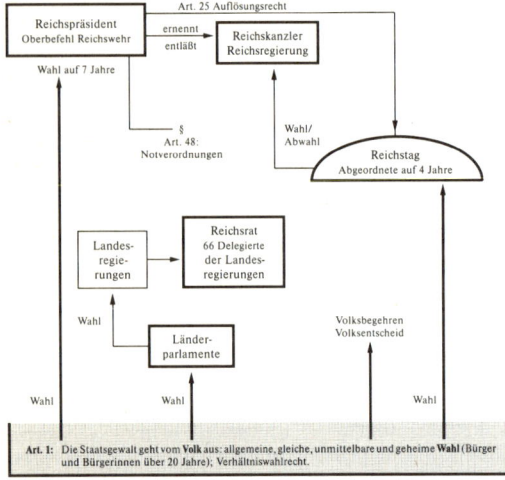

Art. I: Die Staatsgewalt geht vom **Volk** aus: allgemeine, gleiche, unmittelbare und geheime **Wahl** (Bürger und Bürgerinnen über 20 Jahre); Verhältniswahlrecht.

Diese und weitere Bestimmungen des Vertrages waren zweifellos hart. Aber überraschend waren sie nicht. Sie entsprachen zum einen der Härte eines vierjährigen mörderischen Krieges, zum

anderen lagen sie in ihrer Rigorosität weit unter dem, was Deutschland wohl seinen Gegnern im Falle eines Sieges zugemutet hätte, wie aus dem deutschen Friedensedikt gegenüber Rußland zu ersehen war.
Dennoch: die Empörung über dieses „Versailler Diktat" – wie man den Vertrag sogleich nannte – war in Deutschland groß und allgemein, zumal man Deutschland als allein kriegsschuldig hinstellte. Die erst fünf Monate alte Weimarer Koalition brach darüber auseinander. Trotzdem mußte der Vertrag wohl oder übel unterschrieben werden, darüber gab es angesichts der Machtlage keinen Zweifel. Und so ermächtigte denn auch die Nationalversammlung am 22. Juni die neue Regierung Bauer mit 237 zu 138 Stimmen zur Unterzeichnung des Friedensvertrages. Doch war damit die Sache nicht erledigt: Der Kampf gegen das „Schanddiktat" – von den bürgerlichen und rechten Parteien zur nationalen Pflicht erhoben – durchzog die gesamte Geschichte der Weimarer Republik und war mit einer ihrer Totengräber.

Dolchstoßlegende

Ein zweiter Faktor, der das parlamentarische System instabil machte, war das schnelle Wiedererstarken der konservativen, der Tendenz nach antidemokratischen Stimmungen. Symptomatisch dafür war die große öffentliche Wirkung der *Dolchstoßlegende,* die der ehemalige Chef der Obersten Heeresleitung, General *Paul von Hindenburg,* im November 1919 erfand. Hindenburg zitierte vor einem parlamentarischen Untersuchungsausschuß zur Erforschung der Kriegsursachen einen (bis heute unbekannten) englischen General mit dem Satz: Die deutsche Armee sei „von hinten erdolcht worden." Wer den Dolch im Gewande führte, lag für Hindenburg auf der Hand: Es seien dies die demokratischen und sozialistisch orientierten Politiker gewesen, die die Monarchie gestürzt und die die, so Hindenburg, „undeutsche" Staatsform der parlamentarischen Republik eingeführt hätten. Diese „Vaterlandsverräter" hätten der „im Felde unbesiegten" und „tief in Feindesland" stehenden Armee den Dolch in den Rücken gestoßen. Nun war diese Deutung des Kriegsendes zwar falsch, nichtsdestoweniger fand sie zahlreiche Anhänger: ein Indiz dafür, daß das soldatische

Wer hat im **Weltkrieg** dem deutschen Heere den Dolchstoß verfehlt? Wer ist mild daran, daß unser Volk und Vaterland so tief ins Unglück sinken mußte? Der Parteisekretär Sozialdemokraten **Vater** sagt es nach der Revolution 1918 in Magdeburg:

„**Wir** haben unsere Leute, die an die Front gingen, zur Fahnenflucht veranlaßt. Die Fahnenflüchtigen haben wir organisiert, mit falschen Papieren ausgestattet, mit Geld und unterschriftslosen Flugblättern versehen. **Wir** haben diese Leute nach allen Himmelsrichtungen, hauptsächlich wieder an die Front geschickt, damit sie die Frontsoldaten bearbeiten und die Front zermürben sollten. Diese haben die Soldaten bestimmt, überzulaufen, und so hat sich der Verfall allmählich, aber sicher vollzogen."

(Aus: Krummacher/Wucher, a. a. O., S. 96.)

und nationale Denken bei einem Großteil der Bevölkerung tief verwurzelt war. Kein Wunder, daß man deshalb in solchen Kreisen eher obrigkeitsstaatlich als demokratisch dachte. Das galt insbesondere für zahlreiche aus dem Krieg heimgekehrte Offiziere und Soldaten, denen die Rückkehr in eine bürgerlich-zivile Existenz schwer fiel und die sich deshalb zu Einwohnerwehren, *Freikorps* und anderen paramilitärischen Gruppen zusammenschlossen und in einer Art Kleinkrieg Jagd auf alle machten, die vermeintlich „demokratisch" waren, was heißen sollte „links".

Kapp-Putsch und Generalstreik

Als nun diese Gruppierungen den Bestimmungen des Versailler Vertrages gemäß aufgelöst werden sollten, waren sie bereit zu einem Putsch. Am 13. März 1920 ließen *Wolfgang Kapp* und *General von Lüttwitz* das Regierungsviertel in Berlin besetzen. Reichswehrminister Noske verlangte von den leitenden Offizieren seines Ministeriums Schutz, doch der Chef des Truppenamtes, General Seeckt, lehnte ab, wobei angeblich die Bemerkung: „Truppe schießt nicht auf Truppe." gefallen sein soll. Die neuen Reichswehreinheiten, die in den Monaten davor gegen Linksputschisten bedenkenlos eingegriffen hatten, blieben also tatenlos bei einem Putsch von rechts. Die Regierung, ihrer einzigen Machtstütze beraubt, mußte fliehen: zunächst nach Dresden, dann nach Stuttgart. Nach vier Tagen mußten die Putschisten aufgeben. Zahlreiche Parteien und Gewerkschaften riefen nämlich zum *Generalstreik* und zur Unterstützung der legalen Regierung auf. Und dieser Aufruf wurde befolgt. Nicht nur von den Arbeitern, sondern auch von den Angestellten und Beamten, bis hinauf in die Regierungsbürokratie. Daß der erfolgreiche Generalstreik dennoch zu keiner nachhaltigen Stabilisierung des neuen Staates führte, hing zunächst damit zusammen, daß man den Streik zwar hatte in Gang setzen können, daß es aber schwer war, ihn wieder zu beenden. Das galt besonders für die Arbeiterschaft in den industriellen Ballungszentren des Ruhrgebietes. Denn hier hatte man nicht nur gegen Kapp gestreikt, sondern auch gegen die bestehende Wirtschafts- und Sozialordnung. Und man war nicht einfach passiv geblieben, sondern hatte sich bewaffnet: Eine Rote Armee war entstanden, die mehrere Großstädte des Ruhrgebietes besetzt hielt. Tatsächlich hatte die Novemberrevolution an der bestehenden Wirtschafts- und Sozialordnung nur wenig verändert. Zwar hatten Unternehmer und Gewerkschaften im November 1918 eine *Zentralarbeitsgemeinschaft* zum autonomen Aushandeln der Tarife gegründet und sich zudem auf den *Achtstundentag* geeinigt, doch andere Kernfragen wie die der *Mitbestimmung* oder der *Sozialisierung* von Schlüsselindustrien waren auch 1920 noch ungelöst.

Diese Lösung wollten USPD und Kommunisten nun mit Gewalt herbeiführen. Im Ruhrgebiet (aber auch in Sachsen/Thüringen) kam es zu bewaffneten Kämpfen zwischen Arbeitern und Reichswehreinheiten, die zahlreiche Todesopfer forderten. Letztlich behielt dabei die Reichswehr die Oberhand, wodurch sich die Kluft sowohl zwischen der Regierung und den linken Gruppen der Arbeiterschaft als auch zwischen der Regierung und den rechten Gruppen des Bürgertums weiter vergrößerte.

Ende der Weimarer Koalition und Bildung von Minderheitsregierungen

Dieses Dilemma der demokratischen Kräfte machte sich bei den *Reichstagswahlen* 1920 deut-

14

lich bemerkbar: SPD, DDP und Zentrum verloren die Mehrheit. Auf der rechten Seite verdoppelten die konservativen bürgerlichen Parteien – die Deutsche Volkspartei (DVP) und Deutschnationale Volkspartei (DNVP) – ihren Anteil. Und noch stärker war der Zuwachs auf der linken Seite: Die USPD (die sich im Oktober desselben Jahres spaltete und deren Mitglieder dann teils zur SPD, teils zur neugegründeten KPD abwanderten) vervierfachte ihre Prozentpunkte. Die SPD, noch immer stärkste Partei, war aufgrund der Abwanderungsbewegung nicht mehr zur Regierungsbildung in der Lage, und so kam es am 26. Juni 1920 zu einer Koalition von Zentrum, DVP und DDP, d. h. zur ersten rein bürgerlichen Regierung. Sie verfügte über lediglich 168 von 459 Mandaten, war also die erste *Minderheitsregierung* der Republik.

Mit dem Ende der Weimarer Koalition waren fürs erste natürlich auch sämtliche Mitbestimmungs- und Sozialisierungspläne vom Tisch, was nichts anderes bedeutete, als daß die Position der Industriellen (insbesondere in der Schwerindustrie) gegenüber den Gewerkschaften gestärkt worden war. Dasselbe galt übrigens auch für die Landwirtschaft, wo sich die konservativen bis reaktionären ostelbischen Großgrundbesitzer allen Sozialisierungsbestrebungen erfolgreich widersetzen konnten. Wenn man hinzunimmt, daß auch die Reichswehr mit konservativen, durchweg antidemokratischen Kräften durchsetzt war und daß auch in der Beamtenschaft die alten Beamten des Kaiserreichs ohne demokratische Gesinnung zu finden waren, so ist es nicht weiter verwunderlich, daß seit 1920 das Wort von der „Republik ohne Republikaner" überall die Runde machte. Der „historische Kompromiß" von 1919 erwies sich zunehmend als fauler Kompromiß.

Erschwert wurde die Lage noch durch ein weiteres, bisher ungelöstes Problem: die steigende *Inflation*. Sie hatte bereits 1914 mit dem Kriegsausbruch begonnen und sich seit 1916 verschärft, weil seitdem das Kaiserreich seine Kriegsanleihen finanziell nicht mehr abdecken konnte. 150 Milliarden Goldmark waren es bei Kriegsende, mit denen der Staat in der Kreide stand, und um diese Schulden loszuwerden, hatte man die Geldentwertung forciert: Anfang 1920 war

die Mark bereits auf ein Zehntel ihres Vorkriegsstandes gefallen.

Einerseits brachte die Inflation der Industrie ein blühendes Geschäft und schuf Vollbeschäftigung, wodurch der größte Teil der Soldaten rasch nach Kriegsende wieder in den Arbeitsprozeß eingegliedert werden konnte; andererseits hat sie aber auch zu einer nachhaltigen Verunsicherung von breiten Teilen der Bevölkerung geführt, weil sie den kleinen Sparern weit mehr wegnahm, als sie zu ertragen in der Lage waren. Und sie hat, weil der Staat sie nicht bremste, sondern weiter anheizte, die Republik schließlich (1923) in den Staatsbankrott getrieben.

Ein Grund für die Regierung, das Inflationsproblem zu ignorieren, waren die Reparationsforderungen der Alliierten. Von ihnen war zwar schon im Versailler Vertrag die Rede gewesen, Zahlen kamen aber erst 1921 auf den Tisch. Im April dieses Jahres setzte die alliierte Reparationskommission die deutsche Schuld auf 132 Milliarden Goldmark fest, die in verschieden großen Jahresraten zu zahlen waren. Verbunden war diese Forderung mit einem Ultimatum (5. 5. 1921), das bei Nichtannahme die Besetzung des Ruhrgebietes vorsah. Erneut mußte man sich mangels militärischer Macht dem Druck der Alliierten beugen und sich mit lautstarken Protesten begnügen. Daß diese Proteste allerdings genausowenig halfen wie der (von den Alliierten schnell durchschaute) Versuch, die Reparationen durch Drehen an der Inflationsschraube zu entwerten, das wollte man auf deutscher Seite zunächst nicht wahrhaben. Aber diese Einsicht war letztlich unausweichlich, und es war das große Verdienst zweier Politiker – des Zentrumspolitikers *Joseph Wirth* und des AEG-Industriellen *Walther Rathenau* –, sich ihr nicht weiter zu verschließen.

Wirth als Kanzler und Rathenau als Außenminister (beide seit Mai 1921 im Amt) waren zu einer Politik bereit, die in rechten Kreisen bald als *Erfüllungspolitik* verschrien war. „Erfüllung", das hieß zunächst Kompromißbereitschaft gegenüber den alliierten Forderungen. Und zwar mit dem Ziel, Deutschland aus seiner außenpolitischen Isolation herauszuführen und als internationalen Verhandlungspartner wieder geschäftsfähig zu machen. Für beide bedeutete diese Politik aber nicht Verzicht auf eine Revision des Ver-

Überprüfung von Sachverhalten

sailler Vertrages. Langfristig wollten sie die deutsche Position in Mitteleuropa wieder stärken und vor allem die Gebietsabtretungen im Osten rückgängig machen. Nur sollte das eben durch eine praktische Politik der kleinen Schritte und nicht durch lautes Revisionsgeschrei erreicht werden. 1922 gelang es ihnen, in Rapallo einen Sondervertrag mit Rußland abzuschließen und so die Republik aus der außenpolitischen Isolation hinauszuführen.

Rathenau wurde von den rechten Kreisen als „Rassefremder", als „Bolschewist" und Vertreter des „Weltjudentums" 1922 von Rechtsradikalen ermordet. Karl Liebknecht und Rosa Luxemburg waren deren erste Opfer gewesen. Politischen Mord hielt man in diesen Kreisen für ehrenwert.

Einmarsch der Franzosen ins Ruhrgebiet

Das Scheitern der „Erfüllungspolitik" machte die Krise, in der sich die Republik befand, deutlich sichtbar; es kam zur Eskalation, als Frankreich am 11. Januar 1923 mit der *Besetzung des Ruhrgebietes* begann. Formal lag dem Einmarsch nur eine unbedeutende deutsche Verzögerung bei der Lieferung von Reparationsgütern zugrunde. Tatsächlich ging es um anderes: nämlich um eine nachhaltige Schwächung Deutschlands; Frankreich befürchtete – und der Rapallo-Vertrag schien ihm Recht zu geben –, daß Deutschland es über kurz oder lang erneut in einen Krieg hineinziehen würde. Umgekehrt sah man in Deutschland, und auch das nicht ganz zu Unrecht, in der Ruhrbesetzung den Versuch, aus dem Reich das industrielle Herzstück herauszuschneiden. Dementsprechend erhob *Wilhelm Cuno*, Reichskanzler in den Jahren 1922 und 1923, „vor der ganzen Welt feierlichen Protest" und verkündete von Berlin aus den passiven Widerstand: Kein deutscher Beamter, kein Angestellter, kein Arbeiter sollte französischen Befehlen Folge leisten. Die französische Reaktion bestand aus Verhaftungen, Ausweisungen, Beschlagnahmungen. Es kam zu Zusammenstößen zwischen Franzosen und Deutschen, die viele Todesopfer forderten.
Klar war von Anfang an, daß die Deutschen den Widerstand nicht würden lange durchhalten können. Schon aus wirtschaftlichen Gründen

nicht. 1923 erreichte die Inflation ihren Höhepunkt: Im Mai zahlte man 50 000 Mark für einen Dollar, im Juni 110 000, im Juli 350 000 und im August 4,6 Millionen Papiermark. Hinzu kam, daß jeder Tag Ruhrkampf die Republik 40 Millionen Goldmark kostete. Eine völlige Währungszerrüttung war deshalb nur aufzuhalten, wenn man mit Frankreich wieder ins Gespräch kam und endlich eine für alle Seiten erträgliche Lösung des Reparationsproblems erreichte.

Die Phase der Scheinstabilität 1923–1928

Derjenige, der diesen Weg gegen alle inneren Widerstände beschritt, war *Gustav Stresemann,* Führer der konservativen Deutschen Volkspartei. Im August 1923 bildete er die erste Regierung der *Großen Koalition,* bestehend aus DVP, Zentrum, DDP und SPD. Die breite Basis der Regierung ergab sich aus der inneren Notlage der Republik. Daß aber die DVP den Kanzler stellte, war ein Indiz dafür, daß es für eine Politik links der Mitte keine Wähler gab. Immerhin: Gustav Stresemann hatte ein eindeutiges Bekenntnis zur Republik abgelegt und auch seine widerstrebende Partei auf diese Linie gebracht. Ja, Stresemann wurde als Kanzler und später als Außenminister zu einem der wenigen bedeutenden Staatsmänner der Weimarer Republik.

Hitler-Putsch

Am 26. September 1923 wurde in einer Proklamation an das deutsche Volk das Ende des passiven Widerstandes verkündet. Zugeständnisse bei den Franzosen hatte Stresemann nicht erreicht. Und das war ein Grund mehr für die nationale Rechte, erneut zum Marsch auf Berlin zu rüsten. Das Signal kam aus Bayern. Dort verhängte man den Ausnahmezustand und drohte, die „Ruhrverräter" aus Berlin zu vertreiben. Die Reichsregierung antwortete mit dem militärischen Ausnahmezustand für das ganze Reich. Am 9. November unternahm Hitler mit einigen Getreuen in München einen Putschversuch, der aber noch vor Erreichen des Regierungsviertels zusammenbrach. Der *Hitler-Putsch* war für längere Zeit der letzte Versuch der Rechtsradikalen, die Republik mit Gewalt zu stürzen.

Wirtschaftlicher Aufschwung

Bei der Lösung der zweiten drängenden Aufgabe hatte Stresemann Erfolg: bei der Stabilisierung der Mark. Mitte Oktober 1923 erließ die Regierung eine Verordnung über eine neue Währungseinheit: die „Rentenmark". „Rentenmark" deshalb, weil die neue Mark nicht mehr durch Gold abgedeckt war, sondern durch den gesamten deutschen Grund und Boden. Er wurde mit Rentenbriefen belastet, in die die neue Währung bei Bedarf umgetauscht werden konnte. Die Umstellung von alter auf neue Mark erfolgte im Verhältnis von sage und schreibe 1 Billion zu 1.

Daß die neue Mark nicht gleich wieder in den Inflationskreislauf geriet, war vor allem der Reichsbank zu verdanken, die durch rigorose Kontrolle des Geldumlaufs Währungsstabilität sicherte. Ihre Politik machte die Republik im Ausland wieder kreditwürdig, bewirkte im Inland allerdings auch durch die zwangsläufige Drosselung der Industrieproduktion das Ende der Vollbeschäftigung.

Im Sommer 1924 kam es dann auch zu einer provisorischen Lösung in der Reparationsfrage. Eine internationale Kommission unter dem amerikanischen Vorsitzenden *Charles Dawes* entwickelte einen komplizierten Vierjahres-Zahlungsplan, der zwar von der 1920 festgelegten Gesamtsumme nicht abging, dafür aber ein Zahlungsmoratorium und vor allem amerikanische Anleihen vorsah, mit deren Hilfe die jährlich vorgesehenen 2 Milliarden Mark bezahlt werden konnten. Mit dem *Dawesplan* indirekt verknüpft war auch die Räumung des Ruhrgebietes, die im September 1924 begann und nach einem Monat abgeschlossen war.

Die außenpolitische Lage der Republik hatte sich also binnen kurzer Zeit entscheidend verbessert, und dank der amerikanischen Anleihen ging es auch wirtschaftlich aufwärts.

Das ganze hatte allerdings einen Fehler: Es war ein Aufschwung auf Pump, bezahlt mit amerikanischen Dollars. Wenn im Falle einer internationalen Wirtschaftskrise die Gläubiger ihre Kredite zurückforderten, konnte das ganze Anleihesystem wie ein Kartenhaus zusammenbrechen mit unabsehbaren Folgen für die Wirtschaft und den Arbeitsmarkt. Doch das sollte erst fünf Jahre später geschehen.

Vertrag von Locarno und Völkerbund

Stresemanns Außenpolitik war auf Kompromisse bedacht. Gegenüber Frankreich – dessen Sicherheitsbedürfnis er klar erkannte – praktizierte er eine Politik des Ausgleichs. Der *Vertrag von Locarno,* der im Oktober 1925 zustande kam, machte dies deutlich: Der Rhein wurde als deutsch-französische Grenze beiderseits akzeptiert, durch die Entmilitarisierung des Rheinlandes schuf Deutschland eine militärische Pufferzone, Frankreich versprach als Gegenleistung Erleichterungen im besetzten Rheinland.

Mit dem Locarno-Vertrag verbunden war auch die Aufnahme Deutschlands in den 1919 geschaffenen *Völkerbund* (8. 9. 1926). Locarno und der Beitritt zum Völkerbund wurden von der nationalistischen deutschen Rechten heftig bekämpft, bedeutete in ihren Augen doch beides eine Anerkennung des mißliebigen Versailler Vertrages. Stresemann gelang es aber, die politische Rechte wenigstens teilweise in sein außenpolitisches Konzept einzubinden, indem er die Verständigung gegenüber dem Westen mit einer Revisionspolitik im Osten verband: Vor allem die polnischen Grenzen sollten langfristig zugunsten Deutschlands revidiert werden. Zur Absicherung dieser Politik diente nicht zuletzt der *Berliner Vertrag,* der 1926 in Weiterführung des Rapallo-Vertrages mit Rußland geschlossen wurde: Er legte unter anderem wechselseitige Neutralität im Falle eines Angriffs des einen Vertragspartners auf ein drittes Land fest.

Hindenburg wird Reichspräsident

Das innenpolitisch bedeutendste Ereignis in der Zeit der Bürgerblock-Politik war zweifelsfrei die Neuwahl des Reichspräsidenten. Am 28. 2. 1925 war Friedrich Ebert, in den letzten Jahren immer wieder Opfer von böswilligen Verleumdungen und aufreibenden Prozessen, an den Folgen einer verschleppten Blinddarmentzündung gestorben. Im ersten Wahlgang (29. März) erhielt kein Kandidat die absolute Mehrheit. Gewählt wurde im zweiten Wahlgang Paul von Hindenburg, Marschall Wilhelms II., oberster deutscher Soldat im Ersten Weltkrieg, Tannenbergsieger – also lebendes Symbol vergangener, aber wiedererwünschter deutscher Macht und Größe. Nichts zeigt deutlicher als diese Reichspräsidentenwahl, wie es um die Stimmung der meisten Wähler der Mitte in den 20er Jahren bestellt war: Man hatte genug vom Parteiengezänk des Parlamentarismus, man sehnte sich zurück nach dem preußisch-deutschen Ordnungsstaat, den das Kaiserreich für die meisten verkörpert hatte.

Der Niedergang der Republik 1929–1933

1929, nach Ablauf der Dawes-Regelung, kam die Reparationsfrage erneut auf den Tisch. Diesmal tagte der alliierte Ausschuß unter Vorsitz des Amerikaners *Owen Young.*

117 Milliarden Mark waren es, die man nach dem Young-Plan einforderte, verteilt auf die kommenden 60 Jahre. Nach Unterzeichnung des Young-Gutachtens konstituierte sich in Deutschland ein „Reichsausschuß für das deutsche Volksbegehren", in dem sich die Rechte erstmals seit 1923 wieder zusammenfand, um die Republik aus den Angeln zu heben. Unter ihnen *Alfred Hugenberg,* Chef des Ufa-Konzerns, Medienzar und Führer der DNVP sowie Franz Seldte, Führer des Bundes Deutscher Frontsoldaten „Stahlhelm", und Adolf Hitler, Führer der Nationalsozialisten. Ihr Volksbegehren scheiterte zwar kläglich, aber – und das war viel wichtiger – es machte Adolf Hitler und seine Partei bekannt. 12 Abgeordnete hatte die NSDAP 1929 im Reichstag, die kaum Beachtung fanden. Durch Hugenberg nun, der über beachtlichen Einfluß in Politik und Wirtschaft verfügte, konnte Hitler aus seinem Schattendasein heraustreten. Hugenberg öffnete ihm die Türen zu den Spitzen der Wirtschaft, er machte ihn mit den „honorigen" Führern rechtskonservativer Gruppen und Zirkel bekannt, und er betrieb anläßlich des Volksbegehrens eine umfassende Pressekampagne, die für Hitler eine reichsweite, kostenlose Wahlwerbung darstellte. So wurde das Jahr 1929 der Beginn von Hitlers Aufstieg in die Reichspolitik.

Weltwirtschaftskrise

Beschleunigt wurde dieser Aufstieg durch die Folgen der *Weltwirtschaftskrise,* die im Oktober 1929 mit dem New Yorker Börsenkrach ihren Auftakt hatte (siehe L. 18, S. 61).
Als die amerikanischen Kreditinstitute von ihren Schuldnern in Deutschland die Kredite

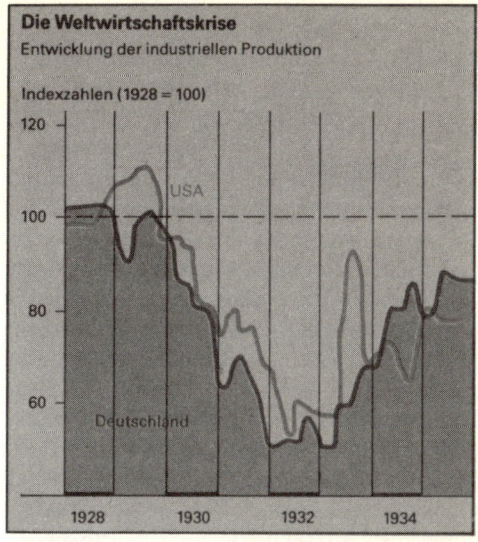

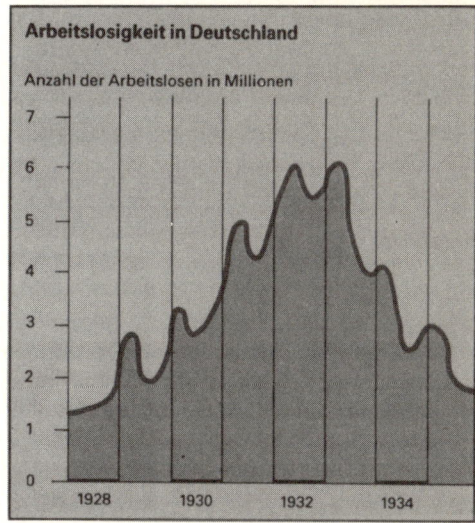

(Aus: *bsv Geschichte* 4 N, Hrsg. Karl-Heinz Zuber und Hans Holzbauer, Bayerischer Schulbuchverlag München 1991, S. 68 (Grafik: Rudolf Ross).)

zurückforderten, waren viele Banken nicht liquide, weil sie das Geld langfristig angelegt hatten. Das hatte zur Folge, daß auch in Deutschland Banken schließen mußten und die Wirtschaft zusammenbrach.
Mit der Krise stieg die Arbeitslosenrate. Bereits im Sommer 1930 lag sie bei drei Millionen. Und in den folgenden Jahren wuchs das Heer der Arbeitslosen rapide an, bis auf 6 Millionen im Jahre 1932 (siehe Grafik). Aus der Unzufriedenheit entstand ein Potential an Radikalität, das die

Betroffenen für politische Agitation von ganz links und ganz rechts sehr empfänglich werden ließ.

Bildung von Präsidialkabinetten

Die Frage war denn auch, wie die Politik auf die Situation reagieren würde. Seit Beginn der Wirtschaftskrise gelangten die Parteien in keiner Frage mehr zu einem Kompromiß – was früher schon sehr schwierig gewesen war. Nun spaltete sich das Parlament in zwei extrem ausgerichtete Lager und wurde beschlußunfähig. Nicht zuletzt auch deswegen, weil es an Integrationsfiguren wie Gustav Stresemann (er war 1929 gestorben) weitgehend fehlte. An die Stelle des politisch notwendigen Kompromisses trat wieder der Kampf um die richtige Weltanschauung, ein Kampf, der mit zunehmender Härte geführt wurde. Was blieb, waren nun nicht mehr auf parlamentarische Duldung gestützte Minderheitsregierungen, sondern Regierungen, die sich auf nichts anderes stützten als auf den Reichspräsidenten, der von seinem Recht, die Notverordnung zu erlassen (Art. 48) – einst als Ausnahme gedacht –, nun regen Gebrauch machte.

Das erste dieser reinen Präsidialkabinette war das *Kabinett Brüning,* das sich im März 1930, nachdem eine letzte Große Koalition an ihren inneren Widersprüchen zugrunde gegangen war, bildete. Es war – auf ausdrücklichen Wunsch des Reichspräsidenten Hindenburg – ein Kabinett von „Persönlichkeiten", ohne Bindung an die Fraktionen. Hauptaufgabe des Kabinetts sollte die Überwindung der Finanzkrise des Staates sein, die sich im Zuge der Wirtschaftskrise durch Rückgang der Steuereinnahmen, Fehlbeträge bei der Arbeitslosenversicherung und die Reparationslasten bedrohlich zugespitzt hatte. Heinrich Brüning suchte eine Lösung des Problems in einer radikalen Sparpolitik, die insbesondere die Sozialausgaben beschnitt. Dazu waren Gesetze nötig, die allerdings im Parlament keine Mehrheit fanden. Mit Hilfe von präsidialen Notverordnungen brachte Brüning die Gesetze dennoch durch. Das Parlament sprach der Regierung Brüning daraufhin das Mißtrauen aus, und Brüning antwortete mit einer wiederum auf den Präsidenten gestützten Parlamentsauflösung. Neuwahlen wurden ausgeschrieben: Die Machtverlagerung vom parlamentarischen System weg, hin zum präsidialen System erschien unaufhaltsam.

Die Neuwahlen fanden am 14. September 1930 statt. Und sie hatten nur einen Gewinner: die NSDAP. Sie erreichte 18,3 Prozent und damit 107 Sitze statt der bisher 12. Die NSDAP wurde zweitstärkste Fraktion hinter den Sozialdemokraten (143 Sitze).

Auch auf der linken Seite des Parteienspektrums hatten die Radikalen hinzugewonnen: Statt 54 schickte die KPD jetzt 77 Abgeordnete ins Parlament. Das bedeutete, daß die radikalsten Gegner der Republik (KPD und NSDAP) nun über eine Sperrminorität verfügten, die praktisch jede

Ergebnis der Reichstagswahl 1928.

Ergebnis der Reichstagswahl 1930.

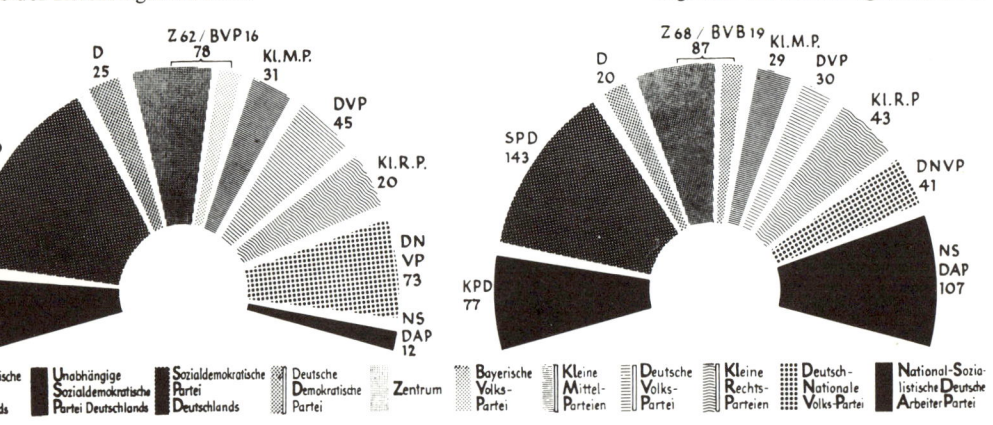

(Aus: Krummacher/Wucher, a. a. O., S. 304. Grafik: Wilhelm Heinold.)

Regierungsbildung unmöglich machte. Mit anderen Worten: Das parlamentarische System war nun endgültig am Ende. Alle folgenden Kanzler, von Brüning über Papen und Schleicher bis Hitler, wurden vom Reichspräsidenten Hindenburg, nicht durch das Parlament ins Amt eingesetzt. Aus der Republik war ein nichtparlamentarischer präsidialer Staat geworden, eine Art Staatsdiktatur, die dem Wesen der einmal ins Auge gefaßten Demokratie widersprach.

Brüning regierte zunächst weiter, bis zum 29. Mai 1932, als Hindenburg ihn fallen ließ. Es war keine einsame Entscheidung des Reichspräsidenten gewesen, sondern es war das Ergebnis von Pressionen einflußreicher Gruppen, die am Parlament vorbei nun direkt auf Hindenburg Einfluß zu nehmen suchten: die Schwerindustrie, die Großagrarier Ostelbiens, die Reichswehr, also alles ausgewiesen konservative bis reaktionäre Gruppen. Sie brachten Brüning, dessen Sparpolitik ohnehin wenig erfolgreich war, zu Fall, weil sie ihre Interessen durch ihn nicht deutlich genug vertreten sahen und weil sie eine weitere Öffnung der Politik nach rechts ins Auge faßten.

Plakat der DNVP 1932

„Machtübernahme" Hitlers

Diese Öffnung nach rechts schloß Hitler und die NSDAP zunächst nicht ein. Brünings Nachfolger *Franz von Papen* und dessen Nachfolger *Kurt von Schleicher* (beide nur wenige Monate im Amt) versuchten statt dessen einen dritten Weg zu gehen, der jenseits der Parteienlandschaft lag. Statt auf Parteien wollte man sich auf sogenannte „staatstragende Kräfte", also auf Verbände und Institutionen stützen, die an der Errichtung eines autoritären Staates interessiert waren, jedoch vor einem Staatsstreich zurückscheuten.

Doch diese Rechnung ging nicht auf. Einerseits waren die Nationalsozialisten politisch zu stark und zu militant, um sich durch eine zwar einflußreiche, aber doch nur kleine „Elite" ausmanövrieren zu lassen, andererseits war nicht daran zu denken, daß eine Führung des Staates durch Generäle, Industrielle und Junker auch nur irgendwie Zustimmung beim Volk finden würde. So kamen denn auch Hindenburgs Berater schließlich zu der Einsicht, daß man es Hitler doch einmal versuchen lassen sollte. Nicht alleine selbstverständlich, sondern im Verbund mit eben den „staatstragenden Kräften" wie Papen, Schleicher und Hugenberg (DNVP). Sie würden, so hoffte man, Hitler an die Wand drücken, bis er sich willenlos vor den Karren der „nationalen Rechten" spannen ließ.

Am 31. 1. 1933 erhielt Hitler seine Chance: Hindenburg ernannte ihn zum Reichskanzler. Und es war schon wenige Tage später klar, daß die Umarmungsstrategie der „nationalen Rechten" nicht aufging. Im Gegenteil: Mit der „Machtübernahme" begann Hitler, alle politischen Gegner systematisch auszuschalten und eine Gewaltherrschaft zu errichten, die alles bisher Dagewesene in den Schatten stellte.

Die NS-Propaganda sprach von „Machtergreifung", was den Eindruck erwecken sollte, das Vorgehen der Partei sei zielstrebig und kraftvoll und sie habe deshalb einen Anspruch auf die Macht. Tatsächlich war Hitler zunächst nicht in dem Maße aktiv, wie suggeriert wurde. Und zur „Macht" gelangte er erst in den nächsten Monaten Schritt für Schritt. Man spricht also besser von „Machtübergabe" bzw. „Machtübernahme".

C. Arbeitsteil

Aus dem Buch *Das dritte Reich* von Arthur Moeller van den Bruck, dessen Titel von den Nationalsozialisten als Schlagwort verwendet wurde (1923; 3. Auflage 1931):

„Das Genie des deutschen Volkes ist nicht revolutionär. Es ist erst recht nicht liberal [...]
Der liberale Mensch verstand die Jahre zu nutzen, die hinter uns liegen. Er befestigte während dieser Zeit seine politische Stellung in den Errungenschaften der Revolution und, wenn es nur eben anging, durch ergebene Erfüllung des Friedens von Versailles. Er nahm die Verhältnisse hin, zu denen der Ausgang des Weltkrieges das Reich heruntergebracht hatte, ja, er suchte sich mit ihnen abzufinden und fand sie, indem er sie nach Möglichkeit beschönigte, durchaus erträglich und wohlgefällig. Der liberale Mensch ist immer Bejaher, schon um des Lebens willen, das er so liebt. Also bejahte er auch dieses Leben, das wir nach dem Befehle unserer Führer führen mußten. Der liberale Mensch frißt jede Schande, die man ihm hinwirft [...] Welche Sache ist heute unsere Sache? Welche kann sie nur sein? Welche muß sie sein? Der liberale Mensch möchte noch immer eine westliche Sache aus ihr machen, und der revolutionäre Mensch seine weltproletarische. [...] Der konservative Mensch ist sich klar darüber, daß es sich für uns nunmehr und nur noch um die deutsche Sache handelt.
[...] Die Entstehung der deutschen Republik ist beispiellos. Sie entstand aus der Revolution. Und die Revolution entstand aus Verrat. Und der Verrat entstand aus Dummheit.
Es wird schwer sein, es wird vielleicht ganz unmöglich sein, wenn erst das Volk sich als Nation fühlt, diese Zusammenhänge jemals aus der Erinnerung seiner Menschen zu löschen. Am neunten November, der ein so unreines Ereignis gewesen ist, [...] wurde die politische Erneuerung verfehlt. [...]

Wir brauchen nicht Demokraten, die von vornherein Partei sind, sondern volkliche Führer, die wir, ob sie nun in demokratischer oder aristokratischer Prägung [...] gar nicht erst zu fragen brauchen, welcher Partei sie angehören, weil ihre Partei von vornherein einfach Deutschland ist. Wir brauchen, es ist sehr möglich, vielleicht sogar eine sehr lange und wechselnde Folge von solchen Führern, in denen sich die Politisierung der Nation als Nationalisierung des Volkes verkörpert; von Führern, in denen sich der Übergang von der deutschen Geschichte von Gestern über die Revolution hinweg in eine deutsche Geschichte von Morgen vollzieht, in die wir ohne sie führerlos hineintreiben würden. Die Enttäuschung durch den Parteigedanken bedeutet Bereitschaft für den Führergedanken. Und die Jugend hat sich diesem Führergedanken ganz unterstellt. In der Monarchie war kein Raum für ihn. Die Monarchie beanspruchte selber die Führung. Aber sie tat es mit einer Ausschließlichkeit, die nicht mehr auf Verdienst, sondern auf Herkommen beruhte. Erst die Revolution hat den Führergedanken freigegeben. [...] Aber sie hat ihn als konservativen Führergedanken ausgelöst und dem Manne überantwortet, der nicht zersetzt, sondern erhält.“

Arbeitsaufgaben

1. *Erklären Sie, indem Sie auf zentrale Textpassagen eingehen, warum der Verfasser die politische Entwicklung der Weimarer Republik ablehnt.*
2. *Der vierte Absatz nimmt Bezug auf das Kriegsende und die Novemberrevolution. Erläutern Sie die Deutung des Verfassers und erklären Sie anhand zentraler Fakten und Zusammenhänge, warum diese Deutung nicht stichhaltig ist.*

Lektion 15
Nationalsozialistische Innenpolitik (1933–1939)

A. Überblick

Nach der „Machtübernahme" im Januar 1933 sagte Propagandaminister Joseph Goebbels, daß durch dieses Ereignis das Jahr 1789 aus der Geschichte gestrichen worden sei. Es gelte, den falschen Weg, der zur „undeutschen Demokratie", zu Individualismus und Egoismus geführt habe, zu korrigieren. Die „nationale Revolution" – so nannten die Nationalsozialisten ihre Machtübernahme – werde das Volk wieder zu sich selbst führen, zu nationaler Größe, zu Kraft, zu einer Volksgemeinschaft, in der es keine Klassengegensätze mehr gäbe, und zur Opferbereitschaft. Tatsächlich wurden auch bald viele Errungenschaften der liberalen Demokratie abgeschafft und durch einen Führerstaat ersetzt, in welchem alles auf Befehl und Gehorsam aufgebaut war. Meinungs- und Koalitionsfreiheit verschwanden, die Justiz hatte nicht unabhängig und parteilos zu sein, sondern das Recht nach den Interessen der nationalsozialistischen Bewegung zu beugen; das freie Wahlrecht, durch das der Bürger unter konkurrierenden Parteien die auswählen konnte, die seinen persönlichen Interessen am ehesten entgegenkam, wurde aufgehoben. Die Privatsphäre war nicht mehr gesichert, alle hatten sich öffentlich zu dem Einparteienstaat mit seiner einheitlichen Ideologie zu bekennen. „Du bist nichts, dein Volk ist alles" und „Führer befiehl, wir folgen", das waren zwei von vielen Slogans, durch die die Nationalsozialisten sich die Gefolgschaft zu sichern versuchten.

Die Tatsache, daß so viele Deutsche das diktatorische System hingenommen oder mitgetragen haben, kann nicht nur durch den staatlichen Terror und die Gewalt, zu der die Partei schonungslos gegenüber jedem Widerstand griff, erklärt werden. Der aufwendigen Selbstdarstellung und Propaganda sind viele gefolgt, ohne gleich zu erkennen, daß es den Nationalsozialisten bei ihrem „Aufbruch in eine neue Zeit" nicht darum ging, einen Staat zu schaffen, in dem die Volksgemeinschaft für den einzelnen, für den sozial Schwachen, da war, sondern letztlich nur darum,

einen „Volkskörper" zu formen, in dem sich jeder total der rassistischen Ideologie verschreiben sollte. Das System war von Anfang an auf Krieg ausgerichtet - die NS-Propaganda sprach von „Gewinnung von Lebensraum" für die „Herrenrasse" –, auf einen Vernichtungsfeldzug gegen den Bolschewismus und auf die Ausrottung der Juden, die von den Nationalsozialisten als „minderwertige Rasse" bezeichnet wurden. Von „Rasse" kann jedoch keine Rede sein: Die Juden bilden keine biologische, sondern eine sozialreligiöse Einheit.

„Verführung und Gewalt", so hat der Historiker Hans-Ulrich Thamer sein Buch über die nationalsozialistische Diktatur betitelt. Woraus resultierte diese Kraft der Verführung?

Die nationalsozialistische Bewegung war trotz ihres antidemokratischen Kampfes und ihrer Herrenrassenideologie in manchen Bereichen eine Partei, die den Prozeß der Industrialisierung durch Modernisierung vorantreiben wollte. Für ihre politische Propaganda benutzte sie die modernsten Kommunikationsmittel wie das Radio; Hitler war einer der wenigen Politiker, die sich des Flugzeugs bedienten, und viele andere Nationalsozialisten sprachen davon, die deutsche Wirtschaft durch Rationalisierung und moderne Arbeitstechniken an die Spitze der Welt heranführen zu wollen. Ein solches Anliegen wie z. B. die Propagierung des „Volkswagens" verfehlte bei vielen auf technischen Fortschritt ausgerichteten Kreisen des Mittelstandes nicht seine Wirkung. Glaubten sie doch, an einer „Revolution" im Sinne der Verbesserung der gesellschaftlichen Lebensverhältnisse mitzuwirken, ohne sich bewußt zu werden, daß dies alles für die Nationalsozialisten nur ein Mittel war, um ihre Diktatur zu stabilisieren und den Krieg vorzubereiten. Auch die sogenannten sozialpolitischen Errungenschaften wie z. B. die Einführung des bezahlten Urlaubs oder die vom Staat organisierten Freizeiten dienten nicht der Entfaltung des Individuums, sondern nur diesem Zweck.

Da das nationalsozialistische System eine Diktatur war, die sich auf die Mittel einer modernen industriellen Macht und auf eine hochentwickelte staatliche Bürokratie stützen konnte, war ihre Durchsetzungs- und Vernichtungskraft von bis dahin nicht gekannten Ausmaßen.

In der Lektion stehen drei zentrale Aspekte im Vordergrund:

1. der Aufbau eines „Führerstaates", der es Hitler ermöglichte, seinen politischen Willen auf allen Ebenen des Staates kompromißlos durchzusetzen;
2. der Versuch, die Deutschen mit Hilfe moderner Propagandamethoden zu einer Volks- und Kampfgemeinschaft zusammenzuschweißen und den Staat mittels Reformen im Arbeits- und Sozialbereich in eine leistungsstarke Industriegesellschaft zu transformieren;
3. die „Rassenpolitik", die von Anfang an durch die Diskriminierung, Isolierung und Entrechtung der jüdischen Bevölkerung auf das spätere Vernichtungsprogramm abzielte.

Lernziele

Sie sollten verstanden haben und erklären können, warum und wie die Nationalsozialisten das Machtmonopol im Staat errungen haben. Sie sollten wissen, welches die entscheidenden Schritte dazu waren.

Sie sollten die wesentlichen Merkmale der nationalsozialistischen Ideologie kennen und verstanden haben, welche unterschiedliche Rolle Partei und Staat bei der Machtausübung gespielt haben. Sie sollten wissen, wie der Führerstaat aufgebaut war.

Sie sollten erklären können, in welchen Punkten der Nationalsozialismus eher rückwärtsgewandte ständestaatliche Gesellschaftsvorstellungen hatte und in welchen Punkten er auf eine zukünftige modernisierte Massengesellschaft hinarbeitete.

Sie sollten die wichtigsten Elemente und Stationen der nationalsozialistischen Rassenpolitik beschreiben können.

Zentrale Begriffe

Gleichschaltung - Führerstaat - Sozialdarwinismus - Rassenpolitik - Völkischer Staat und Volksgemeinschaft - Deutsche Arbeitsfront - Nürnberger Gesetze - Reichskristallnacht

Zeittafel

1933

30. Januar: Ernennung Hitlers zum Reichskanzler.

28. Februar: Die „Verordnung des Reichspräsidenten zum Schutz von Volk und Staat" hebt die wichtigsten Grundrechte auf.

23. März: Das „Gesetz zur Behebung der Not von Volk und Reich" („Ermächtigungsgesetz") gibt der Regierung Hitler die Macht, ohne Einschränkungen Gesetze zu erlassen.

Juni/Juli: Auflösung bzw. Selbstauflösung aller Parteien mit Ausnahme der NSDAP.

14. Juli: „Gesetz gegen die Neubildung von Parteien".

1934

30. Juni: Angebliche Putschpläne der SA liefern den Vorwand für die Ermordung der SA-Führung und mißliebiger Regimegegner (Röhm-Aktion).

2. August: Tod Hindenburgs. Vereinigung der Ämter des Reichskanzlers und des Reichspräsidenten durch den „Führer und Reichskanzler Adolf Hitler", auf dessen Person als „Oberster Befehlshaber" die Reichswehr vereidigt wird.

1935

15. September: Die „Nürnberger Gesetze" entrechten und diskriminieren die jüdische Bevölkerung Deutschlands.

1936

1. Dezember: „Gesetz über die Hitlerjugend" macht die HJ zur Staatsjugend.

1938

9. November: Organisierte Ausschreitungen gegen die deutschen Juden in der „Reichskristallnacht".

Anmerkungen zur Sendung

Die Sendung befaßt sich mit den Stationen und Hintergründen der Machtübernahme vom 30. Januar 1933. Sie arbeitet die vier Faktoren heraus, die den Niedergang der Demokratie und den Aufstieg Hitlers 1932/1933 ermöglichten:

1. die Demokratiemüdigkeit eines großen Teiles der Bevölkerung, der die politischen Querelen satt hatte und sich nach einem „starken Mann" sehnte;
2. die Bereitschaft der konservativen und nationalen Kräfte, die Führungspositionen in

Politik und Wirtschaft einnahmen, ein politisches Bündnis mit den Nationalsozialisten einzugehen;

3. die Weltwirtschaftskrise, die nicht nur sechs Millionen Deutsche arbeitslos machte und damit ins Elend trieb, sondern die auch zu einer politischen Radikalisierung von Politik und Gesellschaft bis hin zu Straßenkämpfen führte und politische Kompromisse nahezu unmöglich machte;

4. die agitatorische Dynamik der Nationalsozialisten, deren Propagandafeldzüge viele Deutsche beeindruckte, und die paramilitärische Schlagkraft der SA, die die Revolution auf der Straße vorbereitete.

Die Sendung benennt weiter die wichtigsten Stufen, über die die Nationalsozialisten nach dem 30. Januar 1933 zum Machtmonopol gelangten. Darauf wird weiter unten noch einmal näher einzugehen sein.

Die Propagandapostkarte ist ein Zeugnis des Führerkults. Hitler mit der als „heilig" gepriesenen „Blutfahne" (vom Putsch am 9. 11. 23).

B. Darstellung

Am 30. Januar 1933 präsentierte sich das „Kabinett Hitler" der Öffentlichkeit. Die von diesem Zeremoniell erhaltenen Bild- und Filmdokumente zeigen Hitler zivil gekleidet mit Schlips und Kragen und vermitteln den Eindruck, daß dieses Kabinett sich nicht wesentlich von den voraufgegangenen bürgerlichen Kabinetten der Weimarer Republik unterschied. Dies um so mehr, als neben Hitler nur zwei weitere Minister der NSDAP angehörten: Wilhelm Frick als Reichsinnenminister und Hermann Göring als Reichsminister ohne Geschäftsbereich und preußischer Innenminister. Die große Mehrheit dagegen entstammte den traditionellen Parteien der Rechten. Die Macht schien also bei den alten Kräften zu liegen. Und so sah es auch Vizekanzler Franz von Papen, der nach außen hin versicherte: „In zwei Monaten haben wir Hitler in die Ecke gedrückt, daß er quietscht."

Papen täuschte sich, wie wir wissen. Es waren die Nationalsozialisten, die zwei Monate nach der Machtübernahme ihren Koalitionspartner „in die Ecke gedrückt" hatten und nicht nur ihn: Sie waren drauf und dran, auch die anderen gesellschaftlichen Kräfte ihrer Herrschaft zu unterwerfen. Ihr Machtanspruch war ein totaler!

Warum begnügten sich die Nationalsozialisten nicht mit der Führung einer Koalitionsregierung? Warum lehnten sie die bürgerlichen Parteien und das parlamentarisch-demokratische System insgesamt ab? Warum wollten sie die totale Herrschaft? Die Antwort liegt in der Überzeugung, daß sie die Gesetze der historischen Entwicklung erkannt hätten, und darin, daß sie diesen „Gesetzen" im politischen und gesellschaftlichen Leben um jeden Preis Geltung verschaffen wollten.

Es ist klar, daß die NSDAP als Bannerträgerin dieses dogmatisch verkündeten Glaubenssatzes keine Berührungspunkte mit den traditionellen bürgerlichen Parteien hatte. Deren Programme waren im Kern ja immer Programme des politisch Machbaren, des Kompromisses, des Austarierens von politischen Interessen - also Programme auf Zeit. Gerade der politische Kompromiß aber, Wesensmerkmal demokratischer Systeme, galt den Nationalsozialisten von vornherein als „faul" und typisch bürgerlich. Sie hatten als Ziel nicht das politisch Machbare vor Augen, sondern das vermeintlich historisch Notwendige. Und wenn sie, wie die Kabinettsbildung am 30. Januar 1933 zeigt, zu Vereinbarungen mit den „bürgerlichen" Parteien bereit waren, dann doch nur aus taktischen Überlegungen mit dem Ziel, diese und alle anderen politischen Parteien und Weltanschauungen mitsamt des parlamentarischen Systems in Kürze auszuschalten und in einem nationalsozialistischen Einparteienstaat die „Volksgemeinschaft" auf den „Rassenkampf" vorzubereiten.

Auf dem Weg zum Machtmonopol

Die endgültige Zerschlagung des parlamentarischen Systems (oder was davon noch übrig war) begann paradoxerweise mit der Ausschreibung von Neuwahlen auf den 5. März 1933. Hitler hatte dieses Zugeständnis seinem Koalitionspartner Hugenberg (DNVP) noch vor der Kabinettsbildung abringen können.

In dem nun einsetzenden Wahlkampf gelang der NSDAP als Regierungspartei erstmals der Einsatz des Staatsapparates für ihre Zwecke, besaßen sie doch das Innenministerium im Reich (Frick) und in Preußen (Göring) und damit die Verfügungsgewalt über die Polizei. Göring ließ in Preußen eine Hilfspolizei von 50 000 Mann aufstellen, die in der Hauptsache aus Mitgliedern der SA *(Sturmabteilung)* und SS *(Schutzstaffel)* bestand, den paramilitärischen Organisationen der NSDAP. Gestützt auf Notverordnungen und ermuntert von der politischen Führung (Göring forderte seine Beamten „zum fleißigen Gebrauch der Schußwaffe" auf), begannen Polizei und Hilfspolizei mit dem nun staatlich *legalisierten Terror.* Er richtete sich in erster Linie gegen Kommunisten und Sozialdemokraten, die eingeschüchtert und zum Teil verhaftet wurden. Die Verfügung über den Staatsapparat ermöglichte es auch, umfangreiche *Säuberungen* vor allem unter der Beamtenschaft vorzunehmen („Gesetz zur Wiederherstellung des Berufsbeamtentums", 7. April 1933). Und als am 27. Februar 1933 das Reichstagsgebäude durch einen Brandanschlag zerstört wurde, erfolgte zudem durch die „Verordnung zum Schutz von Volk und Staat" die *Aufhebung der Grundrechte.* Das hieß konkret: Ausnahmezustand und Freibrief für Verfolgung und Terror.

Dennoch brachten die Wahlen vom 5. März 1933 Hitler nicht den gewünschten Erfolg. Mit 43,9 Prozent der Stimmen verfehlten die Nationalsozialisten deutlich die erhoffte absolute Mehrheit (sie kam erst in der Koalition mit der DNVP (7,3 Prozent) zustande). Wenn aber auch das erhoffte Plebiszit ausblieb, so änderte das doch nichts an der Machtlage. Hitler konnte nun daran gehen, das Parlament endgültig auszuschalten. Das gelang durch das *Ermächtigungsgesetz* vom 23. 3. 1933, das der Regierung das Recht gab, vier Jahre lang Gesetze ohne Zustimmung des Parlaments zu erlassen. Das Ermächtigungsgesetz war das letzte Gesetz, das den noch halbwegs funktionstüchtigen Reichstag passierte (die Kommunisten fehlten bereits). Allein die SPD stimmte gegen das Gesetz, aber ihre Stimmenzahl reichte nicht aus, um die erforderliche Zweidrittelmehrheit zu verhindern.

Auf die Ausschaltung des Parlaments folgte die Ausschaltung der politischen Parteien. Das geschah nicht auf dem Wege direkter Verbote, sondern durch SA-Terror und durch Polizeimaßnahmen. So wurden, nachdem die Kommunisten schon im Februar im Zuge von Notverordnungen verhaftet und in Konzentrationslager gesperrt worden waren, zahlreiche Funktionäre der SPD im März in „Schutzhaft" genommen. Durch Austritte und Schließungen von Ortsgruppen verringerte sich danach die Parteibasis der SPD rapide, bis schließlich im Juni 1933 die Reste des Vorstandes und der Parteiorganisation aufgaben. Auch für die bürgerlichen Parteien kam im Juni 1933 das Ende. Sie lösten sich entweder selbst auf (wie die DVP oder das Zentrum), oder sie gingen in Organisationen der NSDAP auf (wie der DNVP). Die Ausschaltung der Parteien fand ihren Abschluß mit dem „Gesetz gegen die Neubildung von Parteien" (14. 7. 1933), das die NSDAP zur einzigen legalen Partei in Deutschland erklärte. Damit war der *Einparteienstaat* perfekt.

Parallel dazu - und im Prinzip auf dieselbe Weise - vollzog sich auch die Ausschaltung der Länder: Straßenterror der SA, Übernahme der Polizeigewalt aufgrund von Notverordnungen durch NS-Reichskommissare und ein weitgehend widerstandsloses Zurückweichen der noch amtierenden legalen Regierungen führten dazu, daß die Länder bis Anfang April 1933 im nationalsozialistischen *Einheitsstaat* aufgingen. An die Stelle der Länderparlamente traten sogenannte *Reichsstatthalter,* gewissermaßen „Aufseher des Reichs", deren Aufgabe es war, die Durchführung der von Hitler aufgestellten Richtlinien der Politik zu überwachen.

Die Einsetzung von „Reichsstatthaltern" und die Einrichtung von zahlreichen weiteren Institutionen, die sozusagen neben und außerhalb des gewohnten Staatsapparates – immer aber auf Weisung Hitlers – amtierten, zeigt die Richtung, in die sich das NS-Herrschaftssystem entwickelte: nämlich vom bürokratischen Verfassungs- und Verwaltungsstaat zum *Führerstaat.* Was das bedeutet, läßt sich beispielhaft an der *Arbeitsweise der Reichsregierung* verdeutlichen. Im Kabinett waren zu Anfang (nach der Machtübernahme im Januar 1933) mit Hitler nur drei Nationalsozialisten vertreten gewesen, und fünf Nationalsozialisten waren es schließlich (nach der Wahl im März 1933), die Ministerposten bekleideten, aber ihnen standen noch immer sieben Minister der nationalreaktionären DNVP gegenüber.

Und weiterhin ist auf den ersten Blick erstaunlich: Die Zahl der Nationalsozialisten nahm in den nächsten Jahren kaum zu. Wie ließ sich da nationalsozialistisch regieren? Des Rätsels Lösung liegt darin, daß Hitler nur in den ersten Monaten seiner Kanzlerschaft regelmäßige Kabinettssitzungen abhielt. In der Folgezeit nahm die Zahl der Sitzungen rapide ab, und ab 1935 wurde das Kabinett nur noch in Abständen von mehreren Monaten zusammengerufen, um große Mengen von Gesetzen im Eilverfahren zu verabschieden. Nach dem 5. 2. 1938 gab es dann überhaupt keine Kabinettssitzungen mehr: Hitler wurde zum alleinigen Gesetzgeber, die Minister waren nur noch unselbständige Mitarbeiter.

Diese „Alleinherrschaft" wurde von Hitler noch weiter ausgebaut, als er nach dem Tode des Reichspräsidenten Paul von Hindenburg (1934) auch dessen Funktionen übernahm und die Reichswehr auf sich vereidigen ließ. Damit war auch die letzte Machtsäule im Staat, nämlich das Militär, in das nationalsozialistische System integriert worden.

Auch die gesellschaftspolitischen Maßnahmen wurden unter dem Begriff der „Gleichschaltung" vollzogen. Dies bedeutete:

– Beseitigung der Interessenvertretungen der verschiedenen gesellschaftlichen Gruppen: Auflösung der Parteien, Verbot der Gewerkschaften und Eingliederung der Berufsverbände in die NSDAP;
– Beseitigung der Meinungs- und Informationsfreiheit durch Unterwerfung der Presse und der Medien, durch Ausrichtung von Kunst und Wissenschaft auf die nationalsozialistische Weltanschauung.

Ziele der Gleichschaltungspolitik waren:

– Überwachung des öffentlichen Lebens;
– Durchsetzung der nationalsozialistischen Weltanschauung und totale Vereinnahmung des einzelnen;
– Kontrolle der Schule und der Erziehung;
– Überwachung und Bespitzelung.

Partei und Staat

Die NSDAP verstand sich nicht als Partei, sondern als Bewegung, die eine „nationale Revolution" wollte; sie war bereit, die gesamte gesellschaftliche und staatliche Ordnung von Grund auf umzukrempeln – dazu forderte sie einen starken, autoritären, „totalen" Staat. Das führte zu der Frage, ob die Partei sich in einem solchen Staat als Staatspartei einer diktatorischen Staatsführung unterzuordnen und lediglich organisatorische und propagandistische Aufgaben zu erfüllen habe oder ob sie – wie im sozialistischen System der Sowjetunion – die führende Rolle im Staat übernehmen sollte. Diese Frage wurde nie eindeutig beantwortet. Und zwar deshalb nicht, weil – wie sich zeigte – sowohl die Partei als auch der Staat letztlich nur der Vollstreckung des „Führerwillens" dienten. Hitler stand gewissermaßen über Partei und Staat, und er nutzte beide nur als „Apparate" zur Durchsetzung seiner politischen Vorstellungen.

Dementsprechend ging es Hitler darum, den Anspruch der Partei auf Machtbeteiligung zurückzudrängen. Das galt besonders für die *Sturmabteilung* (SA), die paramilitärische Organisation der NSDAP, die unter der Führung von Ernst Röhm mit Terroraktionen die „Revolution auf der Straße" durchgeführt hatte und die nun den Anspruch erhob, maßgeblichen Einfluß auf die Wehrmacht zu erhalten.

Als Röhm seine Ansprüche nicht aufgab, wurden er und mit ihm zahlreiche andere hohe SA-Führer auf Anweisung Hitlers durch SS und Reichswehr am 30. 6. 1934 heimtückisch ermordet. Die Ausschaltung der SA stärkte Reichswehr und SS. Die SS, ursprünglich als *Schutzstaffel* zu Hitlers persönlicher Sicherheit aufgestellt, übernahm nach der Machtergreifung unter der Führung von *Heinrich Himmler* und *Reinhard Heydrich* die Herrschaft über die politische Polizei im gesamten Reich. Bezeichnenderweise wurde auch diese Einrichtung – wie andere (s. o.) – aus der normalen staatlichen Verwaltung (hier: dem Innenministerium) herausgenommen und Hitler direkt unterstellt. Mit der SS hatte Hitler ein Instrument in der Hand, das den offenen Straßenterror der SA durch den verdeckten der polizeilichen Dienststuben, Verhörzimmer und Konzentrationslager ersetzte.

Die Ausschaltung der SA als militärischer Träger der Revolution und der Aufstieg der SS als Ab-sicherungsinstrument des „totalen" Staates machen deutlich, daß bereits Mitte 1934 diese „nationalsozialistische Revolution" zum Stillstand gekommen war.

Gefordert war die klare Unterordnung der Partei unter die Staatsführung, d. h. „die Umwandlung der Partei in ein ausschließlich dem absoluten Führer gehorchendes Massenorgan zur propagandistischen und organisatorischen Ergänzung und Potenzierung der Staatsmacht und Regierungspolitik" (Broszat, *Der Staat Hitlers. Grundlegung und Verfassung seiner inneren Entwicklung,* München ²1971, S. 265).

Aus der Rede Hitlers zum Erntedankfest in Bückeburg am 1. Oktober 1933:

„Der Nationalsozialismus hat weder im Individuum noch in der Menschheit den Ausgangspunkt seiner Betrachtungen, seiner Stellungnahmen und Entschlüsse. Er rückt bewußt in den Mittelpunkt seines ganzen Denkens das Volk. Dieses Volk ist für ihn eine blutsmäßig bedingte Erscheinung, in der er einen von Gott geweihten Baustein der menschlichen Gesell-

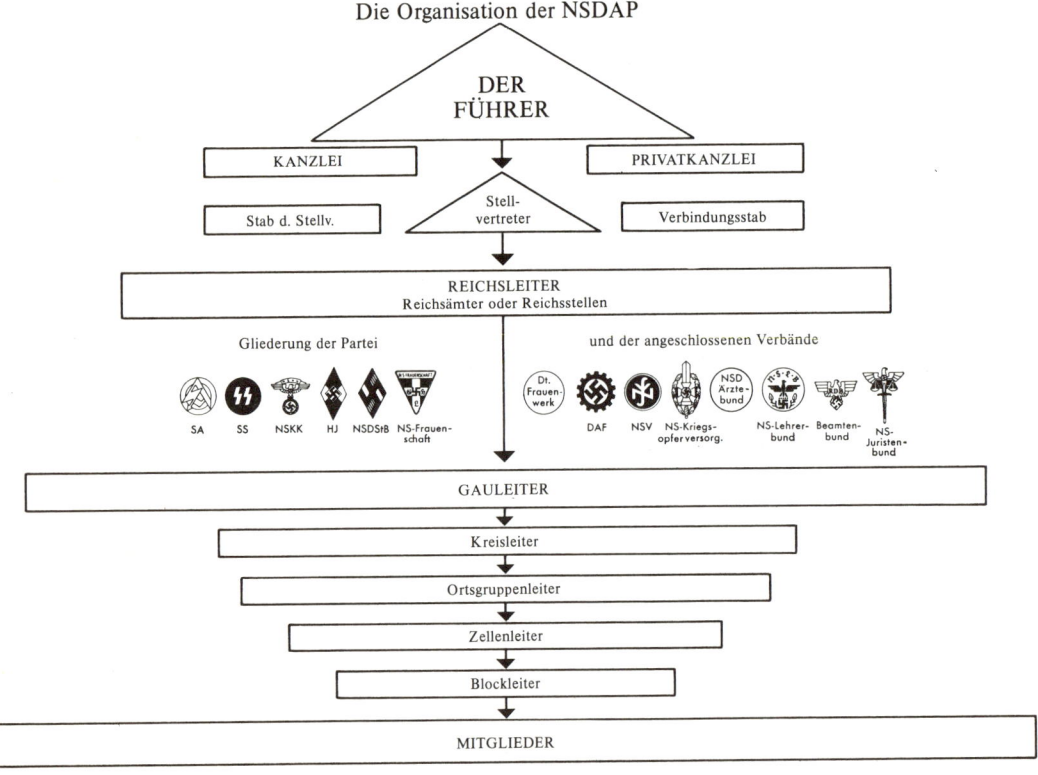

Das Herrschaftssystem des Nationalsozialismus

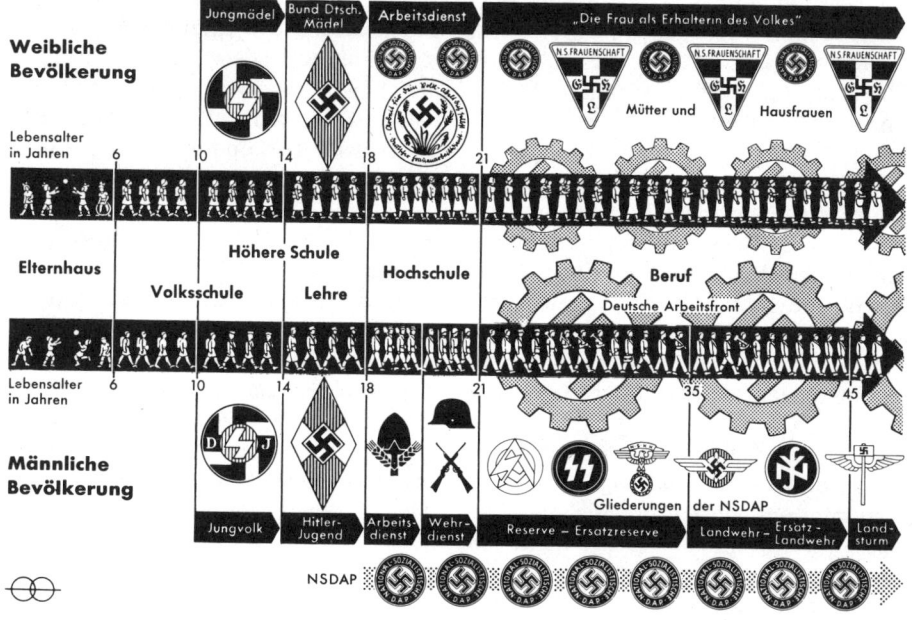

(Erich Schmidt Verlag)

schaft sieht. Das einzelne Individuum ist vergänglich, das Volk ist bleibend. Wenn die liberale Weltanschauung in ihrer Vergötterung des einzelnen Individuums zur Zerstörung des Volkes führen muß, so wünscht dagegen der Nationalsozialismus das Volk zu schützen, wenn nötig, auf Kosten des Individuums. Es ist notwendig, daß der einzelne sich langsam zur Erkenntnis durchringt, daß sein eigenes Ich unbedeutend ist, gemessen am Sein des ganzen Volkes [...], daß vor allem die Geistes- und Willenseinheit einer Nation höher zu schätzen sind als die Geistes- und Willenseinheit des einzelnen."
(Zitiert nach: Günter Schönbrunn, *Weltkriege und Revolutionen 1914–1945. Geschichte in Quellen,* München 1961, S. 294.)

Propaganda und Erziehung

Von der Machtübernahme an begannen die Nationalsozialisten die Gesellschaft mit einem Netz von Parteigliederungen und Verbänden zu überziehen (siehe Grafik). Die bestehenden gesellschaftlichen Organisationen wurden durch Gesetz und Gewalt von den nationalsozialistischen verdrängt. Hitlerjugend (HJ), NS-Frauenschaft, NS-Deutscher Studentenbund, NS-Lehrerbund, NS-Ärztebund und viele andere sollten

die totale Erfassung und Kontrolle der Bevölkerung sicherstellen.
Vor allem die Jugend sollte für das nationalsozialistische Gedankengut gewonnen werden. So wurde der nationalsozialistische Einfluß auf die Schulen und die Erziehungsarbeit verstärkt. Vom 1. 12. 1936 an mußten alle Jugendlichen in die Hitlerjugend eintreten.
Durch die totale Erfassung des einzelnen in den vielfältigen Massenorganisationen sollte der „Gleichschritt" der ganzen Nation im öffentlichen, privaten und geistigen Leben erzwungen werden. Und tatsächlich, die lang vermißte Ordnung fand sehr breiten Widerhall. Der Gleichschritt verlieh ein Gefühl der Sicherheit – u. a. durch das Zugehörigkeitsgefühl zu einer aufstrebenden Partei und die ideologische Aufwertung der eigenen Existenz (Rassen-Ideologie) – und täuschte viele darüber hinweg, daß dies der Kriegsvorbereitung diente. Besondere Bedeutung hatte im Zusammenhang mit der Gleichschaltung die Propaganda. Im März 1933 verkündete der „Reichsminister für Volksaufklärung und Propaganda", *Joseph Goebbels:* „Was dem Nationalsozialismus dient, ist gut und muß gefördert, was ihm schadet, ist schlecht und muß

beseitigt werden. Propaganda dagegen ist die ehrlichste Verkündung bester Wahrheit". Massenaufmärsche und Propaganda sollten eine gläubige, quasireligiöse Gefolgschaft erzeugen. In der Masse durfte kein Verlangen nach individueller Freiheit, Toleranz und Menschlichkeit aufkommen.

Die NS-Propaganda war die erste mit modernsten Mitteln arbeitende totale Propaganda. Jede Möglichkeit der Einflußnahme wurde genutzt. Das wichtigste Mittel war der Rundfunk, daneben hatten die Presse und der Film einen großen Einfluß. Alle Nachrichtenbüros wurden gleichgeschaltet, alle von der Regierungslinie abweichenden Meinungen wurden unterdrückt und verboten.

Intellektuelle, Schriftsteller und Künstler, die sich nicht der offiziellen Linie beugten, wurden eingesperrt oder emigrierten ins Ausland. Tausende aus Wissenschaft und Kunst verließen Deutschland.

Neben die Propaganda trat der staatlich organisierte Terror. SS und Gestapo wurden zu einer entscheidenden Machtbasis des SS-Staates. Von 1936 an wurde auch die Polizei zentralisiert und Himmler unterstellt. Er war damit Reichsführer der SS und Chef der Deutschen Polizei.

Die Zerschlagung der Arbeitnehmerorganisationen

Bis zum März 1933 hatten die Arbeiter und Angestellten in Betriebsräten und Gewerkschaften ihre angestammten Interessenvertretungen. Auch diese Vertretungen wurden von den Nationalsozialisten ausgeschaltet. Schon in der zweiten Märzwoche gelangten zahlreiche Gewerkschaftshäuser - insbesondere solcher Gewerkschaften, die der SPD nahestanden - unter die Kontrolle der „Nationalsozialistischen Betriebszellenorganisation" (NSBO). Gleichzeitig tauschte man auf der Grundlage eines neuen Betriebsvertretungsgesetzes (4.4.1933) in den Betrieben mißliebige Betriebsräte aus, wonach die Vertreter der freien Gewerkschaften nichts mehr ausrichten konnten. Schließlich wurden im ganzen Reich am 2. 5. 1933 durch SA- und SS-Hilfspolizei Volkshäuser, Banken, Büros und Redaktionen der freien Gewerkschaften besetzt, eine Reihe von Gewerkschaftsführern in

„Schutzhaft" genommen und damit die Gewerkschaften zerschlagen.

An ihre Stelle trat unter der Führung von *Robert Ley* eine nationalsozialistische Einheitsgewerkschaft: die *Deutsche Arbeitsfront* (DAF). Sie bestand aus dem „Gesamtverband der Deutschen Arbeiter" und aus dem „Gesamtverband der Deutschen Angestellten". Die Einheitsgewerkschaft wurde aber nicht als Gesamtinteressenvertretung der Arbeiter und Angestellten gegenüber den Arbeitgebern verstanden, vielmehr ging es den Nationalsozialisten darum, Gewerkschaften und Unternehmer in einer Einheitsfront zusammenzuführen und damit den Gegensatz von „Kapital und Arbeit" (zumindest formal) „endgültig" aufzuheben. Deshalb wurden auch die einzelnen Arbeitgeberorganisationen zusammengefaßt in einem „Reichsstand der Deutschen Industrie", dessen Mitglieder zugleich Mitglieder der DAF sein sollten.

Aus der Rede Robert Leys: „Aufruf an alle schaffenden Deutschen", gehalten am 27. 11. 1933 vor der Münchner Reichskonferenz:

„[...] Die Deutsche Arbeitsfront ist die Zusammenfassung aller im Arbeitsleben stehenden Menschen ohne Unterschied ihrer wirtschaftlichen und sozialen Stellung. In ihr soll der Arbeiter neben dem Unternehmer stehen, nicht mehr getrennt durch Gruppen und Verbände. [...] Der Wert der Persönlichkeit, einerlei ob Arbeiter oder Unternehmer, soll in der Deutschen Arbeitsfront den Ausschlag geben. [...] Das hohe Ziel der Arbeitsfront ist die Erziehung aller im Arbeitsleben stehenden Deutschen zum nationalsozialistischen Staat und zur nationalsozialistischen Gesinnung. Sie übernimmt insbesondere die Schulung der Menschen, die dazu berufen werden, im Betrieb und in den Organen der Sozialverfassung, der Arbeitsgerichte und der Sozialversicherung maßgeblich mitzuwirken."
(Zitiert nach: Broszat, a.a.O., S. 192.)

Die Aufhebung des Gegensatzes von Kapital und Arbeit sollte auch darin sichtbar werden, daß die Tarifautonomie von Arbeitnehmern und Arbeitgebern aufgehoben wurde. An ihre Stelle trat eine staatliche Zwangsregelung von Arbeitsstreitigkeiten und Tarifregelungen, die sogenannte *Treuhänder der Arbeit* vorzunehmen hatten.

Die DAF hatte also nicht mehr den Charakter einer Gewerkschaft, sondern war ein Riesenverband, der sich in erster Linie um Aufgaben der Erziehung (Agitation) und um soziale Belange kümmerte. Dazu gehörte vor allem die Propagierung des *Gefolgschaftsgedankens* in den Betrieben. Danach standen Unternehmer und Arbeiter nunmehr in einem Verhältnis von Führer und Gefolgschaft zueinander, d. h. eine ökonomische Beziehung wurde in eine militärische umgedeutet: Unternehmer und Arbeiter sollten zu einer soldatischen Kampfgemeinschaft werden, deren Aufgabe es war, die Produktion zur Stärkung der Nation anzukurbeln.

In diese Linie gehört auch die Einführung des obligatorischen Arbeitsdienstes (26. 6. 1935), der an die Stelle des bisher Freiwilligen Arbeitsdienstes trat. Aufgabe des *Reichsarbeitsdienstes* (RAD) war neben der Lenkung von Arbeitseinsätzen im Zuge der Arbeitsbeschaffungsprogramme die ideologische Schulung und die vormilitärische Ausbildung.

Arbeit sollte nicht mehr allein Broterwerb sein, sondern ein „Ehrendienst an Volk und Rasse". Arbeit sollte die Volkskraft stärken. Dies war ihr eigentlicher Wert. Um die Volkskraft zu stärken, wurden die Arbeiter zu höchstem Einsatz aufgefordert. Aus Arbeitern sollten Arbeitersoldaten werden, die im Frieden an Stelle des Gewehrs den Spaten trugen. Und auch im Denken sollten sie soldatisch sein: Kampf und Wille, Glaube an Volk und Rasse und Einsatz bis zur Selbstaufopferung – das wurden die Tugenden der nationalsozialistischen Deutschen.

„Wenn die Partei das Predigertum, die Hüterin der Weltanschauung, die Priesterschaft darstellt, ist die Arbeitsfront die Gemeinde, in die diese Gedankengänge hineingebracht werden. [...] Arbeit ist Disziplin und Harmonie. Sie kommt aus der Rasse, dem Blut. Wer überhaupt arbeiten will, muß fähig sein, sich erst einmal disziplinieren zu können. Arbeiter und Soldaten gehören zusammen! Hier liegt die große Aufgabe: die Schaffung des Typs Arbeiter an sich."
(Robert Ley: Wesen und Aufbau der Deutschen Arbeitsfront. In: Ders., *Durchbruch der sozialen Ehre. Reden und Gedanken für das schaffende Deutschland,* München [7] 1939, S. 45–48.)

Doch zunächst mußte es Arbeit erst einmal geben. Trotz leichten Abflauens der Wirtschaftskrise waren im Juni 1933 nämlich immer noch rund 4,5 Millionen Menschen ohne Arbeit. Die NSDAP setzte deshalb die bereits von Papen und Schleicher ergriffenen Maßnahmen zur Arbeitsbeschaffung fort. Dabei ging es um öffentliche Bauarbeiten zur Anlage und Instandsetzung von Autobahnen, Straßen, Wasserwegen, öffentlichen Gebäuden und Versorgungseinrichtungen. Diese Maßnahmen wurden von einer aufwendigen Propaganda begleitet (Kinowochenschauen), wodurch sich der psychologische Effekt einstellte, daß die Deutschen in

Der Reichsarbeitsdienst in der Propaganda:
„Hand in Hand arbeiten die grauen Arbeitsmänner. Der eine führt den Spaten, andere prüfen mit Winkelgerät und Wasserwaage, ob die Böschung auch nicht zu steil ist."

eine beachtliche Aufschwungstimmung versetzt wurden, die selbst wiederum die Wirtschaft stimulierte. Nachdem dann seit 1934 beträchtliche Mittel der staatlichen Haushalte in die Rüstungsindustrie flossen (s. Lektion 16, S. 35 f.) und die Rüstungsindustrie zur Konjunkturlokomotive wurde, begann die Arbeitslosigkeit drastisch zu sinken, eine Tendenz, die durch die Einführung der allgemeinen Wehrpflicht (1935) weiter verstärkt wurde. Das NS-Regime hatte sich damit innenpolitisch stabilisiert: Es stieß bei der Bevölkerung auf breite Zustimmung.

Die NS-Volksgemeinschaft

Für viele Deutsche waren die Jahre von 1935 bis 1939 „gute" Jahre. Man lebte zwar in einem totalitären Staat, doch hatte dieser Staat - so empfanden es sehr viele - nach den chaotischen Weimarer Jahren wieder „Ruhe und Ordnung" einkehren lassen, einen bescheidenen Wohlstand geschaffen, das deutsche Selbstwertgefühl gegenüber dem Ausland gestärkt und durch gemeinsame „Arbeits- und Erzeugungsschlachten" Hoffnungen auf die Entstehung einer Volksgemeinschaft geweckt, die solidarisch zusammensteht.

In einem 1938 erschienenen Lehrbuch wird das, was die NSDAP als „Volksgemeinschaft" versteht, in einprägsamer Form dargestellt.

„II. Die Gemeinschaft des Volkes
Das Dritte Reich beseitigt grundsätzlich alle Unterschiede der Stände, Klassen und Parteien.
Es gibt nur einen Adel: den der Arbeit.
Es gibt nur eine Klasse: die der schaffenden Deutschen.
Es gibt nur eine Partei nach dem Grundsatz: Alle ehrbaren Deutschen sind Nationalsozialisten, die besten gehören in die Partei.
1. Vorrechte der Geburt und des Geldes werden beseitigt.
   Die „soziale Frage" des 19. Jahrhunderts wird gelöst. Für alle Berufe und Ämter entscheiden nur Befähigung und Leistung.
2. Die Einheit der Erziehung schafft ein neues Volk.
   Aufbau des Erziehungswerkes:
   Die deutsche Einheitsschule (Auflösung von Privatschulen).
   Schulgeldfreiheit, Aufbauschulen, Nationalpolitische Erziehungsanstalten, Adolf-Hitler-Schulen.
   Hitler-Jugend (seit Dezember 1936 Staatsjugend).
   Arbeitsdienst und Wehrdienst.
   Partei und ihre Gliederungen. [...]

4. Das deutsche Volk ist eine Schicksalsgemeinschaft. NSV, Winterhilfswerk des deutschen Volkes, „Kraft durch Freude".
5. Ihren Ausdruck findet die Volksgemeinschaft in den Festen der Nation.
   Tag der deutschen Arbeit (1. Mai).
   Tag der deutschen Bauern (Erntedankfest).
   Heldengedenktag.
   Der 9. November.
   Der 30. Januar.
   Reichsparteitag."
(Aus: Fachgemeinschaft für Geschichte an der Nationalpolitischen Erziehungsanstalt Naumburg [Hrsg.], *Aufriß der deutschen Geschichte im 19. Jahrhundert,* Leipzig, 2. Auflage 1938, S. 104 f.)

Tatsächlich gab es Anzeichen, die auf die Entstehung einer „Volksgemeinschaft" hindeuteten, allerdings in anderem Sinne als in dem der nationalsozialistischen Propaganda. Es zeigte sich nämlich, daß die NS-Wirtschafts- und Sozialpolitik durch Verstärkung des Leistungsdenkens im Beruf, durch Einführung neuer rationeller Arbeitstechniken in der Wirtschaft und durch den Ausbau zukunftsweisender Kommunikationstechniken eine Tendenz verstärkte, die sich auch in anderen, nichttotalitären Industriestaaten seit der Jahrhundertwende beobachten läßt, nämlich die Verwandlung einer noch in vielen Punkten traditionell-ständischen Gesellschaft in eine moderne Industriegesellschaft, in der man unter Volksgemeinschaft eine egalitäre (auf Gleichheit beruhende) Massengesellschaft verstand.

a) Modernisierungen in der Arbeitswelt

Trotz Aufhebung der Tarifautonomie und eines 1934 verkündeten allgemeinen Lohnstops stiegen in den folgenden Jahren die Einkommen vor allem der Arbeiter und Angestellten im industriellen Sektor. Und zwar durch Leistungszulagen, die besonders in den kriegswichtigen Branchen gezahlt wurden. Voraussetzung für diese Akkordlöhne waren genaue Arbeitsplatzanalysen und -beschreibungen, die zu einer weitgefächerten Differenzierung bei den Löhnen und Einkommen führte. Der Grundsatz Leistung statt berufsständischer Besitzwahrung führte zu einer allmählichen Verwischung der Grenzen zwischen Arbeitern und Angestellten und eröffnete gerade jungen Arbeitern manche Möglichkeiten zum sozialen Aufstieg. Sogenannte „Reichsberufswettkämpfe", die unter der Losung „Freie Bahn dem Tüchtigen" stattfanden, sollten besonders bei den Jugendlichen individuelles Leistungsstreben verstärken und dem überkommenen Status- und Solidaritätsdenken entgegenwirken. Dies änderte nichts daran, daß – bei aller Förderung dieses neuen Denkens – von allen „Volksgenossen" verlangt wurde, opferbereit für die nationalsozialistische Sache einzutreten.

b) Modernisierungen im Medienbereich

Am 11. 3. 1933 beschloß das Kabinett Hitler die Errichtung des „Reichsministeriums für Volksaufklärung und Propaganda". Zum Minister wurde der Reichspropagandaleiter der NSDAP, Dr. Joseph Goebbels, ernannt, der mit 35 Jahren das jüngste Mitglied des Kabinetts war. Zu Beginn seiner Amtstätigkeit erklärte Goebbels:

„Das Ministerium hat die Aufgabe, in Deutschland eine geistige Mobilmachung zu vollziehen. Es ist also auf dem Gebiete des Geistes dasselbe, was das Wehrministerium auf dem Gebiet der Waffe ist."
(Zitiert nach: G. Albrecht, *Film im Dritten Reich,* Stuttgart 1979, S. 11.)

Zu diesem Zweck bediente sich die Propaganda vieler verschiedenartiger Instrumente: der Tagespresse, der Wochenzeitschriften und Bücher, des Films und des Rundfunks; alle sollten überall und immer, Tag und Nacht die Bevölkerung erreichen, am Frühstückstisch, am Arbeitsplatz, in Wirtshäusern und Restaurants und während der Freizeit bis zur letzten Rundfunkübertragung um Mitternacht.

Zum wichtigsten Medium der Massenbeeinflussung wurde in den 30er Jahren der Rundfunk. Es waren die Nationalsozialisten, speziell Goebbels, die die eminente propagandistische Wirkung dieses modernen Mediums erkannten. Goebbels machte dies 1933 in einer Rundfunkrede deutlich:

„Eine der modernsten Errungenschaften der revolutionären Technik unseres Jahrhunderts ist (nun) zweifellos der Rundfunk. Vor fünfzehn Jahren noch wurde er von den ewigen Besserwissern belächelt oder abgelehnt, heute ist er eines der gewaltigsten Mittel der modernen Volksführung, das aus dem Zusammenleben der Menschen nicht mehr wegzudenken ist."

Ziel der nationalsozialistischen Propaganda war es, das Radio so einzusetzen, daß die Bevölkerung das Medium als unentbehrlichen Teil ihres Lebens ansah.

So wurde der Rundfunk mit der Machtübernahme Hitlers „zu einem totalen Steuerungselement nationalsozialistischer Weltanschauung". Die vorhandenen Sender wurden zu „Reichssendern", die dem Ministerium für Volksaufklärung und Propaganda unterstellt wurden.
Um möglichst viele Menschen zu Rundfunkhörern zu machen, entwickelte man den „Volksempfänger", ein preisgünstiges Gerät, das für jeden erschwinglich war.

Werbeplakat für den „Volksempfänger"

c) Modernisierungen im Freizeitbereich

Jeder Arbeitersoldat war Teil des Volkskörpers. Und um den Volkskörper stark zu machen, mußte man auch den Arbeiter bei Kräften halten. Mitte der 30er Jahre führten die Nationalsozialisten durch Gesetz einen 6tägigen bezahlten Mindesturlaub ein. Und damit dieser Urlaub auch zur Erholung genutzt wurde, gründete man ein großes staatliches Reise-, Freizeit- und Kulturunternehmen mit dem Namen „Kraft durch Freude", kurz KdF.

Mit KdF begann in Deutschland die Geschichte des modernen Massentourismus. Besonders werbewirksam waren die KdF-Schiffsreisen in die norwegischen Fjorde, nach Italien oder nach Madeira. Daneben gab es Tagesausflüge und Kurzreisen an den Rhein, in den Harz oder in die Lüneburger Heide. 7,5 Millionen Menschen verreisten von 1933 bis 1936 mit KdF. Diese Reisen sollten dazu beitragen, in den Arbeitern das Gefühl von Heimat und Volkstum zu erwecken. In der Zeitschrift „Deutsche Arbeiterkorrespondenz" heißt es dazu:

„Deutscher, lerne Deutschland kennen! Das große Deutschland, für das du lebst und arbeitest und das dir das Leben lebenswert machen will. Nur wer seine Heimat kennt, kann sie lieben, und nur wer seine Heimat liebt, liebt sein Vaterland und ist ein Staatsbürger, wie er sein soll. Künftig wissen die deutschen Arbeiter, wie schön und herrlich ihr Vaterland ist. Sie wissen, wofür sie da sind, wofür sie arbeiten und sich einzusetzen haben."

Bei KdF reiste die Volksgemeinschaft, nicht der einzelne. Die Gemeinschaft bot den vertrauten Rahmen, in welchem sich der Arbeiter erstmals in die Fremde wagen konnte. Liebe zu „Volk und Vaterland" sollte so entstehen. Ziel war die Steigerung der Kampfbereitschaft.

Rassengesetze und Antisemitismus

Wir haben schon zu Beginn dieser Lektion darauf hingewiesen, daß sich die NSDAP als Weltanschauungspartei verstand und daß eine primitive Rassentheorie den Kern dieser Weltanschauung bildete. Diese Rassentheorie hatte eine nach außen und eine nach innen gewendete Komponente. Nach außen ging es um die Gewinnung von „Lebensraum" für die „eigene Rasse" („Kampf ums Dasein"), nach innen ging es darum, die Schwächung der „eigenen Rasse", die – so die Ideologie – in den letzten Jahrhunderten durch „Blutvermischung" mit „kranken, artfremden Rassen" entstanden sein sollte, zu beenden. Dies war nach Hitler die Hauptaufgabe des *völkischen Staates:*

„Der Staat ist ein Mittel zum Zweck. Sein Zweck liegt in der Erhaltung und Förderung einer Gemeinschaft physisch und seelisch gleichartiger Lebewesen. [...] Wir, als Arier, vermögen uns unter einem Staat also nur den lebenden Organismus eines Volkstums vorzustellen, der die Erhaltung dieses Volkstums nicht nur sichert, sondern es auch durch Weiterbildung seiner geistigen und ideellen Fähigkeiten zur höchsten Freiheit führt. [...] Das Deutsche Reich soll als Staat alle Deutschen umschließen mit der Aufgabe, aus diesem Volk die wertvollsten Bestände an rassischen Urelementen nicht nur zu sammeln und zu erhalten, sondern langsam und sicher zur beherrschenden Stellung emporzuführen." (Hitler, *Mein Kampf*, Bd. 2, München 1933, S. 433, 439.)

Die Nationalsozialisten hatten als erste dem Antisemitismus eine biologistische, rassistische Grundlage gegeben und den Kampf gegen das Judentum in den Mittelpunkt ihrer Weltanschauung gestellt. Sie waren von Anfang an zum Völkermord entschlossen.

Die folgenden 12 Jahre antijüdischer Rassenpolitik lassen sich in zwei Phasen aufteilen:

– die Zeit von 1933 bis 1939, in der die deutschen Juden zunächst politisch und gesellschaftlich zunehmend diskriminiert und isoliert wurden, bis man dazu überging, ihnen ihre Rechte und ihr Eigentum zu nehmen;
– die Zeit von 1939 bis 1945, in der zunächst unsystematisch, bald aber nach genauem Plan der Völkermord an deutschen und europäischen Juden, aber auch an Roma und Sinti und anderen, als „ethnisch minderwertig" bezeichneten Volksgruppen in schrecklicher Weise durchgeführt wurde. Auf diese zweite Phase werden wir genauer in der folgenden Lektion eingehen.

Schon bald nach der „Machtergreifung" im März 1933 entschloß sich Hitler, die schon seit längerer Zeit laufenden Einzelaktionen von SA und SS gegen jüdische Bürger zu bündeln und in einer reichsweiten Aktion zu koordinieren (vgl. zum folgenden: Hermann Graml: *Reichskristallnacht, Antisemitismus und Judenverfolgung im Dritten Reich,* München 1988).

Am 1. 4. 1933 fand ein von der Parteileitung befohlener Boykott jüdischer Geschäfte, Rechtsanwälte und Ärzte statt: Geschäfte wurden beschmiert und demoliert, einstudierte Losungen wurden skandiert ("Deutsche, kauft nicht bei Juden!"), Leute am Einkaufen gehindert. All das vor den Augen der Weltpresse, die man glauben machen wollte, hier entlade sich spontaner deutscher Volkszorn. Im April 1933 verfügte man, daß Beamte und Professoren "die nicht arischer Abstammung sind", in den Ruhestand zu versetzen seien, im Mai wurde den "nichtarischen" Angestellten und Arbeitern im öffentlichen Dienst gekündigt; und die Freiberuflichen mußten ihre Tätigkeit einstellen. Ziel dieser Maßnahmen war die "Arisierung" des öffentlichen Lebens bzw. die gesellschaftliche Isolierung der Juden.

Trotz dieser Maßnahmen verließen im ersten Jahr der nationalsozialistischen Judenverfolgung nur rund 37000 Juden Deutschland. Das lag zum einen daran, daß die westeuropäischen Staaten, aber auch die Länder in Übersee, Einwanderungen nur in sehr engen Grenzen zuließen, zum anderen hing es aber auch damit zusammen, daß viele deutsche Juden hofften, der Spuk werde bald vorbei sein.

Diesen Hoffnungen wurde im September 1935 abrupt ein Ende gemacht: mit den sogenannten *Nürnberger Gesetzen;* sie nahmen den Juden nicht nur die politische Gleichberechtigung, sie verboten auch die Eheschließung zwischen "Juden und Staatsangehörigen deutschen oder artverwandten Blutes" und erhoben außerehelichen Geschlechtsverkehr zwischen deutschen Frauen und jüdischen Männern zum Verbrechen, das mit Gefängnis oder Zuchthaus bestraft werden sollte. Mit dem "Blutschutzgesetz" betrat die Gesetzgebung neues, bisher unbekanntes Terrain: Mit Rassentheorie und Vererbungslehre hatten sich die Juristen zuvor noch nicht beschäftigt. Nun aber mußte in Verordnungen festgelegt werden, wer "Jude" ist, was "Mischlinge" sind, wie sich "Mischlinge ersten Grades" und "Mischlinge zweiten Grades" unterscheiden, was "einfache Mischehen" und was "privilegierte Mischehen" sind usw.: all dies, um der nationalsozialistischen Rassenpolitik eine pseudolegale Gestalt zu geben und sie administrativ in den Griff zu bekommen. Die "jüdische Rasse" wurde dabei unter Rückgriff auf die Religionszugehörigkeit definiert, was die pseudowissenschaftliche Rassenlehre ad absurdum

führte. Diese Aufgabe wurde ohne große Widerstände erfüllt. Die soziale Ächtung und Isolierung der Juden schritt fort.

Ende 1935 setzte dann zusätzlich eine neue Welle von Berufsverboten ein. Einige seien hier genannt:

13. 12. 1935 Juden wird die Approbation zum Arzt unmöglich gemacht.
19. 12. 1935 Juden dürfen nicht mehr Armenanwälte oder Vermögensverwalter sein.
21. 12. 1935 Berufsverbot für jüdische Krankenhausärzte.
21. 12. 1935 Berufsverbot für jüdische Stempelschneider, Fleischbeschauer und Schiedsmänner.
11. 1. 1936 Berufsverbot für jüdische Steuerhelfer.
26. 3. 1936 Jüdische Apothekenbesitzer müssen ihre Apotheken an "Deutschblütige" verpachten.
27. 7. 1936 Nur "Deutschblütige" dürfen eine Gaststätte führen.

Parallel zu den Prozessen der Entrechtung und der gesellschaftlichen Ächtung der Juden lief als vorerst dritte Maßnahme antijüdischer Politik die sogenannte "Lösung der Judenfrage in der Wirtschaft". Der Historiker Hermann Graml schreibt dazu, für die Akteure habe von Anfang an außer Zweifel gestanden,

"daß ,Lösung der Judenfrage in der Wirtschaft' mit ,Ausschaltung der Juden aus der Wirtschaft' zu übersetzen war: Am Ende des Prozesses hatte die Unterbindung jeder Erwerbstätigkeit deutscher Juden und die Enteignung des gesamten jüdischen Besitzes zu stehen: so sollte eine möglichst große Zahl von Juden zur Auswanderung getrieben und die Existenz der in Deutschland verbleibenden Juden nicht allein elend, sondern vor allem auch ganz von der Gnade des Regimes abhängig werden. Wie Hitler schon kurz nach dem Parteitag intern sagte: ,Heraus aus allen Berufen, Ghetto, eingesperrt in ein Territorium, wo sie sich ergehen können, wie es ihrer Art entspricht, während das deutsche Volk zusieht, wie man wilde Tiere sich ansieht.'" (Hermann Graml, a.a.O., S. 162.)

Hatte es 1933 noch rund 100000 jüdische Betriebe gegeben, so zählte man im April 1938 nur noch knapp 40000: Mehr als 60 Prozent waren "liquidiert", oder "arisiert" worden, was nur ein anderes Wort für Zwangsenteignung war. Die völlige Enteignung aller Juden vollzog sich dann nach der sogenannten "Reichskristallnacht", die am 8. und 9. November 1938 stattfand. Dieser größte Judenpogrom vor dem Zweiten Weltkrieg wurde nach außen hin als eine Antwort des deutschen Volkes auf die Ermordung eines deutschen Gesandtschaftsrates in Paris durch den 17jährigen Juden Herrschel Grünspan dargestellt. In Wirklichkeit war es für Hitler und Goebbels ein willkommener Vorwand, um den Terror gegen die jüdische Bevölkerung zu verschärfen. Angestachelt durch die Parteiführung versammelten sich überall in Deutschland am Abend des 8. November Nationalsozialisten und vereinzelt auch Bürger. Hetzreden wurden gehalten und danach die Synagogen angezündet, jüdische Geschäfte und Wohnungen zerstört und geplündert und Juden mißhandelt. Die Aktionen wurden am 9. November fortgesetzt und zwar immer nach demselben Muster: Versammlung - Hetzrede - Befehl - Pogrom.

Die Bezahlung der entstandenen Sachschäden wurde perfiderweise den Juden auferlegt. 1,127 Milliarden Mark flossen so in die Reichskasse. Doch damit nicht genug: Im November und Dezember 1938 wurden weitere Verordnungen erlassen, nach denen sämtliche noch bestehende jüdische Betriebe zu schließen waren und das gesamte jüdische Vermögen auf Sperrkonten deponiert werden mußte. Des weiteren wurden den Juden der Besuch von Kinos, Konzerten und allen anderen Veranstaltungen „deutscher Kultur" verboten, und es wurden Sperrbezirke und Sperrzeiten für Juden benannt, die sie in ihrer Bewegungsfreiheit und Selbstbestimmung drastisch einschränkten. Am Vorabend des Zweiten Weltkrieges war damit ein Zustand erreicht, der kaum noch zu verschärfen war. Noch einmal verließen 80 000 Juden das Land.

C. Arbeitsteil

Reichspropagandaminister Goebbels über die nationalsozialistische Revolution:

„Es gibt zwei Arten eine Revolution zu machen. Man kann einmal den Gegner so lange mit Maschinengewehren zusammenschießen, bis er die Überlegenheit dessen anerkennt, der im Besitz dieser Maschinengewehre ist. Dies ist der einfachere Weg. Man kann aber auch durch eine Revolution des Geistes die Nation umgestalten und damit den Gegner nicht vernichten, sondern sogar gewinnen. Wir Nationalsozialisten sind

den zweiten Weg gegangen und werden ihn weitergehen."
(Zitiert nach Albrecht, a. a. O., S. 253.)

Hitler über die Rolle der Propaganda:

„An wen hat sich die Propaganda zu wenden? [...] Sie hat sich ewig nur an die Masse zu richten." (Hitler, Mein Kampf, 1939, S. 196) - „Jede Propaganda hat volkstümlich zu sein und ihr geistiges Niveau einzustellen nach der Aufnahmefähigkeit des Beschränktesten unter denen, an die sie sich zu richten gedenkt." (ebd., S. 197) - „Gerade darin liegt die Kunst der Propaganda, daß sie, die gefühlsmäßige Vorstellungswelt der großen Masse begreifend, in psychologisch richtiger Form den Weg zur Aufmerksamkeit und weiter zum Herzen der breiten Masse findet." (ebd., S. 198) „Es ist ein Staats- und Volksinteresse ersten Ranges, zu verhindern, daß diese Menschen <die „Einfältigen und Leichtgläubigen"> in die Hände schlechter oder gar übelwollender Erzieher geraten. Der Staat [...] muß dabei besonders der Presse auf die Finger sehen [...]; er muß mit rücksichtsloser Entschlossenheit sich dieses Mittels der Volkserziehung versichern und es in den Dienst des Staates und der Nation stellen." (ebd., S. 264)

Arbeitsaufgaben

1. *Erläutern Sie, durch welche Maßnahmen die Nationalsozialisten eine „Revolution des Geistes" durchführen wollten. Inwiefern widersprachen die Maßnahmen einem Begriff des „Geistes" im Sinne eines mündigen, d. h. kritischen, selbständigen und verantwortungsbewußten Denkens?*

2. *Welche Konsequenzen ergeben sich aus Hitlers Überlegungen zur Rolle der Propaganda?*

Reichsminister des Innern Wilhelm Frick über den Neuaufbau des Reiches, 19. 9. 1936

„Die nationalsozialistische Weltanschauung gründet sich auf das deutsche Volk; das heißt, alle Maßnahmen für den Neubau des Reiches müssen mit dem Maßstab der Nützlichkeit für das Volk gemessen werden. [...]
Was dem Volke in einem höheren Sinne nützlich ist, kann man nur erkennen, wenn man sich darüber klar ist, was Volk bedeutet.
Volk ist nicht ohne weiteres eine nur zufällig unter einer Herrschaft zusammengefaßte Summe von menschlichen Lebewesen ohne Rücksicht auf Abstammung, Sprache usw. [...]
Volk ist ein Wesen, das sein eigenes Leben führt und eigenen Gesetzen folgt, das nur ihm selbst eigentüm-

liche Kräfte besitzt und seine eigene Art aus sich selbst ständig entwickelt. Zum Volk gehört vor allem eine geschichtlich gewachsene Blutsgemeinschaft. [...]
Im tiefsten Grunde hat der Nationalsozialismus keine neue Spielart der Staatsidee gebracht, sondern die Idee des artgleichen deutschen Volkes an die Stelle des herkömmlichen Staatsdenkens gesetzt. Damit ist klargestellt, daß sich der Aufbau des Reiches nach völkischen Grundsätzen vollziehen muß.
Dies bedeutet auf staatsrechtlichem Gebiet vor allem die bewußte Überwindung des individualistisch-liberalistischen Denkens durch ein neues Gemeinschafts- und Ganzheitsdenken. [...]
Als nicht den völkischen Grundsätzen entsprechend, ist daher der sich auf der formalen Gleichheit und auf der von jeder Gemeinschaftsbindung freien Einzelpersönlichkeit aufbauende demokratische und liberale Staat abzulehnen. Parlamentarismus und formale Demokratie passen nicht zum deutschen Volk. An ihre Stelle mußte der von einem verantwortlichen Führer geleitete echte Volksstaat treten. Der Nationalsozialismus hatte diese politische Form spezifisch deutschen Wesens bereits in seiner Parteiorganisation geschaffen; sie galt es, auch im Staatsleben zu verwirklichen.
Das Wesen dieses so entstehenden nationalsozialistischen Führerstaates besteht einmal darin, daß an der Spitze ein Führer steht, dessen Geist und Wille den Staat beseelt und gestaltet, ihm sein Gepräge gibt. Bei ihm liegt die höchste und letzte Entscheidung in allen Angelegenheiten des Staates. In seiner einen Hand ruht damit letzten Endes alle Macht. ‚Es muß ein Wille sein, und es muß ein Wille führen.‘ Der Führer teilt den einzelnen Organisationsformen des Volkes, der Partei, dem Heere, der Verwaltung, den ständischen und wirtschaftlichen Selbstverwaltungseinrichtungen ihre Aufgabe zu. Es ist die höchste Einheit aller Erscheinungsformen des Volkes. Der Führer trägt allein die Verantwortung gegenüber der Volksgemeinschaft. [...]
Zum Führer gehört die Gefolgschaft. Der Führer führt daher nicht mit Hilfe äußerer Zwangsmittel, sondern durch die Überzeugungskraft seiner Leistung. Um der Gemeinschaft willen unterstellt die Gefolgschaft sich in freiwilligem Dienst dem Führer. [...]
Der nationalsozialistische Führerstaat muß daher begrifflich ein Einheitsstaat sein. Zwei Staatswillen nebeneinander sind im Führerstaat ein Unding.

Die Voraussetzung für die Durchsetzung dieses nationalsozialistischen Führerstaates war das Bestreben einer Organisation, die, wie der Führer sagt, diesem Zweck als Mittel dienen will. Diese Organisation ist für die Nationwerdung des deutschen Volkes die nationalsozialistische Bewegung. [...] Dem Staat liegt die Durchführung des durch den Führer und die Bewegung verkörperten Volkswillens ob. [...]
Das Fundament aller nach der Machtübernahme durch den Führer erfolgten gesetzgeberischen Akte bildet das bereits am 24. März 1933 vom Reichstag mit verfassungsändernder Mehrheit beschlossene Gesetz zur Behebung der Not von Volk und Reich. [...] Dieses sogenannte ‚Ermächtigungsgesetz‘ [...] beseitigte im Reich den verantwortungslosen Parlamentarismus und setzte an seine Stelle das verantwortliche Führertum des Kanzlers und der von ihm geführten Reichsregierung. Es räumt mit der die Staatsgewalt aufspaltenden Gewaltenteilung in Regierung, Gesetzgebung und Rechtspflege auf, indem es Regierung und Gesetzgebung für die Regel in einer Hand vereinigt. [...]
Das Gesetz über das Staatsoberhaupt des Deutschen Reichs brachte somit die vollkommene Verwirklichung des nationalsozialistischen Führerprinzips. Die gesamte Staatsgewalt in Deutschland ruht nunmehr bei dem Führer und Reichskanzler; politische Führung, Gesetzgebung und Verwaltung sind in seiner Hand vereinigt. Außerdem ist er der oberste Gerichtsherr. Die drei tragenden Säulen des Reichs: Bewegung, Staatsverwaltung und Wehrmacht, gehorchen alle dem gleichen Führer.“
(Zitiert nach: W. Michalka [Hg.], *Das Dritte Reich*, Bd. 1, München 1985, S. 60 f.)

Arbeitsaufgaben

3. *Erklären Sie, welchen Volksbegriff der Nationalsozialist Frick hat, und welche Folgen dieser für den Staat beinhaltet. Gehen Sie dazu auf die zentralen Textpassagen ein.*

4. *Wodurch unterscheidet sich der neue Führerstaat von dem bisherigen demokratischen Staat?*

Lektion 16
Nationalsozialistische Außenpolitik (1933–1945)

A. Überblick

Die Gewinnung von „Lebensraum" für die sogenannte „germanische Herrenrasse" und die Versklavung und Ermordung der sogenannten
„minderwertigen Rassen" stehen im Mittelpunkt
der nationalsozialistischen Weltanschauung.
Aus dieser Weltanschauung ein politisches Programm zu machen und dieses Programm in die
Tat umzusetzen, darauf richtete sich Hitlers ganzes Handeln. Wie er vorging und welche Folgen
das hatte, ist Inhalt dieser Lektion.

Dabei werden zunächst die Grundlagen der
„Lebensraumkonzeption" betrachtet. Danach
wird auf die Bedeutung des Krieges für die
Durchsetzung dieser Konzeption eingegangen.
Im Krieg, so wird sich zeigen, sah Hitler das einzige Mittel, seine Ziele zu verwirklichen. Die
nationalsozialistische Diplomatie war deshalb
nichts anderes als Kriegsvorbereitung: das
Suchen von Verbündeten und das Isolieren möglicher Gegner. Deswegen wird anschließend die
Außenpolitik der wichtigsten europäischen
Staaten kurz umrissen. Es folgt die Darstellung
des Holocaust: Mit Kriegsbeginn im Juli 1939
werden die nationalsozialistischen Pläne zur
Zwangsumsiedlung, Versklavung und Ermordung der Juden und der slawischen Völker nach
und nach in die Tat umgesetzt. Die Lektion
schließt mit einer kurzen Schilderung der Ausweitung und des Endes des Krieges.

Zeittafel

1933
    14. Oktober: Deutschland verläßt die 2. In-
    ternationale Abrüstungskonferenz und tritt
    aus dem Völkerbund aus.

1935
    16. März: Wiedereinführung der allgemei-
    nen Wehrpflicht, einseitige Aufhebung der
    militärischen Bestimmungen des Versailler
    Vertrages.

1936
    7. März: Einmarsch deutscher Truppen in
    das durch die Bestimmungen des Versailler
    Vertrages entmilitarisierte Rheinland, Ver-
    letzung des Locarno-Vertrages.
    9. September: Verkündung des „Vierjahres-
    plans": Herstellung der Kriegsfähigkeit in
    vier Jahren.

1938
    12. Februar: Einmarsch deutscher Truppen
    in Österreich.
    29. September: Münchener Konferenz zwi-
    schen Hitler, Mussolini, Chamberlain und
    Daladier beschließt u. a. die Abtretung der
    sudetendeutschen Gebiete an das Deutsche
    Reich.

1939
    15. März: Einmarsch deutscher Truppen in
    die Tschechoslowakei.
    23. August: Abschluß des deutsch-sowjeti-
    schen Nichtangriffspaktes, sogenannter
    „Hitler-Stalin-Pakt".
    1. September: Beginn des deutschen An-
    griffs auf Polen, Entfesselung des Zweiten
    Weltkriegs.

1940
    10. Mai: Deutscher Angriff auf die Benelux-
    Staaten und Frankreich.

1941
    22. Juni: Deutscher Angriff auf die Sowjet-
    union.
    11. Dezember: Kriegserklärung Deutsch-
    lands an die USA.

1942
    20. Januar: „Wannsee-Konferenz", Ankün-
    digung der „Endlösung der Judenfrage".

1944
    6. Juni: Alliierte Invasion in Nordwestfrank-
    reich.
    20. Juli: Attentat Stauffenbergs auf Hitler.

1945
    7.–9. Mai: Unterzeichnung der deutschen
    Kapitulation, Waffenruhe in Europa.

Zentrale Begriffe

Lebensraumpolitik – Führerstaat – Blitzkrieg –
Hitler-Stalin-Pakt – Warschauer Ghetto – Konzentrationslager

Lernziele

Nach dieser Lektion sollten Sie wissen, auf welchen ideologischen Grundlagen die nationalsozialistische Expansionspolitik beruhte, und vor
diesem Hintergrund die nationalsozialistische
Außenpolitik beurteilen können. Sie sollten die
Mittel, aber auch die Umstände beschreiben
können, die es Hitler anfänglich ermöglichten,
seine Ziele und Vorstellungen durchzusetzen,
und sie sollten schließlich die menschenverach-
tenden Konsequenzen dieser Politik, die zum
Rassen- und Vernichtungskrieg führte, kennen
und beurteilen können.

Anmerkungen zur Sendung

Die Sendung befaßt sich am Beispiel Polens mit
dem nationalsozialistischen „Rassen- und Vernichtungsprogramm". Die Darstellung erfolgt
unter den folgenden vier Gesichtspunkten:

1. Zwangsaus- und Zwangsumsiedlung von
   Polen und Deutschen,
2. Versklavung der sogenannten „minderwertigen Rassen",
3. Ghettoisierung der jüdischen Bevölkerung,
4. Vernichtungslager.

B. Darstellung

Die „Lebensraum"-Ideologie

Als Adolf Hitler nach seinem gescheiterten
Putsch im Jahre 1923 in Festungshaft in Lands-
berg saß, begann er mit der Niederschrift seines
Programms. Es trug den bezeichnenden Titel
„Mein Kampf". Dieses Buch, nach der Macht-
übernahme viel verbreitet, aber wenig gelesen,
ist das wichtigste Zeugnis der Weltanschauung
Hitlers und damit der NSDAP. In ihm finden
sich unter anderem folgende grundsätzliche
Aussagen:

Die „völkische Weltanschauung [...] sieht im Staat
prinzipiell nur ein Mittel zum Zweck und faßt als seinen Zweck die Erhaltung des *rassischen Daseins der
Menschen* auf. Sie glaubt somit keineswegs an die

Gleichheit der Rassen, sondern erkennt mit ihrer Ver-
schiedenheit auch ihren *höheren oder minderen Wert*
und fühlt sich durch diese Erkenntnis verpflichtet,
gemäß dem *ewigen Wollen,* das dieses Universum
beherrscht, den *Sieg des Besseren, Stärkeren* zu fördern, die Unterordnung des Schlechteren und Schwä-
cheren zu verlangen. Sie huldigt damit prinzipiell dem
aristokratischen Grundgedanken der Natur und glaubt
an die Geltung dieses *Gesetzes* bis herab zum letzten
Einzelwesen. [...] Damit entspricht die völkische
Weltanschauung dem *innersten Wollen der Natur,* da sie
jenes *freie Spiel der Kräfte* wiederherstellt, das zu einer
dauernden gegenseitigen *Höherzüchtung* führen muß,
bis endlich dem besten Menschentum, durch den
erworbenen Besitz dieser Erde, freie Bahn gegeben
wird zur Betätigung auf Gebieten, die teils über, teils
außer ihr liegen werden. Wir alle ahnen, daß in ferner
Zukunft Probleme an den Menschen herantreten können, zu deren Bewältigung nur eine *höchste Rasse als
Herrenvolk,* gestützt auf die Mittel und Möglichkeiten
eines ganzen Erdballs, berufen sein wird." (Hitler,
Mein Kampf, Berlin 1939, S. 421–422, Hervorhebungen
vom Verf.)

Das „innerste Wollen der Natur", das Gesetz des
Lebens, ist nach dieser Auffassung der Kampf
der Rassen ums Dasein. In diesem biologischen
Auslesekampf gilt das „freie Spiel der Kräfte",
d. h. die stärkere Rasse – oder nach nationalsozialistischer Terminologie: die Rasse mit dem
reineren Blut – wird naturnotwendig die schwä-
chere Rasse unterwerfen, die sich als Rasse von
„minderem Wert" erweist. Nach der Ideologie
der Nationalsozialisten ist die nordische Rasse,
die sich – so die Behauptung – am reinsten im
deutschen Volk bewahrt habe, eine Rasse von
„hohem Wert". Sie ist zum „Herrenvolk"
bestimmt. Diese „Bestimmung" aber kann sich
nur dann erfüllen, wenn es eine Partei gibt, die
dem „Herrenvolk" politisch den Weg bahnt und
seine Mission erfüllt. Diese Partei wollte die
NSDAP sein. Sie sah sich als politischer Vollstrecker eines für sie gültigen Naturgesetzes, das
zugleich ein unumstößliches historisches Gesetz
sein sollte. Die NS-Ideologie kannte nur die
Schwarzweißmalerei: „Menschen" und „Unter-
menschen", „Arier" und „Nichtarier". Hitler,
Himmler, Goebbels und andere führende NS-
Größen entsprachen allerdings keineswegs dem
propagierten Ideal des „Ariers".
Nach der Ideologie der Nationalsozialisten ist
die Geschichte der Völker ebenso wie das Wachstum eines Organismus biologischen Gesetzen

unterworfen. Aus dieser Behauptung wird die Konsequenz gezogen, daß Wachstum und Ausdehnung der Völker naturbedingt seien und zum Kampf um ein zunehmend knapper werdendes Gut führen würden: den Boden. Ziel aller Politik müsse es deshalb sein, dem eigenen Volk den „Lebensraum" zu sichern und zwar durch eine gewaltsame *Raumpolitik*. In der Formulierung Hitlers:

„Nur ein genügend großer Raum auf dieser Erde sichert einem Volke die Freiheit des Daseins." (Hitler, *Mein Kampf*, S. 728.)

„Raumpolitik" war aber nicht einfach nur territoriale Eroberung, wie sie ja die Geschichte bisher auch schon kannte, „Raumpolitik" war Bestandteil einer *völkischen Rassenpolitik*. D. h. es ging nicht nur um Eroberung, sondern um Ansiedelung der „wertvollen Rasse" auf dem Boden der „minderwertigen Rassen". Letztere hatten bestenfalls Sklavendienste zu leisten, waren „Kulturdünger", wie es Heinrich Himmler mit einem zynischen Wort ausdrückte. Diese „völkische Raumpolitik" richtete sich gegen den Osten:

„Wenn wir aber heute in Europa von neuem Grund und Boden reden, können wir in erster Linie nur an Rußland und an die untertanen Randstaaten denken." (Hitler, *Mein Kampf*, S. 742.)

Rußland lag nach Hitlers Auffassung geostrategisch günstig und verfügte über fruchtbare Böden und wertvolle Bodenschätze; Rußland war besiedelt von nach nationalsozialistischer Auffassung „minderwertigen" slawischen Völkern, und nicht zuletzt war dort der Bolschewismus zu Hause, gegen den ein Vernichtungskrieg zu führen beabsichtigt war.

Kriegsvorbereitungen

Hitler und die NSDAP gingen von Anfang an wie selbstverständlich davon aus, daß jede Politik letztlich auf Krieg hinauslaufe, ja daß es der Sinn von Politik sei, Kriege vorzubereiten. Dahinter standen:

– Ein trivialer *Sozialdarwinismus,* der das Recht des Stärkeren und den Kampf der Rassen zum Naturgesetz erhob.
– Ein nationalsozialistischer *Militarismus,* der sich bereits im Deutschen Kaiserreich herausgebildet und zur Durchdringung der Gesellschaft mit militärischem Denken und zu militärischen Umgangsformen geführt hatte.

– Der *Erste Weltkrieg,* der gezeigt hatte, wie – war einmal das ob entschieden – Krieg im Zeitalter fortgeschrittener Industrialisierung erfolgreich zu führen war; nämlich nur dann, wenn alle technischen, wirtschaftlichen und gesellschaftlichen Kräfte auf das eine Ziel hin: die Vernichtung des Gegners mobilisiert wurden.

– Die *russische Revolution* von 1917, die mit ihren egalitären, internationalistischen und materialistischen Ideen den Haß der soldatisch-völkischen Sozialdarwinisten auf sich zog. Begründet wurde der Haß auf die Bolschewisten mit dem auf die Juden, gegen die sich die Aggressionen der Nationalsozialisten in erster Linie richteten: Die nationalsozialistische Propaganda behauptete, die Revolution sei ein Komplott der Juden gewesen mit dem Ziel der Weltbeherrschung.

– Der *Versailler Vertrag* von 1919, der in den Augen der Nationalsozialisten den Beweis erbracht hatte, daß es den „kapitalistischen Staaten" des Westens darum ging, Deutschland auf Dauer in Fesseln zu legen und ihm sein „Lebensrecht" zu nehmen.

Ausgehend von diesen „Überzeugungen" und „Erfahrungen" sah Hitler die wichtigste Aufgabe des Staates darin, zum einen die deutsche Bevölkerung zu militarisieren, sie also auf einen Krieg psychisch und physisch vorzubereiten, zum anderen die militärische Schlagkraft der Reichswehr wesentlich zu stärken.

Die Militarisierung der Bevölkerung erfolgte in allen gesellschaftlichen Bereichen. Ganz allgemein gilt, daß mit dem Aufbau des „Führerstaates" und der damit verbundenen „Ausschaltung" jeder Opposition (vgl. L. 15, S. 20 ff.) ganz gezielt der Versuch unternommen wurde, die Gesellschaft insgesamt nach dem Prinzip von Befehl und Gehorsam neu zu ordnen, also nach militärischen Handlungs- und Denkweisen, die dazu dienen, die „Truppe" zu einer leicht lenkbaren und schlagkräftigen Waffe zu machen. So gesehen war der *Führerstaat* von Anfang an als soldatischer Staat konzipiert, in dem jeder „Volksgenosse" sein Leben nach soldatischen Tugenden (strengste Disziplin und Gehorsam bis zur Selbstverleugnung) zu führen hatte. Robert Ley brachte die Militarisierung auf folgende Formel:

„Die beste Sozialordnung ist die soldatische für alle Zeiten." (R. Ley, *Durchbruch der sozialen Ehre*, S. 193.)

Aufrüstung

Parallel zur Militarisierung der Bevölkerung erfolgte der Aufbau der Reichswehr. Dabei ging es Hitler zunächst darum, deren militärische Führung, die eher konservativ-preußisch als nationalsozialistisch-völkisch dachte, in die NS-Politik einzubinden. Dies gelang dadurch, daß Hitler nach der Machtkonsolidierung nicht länger auf die SA als Basis für eine Volksmiliz setzte, sondern der Berufsarmee das militärische Machtmonopol zusprach. So in ihrem Bestand gesichert, war die alte militärische Führung nicht nur bereit, sich auf Hitler als Staatsoberhaupt vereidigen zu lassen, sondern auch dazu, die ihrer Ansicht nach „guten Seiten" des Nationalsozialismus, nämlich seinen Militarismus, nachhaltig zu unterstützen.

Der Aufbau der Reichswehr (seit 1935: Wehrmacht) als Angriffswaffe im „Lebensraumkampf" vollzog sich in zwei Phasen. Zunächst - bis März 1935 - erfolgte ein getarnter Aufbau, weil man bei einer offenen Aufrüstung einen französischen oder polnischen Präventivschlag befürchtete, dem das durch den Versailler Vertrag auf 100 000 Mann begrenzte Heer nicht gewachsen gewesen wäre. Ziel war zunächst die Aufstellung eines 21 Divisionen starken Heeres von 300 000 Mann mit einjähriger Wehrpflicht. Dieses Ziel wurde Anfang 1935 erreicht. Im März 1935, nach der Rückgabe des Saargebietes an Deutschland, proklamierte Hitler dann die *deutsche Wehrhoheit*. Gleichzeitig wurde mit dem *Gesetz für den Aufbau der Wehrmacht* (März 1935) die zweite, offene Phase des militärischen Aufbaus begonnen. Grundlage war die Verkündung der allgemeinen Wehrpflicht mit einjähriger Dienstzeit. Den folgenden Zahlen ist zu entnehmen, mit welcher Schnelligkeit die Stärke des Heeres gesteigert wurde:

November 1935:	400 000 Mann
Oktober	1936:	520 000 Mann
Oktober	1937:	590 000 Mann
Oktober	1938:	760 000 Mann

Als Deutschland dann im September 1939 den Krieg mit dem Angriff auf Polen begann, war das Heer unter quantitativen Gesichtspunkten zwar noch nicht „kriegsfertig", dennoch vertraute man auf einen Erfolg, weil man auf eine überlegene Waffentechnik und auf den Überraschungseffekt setzte. Darauf hatte bereits 1935 General *Freiherr von Fritsch* gebaut:

„Ein Zukunftskrieg wird aller Voraussicht nach ganz überraschend ausbrechen. Der politischen Spannung wird unmittelbar die militärische Aktion folgen. [...] Überraschender Einbruch entspricht ferner am meisten der Wesensart motorisierter, mechanisierter Luft- und Streitkräfte".
(Zitiert nach: Schottelius/Caspar: Die Organisation des Heeres 1933–39, in: *Deutsche Militärgeschichte in sechs Bänden. 1648 bis 1939*, hg. vom Militärgeschichtlichen Forschungsamt, München 1983, S. 300–301.)

Der Krieg der Zukunft war also der Überraschungskrieg (d. h. der nicht erklärte Krieg) und der Technikkrieg, wie er sich bereits im Ersten Weltkrieg abgezeichnet hatte. Dieser Einschätzung gemäß legte die Wehrmacht großes Gewicht auf den Aufbau motorisierter Verbände, insbesondere auf den Aufbau einer modernen Panzerwaffe, die losgelöst von anderen Verbänden im feindlichen Gebiet operieren und dem Krieg eine neue Geschwindigkeit geben sollte. Die 1938 erfolgte Ernennung des Panzergenerals *Guderian* zum „Chef der Schnellen Truppen" war eine wichtige Station auf dem Weg zu einer Strategie, die dann später im Polen-Feldzug als *Blitzkrieg* weltweit bekannt wurde.

Der erhöhten Geschwindigkeit (die durch den Aufbau der Luftwaffe und später durch die Raketentechnik noch weiter gesteigert wurde) trat eine Verstärkung der militärischen Schlagkraft durch die *Verbesserung der Kommunikation* zwischen den verschiedenen Einheiten und Waffengattungen an die Seite. Das war Aufgabe der Nachrichtentruppe. Allein die Tatsache, daß sich die Anzahl ihrer Regimenter zwischen 1932 und 1939 mehr als verzehnfachte, unterstreicht die militärische Bedeutung schneller Informationsflüsse. Durch die Verwendung von neuen Feldkabeln, Trägerfrequenzgeräten, Fernschreibern und Ultrakurzwelle, durch die Ausstattung der Panzerverbände mit Funkgeräten, durch Radar und Rakete wurde der Zweite Weltkrieg zum ersten High-Tech-Krieg.

16

NS-Außenpolitik

Ziele

Die letztlich auf einen großen europäischen Krieg hinzielende nationalsozialistische Weltanschauung prägte deutlich auch die Außenpolitik. Hier galt:

- Loslösung Deutschlands aus dem System der kollektiven Sicherheit: dem Völkerbund.
- Beseitigung aller durch den Versailler Vertrag noch vorhandenen Einengungen der außenpolitischen Bewegungsfreiheit.
- Aufbau einer europäischen Vormachtstellung (Hegemonie) durch eine forcierte Aufrüstung und durch Bündnisse mit anderen faschistischen Staaten.
- Nutzung der Machtposition zur erpresserischen Durchsetzung einer deutschen „Volkstumspolitik" gegenüber kleineren osteuropäischen Staaten.
- Beginn eines „Rassen- und Raumkrieges" zum frühestmöglichen Zeitpunkt.

Ende der Diplomatie

Der erste Schritt wurde bereits 1933 mit dem *Austritt aus dem Völkerbund* getan. Der Völkerbund, 1918 auf Anregung des amerikanischen Präsidenten *Thomas Woodrow Wilson* geschaffen, hatte den Zweck, die nationalstaatlichen Interessen und Gegensätze durch internationale Verträge, durch Sicherheitsgarantien und durch Abrüstung zu entschärfen und den Krieg als Mittel der Politik zu ächten. Ein solches vernünftiges, die traditionelle Außenpolitik revolutionierendes System stieß allerdings bei zahlreichen Staaten, die sich nicht vom Machtstaatsdenken lösen konnten, auf erhebliche Widerstände. Insbesondere den Nationalsozialisten waren kollektive Sicherheitssysteme ein Greuel. Sahen sie darin doch nur ein „unnatürliches", vom „internationalen Judentum" geschaffenes Instrument zur Unterdrückung des für „natürlich" gehaltenen deutschen Ausdehnungsdranges. Hitler jedenfalls nutzte im Oktober 1933, als ein englischer Abrüstungsplan am französischen Widerstand scheiterte, die erste Gelegenheit, um diesem System den Rücken zu kehren: Mit dem Argument, die hochgerüsteten europäischen Staaten wollten offensichtlich gar nicht abrü-

sten, während Deutschland doch weitgehend „entwaffnet" sei, gab er am 14. Oktober den Austritt aus dem Völkerbund bekannt. Nachdem ein halbes Jahr zuvor schon Japan aus dem Völkerbund ausgetreten war, hatte die Genfer Einrichtung noch mehr an Bedeutung eingebüßt.

Hitler ging aber noch einen Schritt weiter. Durch das 1934 in Gang gesetzte, groß angelegte Aufrüstungsprogramm (Steigerung der Militärausgaben um 90 Prozent) machte er alle mit der Völkerbundidee verknüpften Hoffnungen auf Abrüstung zunichte. Mit der Folge, daß auch die anderen europäischen Staaten ihr Militärbudget erhöhten und daß die Idee der Abrüstung von der Realität eines neuen *Wettrüstens* verdrängt wurde (wobei allerdings Deutschland zwischen 1933 und 1938 mehr Geld für die Rüstung ausgab als England, Frankreich und die Vereinigten Staaten zusammen). Zur Logik des Wettrüstens gehörte es dann selbstverständlich auch, daß Hitler im März 1935 die *Wiedereinführung der allgemeinen Wehrpflicht* beschloß und die Aufstellung eines 36 Divisionen starken Heeres befahl, um damit seinen Anspruch auf militärische „Gleichberechtigung" durchzusetzen. Diese „Gleichberechtigung" war bisher durch Frankreichs Bedenken verhindert worden – was auch einen Grund für den Austritt aus dem Völkerbund darstellte.

Besonders Frankreich betrachtete die deutsche Aufrüstung mit wachsendem Mißtrauen. Ein militärisches Eingreifen schloß man aber aus. Stattdessen versuchte Frankreich, Deutschland auf dem Wege der Bündnispolitik zu isolieren. So bemühte man sich, sowohl die sogenannte *Kleine Entente* (Frankreich-Jugoslawien-Rumänien-Tschechoslowakei-Polen) wieder enger zusammenzubringen als auch deutsche Ansprüche auf Österreich bereits im Vorfeld abzuwehren. Letzteres geschah durch die *Entschließung von Stresa* (14. 4. 1935), in der Frankreich, Italien und Großbritannien die Unabhängigkeit Österreichs nachdrücklich bekräftigten. Doch zu einer Isolierung Deutschlands kam es nicht. Denn

1. war Frankreichs Außenpolitik insgesamt wenig zielstrebig;
2. verfolgte England auf dem europäischen Kontinent im Prinzip eine Politik der Nichteinmischung *(Disengagement)* und Beschwichtigung *(Appeasement)*, war also

bereit, deutschen Ansprüchen tendenziell nachzugeben;

3. hatte das faschistische Italien selbst wenig Interesse an einem System kollektiver Sicherheit, wollte es doch in Afrika (und das heißt gegen Frankreich und England) imperialistische Großmachtpolitik betreiben;

4. gab es unter den Kleinstaaten Osteuropas wegen Gebiets- und Nationalitätsfragen erhebliche Spannungen, die gemeinsames Handeln unwahrscheinlich erscheinen ließen.

So war die französische Einkreisungspolitik letztlich doch nur ein Papiertiger, der Hitler wenig erschrecken mußte. Das wurde um so deutlicher, als Italien im Oktober 1935 mit dem *Angriff auf Abessinien* seine Großmachtträume in die Tat umzusetzen begann und sich die englisch-französische Schaukelpolitik in aller Klarheit zeigte: England und Frankreich gaben Abessinien gegen alle Regeln des Völkerbundes dem italienischen Diktator *Benito Mussolini* in der vagen Hoffnung preis, er werde weiterhin deutschen Expansionswünschen entgegentreten. Gleichzeitig versuchten sie durch halbherzige, gegen Italien gerichtete Wirtschaftssanktionen, international das Gesicht zu wahren. Doch im Endeffekt verärgerten die Sanktionen nur den „Duce". Er begann in einer diplomatischen Kehrtwende, engere Kontakte zu Deutschland zu knüpfen.

All das ermutigte Hitler. Die italienischen Angebote an ihn und die Zahnlosigkeit der englischen und französischen Politik gegenüber dem italienischen Aggressor ließen es ihm möglich erscheinen, nun selbst „aus der Passivität herauszutreten": Im Januar 1936 beschloß Hitler, unter *Bruch des Vertrags von Locarno* ins entmilitarisierte Rheinland einzumarschieren. Das geschah am 7. März, und wie erhofft – Rom, London und Paris nahmen, wenn auch unter Protest, den Vertragsbruch hin. Die Folge war nicht nur eine Stärkung von Hitlers Position im Innern und eine Erweiterung seines Handelsspielraums nach außen, sondern auch eine erhebliche Schwächung von Frankreichs Prestige bei den osteuropäischen Staaten: Polen, Ungarn, Rumänien und die Tschechoslowakei mußten zu dem Schluß kommen, daß sie in Paris keinen zuver-

lässigen Garanten ihrer Sicherheit mehr hatten und daß sie mehr oder weniger schutzlos einem weiteren deutschen Expansionsstreben ausgeliefert waren. Die Machtlage auf dem Kontinent hatte sich also 1936 wesentlich zugunsten Hitlers geändert.

Antikominternpakt

Dieser Trend verstärkte sich noch, als im Juli 1936 der spanische General *Francisco Franco* die legale Madrider Regierung durch einen Putsch beseitigte, was zum offenen Ausbruch des Bürgerkrieges führte. Mussolini entschloß sich unverzüglich zur Intervention auf seiten der um Hilfe suchenden Putschisten. Er glaubte, Spanien so „mit dem Geschick des römischen Imperiums" verbinden zu können. Hitler unterstützte das italienische Engagement, um Mussolini ganz auf seine Seite zu ziehen. Das gelang: Deutschland und Italien erkannten gegenseitig ihre Ansprüche auf *Expansionsräume* an – Italien beanspruchte das Mittelmeer, Deutschland Osteuropa –, und im November 1936 verkündete Mussolini das Bestehen einer *Achse Rom-Berlin*. Diese „Achse" wurde wenig später zu einem weltpolitischen „Dreieck" ausgeweitet, nämlich durch die Unterzeichnung eines deutsch-japanischen Vertrages im November 1936, der beide Teile zur Bekämpfung der Kommunistischen Internationale verpflichtete (deshalb *Antikomintern-Pakt*) und die Sowjetunion damit gewissermaßen in eine deutsch-japanische Zange nahm; der darüber hinaus aber (in einem geheimen Zusatzprotokoll) Japan auch einen Freibrief für ein verstärktes Engagement im Pazifischen Raum gab. Damit war neben dem Mittelmeerraum und Osteuropa nun ein dritter Bereich genannt – nämlich Südostasien –, der zur Herrschaftssphäre eines Staates erklärt wurde: Der imperialistische Faschismus hatte sich formiert (Italien trat im November 1937 dem Antikominternpakt bei).

„Anschluß" Österreichs

Im November 1937 unterrichtete Hitler die Wehrmachtsführung von seinem „Entschluß", möglichst bald mit einer Lösung der deutschen „Raumfrage" durch einen Angriff auf Österreich und die Tschechoslowakei zu beginnen. Entsprechende militärische Pläne wurden sogleich ausgearbeitet. Doch fiel Österreich wenig später fast von selbst in Hitlers Hand.

Denn die dortige reaktionäre Regierung unter *Kurt Schuschnigg* stand schon seit längerem unter dem heftigen Druck der österreichischen Nationalsozialisten und mußte sich in Ermangelung internationaler Unterstützung zunehmend deutschen Pressionsversuchen beugen. Nachdem Schuschnigg bereits im Februar 1938 von Hitler bei einem Treffen in Berchtesgaden zur Anerkennung einer praktischen *Gleichschaltung Österreichs* in außenpolitischen Fragen gezwungen worden war, gab Hitler am 11. März 1938 den Befehl zum Einmarsch in Österreich. Die deutschen Truppen stießen weitgehend auf Begeisterung der Österreicher, so daß Hitler ohne nennenswerte Widerstände am 13. März 1938 die *Eingliederung Österreichs* als „Ostmark" verkünden konnte.

Mussolini stimmte der „Eingliederung" zu, Frankreich und England protestierten, hielten aber die Entwicklung für unabänderlich: Frankreich, weil es sich ohne britische Rückendeckung nicht für handlungsfähig hielt, und Großbritannien, weil es ohne Beistand der isolationistischen USA auch nicht eingreifen wollte. Davon abgesehen waren die Briten der Ansicht, daß eine österreichische und auch eine tschechische Neuordnung grundsätzlich hinzunehmen seien, sofern sie ohne Waffengewalt stattfänden. Und in Österreich war es zum Waffeneinsatz ja nicht gekommen.

„Zerschlagung" der Tschechoslowakei

Dazu kam es dann auch beim Einmarsch in die Tschechoslowakei nicht. Hier ging es vordergründig um die Situation der Sudetendeutschen, die angeblich von der Prager Regierung in die Knechtschaft getrieben wurden. Tatsächlich genossen die Sudetendeutschen alle demokratischen Rechte, wenngleich ihnen die gewünschte Autonomie vorenthalten wurde. Gerade das aber verlangten nun die sudetendeutschen Nationalsozialisten, wobei sie von Berlin entschlossen unterstützt wurden. Hitler gab im März 1938 die Weisung aus, „immer soviel zu fordern, daß wir nicht zufriedengestellt werden können", um auf diese Weise die Spannungen mit der Prager Regierung zu verschärfen und so

einen Vorwand zum militärischen Eingreifen zu erhalten. Denn von Anfang an war ein kurzer, lokalisierter Krieg gegen die Tschechoslowakei beabsichtigt, wobei es eben nicht nur um die Lösung der Sudetenfrage ging, sondern um die Zerschlagung der Tschechoslowakei als ganzes. Daß es dazu vorerst nicht kam, lag nicht an Hitler, sondern war das Verdienst der Westmächte, speziell Großbritanniens. Hier war der Premierminister *Neville Chamberlain* entschlossen, um nahezu jeden Preis einen Krieg wegen Hitlers Forderungen an die Tschechoslowakei zu vermeiden. Selbst eine Abtretung des Sudetenlandes an Deutschland wollte man in Kauf nehmen.

Da Hitler auf dem Reichsparteitag am 12. September 1938 entgegen vorherigen Erklärungen nun gerade dies forderte und erneut mit Krieg drohte, setzte die britische Regierung Prag so unter Druck, daß der Ministerpräsident *Eduard Benesch* sich schließlich am 21. September 1938 mit der *Abtretung der Sudetengebiete* einverstanden erklärte. Doch das war Hitler nicht genug, er forderte die sofortige Besetzung der Gebiete. Und noch einmal gaben die Briten nach: Ein am 29. September in München von Hitler, Chamberlain und Mussolini unterzeichnetes Abkommen (die Tschechen wurden nicht gefragt) gestattete den Einmarsch deutscher Truppen ab dem 1. Oktober 1938. Die Nachgiebigkeit der Briten durchkreuzte also zunächst einmal Hitlers Kriegspläne, aber sie beseitigte sie nicht. Im Gegenteil: Schon drei Wochen nach dem Münchner Abkommen wies Hitler die Wehrmacht an, sich so einzurichten, daß die „Rest-Tschechei jederzeit zerschlagen" werden könne (zitiert nach: Graml, *Europa zwischen den Kriegen,* München 1969, S. 378). Erreicht wurde dieses Ziel im März 1939. Hitler spielte diesmal die Karte des slowakischen Separatismus aus. Er zitierte den Führer der slowakischen Autonomiebewegung nach Berlin und verlangte, daß dieser sofort die Unabhängigkeit des slowakischen Staates verkünden solle. Als das am 14. März 1939 geschah, hatte Hitler den gewünschten Vorwand zum Eingreifen: Am 15. März marschierten deutsche Truppen in der „Rest-Tschechei" ein und besetzten Prag. Wieder einen Tag später wurde das „Protektorat Böhmen und Mähren" errichtet: Die Tschechen wurden deutscher Herrschaft unterworfen.

Kriegsausbruch. Angriff auf Polen

Es dauerte nur zehn Tage, bis Hitler befahl, den Angriff auf Polen vorzubereiten. Abgesichert wurde dieser Angriffsplan durch einen Nichtangriffspakt, den Reichsaußenminister Ribbentrop und der sowjetische Außenminister Molotow im August 1939 unterzeichnet hatten. In einem geheimen Zusatzprotokoll sah er die Aufteilung Polens und Ostmitteleuropas unter den beiden Vertragspartnern vor. Hitler konnte durch diesen Pakt (auch *Hitler-Stalin-Pakt* genannt) einen Zwei-Fronten-Krieg vermeiden. Außerdem hatte er wirtschaftliche Vorteile aufgrund der Garantie von Rohstofflieferungen aus der Sowjetunion. Eine britische Blockade wurde dadurch wirkungslos.

Es war allerdings klar, daß die Westmächte bei einem deutschen Angriff auf Polen zu keiner Nachgiebigkeit mehr bereit sein würden.

Die Besetzung Prags hatte auch den Briten deutlich gemacht, daß Hitler nicht „nur" eine Revision des Versailler Vertrages im Auge hatte, sondern daß er eine aggressive Expansionspolitik betrieb. So wurde denn auch Polen von britischer und französischer Seite aus eine unmißverständliche Beistandsgarantie gegeben. Als Hitler sich dadurch nicht beeindrucken ließ und – wie geplant – Polen am 1. September 1939 überfiel, war klar, daß damit das gesamte Europa erneut zum Kriegsschauplatz werden würde.

16

Der Holocaust

Nachdem in den Jahren 1933 bis 1939 durch Gesetzgebung und Verordnung alles getan worden war, um die deutschen Juden zu isolieren, zu entrechten und zu enteignen (s. Lektion 15, S. 28 ff.), ließ sich die antisemitische Politik des Reiches auf diesem Wege nicht weiter verschärfen. Die „Judenfrage" lag nun in den Händen der Polizei. Die Polizei stand aber inzwischen völlig

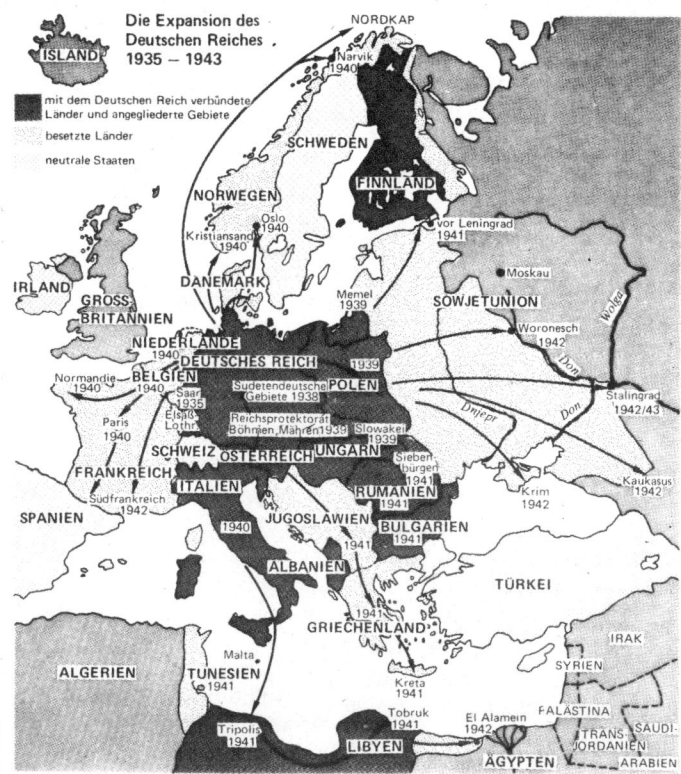

(Aus: Klaus Hildebrand, *Das Dritte Reich,* Oldenbourg Verlag, München 1979, S. 235.)

unter der Herrschaft der SS. An ihrer Spitze standen der „Reichsführer SS und der Chef der deutschen Polizei", *Heinrich Himmler*, und *Reinhard Heydrich*, Chef der Sicherheitspolizei, beide bedenkenlose Vollstrecker der nationalsozialistischen Rassenpolitik. Bereits im November 1938 wurde im „Schwarzen Korps", einer SS-Zeitschrift, in zynischer Klarheit prognostiziert, daß die verarmten deutschen Juden in eine elende Existenz absinken würden. Dann heißt es weiter:

„Im Stadium einer solchen Entwicklung ständen wir daher vor der harten Notwendigkeit, die jüdische Unterwelt genauso auszurotten, wie wir in unserem Ordnungsstaat Verbrecher eben auszurotten pflegen: mit Feuer und Schwert! Das Ergebnis wäre das tatsächliche und endgültige Ende des Judentums in Deutschland, seine restlose Vernichtung."
(Zitiert nach: Graml, a.a.O., S. 187.)

1938 war dieses „Programm" noch nicht durchsetzbar. Noch mußte man Rücksicht nehmen auf die öffentliche Meinung im Ausland, die bereits auf die „Reichskristallnacht" mit Empörung und Entsetzen reagiert hatte. Mit Beginn des Zweiten Weltkriegs aber, als sich Deutschland nach außen hin zunehmend abschottete und ohnehin eine Ausnahmesituation bestand, wurde der Beginn des Völkermordes zu einer Frage der Zeit.

Für den Angriff auf Polen stellten Himmler und Heydrich „Einsatzgruppen der Sicherheitspolizei" auf. Sie folgten den militärischen Verbänden unmittelbar nach, lösten jüdische Organisationen auf, beschlagnahmten jüdische Vermögen und nahmen willkürlich Verhaftungen vor. Nachdem Polen gemäß dem Hitler-Stalin-Pakt (23. 8. 1939) zwischen der Sowjetunion und dem deutschen Reich aufgeteilt worden war und von Polen selbst nur noch das sogenannte „Generalgouvernement" unter der deutschen „Statthalterschaft" von *Hans Frank* übrig blieb, mußten zunächst die polnischen Juden, die in den von Deutschland annektierten Gebieten lebten („Gau Danzig-Westpreußen", „Warteland"), den Judenstern tragen und Zwangsarbeit leisten. Zugleich ging man aber auf Befehl Heydrichs dazu über, die polnischen Juden der „angeschlossenen" Gebiete wie auch des Generalgouvernements in *Ghettos* zu isolieren:

Bereits im April 1940 war das Großghetto Lodz (Litzmannstadt) „gefüllt" und wurde hermetisch abgeriegelt. Im November 1940 folgte Warschau, im März 1941 Krakau, im April 1941 Lublin, dann Radom.

Mit der Ghettoisierung waren *Deportationen* verbunden. So wurden im Dezember 1939 aus den annektierten polnischen Gebieten 87000 Polen und Juden ins Generalgouvernement deportiert, seit dem Januar 1940 gab es dann auch Massendeportationen aus dem Reich (Wien, Teschen, Stettin) ebenfalls ins Generalgouvernement.

Sofort mit Kriegsbeginn setzte eine erste *Erschießungswelle* ein. In Polen erhielten Spezialeinheiten der Sicherheitspolizei den Befehl, die polnische Intelligenz „zu liquidieren." Es kam zu zahlreichen Erschießungen „auf der Flucht". Geahndet wurden diese Morde nicht, denn Hitler nahm die SS- und Polizeiverbände aus jeder ordentlichen Gerichtsbarkeit heraus. Ein Rechtsfreiraum entstand, der die SS-Sondereinheiten ermutigte, weiterhin rücksichtslos vorzugehen. Der NS-Führung war es recht. Nach einem Besuch des Ghettos Lodz notierte Goebbels am 2. 11. 1939:

„Das sind keine Menschen mehr, das sind Tiere. Das ist deshalb auch keine humanitäre, sondern eine chirurgische Aufgabe. Man muß hier Schnitte tun, und zwar ganz radikale." Hitler dachte nicht anders: „mehr eine klinische als soziale Angelegenheit", heißt es bei ihm zur Situation der polnischen Juden.
(Zitate bei Graml, a.a.O., S. 194.)

Mit der kriegerischen Ausweitung des nationalsozialistischen Machtbereichs, mit den „erfolgreichen" Feldzügen gegen Norwegen, Dänemark, Holland, Belgien und Frankreich von 1939/1940 also, wuchs die Zahl der Juden unter deutscher Herrschaft ständig an. Für Heydrich ergab sich damit ein quantitatives Problem bei der „Lösung der Judenfrage". Im Juni 1940 schrieb er an den Außenminister Ribbentrop:

„Das Gesamtproblem – es handelt sich bereits um rund 3 ¼ Millionen Juden in den heute deutscher Hoheitsgewalt unterstehenden Gebieten – kann durch Auswanderung nicht mehr gelöst werden: eine territoriale Endlösung wird daher notwendig."
(Eichmann-Prozeß, Beweisdokument Nr. 464, zitiert nach: Graml, a.a.O., S. 202.)

Hinter dem Begriff „territoriale Endlösung" verbarg sich ein dubioser *Madagaskar-Plan,* der vorsah, sämtliche europäische Juden nach dem Kriege „mit etwas größerem Handgepäck" nach Madagaskar zu deportieren und sie dort Klima und Krankheiten zu überlassen. Diese absurde Idee wurde nur deshalb nicht weiter verfolgt, weil Hitler andere Pläne hatte. Im März 1941 rief er die militärischen Befehlshaber der Ost-Armeen zusammen, um sie auf den bereits planmäßig vorbereiteten Angriff auf die Sowjetunion einzustimmen. Hitler machte dabei deutlich, daß es darum gehe, das bolschewistische System zu zerschlagen. Dabei stünde zunächst die „Erledigung" der „kommunistischen Intelligenz" im Vordergrund, was im wesentlichen SS-Einsatzgruppen zu besorgen hätten, doch an der Erschießung aller sowjetischen Kommissare habe sich auch die Wehrmacht zu beteiligen *(Kommissarbefehl).* Widerspruch von militärischer Seite gab es zu diesem Mordauftrag nicht, der Befehl wurde ausgeführt: Völkerrecht, Moral, Religion, sie bedeuteten nicht nur der SS, sondern auch der militärischen Führung weniger als der „Wille des Führers". Auch das Militär – dies muß allen Selbstreinigungsversuchen, die nach dem Kriege von militärischer Seite aus erfolgten, entgegengehalten werden – war am Massenmord beteiligt – wenn auch nicht in dem Ausmaß wie die SS.

Die SS nämlich, so wurde im Juni 1941 von Heydrich festgelegt, sollte nicht nur alle Funktionäre des sowjetischen Systems ermorden, sondern auch „Asiatisch-Minderwertige", die Zigeuner und die Juden – egal ob Männer, Frauen oder Kinder. Und so geschah es: Wieder im Gefolge der Wehrmacht fielen die SS-Einsatzgruppen im Baltikum, in der Ukraine und in Weißrußland ein. Die Zahl ihrer Morde gaben sie gewissenhaft an die Zentrale in Berlin weiter: Einsatzkommando 3 etwa meldete bis zum November 1941 die Erschießung von 1064 Kommunisten, 56 Partisanen, 653 Geisteskranken, 44 Polen, 28 russischen Kriegsgefangenen, 5 Zigeunern, 1 Armenier und – 136 421 Juden; die Einsatzgruppe A erschoß 229 052 Juden, Einsatzgruppe B 45 567, Gruppe C erschoß bis Dezember 1941 95 000 und Gruppe D 92 000 Juden. Bereits im ersten Dreivierteljahr nach dem Einmarsch in die Sowjetunion brachte der nationalsozialistische Vernichtungsfeldzug 700 000 bis 750 000 Juden in der Sowjetunion den Tod (bis zum Ende des Krieges wurden 2 200 000 sowjetische Juden ermordet).

Ende 1941 wurde in der Kanzlei des Führers und in der SS-Führung geplant, was die Vernichtungskampagne in der Sowjetunion noch in den Schatten stellen sollte. Die Nationalsozialisten sprachen von der *Endlösung,* was bedeutete: die systematische „Ausrottung" der gesamten europäischen Judenheit.

Bereits im Herbst 1941 hatte man in Polen mobile Vergasungseinrichtungen erprobt: Gaskammern auf vier Rädern, in die Motorenabgase geleitet wurden. In diesen „Spezial-Wagen" ermordete man zu „Testzwecken" mindestens 100 000 Juden. Doch erschien das Verfahren als zu „langwierig". Der Plan des Völkermordes ließ die Nationalsozialisten „Tötungsfabriken" ersinnen. Am 31. Juli 1941 beauftragte Göring Heydrich mit der „Endlösung" der „Judenfrage". Am 20. Januar 1942 führte Heydrich die sogenannte *Wannseekonferenz* durch, auf der er seine grausamen Pläne erläuterte:

„Unter entsprechender Leitung sollen im Zuge der Endlösung die Juden in geeigneter Weise im Osten zum Arbeitseinsatz kommen. In großen Arbeitskolonnen, unter Trennung der Geschlechter, werden die arbeitsfähigen Juden straßenbauend in diese Gebiete geführt, wobei zweifellos ein Großteil durch natürliche Verminderung ausfallen wird. – Der allfällig endlich verbleibende Restbestand wird, da es sich bei diesen zweifellos um den widerstandsfähigsten Teil handelt, entsprechend behandelt werden müssen [...]." (Nürnberger Dokumente NG 2586, zitiert nach: Poliakow/Wulf: *Das Dritte Reich und die Juden,* Berlin 1961, S. 122 f.)

„Entsprechende Behandlung" – das bedeutete Vergasung. Mit dem Blausäurepräparat Zyklon B, einem schnell wirkenden Nervengas, ermordete man Hunderttausende von Juden – Männer, Frauen und Kinder. Ab Dezember 1941 geschah dies in den Lagern Treblinka, Majdanek, Auschwitz und vielen anderen. Die Leiden der Menschen sind unbeschreiblich. Nur die Zahl der Toten läßt sich notieren: Chelmno: 152 000, Belzec: 600 000, Sobibor: 250 000, Treblinka: 900 000, Auschwitz-Birkenau: 1 000 000, Majdanek: 200 000 ... Fast fünf Millionen Juden wurden in der Zeit des Nationalsozialismus ermordet.

16

Massengrab im Konzentrationslager
Bergen-Belsen   (Foto: dpa)

Stalingrad und das Ende des Zweiten Weltkrieges

Am 10. Mai 1940 zeigte sich, daß der Polenfeldzug sowie die Besetzung Dänemarks und Norwegens (9. April 1940) nur der Anfang von Hitlers aggressiver Lebensraumpolitik gewesen waren. Blitzkriegartig überrannte die deutsche Wehrmacht die Beneluxstaaten und zwang Frankreich am 22. Juni 1940 zum Waffenstillstand, der bei Compiègne unterzeichnet wurde. Nur England trotzte der Überlegenheit Deutschlands. Im Verlauf des „Westfeldzuges" (Mai/Juni 1940) trat auch Italien in den Krieg ein. Die Kriege in Nordafrika und auf dem Balkan waren die Konsequenz.

Aufgrund der militärischen Erfolge kannte Hitlers Größenwahn keine Grenzen mehr. Am 22. Juni 1941 überfielen drei Heeresgruppen der deutschen Wehrmacht großräumig die UdSSR, und nur wenige Monate später schien auch die Niederlage Stalins und der Roten Armee keine Frage mehr zu sein. Schon Mitte Oktober 1941

standen deutsche Truppenverbände vor Moskau. Doch der Wintereinbruch zwang zur Einstellung der militärischen Operationen.

Im darauffolgenden Jahr schien es zunächst, als ob man an die Erfolge des Vorjahres anknüpfen könnte. Stalingrad, das Rüstungs- und Verkehrszentrum der Sowjetunion, wurde zu etwa 90 Prozent erobert. Der militärische Erfolg aber wurde zum Wendepunkt des Zweiten Weltkrieges; die Eroberung Stalingrads wurde für über 200 000 Soldaten zur Falle. Der russischen Gegenoffensive gelang die Einkesselung der deutschen Truppen, und Anfang Februar 1943 mußte Generalfeldmarschall Paulus kapitulieren.

Der Fall Stalingrads leitete den deutschen Rückzug und das Ende des Zweiten Weltkrieges ein. Nachdem am 6. Juni 1944 alliierte Truppen in Nordfrankreich landen konnten, brach auch im Westen die militärische Überlegenheit Deutschlands zusammen. Der Einsatz der sogenannten „Wunderwaffen", der Flügelbombe V 1 und der V 2-Rakete, die Ende 1944 in großer Zahl auf England und alliierte Stellungen in Holland und Frankreich abgeschossen wurden, konnten an der Niederlage Hitlers nichts mehr ändern. Am 30. April 1945 beging Hitler Selbstmord. Am 7. und 9. Mai 1945 kapitulierte die deutsche Wehrmacht bedingungslos. Sechs Jahre Krieg hatten ihre Opfer gefordert: 55 Millionen Menschen.

C. Arbeitsteil

Der folgende Textauszug stammt aus einer Denkschrift Heinrich Himmlers „Über die Behandlung der Fremdvölkischen im Osten" vom 15. 5. 1940. Es handelt sich um eine Niederschrift von Gedanken für den parteiinternen Gebrauch an höchster Stelle. Adressaten waren unter anderem Hans Frank, Generalgouverneur in Polen, und Joseph Goebbels.

„[...] Eine grundsätzliche Frage bei der Lösung aller dieser Probleme ist die Schulfrage und damit die Frage der Sichtung und Siebung der Jugend. Für die nichtdeutsche Bevölkerung des Ostens darf es keine höhere Schule geben als die vierklassige Volksschule. Das Ziel dieser Volksschule hat lediglich zu sein:
Einfaches Rechnen bis höchstens 500, Schreiben des Namens, eine Lehre, daß es ein göttliches Gebot ist, den Deutschen gehorsam zu sein und ehrlich, fleißig und brav zu sein. Lesen halte ich nicht für erforderlich.

Außer dieser Schule darf es im Osten überhaupt keine Schulen geben. Eltern, die ihren Kindern von vorneherein eine bessere Schulbildung sowohl in der Volksschule als auch später an einer höheren Schule vermitteln wollen, müssen dazu einen Antrag bei den Höheren SS- und Polizeiführern stellen. Der Antrag wird in erster Linie danach entschieden, ob das Kind rassisch tadellos und unseren Bedingungen entsprechend ist. Erkennen wir ein solches Kind als unser Blut an, so wird den Eltern eröffnet, daß das Kind auf eine Schule nach Deutschland kommt und für Dauer in Deutschland bleibt.

So grausam und tragisch jeder einzelne Fall sein mag, so ist diese Methode, wenn man die bolschewistische Methode der physischen Ausrottung eines Volkes aus innerer Überzeugung als ungermanisch und unmöglich ablehnt, doch die mildeste und beste.
Die Eltern dieser Kinder guten Blutes werden vor die Wahl gestellt, entweder das Kind herzugeben – sie werden dann wahrscheinlich keine weiteren Kinder mehr erzeugen, sodaß die Gefahr, daß dieses Untermenschenvolk des Ostens durch solche Menschen guten Blutes eine für uns gefährliche, da ebenbürtige Führerschicht erhält, erlischt – oder die Eltern verpflichten sich, nach Deutschland zu gehen und dort loyale Staatsbürger zu werden. Eine starke Handhabe, die man ihnen gegenüber hat, ist die Liebe zu ihrem Kind, dessen Zukunft und dessen Ausbildung von der Loyalität der Eltern abhängt.
Abgesehen von der Prüfung der Gesuche, die die Eltern um eine bessere Schulbildung stellen, erfolgt jährlich insgesamt bei allen 6- bis 10jährigen eine Siebung aller Kinder des Generalgouvernements nach blutlich Wertvollen und Nichtwertvollen. Die als wertvoll Ausgesiebten werden in der gleichen Weise behandelt wie die Kinder, die auf Grund des genehmigten Gesuches ihrer Eltern zugelassen wurden.

[...] Die Bevölkerung des Generalgouvernements setzt sich dann zwangsläufig nach einer konsequenten Durchführung dieser Maßnahmen im Laufe der nächsten 10 Jahre aus einer verbleibenden minderwertigen Bevölkerung, die noch durch abgeschobene Bevölkerung der Ostprovinzen sowie all der Teile des deutschen Reiches, die dieselbe rassische und menschliche Art haben (Teile, z. B. der Sorben und Wenden), zusammen.
Diese Bevölkerung wird als führerloses Arbeitsvolk zur Verfügung stehen und Deutschland jährlich Wanderarbeiter und Arbeiter für besondere Arbeitsvorkommen (Straßen, Steinbrüche, Bauten), stellen; sie wird selbst dabei mehr zu essen und zu leben haben als unter der polnischen Herrschaft und bei eigener Kulturlosigkeit unter der strengen, konsequenten und gerechten Leitung des deutschen Volkes berufen sein, an dessen ewigen Kulturtaten und Bauwerken mitzuarbeiten und diese, was die Menge der groben Arbeit anlangt, vielleicht erst ermöglichen."
(Zitiert nach: R. Kühnl, *Der deutsche Faschismus in Quellen u. Dokumenten,* Köln 1977, S. 329 f.)

Arbeitsaufgaben

1. *Stellen Sie zusammen, welche Maßnahmen die deutsche Besatzungsmacht gegenüber der polnischen Bevölkerung im Generalgouvernement ergreifen soll und welche Absicht damit verfolgt wird.*

2. *Betrachten Sie die Quelle unter Einbeziehung Ihres Wissens über die NS-Ideologie und das Stadium der Pläne zum Völkermord zur Entstehungszeit der Quelle. Was fällt auf?*

Lektion 17
Ost-West-Konflikt

A. Überblick

Das Ende des Ost-West-Konflikts läßt sich relativ genau datieren. Am 5. Dezember 1989 gaben der amerikanische Präsident Bush und der sowjetische Staats- und Parteichef Gorbatschow zum Abschluß ihres Gipfeltreffens in Malta eine gemeinsame Pressekonferenz, auf der Gorbatschow erklärte: „Wir stellen beide fest, daß die Welt eine Epoche, die des Kalten Krieges, verläßt und in eine neue eintritt. Wir sind ganz am Anfang einer Straße zu einer langen Zeit des Friedens. Es ist an der Zeit, vieles, was während des Kalten Krieges entstanden ist, entschlossen zurückzuweisen. Vor allem gilt das für die Gewalt, für die Konfrontation, das Wettrüsten, das Mißtrauen, für psychologische und ideologische Formen des Streits." Voraussetzung für diese tiefgreifende Wandlung des Verhältnisses zwischen Ost und West war der innenpolitische Reformprozeß in der Sowjetunion, der die Demokratisierung der mittel- und osteuropäischen Staaten wie auch die Überwindung der Teilung Deutschlands ermöglichte.

Erheblich schwerer ist der Beginn des Ost-West-Konflikts zu benennen. Der Ost-West-Konflikt als ideologischer Gegensatz, als Ausdruck widerstreitender innergesellschaftlicher und internationaler Ordnungsvorstellungen, ist älter als der Kalte Krieg. Mit der Eroberung der Staatsgewalt durch die Bolschewiki fanden sozialistische Vorstellungen über innergesellschaftliche Demokratie und eine neue revolutionäre Weltordnung in Rußland eine staatliche Basis. Nach dem Ausbleiben der von den Bolschewiki erwarteten Weltrevolution war die nun entstandene Sowjetunion aber zu schwach und zu isoliert, um sich in das internationale System einmischen zu können. Man konzentrierte sich auf den „Aufbau des Sozialismus in einem Lande".

Erst mit dem Zweiten Weltkrieg und dem nach dem Überfall Nazideutschlands auf die Sowjetunion erfolgten Bündnis mit den USA und Großbritannien wurde die Sowjetunion als gleichberechtigter Akteur auf der internationalen Bühne akzeptiert. Nach dem gemeinsamen Sieg über Deutschland und Japan zerbrach diese „unnatürliche Allianz" allerdings sehr rasch. Der ideologische Gegensatz zwischen Ost und West und die Unvereinbarkeit der sowjetischen und amerikanischen Großmachtinteressen ließ die Allianz sehr schnell in den Kalten Krieg umschlagen. Kennzeichen der internationalen Nachkriegsordnung wurde nun die weltweite ideologische und machtpolitische Blockbildung.

Die Grenzen zwischen den beiden Blöcken in Europa, wie sie sich nach dem Zweiten Weltkrieg als Folge der militärischen Kampfhandlungen wie auch der politischen Vereinbarungen zu Zeiten der gemeinsamen Allianz ergeben hatten, wurden zwar von beiden Seiten in Frage gestellt. Es kam auch immer wieder, gerade um Berlin, zu schweren internationalen Krisen. Aber angesichts der gegenseitigen atomaren Bedrohung schreckten Ost wie West davor zurück, ihren auf Veränderungen hinauslaufenden politischen Zielen auch militärisch Nachdruck zu verleihen. Die Kuba-Krise, die die Welt an den Rand des Atomkrieges brachte, verdeutlichte den USA wie der Sowjetunion die Gefahr, die das unkontrollierte Gleichgewicht des Schreckens mit sich brachte. Folge dieser Erkenntnis war die Entspannungspolitik, durch die der territoriale Status quo in Europa vertraglich festgeschrieben wurde und vielfältige Vereinbarungen über Rüstungsbeschränkungen getroffen werden konnten.

Das Ende des Ost-West-Konflikts bedeutete die Entspannungspolitik aber nicht. Der vor allem qualitative Rüstungswettlauf ging weiter, das Ringen um Einflußzonen wurde von Europa auf die übrige Welt verlagert. Der Ost-West-Konflikt wurde nun überwiegend in der Dritten Welt ausgetragen. Die weltpolitischen Antagonisten griffen direkt ein, so die USA in Vietnam, die Sowjetunion in Afghanistan. Beide rüsteten ihre jeweiligen Verbündeten auf und ermöglichten damit Stellvertreter-Kriege, im Nahen wie im Fernen Osten, in Afrika wie in Mittelamerika.

Bedeutende internationale Kräfteverschiebungen brachten weder die direkten Interventionen noch die indirekten Einmischungen.

Mitte der achtziger Jahre erkannte die sowjetische Führung unter Gorbatschow, daß die Sowjetunion wirtschaftlich und technologisch zu schwach geworden war, um den militärischen Rüstungswettlauf weiter durchstehen zu können. Die Konsequenz dieser Einsicht waren zahlreiche sowjetische Abrüstungsinitiativen, die sich Ende der achtziger und Anfang der neunziger Jahre in zahlreichen Abkommen über Abrüstung im nuklearen wie konventionellen Sektor niederschlugen. Grundlage der Überwindung des Kalten Krieges war aber die Annäherung der Sowjetunion an die westlichen innergesellschaftlichen wie internationalen Ordnungsvorstellungen. Die ideologische Basis des Ost-West-Konflikts war endgültig nach dem Scheitern des Moskauer Putschversuches im August 1991 und dem darauf folgenden Zerfall der Sowjetunion beseitigt.

Anmerkungen zur Sendung

Die Sendung behandelt die Entwicklung der Beziehungen zwischen den USA und der Sowjetunion. Einleitend wird dargestellt, warum aus der Waffenbrüderschaft im Zweiten Weltkrieg in relativ kurzer Zeit der „Kalte Krieg" wurde. Die Aufspaltung des internationalen Staatensystems in zwei entgegengesetzte, sich feindlich gegenüberstehende Lager wird am Beispiel der Entwicklung in Europa verdeutlicht. Höhe- und Wendepunkt des Kalten Krieges bildet die Kuba-Krise im Jahr 1962. Das durch diese Krise geschärfte Bewußtsein der Gefahr einer globalen Atomkatastrophe führte zur Entspannungspolitik. Am Beispiel der amerikanischen Intervention im Vietnamkrieg und des sowjetischen Eingreifens in Afghanistan wird gezeigt, daß diese neue Politik zwar die Konfrontation in Europa entschärfte, aber der Ost-West-Konflikt nun überwiegend in der Dritten Welt ausgetragen wurde. Die Sendung schließt mit der durch die sowjetische Reformpolitik ermöglichten tiefgreifenden Wende in Mittel- und Osteuropa und der damit verbundenen Überwindung des Ost-West-Konflikts.

Zeichnung von Nikolai Stscherbakow (in: *Neue Zeit. Moskauer Hefte für Politik,* Nr. 33/August 1988, S. 19.)

Lernziele

Sie sollten die Folgen des Zweiten Weltkrieges für das internationale Staatensystem und die Ursachen für die Entstehung des Kalten Krieges kennen.

Sie sollten erklären können, welche Rolle die Kuba-Krise für den Beginn der Entspannungspolitik spielte und worin die Möglichkeiten wie auch die Grenzen dieser Politik bestanden.

17

Schließlich sollten Sie erkennen, welches die Ursachen für die Überwindung des Ost-West-Konflikts sind.

Zentrale Begriffe

Atomare Abschreckung – Blockbildung – Entspannungspolitik – friedliche Koexistenz – Kalter Krieg – Kuba-Krise – Rüstungskontrolle – Supermächte – Stellvertreter-Krieg – Truman-Doktrin

---

Zeittafel

1941–45
Anti-Hitler-Koalition zwischen der Sowjetunion, den USA, Großbritannien und Frankreich

1945
26. Juni: Gründung der UNO
16. Juli: Erster amerikanischer Atombombenversuch

1947
12. März: Truman-Doktrin
5. Juni: Marshall-Plan als Wirtschaftshilfeprogramm der USA für Europa

18. Juni 1948 bis 12. Mai 1949
Berlin-Blockade

1949
4. April: Gründung der NATO
September: Erster sowjetischer Atombombenversuch
1. Oktober: Proklamation der VR China

Juni 1950 bis Juli 1953
Korea-Krieg

1953
17. Juni: Niederschlagung des Volksaufstands in der DDR

1955
Mai: NATO-Beitritt der Bundesrepublik Deutschland
14. Mai: Gründung des Warschauer Pakts

1956
Februar: XX. Parteitag der KPdSU und Verkündung des Prinzips der „friedlichen Koexistenz"
Oktober/November: Niederschlagung des Ungarn-Aufstands durch sowjetische Truppen

1957
4. Oktober: Start des ersten künstlichen Erdsatelliten durch die Sowjetunion

1961
13. August: Bau der Berliner Mauer

1962
Oktober: Kuba-Krise als Höhe- und Wendepunkt des Kalten Krieges

1963
10. Oktober: Atomteststoppvertrag zwischen der Sowjetunion, den USA und Großbritannien

1964–73
Militärische Intervention der USA im Vietnam-Krieg

1968
23. August: Einmarsch der Truppen des Warschauer Pakts in die ČSSR

1972
26. Mai: Abschluß des SALT-I-Vertrags über die Begrenzung der strategischen atomaren Rüstung

1975
1. August: Unterzeichnung der KSZE-Schlußakte in Helsinki

1979–89
Militärische Intervention der Sowjetunion in Afghanistan

1987
7. Dezember: Unterzeichnung des INF-Vetrags über die vollständige Beseitigung der nuklearen Mittelstreckenwaffen

1991
1. Juli: Auflösung des Warschauer Pakts

B. Darstellung

Die Kriegsallianz zwischen den Westmächten und der Sowjetunion

Nach dem Überfall Deutschlands auf die Sowjetunion im Juni 1941 und der deutschen Kriegserklärung an die USA im Juli 1941 waren die Sowjetunion, die Vereinigten Staaten und Großbritannien zu Verbündeten geworden, die ein Ziel vereinte: den gemeinsamen Feind, das faschistische Deutschland, zur bedingungslosen Kapitulation zu zwingen. Von Deutschland sollte in Zukunft keine Gefahr mehr ausgehen, es sollte politisch langfristig entmachtet und zu diesem Zweck ein für allemal entmilitarisiert und für eine unbestimmte Zeit gemeinsam kontrolliert werden. Im Februar 1945 vereinbarte man auf der *Konferenz von Jalta* zusätzlich, daß die Sowjetunion drei Monate nach dem nun bald erwarteten Kriegsende in Europa auch in die Kriegsallianz gegen Japan eintreten sollte, um auch dieses gemeinsam zur bedingungslosen Kapitulation zu zwingen.

Über die Kriegsziele war man sich also einig, aber wie sollte die Welt nach dem in Partnerschaft errungenen Sieg gestaltet werden? Der Krieg des Deutschen Reiches unter Hitler und der Überfall Japans auf die USA bestärkten *Franklin Delano Roosevelt* in dem Gedanken, daß die Vereinigten Staaten nicht wieder wie nach dem 1. Weltkrieg in den Isolationismus verfallen dürften. Fundamentales amerikanisches Interesse war in seinen Augen vielmehr eine globale Stabilisierungspolitik, deren Instrument eine Weltfriedensorganisation werden sollte. So ergriff Roosevelt noch während des Krieges die Initiative zur Gründung der *Vereinten Nationen,* die auf der Basis der Souveränität und Gleichberechtigung aller Staaten beruhen sollte. Noch vor dem Ende des Krieges gegen Japan vollzogen 51 Staaten am 26. Juni 1945 mit der Zustimmung zur Charta die Gründung der *UNO* (United Nations Organization). Oberstes Ziel der UNO ist die Friedenssicherung, auch gegenüber Staaten, die selbst nicht Mitglied sind. Die Ursachen möglicher Konflikte sollen durch internationale Zusammenarbeit bei der Lösung wirtschaftlicher und sozialer Probleme beseitigt werden. Daß New York zum Sitz des Ständigen UNO-Hauptquartiers gewählt wurde, ist Beleg für die Entschlossenheit der Amerikaner, in dieser Weltfriedensorganisation eine führende Rolle zu spielen.

Schon früh hatten die Vereinigten Staaten keinen Zweifel darüber aufkommen lassen, welche politischen Grundprinzipien Garant einer besseren Zukunft für die Welt sein sollten. Bereits im August 1941, also vier Monate vor Kriegseintritt der USA, hatten Präsident Roosevelt und der britische Premierminister Churchill die *Atlantik-Charta* proklamiert, in der das Selbstbestimmungsrecht der Völker, die freie Wahl der Regierungsform, eine enge wirtschaftliche Zusammenarbeit der Staaten auf der Basis einer liberalen Weltwirtschaftsordnung und des Gewaltverzichts gefordert wurden.

Auch wenn die Sowjetunion bereits im gleichen Jahr der Atlantik-Charta und den dort verankerten Grundsätzen zustimmte, vertrat sie andere Interessen als die USA. Das amerikanische Konzept der *One World,* das den Vereinigten Staaten als der mit Abstand stärksten Wirtschaftsmacht automatisch die Führungsrolle hätte zufallen lassen, stieß bei der Sowjetunion auf Widerstand. Sehr deutlich wurde dies bei den Beratungen über den *UNO-Sicherheitsrat.* Die Sowjetunion setzte ein Vetorecht durch für die fünf ständigen Mitglieder dieses für die politische Handlungsfähigkeit der UNO entscheidenden Gremiums: die USA, die Sowjetunion, Großbritannien, Frankreich und China. Dadurch konnte sie die Möglichkeit, daß der Sicherheitsrat mit sowjetischen Interessen nicht übereinstimmende Beschlüsse durchsetzen könnte, von vornherein ausschließen.

Daß die Zustimmung der Sowjetunion zu den Prinzipien der Atlantik-Charta nur außenpolitischem Kalkül entsprang, ja sogar ihrem eigenen Konzept einer Friedenssicherung völlig entgegengesetzt war, machte *Jossif Stalin* im April 1945 in einem Gespräch mit dem jugoslawischen Regierungschef *Josip Tito* deutlich. Er sagte: „Dieser Krieg ist nicht wie in der Vergangenheit; wer immer ein Gebiet besetzt, erlegt ihm auch sein eigenes gesellschaftliches System auf. Jeder führt sein eigenes System ein, so weit seine Armee vordringen kann. Es kann gar nicht anders sein." Diese Zielsetzung entsprang dem starken Sicherheitsbedürfnis der Sowjetunion, ihrem ideologisch begründeten Streben nach Ausdehnung des sozialistischen Systems wie auch dem Mißtrauen gegenüber den kapitalistischen Führungsmächten USA und Großbritannien.

Über die Kriegsziele war man sich in der *unnatürlichen Allianz,* wie diese wegen der unterschiedlichen Ordnungsvorstellungen ihrer Partner genannt wird, also einig, über die Ziele einer Nachkriegsordnung keineswegs.

Zur Entstehung des Ost-West-Konflikts

Am 8. Mai 1945 kapitulierte Deutschland bedingungslos. Der Krieg in Europa war damit zu Ende. Die politische Landkarte Europas hatte sich durch diesen Krieg radikal verändert. Militärisch besiegt worden war zwar Deutschland.

Aber auch die Großmächte Frankreich und Großbritannien zählten zu den historischen Verlierern. Sie waren durch den Krieg militärisch und wirtschaftlich geschwächt und daher nicht mehr in der Lage, ihre traditionelle Großmachtstellung in Europa und der Welt zu behaupten. Dies und der endgültige Untergang des europäischen Gleichgewichtssystems erforderte deshalb von den USA eine neue Politik. Sie übernahmen die politische und militärische Vormachtstellung in Europa, genauer gesagt in dem Teil Europas, der nicht unter der Kontrolle der Roten Armee stand. Deren militärischer Siegeslauf durch Ost- und Mitteleuropa bis an die Elbe verschaffte der Sowjetunion in diesem Teil Europas die erstrebte hegemoniale Rolle. Dem Niedergang der alten europäischen Großmächte entsprach der Aufstieg der USA und der Sowjetunion zu den beiden *Supermächten* der Welt.

Der Zweite Weltkrieg ging drei Monate später in Asien zu Ende. Am 6. August 1945 detonierte die erste amerikanische Atombombe über *Hiroshima,* am 9. August eine zweite über *Nagasaki.* Allein in Hiroshima starben über 90 000 Menschen, und die Stadt wurde durch diese eine Bombe zu über 60 Prozent zerstört. Das nukleare Zeitalter hatte begonnen. Die ungeheure Zerstörungsgewalt dieser neuen Waffe gibt dem Krieg eine völlig neue Dimension. Japan kapitulierte am 14. August, wenige Tage zuvor waren noch sowjetische Truppen in die bis dahin von Japan besetzte Mandschurei einmarschiert.

Die politische Situation in Asien ähnelte damit derjenigen in Europa. Japan war ausgeschaltet und China durch den seit 1937 während Krieg mit Japan zerstört und wirtschaftlich so geschwächt, daß beide Länder ihre traditionelle Großmachtstellung verloren. Und wie in Europa, so übernahmen auch in Asien die USA und die Sowjetunion die politische und militärische Führung.

Die Stellung der beiden Supermächte war mit der der traditionellen Großmächte allerdings nicht zu vergleichen. Erstens waren ihre militärischen Machtmittel unvergleichlich größer; die USA besaß das Atomwaffenmonopol, die Sowjetunion verfügte mit 4 Millionen Soldaten (1946) über die größte Landarmee der Welt. Zweitens hatten sie nur die jeweils andere Supermacht als Konkurrenten und Gegenspieler zu

fürchten. Die Nachkriegsordnung war damit von einem bipolaren Machtverhältnis geprägt.

Auch während des Krieges hatte kein spannungsloser Zustand zwischen der Sowjetunion und ihren westlichen Alliierten geherrscht. Aber das gemeinsame Ziel des Sieges überdeckte die Unterschiedlichkeit der Positionen. Nach dem Krieg traten diese von Monat zu Monat klarer hervor. Auf der Kriegskonferenz der Alliierten in *Jalta* im Februar 1945 hatte man sich noch auf eine gemeinsame *Erklärung über das befreite Europa* geeinigt, in der den befreiten Völkern wie auch den früheren Verbündeten Deutschlands das Selbstbestimmungsrecht und die Hilfe beim Aufbau demokratischer Strukturen versprochen worden war. Schon im Sommer und Herbst 1945 wurde gerade in Polen deutlich, daß die Sowjetunion darunter die Förderung kommunistisch dominierter Volksfrontbewegungen verstand.

Zudem war die Sowjetunion nicht gewillt, sich mit der Rolle des Juniorpartners der USA zu begnügen. Ökonomischer Druck der USA – eine große Anleihe an die Sowjetunion wurde nicht genehmigt – versteifte ihre Haltung. Das Mißtrauen Stalins wurde verstärkt, als Präsident *Harry S. Truman* eine atomare Zusammenarbeit mit der Sowjetunion ablehnte. Die sowjetische Reaktion war die wirtschaftliche Abschottung ihres Machtbereichs, die das Interesse des Westens an einem ungehinderten Warenaustausch verletzte. Politische Willküakte nahmen zu.

Schon im März 1946 stellte Churchill, damals britischer Oppositionsführer, fest:

„Von Stettin an der Ostsee bis nach Triest an der Adria hat sich ein Eiserner Vorhang quer durch den Kontinent gelegt. Hinter dieser Linie liegen alle Hauptstädte Mittel- und Osteuropas. Warschau, Berlin, Prag, Wien, Budapest, Belgrad, Bukarest und Sofia – alle diese Städte und die umliegenden Gebiete sind in der sowjetischen Einflußsphäre und sind, in der einen oder anderen Form, nicht nur dem sowjetischen Einfluß, sondern in einem hohen und wachsenden Maße der Kontrolle durch Moskau unterworfen."

Mit Hilfe der *Salami-Taktik,* so der ungarische KP-Chef Rakosi über sein Vorgehen, wurde Schritt für Schritt die alleinige Machtübernahme der Kommunisten vorbereitet. Wahlen wurden manipuliert und gefälscht. Sozialdemokratische und sozialistische Parteien mußten überall ihre

Selbständigkeit aufgeben. Dieses Lenken der Politik durch die Sowjets in den zu ihrem Einflußbereich gehörenden Staaten widersprach dem Interesse der USA an pluralistischen politischen Systemen.

Wachsende Spannungen gab es außerdem im östlichen Mittelmeerraum. Seit Sommer 1946 versuchten in Griechenland kommunistisch dominierte Partisanen, die Regierungsgewalt an sich zu reißen. Unterstützt wurden sie dabei von in Moskaus Machtbereich befindlichen Nachbarstaaten. Die griechische Regierung wurde ihrerseits von Großbritannien unterstützt. 1947 erklärte die britische Regierung jedoch, diese Hilfe aus wirtschaftlichen Gründen nicht länger leisten zu können. Auch die Türkei fühlte sich durch territoriale Ansprüche der Sowjetunion sowie durch deren Forderung nach einem Stützpunkt an den Dardanellen bedroht.

In dieser Situation verkündete Präsident Truman am 12. März 1947 vor dem amerikanischen Kongreß die Bereitschaft der USA zur wirtschaftlichen und militärischen Hilfe an Griechenland und die Türkei. Er beklagte mit kaum verhohlener Anspielung auf die Sowjetunion, daß in einer Reihe von Ländern den Völkern gegen ihren Willen totalitäre Regime aufgezwungen worden seien. Gleichzeitig gab er die generelle Absicht der amerikanischen Regierung bekannt, künftig die „freien Völker zu unterstützen, die sich der Unterwerfung durch bewaffnete Minderheiten oder durch Druck von außen widersetzen.“ Mit dieser sogenannten *Truman-Doktrin,* die von einer Teilung der Welt in zwei Lager (die freie Welt gegen den kommunistischen Totalitarismus) ausging, war das Kriegsbündnis der Alliierten endgültig zerbrochen. Von nun an galt es, den vermeintlichen oder tatsächlichen Expansionsbestrebungen der Sowjetunion mit einer *Politik der Eindämmung* (containment) entgegenzutreten.

Blockbildung und Kalter Krieg

Die These, nach der die „Weltarena“ in zwei Lager geteilt war, wurde fast spiegelbildlich auch in der Sowjetunion vertreten. Dem eigenen Lager wurden neben der UdSSR die „Länder der neuen Demokratie“ Mittel- und Osteuropas, die internationale Arbeiterbewegung unter Führung der kommunistischen Parteien sowie die nationalen Befreiungsbewegungen in den Kolonialländern zugerechnet. Diesem „antiimperialistischen und demokratischen Lager“ wurde das „imperialistische und antidemokratische Lager“ gegenübergestellt. Hauptziel des imperialistischen Lagers unter Führung der USA – so wurde behauptet – sei die Vorbereitung eines neuen imperialistischen Krieges und der Kampf gegen Sozialismus und Demokratie.

Erhoben wurden solche Vorwürfe bei der Gründung des *Kommunistischen Informationsbüros* (Kominform) im September 1947, das den kommunistischen Parteien der Sowjetunion, Polens, der Tschechoslowakei, Ungarns, Jugoslawiens, Rumäniens, Bulgariens, Frankreichs und Italiens zur Koordination ihrer Tätigkeit dienen sollte. Alle erklärten sich bereit, die sowjetische Führung im institutionellen und ideologischen Bereich anzuerkennen. Die Gründung des Kominform war die sowjetische Antwort auf den amerikanischen Marshall-Plan. Die Blockbildung war in vollem Gange.

Am 5. Juni 1947 hatte der amerikanische Außenminister Marshall ein staatliches Wirtschaftshilfeprogramm für Europa verkündet. Alle Staaten, auch die Sowjetunion, waren eingeladen, sich an diesem Wiederaufbauprogramm zu beteiligen. Die eigentliche Zielsetzung des *Marshall-Plans,* die von Hunger, Armut, Wohnungsnot und Arbeitslosigkeit bedrohten Länder Europas vor der sich immer deutlicher abzeichnenden Ausbreitung des Kommunismus zu schützen, verband sich mit den wirtschaftlichen Absichten der USA, Europa wieder zu einem Markt für die eigenen Produkte zu machen. So lehnte die Sowjetunion erwartungsgemäß eine Beteiligung am Marshall-Plan ab und untersagte auch den unter ihrem Einfluß stehenden Staaten eine Teilnahme. Der Marshall-Plan, durch den zwischen 1948 und 1952 fast 13 Milliarden Dollar nach Westeuropa flossen, vertiefte gerade auch durch seinen großen Erfolg die nun schon fortgeschrittene Spaltung Europas.

In den Marshall-Plan einbezogen wurden auch die drei westlichen Besatzungszonen Deutschlands; damit wurde amerikanische Europa- und Deutschlandpolitik zu einem umfassenden Stabilisierungsprogramm verbunden.

Truman-Doktrin, Marshall-Plan und die Grün-

17

dung des Kommunistischen Informationsbüros markieren den Beginn des *Kalten Krieges* zwischen den USA und der Sowjetunion, in dem alle Mittel außer der direkten militärischen Konfrontation eingesetzt wurden. Verbunden damit war die *Blockbildung* und die Polarisierung des internationalen Staatensystems. Der Ost-West-Konflikt wurde zum bestimmenden Merkmal der internationalen Politik.

Die Eskalation im Kalten Krieg vollzog sich rasch. Im Februar 1948 kam es in der Tschechoslowakei zu einem kommunistischen Staatsstreich. Nichtkommunistische Politiker wurden durch von den Sowjets gelenkte Massendemonstrationen aus der Regierung gedrängt, der *Eiserne Vorhang* ging nun auch vor der Grenze der Tschechoslowakei nieder. Der Sowjetisierungsprozeß Mittel- und Osteuropas wurde abgeschlossen. Alle Staaten des sowjetischen Einflußbereiches übernahmen vollends das politische, wirtschaftliche und gesellschaftliche Ordnungsmodell der Sowjetunion.

Nachdem Ende 1947 endgültig der Versuch der ehemaligen Alliierten gescheitert war, sich auf eine gemeinsame Deutschlandpolitik zu einigen, forcierte der Westen den Ausbau der drei westlichen Besatzungszonen zu einem westdeutschen Staat. Der Versuch der Sowjetunion, mit der im Juni 1948 begonnenen *Blockade Berlins* dies zu verhindern und ganz Berlin unter ihre Kontrolle zu bekommen, scheiterte nicht nur, sondern erreichte genau das Gegenteil. Die von Moskau versuchte Abschnürung West-Berlins und die erfolgreiche Brechung der Blockade durch die Luftbrücke der Westmächte stärkte die Solidarität des Westens einschließlich der westdeutschen wie Westberliner Bevölkerung, förderte die Bereitschaft zur *Gründung der Bundesrepublik Deutschland* wie auch zur Absicherung gegenüber künftigen sowjetischen Bedrohungen durch ein gemeinsames westliches Verteidigungsbündnis.

Noch während der Berliner Blockade wurde am 4. April 1949 in Washington der Nordatlantik-Pakt, die *NATO*, gegründet. Zehn europäische Staaten, die Vereinigten Staaten und Kanada verpflichteten sich darin, einen Angriff gegen ein Mitglied als einen Angriff gegen alle anzusehen. Der Schutz Europas schien durch das amerikanische Atomwaffenmonopol gewährleistet.

Als Anfang September 1949 die *Sowjetunion* ihre erste *Atombombe* zündete, wurde der Glaube an die eigene militärische Überlegenheit erschüttert. Genauso schockiert war man in den USA auf die nur wenige Wochen darauf folgende Ausrufung der *Volksrepublik China*. Der Sieg der Kommunisten unter der Führung *Mao Tse-tungs* über das westlich eingestellte Regime *Tschiang Kai-schecks* wurde gerade in den USA als eigene Niederlage und Gewinn Moskaus empfunden: „Wir haben unser China verloren." Der erfolgreiche sowjetische Atombombenversuch und die Ereignisse in China hatten Konsequenzen. Einerseits wurde der Rüstungswettlauf beschleunigt, andererseits wurde der Ost-West-Konflikt endgültig zu einem *globalen Konflikt* ausgeweitet.

Auf das atomare Patt hin ordnete Präsident Truman den Bau der *Wasserstoffbombe* an. 1952 erfolgte der erste erfolgreiche Test der amerikanischen Wasserstoffbombe, aber bereits 1953 zog die Sowjetunion wiederum gleich. Beide Staaten füllten daraufhin ihre Atomwaffenarsenale mit immer moderneren Bomben noch größerer Sprengkraft auf, die in überirdischen Versuchen dauernd erprobt wurden. Gleichzeitig wurden die Trägersysteme für die Atomwaffen – Bomber, Raketen, U-Boote – immer weiter entwickelt. Es kam zu einem Zustand, der mit *Gleichgewicht des Schreckens* bezeichnet wurde. Damit ist gemeint, daß beide Seiten noch nach einem gegnerischen Atomangriff die Fähigkeit zu einem vernichtenden atomaren *Zweitschlag* besitzen.

Daß der Ost-West-Konflikt sich nicht auf Europa beschränkte, zeigt der *Korea-Krieg*. Korea war nach der japanischen Niederlage im Zweiten Weltkrieg in eine amerikanische und eine sowjetische Besatzungszone aufgeteilt worden. Ähnlich wie in Deutschland hatten sich in Korea mit Unterstützung der jeweiligen Besatzungsmacht zwei Staaten herausgebildet. Die Regierungen beider Teilstaaten wollten ganz Korea repräsentieren und beherrschen. Im Gegensatz zu Deutschland zogen 1948/49 die amerikanischen und sowjetischen Besatzungstruppen ab. Am 25. Juni 1950 griffen nordkoreanische Truppen Südkorea an und rückten rasch vor. Die USA sahen den nordkoreanischen Überfall als einen von Moskau gesteuerten Versuch, den

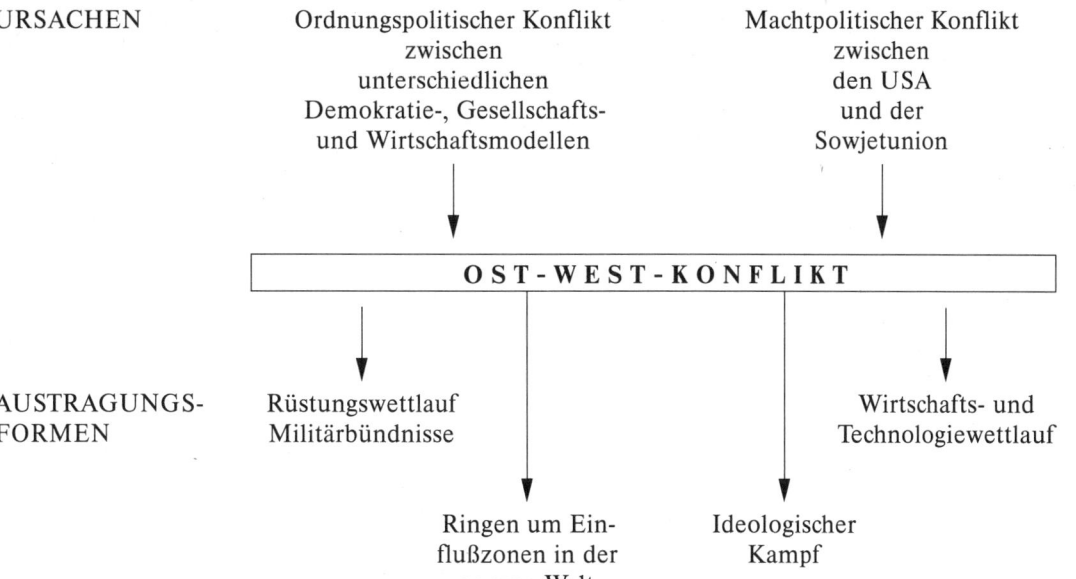

URSACHEN

Ordnungspolitischer Konflikt
zwischen
unterschiedlichen
Demokratie-, Gesellschafts-
und Wirtschaftsmodellen

Machtpolitischer Konflikt
zwischen
den USA
und der
Sowjetunion

O S T - W E S T - K O N F L I K T

AUSTRAGUNGS-
FORMEN

Rüstungswettlauf
Militärbündnisse

Wirtschafts- und
Technologiewettlauf

Ringen um Ein-
flußzonen in der
ganzen Welt

Ideologischer
Kampf

„Kalten Krieg" in einen „heißen Krieg" umschlagen zu lassen, und handelten schnell. Sie ließen den UNO-Sicherheitsrat einberufen und nutzten einen momentanen Boykott dieses Gremiums durch die Sowjetunion, um einen Beschluß zur militärischen Unterstützung Südkoreas herbeizuführen. Eine rasch aufgestellte UNO-Streitmacht, die allerdings hauptsächlich aus Amerikanern bestand, gelangte in einem Gegenstoß an die chinesisch-koreanische Grenze. Daraufhin griffen chinesische „Freiwillige" in starken Verbänden in die Kämpfe ein. Bald erstarrte die Front in der Nähe der alten Demarkationslinie im Stellungskrieg, der erst 1953 durch einen Waffenstillstand beendet wurde.

Der Korea-Krieg gestaltete sich von seiten der Amerikaner zu einem antisowjetischen und antikommunistischen Kreuzzug. Unzutreffend wurde der nordkoreanische Angriff als Beginn einer globalen sowjetischen Offensive interpretiert. Der Kriegsausbruch verstärkte in den USA und in Westeuropa den Antikommunismus und die Kriegsfurcht. Die USA drängten auf eine politische und militärische Stärkung Westeuropas. Verstanden wurde darunter vor allem die *Wiederbewaffnung der Bundesrepublik Deutschland* und deren Eingliederung in eine westliche Verteidigungsgemeinschaft. Diese verzögerte sich allerdings wegen Bedenken in Europa, vor allem in Frankreich, bis 1955.

Auf den *NATO-Beitritt* der Bundesrepublik Deutschland reagierte die Sowjetunion mit der Gründung des *Warschauer Pakts,* zu dessen Mitgliedern auch die DDR zählte. Allerdings hatte die Sowjetunion bereits bis 1948 mit den mittel- und osteuropäischen Staaten ihres Einflußbereichs bilaterale „Verträge über Freundschaft, Zusammenarbeit und gegenseitigen Beistand" geschlossen, die diese Staaten schon zu diesem Zeitpunkt militärisch eng mit der Sowjetunion verband.

Noch während des Korea-Krieges hatte in den USA Anfang 1953 der Republikaner *Dwight D. Eisenhower* den Demokraten Truman abgelöst. Eisenhower und sein Außenminister *John Foster Dulles* ersetzten die Eindämmungsstrategie durch die Politik des *Roll-back,* der Zurückdrängung der sowjetischen Macht in ihrem Hegemonialbereich, worunter auch die Befreiung der vom Kommunismus unterdrückten Völker verstanden wurde. Allerdings reduzierte sich diese Politik auf den deklamatorischen Aspekt. Weder während des Aufstands vom 17. Juni 1953 in der DDR noch während des Aufstands in Ungarn im Herbst 1956 wurde die Politik des Roll-back verwirklicht. Vielmehr mußten die USA angesichts des auch ihre Politik bestimmenden atomaren Patts ohnmächtig zusehen, wie die Sowjetunion die jeweiligen Aufstände gewaltsam niederschlug.

Der Status quo in Europa war nicht zu verändern. Diesen Lernprozeß mußten sowohl West wie Ost während der *Berlin-Krise* zwischen 1958 und 1961 erfahren. Weder konnte sich die Sowjetunion mit ihrer Forderung nach einer entmilitarisierten „Freien Stadt" Berlin durchsetzen, noch konnte der Westen den Bau der Berliner Mauer am 13. August 1961 verhindern.

Kuba-Krise und Wende zur Entspannungspolitik

Höhe- und Wendepunkt des Kalten Krieges bildete die Kuba-Krise, die die Welt im Herbst 1962 für einige Tage an den Rand eines Atomkrieges brachte.

Kuba besaß wegen seiner beherrschenden Lage in der Karibik schon lange eine große strategische Bedeutung für die USA. 1959 gelangte nach zweijährigem Partisanenkampf gegen ein von den USA unterstütztes diktatorisches Regime *Fidel Castro* an die Macht. Gegen seine amerikanische Wirtschaftsinteressen verletzende Reformpolitik richtete sich zunehmend wirtschaftlicher und politischer Druck von seiten der USA. Castro wandte sich daraufhin dem gegnerischen Lager, der Sowjetunion, zu und baute ein sozialistisches System auf. Erstmals war damit in der unmittelbaren amerikanischen Einflußsphäre ein sich an die Sowjetunion anlehnender Staat vorhanden. 1961 unternahmen kubanische Emigranten – unterstützt vom amerikanischen Geheimdienst – einen Invasionsversuch. Die geplante Landung in der kubanischen Schweinebucht scheiterte kläglich. Diese sogenannte *Schweinebuchtaffäre* führte zu einer auch militärischen Hinwendung Kubas zur Sowjetunion.

Seit dem Sommer 1962 traf die Sowjetunion Vorbereitungen für die Stationierung sowjetischer Mittelstreckenraketen auf Kuba, die nicht nur einen weiteren Angriff auf Kuba abschrecken, sondern auch die nuklearstrategische Position der Sowjetunion gegenüber den USA maßgeblich verbessern sollte. Am 14. Oktober 1962 zeigten Aufnahmen der amerikanischen Luftaufklärung, daß auf Kuba sowjetische Abschußrampen für Mittelstreckenraketen installiert worden waren. Amerikanische Großstädte lagen damit in der unmittelbaren Reichweite sowjetischer

Atomraketen. Damit war eine stillschweigend akzeptierte Spielregel des Kalten Krieges, die gegenseitige Respektierung der Interessensphären, verletzt worden. Die Blockgrenzen sollten an einer entscheidenden Stelle zuungunsten der USA verschoben werden. Dieser Tatbestand wurde zur unmittelbaren Ursache der Kuba-Krise.

Am 22. Oktober enthüllte Präsident *John F. Kennedy* in einer Fernsehansprache die sowjetische Bedrohung und forderte die Sowjetunion auf, die von den USA als offensiv empfundenen Waffen unverzüglich und vollständig abzuziehen. Gleichzeitig verhängte er eine Seeblockade, um sowjetische Raketentransporter abzufangen. Die US-Streitkräfte wurden in Alarmbereitschaft versetzt. Interkontinentalraketen, die auf das Gebiet der Sowjetunion zielten, wurden zum Abschuß vorbereitet. Parallel dazu erklärte sich Kennedy zu Verhandlungen über Rüstungsbegrenzungen bereit.

Als ein amerikanischer Luftangriff immer wahrscheinlicher wurde, lenkte die Sowjetunion am 28. Oktober ein. Die Raketen wurden abgezogen. Im Gegenzug brach Präsident Kennedy die Seeblockade Kubas ab und versicherte, in Zukunft keine Invasion Kubas zu unternehmen oder zu unterstützen. Damit war die Krise beendet.

Durch die Kuba-Krise wurden West wie Ost die Risiken eines unkontrollierten Wettrüstens bewußt. Die Konfrontation zwischen den USA und der Sowjetunion, die die Möglichkeit eines neuen Weltkriegs in sich geborgen hatte, schärfte das Bewußtsein für die Gefahr einer globalen atomaren Katastrophe und für die Notwendigkeit einer Entspannungspolitik. Mit dieser Wende des Kalten Krieges tritt der Ost-West-Konflikt in seine zweite Phase, die durch eine amerikanisch-sowjetische Annäherung gekennzeichnet ist. Ziel der *Entspannungspolitik* ist es, durch vertrauensbildende Maßnahmen und durch *Rüstungskontrolle* die Gefahren eines direkten militärischen Aufeinanderprallens zu vermeiden.

Schon im Juni 1963 vereinbarte man die Einrichtung eines „heißen Drahtes", einer direkten Telefonverbindung zwischen der amerikanischen und der sowjetischen Führungszentrale. Einen Monat später bereits folgte das Abkommen zwischen den USA, Großbritannien und der Sowjetunion über ein *Verbot von Kernwaffenversuchen* in der Atmosphäre, im Weltraum und unter Wasser.

Im Gegensatz zum Westen verfügte die Sowjetunion mit der *Theorie der friedlichen Koexistenz* über ein geschlossenes Konzept zur Entspannungspolitik. Schon vor der Kuba-Krise hatte der Nachfolger Stalins, *Nikita Chruschtschow,* eine neue „Generallinie" der sowjetischen Außenpolitik entwickelt, die davon ausging, daß „sich die Beziehungen zwischen den Staaten mit unterschiedlichen sozialen Systemen auf der friedlichen Koexistenz aufbauen müssen". Im Kern ging es bei dieser Theorie, die bis zur neuen Außenpolitik unter Gorbatschow gültig war, um die Basis eines friedlichen Nebeneinanders zwischen Sozialismus und Kapitalismus bei gleichzeitiger Betonung der tiefgreifenden Unterschiede zwischen den beiden Systemen. Die Qualität der Kernwaffen hatte den allgemeinen Krieg zwischen Ost und West zu einem unkalkulierbaren Risiko gemacht: „Friedliche Koexistenz oder katastrophaler Krieg". Der Klassenkampf zwischen den beiden Systemen, vor allem der ideologische Kampf, sollte dessenungeachtet weitergeführt werden. Dabei blieb man davon überzeugt, daß aus diesem Kampf das sozialistische System als das überlegene hervorgehen würde.

Entspannungspolitik aus sowjetischer Sicht war also eine taktische Maßnahme; das strategische Ziel einer Überwindung des Kapitalismus und damit des Siegs der sozialistischen Weltrevolution blieb damit unverändert bestehen.

Bei dem Spannungsverhältnis zwischen „nebeneinander" und „gegeneinander" in dieser Phase der Ost-West-Beziehungen ging es darum, „die Realität der Konkurrenz mit dem Zwang zur Koexistenz" zu vereinbaren, so der spätere amerikanische Außenminister *Henry Kissinger.*

Folge dieses Zwangs zur Koexistenz waren amerikanisch-sowjetische Vereinbarungen zur Rüstungskontrolle und allgemein eine Entspannung zwischen West und Ost in Europa auf der Basis der Anerkennung des durch den Zweiten Weltkrieg entstandenen Status quo. 1968 wurde der *Atomwaffensperrvertrag* geschlossen. Dieser verbot die Weitergabe von Kernwaffen der Atommächte an Staaten ohne Atomwaffen. Von diesen Staaten unterschrieben bis Anfang 1989 137 den Vertrag. Sie verpflichteten sich darin, auf die Herstellung von Atomwaffen zu verzichten. 1972 folgten der *ABM-Vertrag* zwischen den USA und der UdSSR über die Begrenzung von Raketen-Abwehr-Systemen sowie das *SALT-I-Abkommen* zur Begrenzung der Interkontinentalraketen zwischen den gleichen Vertragspartnern. Abrüstung fand dagegen nicht statt, im Gegenteil. Trotz dieser und weiterer Abkommen zur Rüstungskontrolle ging der Rüstungswettlauf der beiden Supermächte unvermindert weiter. Beide Seiten stellten immer neue Waffensysteme in Dienst. Immer modernere, zielgenauere Raketensysteme wurden entwickelt. Die Land-, See- und Luftstreitkräfte wurden ständig modernisiert.

Gleichzeitig ging man aber daran, das politische Klima zwischen den Blöcken in Europa entscheidend zu verbessern. Das *Vier-Mächte-Abkommen* über Berlin zwischen den USA, der Sowjetunion, Frankreich und Großbritannien (3. 9. 1971) ging ausdrücklich von „der bestehenden Lage" und der Achtung der „gemeinsamen Rechte und Verantwortlichkeiten" aus und legte fest, daß „Streitigkeiten ausschließlich mit friedlichen Mitteln beizulegen sind". Zusammen mit den ebenfalls vertraglich festgelegten Maßnahmen zur Verbesserung der politischen Situation Berlins war damit ein Spannungsherd beseitigt, der während des Kalten Krieges Brennpunkt des Ost-West-Konflikts gewesen war.

Die *Konferenz über Sicherheit und Zusammenarbeit in Europa* (KSZE) verabschiedete 1975 die *Schlußakte von Helsinki.* Sie schrieb die Unverletzlichkeit der Grenzen fest, das Prinzip der Nichteinmischung in innere Angelegenheiten eines anderen Staates und die Achtung der Menschenrechte. Diese gemeinsame Absichtserklärung der Staaten von NATO und Warschauer Pakt sowie der übrigen Länder Europas war zwar kein völkerrechtlich verbindlicher Vertrag, aber durch das Festschreiben der territorialen Nachkriegsordnung und die Vertiefung der Zusammenarbeit in Wirtschaft, Wissenschaft, Kultur und Umwelt wurde der Entspannungsprozeß weiter vertieft.

17

Die Verlagerung des Ost-West-Konflikts auf die Dritte Welt

Im Widerspruch zu diesem Abbau der Konfrontation am Eisernen Vorhang in Europa, dieser unmittelbaren und daher besonders gefährlichen Nahtstelle zwischen Ost und West, und dem die Entspannung fördernden Prozeß der Rüstungskontrolle verlief allerdings die politische Entwicklung in der Dritten Welt. Hier engagierten sich die USA wie die Sowjetunion noch mehr als zuvor. Das Ringen zwischen West und Ost um Einflußzonen verlagerte sich in diesen Teil der Welt. Die Sowjetunion führte beispielsweise mit Hilfe Kubas *Stellvertreterkriege* in Äthiopien und Angola. Die USA ihrerseits unterstützten Aufstandsbewegungen gegen von der Sowjetunion gestützte Regime in Moçambique und Angola. Beide rüsteten ihre jeweiligen Verbündeten auf und ermöglichten damit Kriege, zum Beispiel im Nahen Osten zwischen Israel und dessen arabischen Nachbarn. Höhepunkte dieser indirekten Konfrontation zwischen den USA und der Sowjetunion bildeten die amerikanische Intervention in Vietnam sowie, wenn auch zeitlich versetzt, die sowjetische Intervention in Afghanistan.

Wie hatten sich diese direkten militärischen Engagements der Supermächte entwickelt?

Der amerikanische *Vietnamkrieg* hat eine längere Vorgeschichte. Als sich gegen Ende des Zweiten Weltkrieges die Niederlage Japans abzeichnete, errichtete der kommunistisch geführte *Vietminh* unter *Ho Tschi Minh* seine Herrschaft in der ehemals französischen Kolonie Vietnam. Frankreich versuchte, seine alte Kolonie wieder zu unterwerfen. Der Vietminh leistete Widerstand, der erste *Indochinakrieg* war die Folge. Der Krieg endete 1954 mit der Niederlage der Franzosen und ihrem Rückzug aus Indochina. Nach der Teilung Vietnams in zwei Staaten auf der Genfer *Indochinakonferenz* 1954 traten die USA die politische Nachfolge Frankreichs an. Sie unterstützten in Südvietnam eine antikommunistische Diktatur. Dieser stand im Norden ein von der Sowjetunion und der Volksrepublik China unterstütztes kommunistisches Regime gegenüber. Anfang der sechziger Jahre begannen die Kommunisten den Guerillakrieg in Südvietnam. Unterstützt von Nordvietnam gewannen sie rasch an Boden.

Daraufhin griffen die USA mit eigenen Streitkräften in den Krieg ein. Für die USA ging es in erster Linie um die Eindämmung der kommunistischen Expansion in Asien. Nach amerikanischer Ansicht waren China und die Sowjetunion die eigentlichen Drahtzieher des Krieges. Die amerikanische Regierung befürchtete, daß nach einer kommunistischen Eroberung Südvietnams andere Staaten der Region wie Dominosteine umfallen könnten. Die Folge wäre – so wurde argumentiert – sogar eine Bedrohung für Indien, Australien, Neuseeland, Taiwan, Korea und Japan. Für die amerikanischen Präsidenten Kennedy und *Johnson* war das militärische Engagement der USA in Südvietnam der Testfall dafür, ob man fähig sei, einer Nation bei der Abwehr der „kommunistischen Gefahr" zu helfen. Dieser „Testfall" hatte zur Folge, daß 1969 über 540 000 amerikanische Soldaten in Vietnam kämpften, mehr als 56 000 davon fielen.

Massive Luftangriffe der Amerikaner richteten sich direkt auch gegen Nordvietnam, das von der Sowjetunion und Rotchina ununterbrochen Waffenlieferungen erhielt. Etwa vier Millionen Vietnamesen wurden in diesem Krieg getötet. Die übermächtige Militärmaschinerie der USA konnte den Krieg jedoch nicht gewinnen. Nach einem Waffenstillstandsvertrag zwischen Nordvietnam und den USA zogen 1973 die letzten US-Truppen ab. 1975 mußte Südvietnam kapitulieren und Vietnam wurde unter einer kommunistischen Regierung wiedervereinigt. Das amerikanische Debakel in Vietnam enthüllte die „Impotenz der Macht".

Die gleiche Erfahrung mußte die Sowjetunion in *Afghanistan* machen. 1978 waren durch einen Militärputsch Kommunisten in dem bisher blockfreien Land an die Macht gekommen. Gegen diese kommunistische Herrschaft richtete sich der Aufstand sogenannter „islamischer Freiheitskämpfer". Ende 1979 stand die kommunistische Herrschaft kurz vor dem Zusammenbruch.

In dieser Situation marschierten sowjetische Truppen in Afghanistan ein, um den antikommunistischen Aufstand niederzuschlagen. Zum ersten Mal seit Ende des Zweiten Weltkrieges war damit die Sowjetunion militärisch über die Grenzen ihres Hegemonialbereichs vorgestoßen. Die sowjetische Führung hatte befürchtet, daß durch einen Sieg der antikommunistischen Rebellen Afghanistan in den Einflußbereich der USA hätte fallen können. Immerhin hatten die Amerikaner Waffen an die islamischen Freiheitskämpfer geliefert.

Über 150 000 sowjetische Soldaten kämpften in Afghanistan. Mehr als 15 000 blieben tot zurück. Eine Taktik der verbrannten Erde zerstörte das Land. Etwa anderthalb Millionen Menschen starben in diesem Krieg, den die Sowjetunion trotz ihres gewaltigen Einsatzes nicht gewinnen konnte. Anfang 1989 zogen die letzten sowjetischen Truppen ab.

Regionalkonflikte wie in Vietnam und Afghanistan, die ihre eigenen Ursachen hatten, wurden von den Supermächten als Teil des Ost-West-Konflikts angesehen. Die Folge war die direkte militärische Intervention mit ungeheuren Zerstörungen und unzähligen Menschenopfern in den betroffenen Ländern. Eine Zeit des Friedens war die Phase der Entspannungspolitik also nur für Europa.

Die Überwindung des Ost-West-Konflikts

Der Ost-West-Konflikt als ideologische Auseinandersetzung über verschiedene politische, wirtschaftliche und gesellschaftliche Ordnungsvorstellungen wie auch als machtpolitischer Kampf zwischen den USA und der Sowjetunion war bereits zu Ende, bevor die tiefgreifenden Veränderungen in der Sowjetunion als Folge des gescheiterten Putsches vom August 1991 eintraten.

Mitte der achtziger Jahre zog die Sowjetunion unter *Michail Gorbatschow* die Konsequenzen aus ihrer tiefen Wirtschafts- und Systemkrise. Innenpolitisch wurde eine radikale *Reformpolitik* eingeleitet, die das sozialistische System regenerieren und stabilisieren sollte. Aus einer systemstabilisierenden Politik von oben entwikkelte sich aber eine systemsprengende gesellschaftliche Bewegung, die das kommunistische Herrschaftssystem wie auch die ideologischen Grundlagen des Sozialismus grundsätzlich in Frage stellte.

Außenpolitisch wurde das *Konzept der "friedlichen Koexistenz"* völlig *neu interpretiert*. Sie wurde nun als Strategie des friedlichen Miteinanders von Ost und West angesehen und die

enge, dauerhafte Partnerschaft auf allen Gebieten angestrebt. Die *Welt* wird nun nicht mehr als in zwei Lager geteilt, sondern *als Ganzheit* angesehen, deren Teile voneinander abhängig sind. Gemeinsame Probleme werden in der nuklearen Gefahr, der ökologischen Krise und dem Nord-Süd-Gefälle gesehen. Der weltanschauliche *Pluralismus* in der Welt wird akzeptiert. Kriege werden als grundsätzlich nicht mehr verantwortbar betrachtet, und daraus wird eine neue *defensive Militärdoktrin* abgeleitet. Ausdruck dieses "Neuen Denkens" in der Außenpolitik waren gegenüber dem Westen zahlreiche sowjetische Abrüstungsinitiativen und gegenüber den Staaten des eigenen Machtbereichs das fundamentale Zugeständnis, den sozialistischen Weg wie auch das sozialistische Lager verlassen zu können.

Konkreten Niederschlag fand diese Politik Ende der achtziger Jahre in verschiedenen *Abrüstungsabkommen* sowohl für den nuklearen wie für den konventionellen Bereich, in der *Überwindung der Teilung Deutschlands* und letztendlich im Jahr 1991 in der *Auflösung des Warschauer Pakts*. Der Ost-West-Konflikt als ordnungspolitischer Konflikt ist zu Ende. Es ist allerdings davon auszugehen, daß der wichtigste Nachfolgestaat der Sowjetunion, Rußland, Großmachtinteressen zumindest in Europa und Asien verfolgen wird. Nicht auszuschließen bleibt daher, daß der Überwindung des Ost-West-Konflikts nach der wirtschaftlichen und innenpolitischen Konsolidierung Rußlands ein internationaler Großmachtkonflikt alter Prägung folgen wird.

C. Arbeitsteil

Kongreßbotschaft über die Lage im Mittelmeergebiet vom 12. März 1947 (Truman-Doktrin):

„Die griechische Regierung hat an die Vereinigten Staaten einen dringenden Ruf nach finanzieller und wirtschaftlicher Unterstützung gerichtet. Die ersten Berichte der jetzt in Griechenland befindlichen amerikanischen Wirtschaftsmission und Berichte des amerikanischen Botschafters in Griechenland bestätigen die Erklärung der griechischen Regierung, daß Hilfe kommen muß, wenn Griechenland als freie Nation weiterbestehen soll. [...]
Eins der ersten Ziele der Außenpolitik der Vereinigten Staaten ist es, Bedingungen zu schaffen, unter denen

wir und andere Nationen uns ein Leben aufbauen können, das frei von Zwang ist.

Wir werden unser Ziel jedoch nicht verwirklichen, wenn wir nicht bereit sind, den freien Völkern zu helfen, ihre freien Einrichtungen und ihre nationale Integrität gegenüber aggressiven Bewegungen zu erhalten, die ihnen totalitäre Regimes aufzwingen wollen. Das ist nichts weiter als ein offenes Zugeständnis der Ansicht, daß totalitäre Regimes, die freien Völkern durch direkte oder indirekte Aggression aufgezwungen werden, die Grundlagen des internationalen Friedens und damit die Sicherheit der Vereinigten Staaten untergraben. [...]

Im gegenwärtigen Abschnitt der Weltgeschichte muß fast jede Nation ihre Wahl in bezug auf ihre Lebensweise treffen. Nur allzuoft ist es keine freie Wahl.

Die eine Lebensweise gründet sich auf den Willen der Mehrheit und zeichnet sich durch freie Einrichtungen, freie Wahlen, Garantie der individuellen Freiheit, Rede- und Religionsfreiheit und Freiheit vor politischer Unterdrückung aus.

Die zweite Lebensweise gründet sich auf den Willen einer Minderheit, der der Mehrheit aufgezwungen wird. Terror und Unterdrückung, kontrollierte Presse und Rundfunk, fingierte Wahlen und Unterdrückung der persönlichen Freiheiten sind ihre Kennzeichen.

Ich bin der Ansicht, daß es die Politik der Vereinigten Staaten sein muß, die freien Völker zu unterstützen, die sich der Unterwerfung durch bewaffnete Minderheiten oder durch Druck von außen widersetzen. [...]

Ich bin der Ansicht, daß unsere Hilfe in erster Linie in Form wirtschaftlicher und finanzieller Unterstützung gegeben werden sollte, die für eine wirtschaftliche Stabilität und geordnete politische Vorgänge wesentlich ist. [...]

Man braucht nur einen Blick auf die Karte zu werfen, um zu erkennen, daß Existenz und Integrität der griechischen Nation von schwerwiegender Bedeutung im Rahmen einer viel umfassenderen Situation sind. Sollte Griechenland der Kontrolle einer bewaffneten Minderheit unterworfen werden, so würde das sofort schwerwiegende Auswirkungen auf seinen Nachbarn, die Türkei, haben. Verwirrung und Unordnung würden sich vielleicht durch den ganzen Mittleren Osten verbreiten. [...]

Ich bitte daher den Kongreß, eine Unterstützung an Griechenland und die Türkei in Höhe von 400 Millionen Dollar für die Zeit bis zum 30. Juni 1948 zu gewähren. [...]

Die Vereinigten Staaten haben einen Beitrag von 341 Milliarden Dollar geleistet, um den Zweiten Weltkrieg zu gewinnen. Diese Summe ist eine Kapitalanlage in Weltfreiheit und Weltfrieden. [...]

Die Saat der totalitären Regimes gedeiht in Elend und Mangel. Sie verbreitet sich und wächst in dem schlechten Boden von Armut und Kampf. Sie wächst sich voll-

ends aus, wenn in einem Volk die Hoffnung auf ein besseres Leben ganz erstirbt. Wir müssen diese Hoffnung am Leben erhalten. Die freien Völker der Erde blicken auf uns und erwarten, daß wir sie in der Erhaltung der Freiheit unterstützen.

Wenn wir in unserer Führung zögern, können wir den Frieden der Welt gefährden und werden mit Sicherheit die Wohlfahrt unserer Nation gefährden."
(In: *Europa-Archiv*, 2. Jg. 1947, S. 819 ff.)

Arbeitsaufgaben

1. *Wie beurteilt Truman die internationale Lage, und welche Konsequenzen zieht er daraus?*
2. *Welche Folgen hat die Truman-Doktrin für die Entwicklung des Ost-West-Konflikts?*

Eine sowjetische Darstellung zur Politik der friedlichen Koexistenz:

„Die gegenwärtige Geschichtsepoche, die im wesentlichen die Epoche des durch die Große Sozialistische Oktoberrevolution eingeleiteten Übergangs vom Kapitalismus zum Sozialismus ist, ist durch eine Verschärfung der Auseinandersetzung zwischen den Kräften der Reaktion und des Fortschritts, zwischen dem Kapitalismus und dem Sozialismus, auf allen Gebieten des gesellschaftlichen Lebens gekennzeichnet. In den verschiedenen Etappen der Koexistenz des kapitalistischen und des sozialistischen Systems ist je nach dem Kräfteverhältnis zwischen den beiden Systemen, der allgemeinen politischen und wirtschaftlichen Lage in der Welt und der Veränderung der Kampfmittel mal die eine, mal die andere Form des Kampfes mehr in den Vordergrund getreten. [...]

Während auf dem Gebiet der internationalen Beziehungen eine friedliche Koexistenz möglich ist und gegenseitige Zugeständnisse und Kompromisse voraussetzt – ohne daß dadurch das Wesen der sozialökonomischen Ordnung verändert wird –, sind auf dem Gebiet der Ideologie Konzessionen und Kompromisse unmöglich.

Es ist ganz klar, daß nicht jede Klasse im ideologischen Kampf auf Erfolg rechnen kann. Nur die Klasse, deren Interessen mit dem objektiven Lauf der Geschichte übereinstimmen und ihm entsprechen, ist in der Lage, in einem solchen Kampf den Sieg zu erringen. In diesem Kampf demonstriert diese Klasse die Überlegenheit ihrer Ideen über die Ideen der Klassen, die sich überlebt haben."
(I. A. Seleznev: *Vojna i ideologiceskaja bor'ba* [Krieg und ideologischer Kampf], Moskau 1974, S. 82 ff. Zitiert nach: Manfred Görtemaker/Gerhard Wettig: *USA – UdSSR. Dokumente zur Sicherheitspolitik.* Opladen 1987, S. 193 f.)

Arbeitsaufgaben

3. Was versteht der sowjetische Autor unter der Politik der friedlichen Koexistenz?

4. Welches sind demnach die Möglichkeiten wie auch die Grenzen der Entspannungspolitik?

Gemeinsame Erklärung von NATO und Warschauer Pakt vom 19. 11. 1990:

„Die Staats- und Regierungschefs Belgiens, Bulgariens, Dänemarks, Deutschlands, Frankreichs, Griechenlands, Islands, Italiens, Kanadas, Luxemburgs, der Niederlande, Norwegens, Polens, Portugals, Rumäniens, Spaniens, der Tschechischen und Slowakischen Föderativen Republik, der Türkei, Ungarns, der Union der Sozialistischen Sowjetrepubliken, des Vereinigten Königreichs und der Vereinigten Staaten von Amerika,

- hoch erfreut über den historischen Wandel in Europa,
- befriedigt über die in ganz Europa zunehmende Verwirklichung der gemeinsamen Verpflichtung zu pluralistischer Demokratie, Rechtsstaatlichkeit und Menschenrechten, die für den Fortbestand der Sicherheit auf dem Kontinent wesentlich sind,
- in Bekräftigung der Feststellung, daß das Zeitalter der Teilung und Konfrontation, das mehr als vier Jahrzehnte gedauert hat, zu Ende ist, daß sich die Beziehungen zwischen ihren Ländern verbessert haben und daß dies zur Sicherheit aller beiträgt,
- im Vertrauen darauf, daß die Unterzeichnung des Vertrages über konventionelle Streitkräfte in Europa einen bedeutenden Beitrag zum gemeinsamen Ziel erhöhter Sicherheit und Stabilität in Europa darstellt, und
- überzeugt, daß diese Entwicklung Teil eines fortwährenden Prozesses der Zusammenarbeit sein muß, um die Strukturen für einen zusammenwachsenden Kontinent zu schaffen,

geben folgende Erklärung ab:

1. Die Unterzeichnerstaaten erklären feierlich, daß sie in dem anbrechenden neuen Zeitalter europäischer Beziehungen nicht mehr Gegner sind, sondern neue Partnerschaften aufbauen und einander die Hand zur Freundschaft reichen wollen. [...]

3. Sie erkennen an, daß Sicherheit unteilbar ist und daß die Sicherheit eines jeden ihrer Länder untrennbar mit der Sicherheit aller KSZE-Teilnehmerstaaten verbunden ist.

4. Sie verpflichten sich, nur solche militärischen Potentiale aufrechtzuerhalten, die zur Kriegsverhütung und für eine wirksame Verteidigung notwendig sind. Sie werden die Beziehung zwischen Militärpotentialen und Doktrinen im Auge behalten. [...]

7. Sie bekunden ihre Entschlossenheit, aktiv zu Abkommen über konventionelle, nukleare und chemische Rüstungskontrolle und Abrüstung beizutragen, welche die Sicherheit und Stabilität für alle Länder erhöhen. Sie rufen insbesondere zu einem baldigen Inkrafttreten des Vertrages über konventionelle Streitkräfte in Europa auf und verpflichten sich, den Prozeß der Festigung des Friedens in Europa durch konventionelle Rüstungskontrolle im Rahmen der KSZE fortzuführen. Sie begrüßen die Aussichten auf neue Verhandlungen zwischen den Vereinigten Staaten und der Sowjetunion über ihre nuklearen Kurzstreckensysteme. [...]"

(*Frankfurter Allgemeine Zeitung* vom 20. 11. 1990)

Arbeitsaufgaben

5. Diese Gemeinsame Erklärung von NATO und Warschauer Pakt besiegelt das Ende des Ost-West-Konflikts. Belegen Sie diese Feststellung mit Hilfe des Textes.

6. Was waren die Voraussetzungen für die Überwindung des Ost-West-Konflikts?

Lektion 18
Die innenpolitische Entwicklung der USA im 20. Jahrhundert

A. Überblick

Während sich in den europäischen Industriestaaten im Zusammenhang mit der sozialen Frage und der Arbeiterbewegung sozialstaatliche Gedanken nicht mehr zurückdrängen ließen und die Innenpolitik im 20. Jahrhundert immer wieder bestimmten, blieb in den Vereinigten Staaten zunächst der „ungebremste Kapitalismus" erhalten. Bis zum Ausbruch der Großen Depression und der damit verbundenen Weltwirtschaftskrise (1929) galten die Prinzipien des „Laissez-faire-Liberalismus" in Amerika uneingeschränkt. Die Weltwirtschaftskrise, die von Amerika ausgehend bald auch auf die europäischen Industriestaaten übergriff und die demokratischen Staatsformen ins Wanken brachte, bildete für Amerika die größte Herausforderung an das politische und soziale System des Kapitalismus. Präsident Roosevelt gelang es, durch seine Politik des „New Deal" den amerikanischen Staat dahingehend zu verändern, daß dieser Abstand nahm von den bisherigen Prinzipien des klassischen Liberalismus und zu einem Interventionsstaat wurde, der sich dem sozialen Wohl seiner Bürger verpflichtet fühlte. Damit stellte er die Weichen in Richtung sozialstaatliches Denken, das in der großen Krise nicht mehr auf die Selbstheilungskräfte der Wirtschaft ohne Eingreifen des Staates vertraute. Die neue Devise hieß nicht mehr negativ Kontrolle der Kapitalkonzentration und der gesellschaftlichen Entwicklung, sondern positiv Gestaltung, Planung und Lenkung des Wirtschaftslebens durch die bundesstaatliche Regierung. Trotz dieser Lenkung hat der New Deal nichts mit Sozialismus zu tun, wie seine Gegner immer wieder geltend machen wollten. Die amerikanische Wirtschaft blieb ohngeachtet aller staatlichen Maßnahmen privatwirtschaftlich organisiert. Neu war die besonders deutlich hervortretende arbeiter- und gewerkschaftsfreundliche Tendenz. Die Arbeiterschaft, bislang neben dem freien Unternehmertum zu einer Schattenrolle verurteilt, wurde durch den New Deal zu einer bestimmenden Kraft der amerikanischen Sozialordnung. Dennoch ist Amerika durch diesen politischen Ansatz nicht zu einem Sozialstaat geworden.

Zwar ist es strittig, wie hoch das Verdienst des Rooseveltschen New Deal bei der Überwindung der Massenarbeitslosigkeit zu veranschlagen ist, unstrittig ist aber, daß er den Amerikanern ein neues Vertrauen in ihr Staats- und Gesellschaftssystem gegeben hat und daß die Demokratie – anders als in Deutschland und mehreren anderen europäischen Ländern – bei dieser größten Krise der kapitalistischen Wirtschaftsordnung nicht auf der Strecke geblieben ist.

In der Zeit nach dem Zweiten Weltkrieg, in der die USA die Rolle einer internationalen Führungsmacht übernahmen, sind viele Ansätze des Reformdenkens von Roosevelt wieder zurückgeschraubt oder aus dem politischen Bewußtsein gedrängt worden. Erst als Amerika den Sputnik-Schock erlitt und als eine amtliche Regierungskommission auf Armut, Städteelend und die Desintegration der schwarzen Bevölkerung hinwies, kümmerte sich die Politik wieder um solche Fragen. Die Präsidenten Kennedy und Johnson haben mit ihren Entwürfen „New Frontier" und „Great Society" an die sozialstaatlichen Ansätze Roosevelts anzuknüpfen versucht. Mit den 70er Jahren begann dann, vor allem wegen der ökonomischen Stagnation und der zu hohen Haushaltsbelastungen im Zusammenhang mit dem Vietnamkrieg, eine Wende zum Konservativismus hin, die auf ein anderes Staatsverständnis zurückging, als es die Reformpolitik Roosevelts, Johnsons und Kennedys tat. Diese Wende ist auch als eine Reaktion auf den verlorenen Krieg in Vietnam zu verstehen.

Lernziele

Sie sollen verstehen, welche Ursachen zur Weltwirtschaftskrise geführt haben und warum die Krise sich zu keiner politischen Krise ausweitete, die das demokratische System hätte in Frage stellen können. Außerdem sollten Sie Leistungen und Grenzen des New Deal beurteilen. Dazu sollten Sie wissen, inwiefern sich durch den New Deal ein neues Staatsverständnis in Amerika bildete.

Sie sollten verstehen, warum die Konzeptionen von „New Frontier" und „Great Society" nur eingeschränkt umgesetzt werden konnten und inwieweit sie die Ursache sind für den neuen Konservatismus, der Ende der 70er Jahre aufkam. Dazu sollten Sie wissen, welche Rolle der Vietnamkrieg für das Selbstverständnis der Amerikaner hatte.

Zeittafel

1917
　　Eintritt der USA in den Ersten Weltkrieg
1920
　　Ablehnung der Versailler Friedensverträge durch den Kongreß (außenpolitische Isolation gegenüber Europa)
1929
　　„Schwarzer Freitag" an der Börse in New York
　　Beginn der Weltwirtschaftskrise
1933
　　Franklin Delano Roosevelt Präsident der USA: Beginn des New Deal
1935
　　Neues Sozialprogramm Roosevelts
1941
　　Eintritt der USA in den Zweiten Weltkrieg
1945
　　Unterzeichnung der Charta der Vereinten Nationen in San Francisco
1947
　　Truman-Doktrin: USA als weltweite Schutzmacht der Freiheit
1948
　　Marshall-Plan zur Wiederherstellung der wirtschaftlichen Stärke Europas
1961–63
　　Präsidentschaft von J. F. Kennedy
60er Jahre
　　Rassenunruhen und Bürgerrechtsbewegung
1964
　　Bürgerrechtsgesetz
1973
　　Watergate-Affäre
1981–1989
　　Ronald Reagan Präsident

Zentrale Begriffe

Weltwirtschaftskrise – Große Depression – New Deal – Interventionsstaat – New Frontier – Great Society – Bürgerrechtsbewegung – neuer Konservatismus – Neoliberalismus

Anmerkungen zur Sendung

Die Sendung zeichnet – nach einem Einstieg über Reagen und den neuen Konservatismus – den ökonomischen Aufstieg der USA nach dem Ersten Weltkrieg nach und zeigt dabei auf, welche langfristigen Faktoren zur Weltwirtschaftskrise geführt haben. Danach wird deutlich gemacht, inwiefern durch Roosevelts Politik des „New Deal" die Krise zumindest eingedämmt werden konnte und wie diese Politik das Staatsverständnis in den USA veränderte. Im zweiten Teil geht die Sendung auf innenpolitische Entwicklungen und Probleme der USA nach dem Zweiten Weltkrieg ein. Im Mittelpunkt stehen dabei die Problemkreise der inneren sozialen Gerechtigkeit, des sozialen Ausgleichs, und die Frage nach der gesellschaftlichen sowie rechtlichen Integration der schwarzen Bevölkerung. Es wird der Frage nachgegangen, warum die großen politischen Konzeptionen von Kennedys „New Frontier" und Johnsons „Great Society" keinen durchgreifenden Erfolg hatten. Mit einem Ausblick auf die neue Ära des Konservativismus und der Frage, warum Amerika sich nicht zu einem Sozialstaat europäischen Zuschnitts entwickelt hat, endet die Sendung.

18

B. Darstellung

Die wirtschaftliche und soziale Entwicklung vor dem II. Weltkrieg

Gründe für den wirtschaftlichen Aufschwung

Die außergewöhnliche Steigerung der Produktivität wurde durch technische Innovationen bewirkt, die eine kostengünstige *Massenproduktion* erlaubten. Vor allem die Automobilindustrie und die Elektrobranche spielten dabei eine führende Rolle. Beispielhaft macht dies die Einführung der Fließbandproduktion deutlich. Die Produktivität des einzelnen Arbeiters erhöhte sich, weil er die wenigen einfachen und ständig sich wiederholenden Handgriffe rascher ausführen konnte. Als einer der ersten wandte *Henry Ford* diese neue Produktionsweise zur Herstellung seines T-Modells 1914 an. Auch in anderen Branchen setzte sich die Verwendung des Fließbandes bald durch. Transportable elektrische Werkzeuge, automatische Bohrmaschinen und Pressen bestimmten immer häufiger die Produktion. 1929 erzeugte die amerikanische Industrie 70 Prozent mehr Fertigwaren als 1919, ohne daß die Zahl der Arbeitskräfte gestiegen war. Die durchschnittliche Arbeitszeit konnte sogar in diesem Zeitraum von 53 auf 47 Stunden gesenkt werden.

Neben die modernen Produktionsmethoden traten neue Formen der Verteilung der Güter. Der *Ausbau des Verkehrsnetzes* sorgte für schnellere Warenströme. Die *Einführung der Ladengesellschaft* mit zahlreichen Filialen ließ den Einzelhandelsumsatz stark ansteigen und kurbelte die Konsumgüterindustrie an.

Der Eintritt der USA in den Ersten Weltkrieg hatte dem Land einen Wirtschaftsaufschwung und eine Steigerung der Produktionskapazität gebracht. Da man 1918 sehr schnell von der *Kriegsproduktion* auf *Friedensproduktion* umschalten konnte, trat die amerikanische Wirtschaft schon von 1922 an wieder in eine Phase der Hochkonjunktur.

Von 1922 an gingen die USA zu einer *protektionistischen Zollpolitik* über. Das hatte Folgen für die Weltwirtschaft; denn die USA hatten während und nach dem Ersten Weltkrieg vielen europäischen Staaten Kredite gegeben; nun konnten viele dieser Länder die Anleihen nicht mehr durch Export ihrer Güter zurückbezahlen. Die Devise der amerikanischen Wirtschaftspolitik hatte der spätere Präsident *Herbert Clark Hoover* schon 1921 formuliert: „Die Hoffnung unseres Handels liegt in der Errichtung von amerikanischen Firmen im Ausland, in der Verteilung amerikanischer Güter unter amerikanischer Regie; im Aufbau eines direkten amerikanischen Finanzierungssystems".

Börsenkrach und Wirtschaftskrise

Die rasante Industrialisierung hatte den Charakter des Landes geändert: Die Großstädte mit ihren ersten *Wolkenkratzern* prägten von nun an das Gesicht des städtischen Lebens, das sich wohlstands- und konsumorientiert gab. Viele

Fifth Avenue in New York, um 1925
(Foto: Süddeutscher Verlag)

Konsumgüter wie Kühlschränke und Waschmaschinen gehörten bald zum Lebensstandard des Durchschnittsbürgers. Der neuartige *Ratenkauf* hatte jedoch viele aus den mittleren Schichten dazu verleitet, über ihre Verhältnisse zu leben. Mit der allgemeinen Verbreitung des Radios begann auch die *Werbung* das Konsumverhalten der Amerikaner zu bestimmen. Der Aufbruch in die *Konsumgesellschaft* bestimmte die 20er Jahre. Vom Konsum profitierte vor allem die Industrie, und die Einkommen der oberen Schichten stiegen kontinuierlich. Der Großteil von Geld und Besitz war in den Händen einiger weniger. Von der Produktion von *Luxusgütern,* die von 1923 an starke Zuwachsraten aufwies, profitierte der durchschnittliche Amerikaner kaum. Die Gewinne der Unternehmer aber stiegen zwischen 1923 und 1929 um ca. 65 Prozent, das Einkommen der Arbeiter und Angestellten hingegen nur um rund 11 Prozent, das der Farmer überhaupt nicht. Vor allem ungelernte Arbeiter und Schwarze traf immer wieder die Arbeitslosigkeit, ohne daß die Gewerkschaften sich energisch um dieses Problem kümmerten.

Kam es aber zu Arbeitskämpfen, dann unterstützte die Regierung meist die Unternehmerseite, die ohnehin von der allgemeinen Entwicklung profitierte. So entsprach die Kaufkraft der breiten Bevölkerung bald nicht mehr der Produktionsleistung der Wirtschaft. Da half auch der Export nicht, da die meisten europäischen Länder so verschuldet waren, daß sie die amerikanischen Konsumwaren nicht aufnehmen konnten. Seit 1926 zeigte die Konjunktur erste und deutliche Risse, aber in der allgemeinen Euphorie über die wirtschaftliche Prosperität dachte kaum einer daran, Konsequenzen zu ziehen. Im Oktober 1929 fielen die Aktienkurse innerhalb von einer Woche auf einen bis dahin nicht gekannten Tiefstand. Der *Börsenkrach* in New York zeichnete sich ab. Da die Kurse unaufhörlich sanken, vesuchten immer mehr Menschen, ihre Aktien loszuwerden und ihre Ersparnisse von den Bankkonten abzuheben. Das aber beschleunigte den allgemeinen Kursverfall. Am *Schwarzen Freitag* (24. Oktober) sackten die Kurse erneut ab, einen Tag darauf brach die Börse zusammen. Viele Banken mußten im ganzen Land ihre Schalter schließen, da sie zahlungsunfähig geworden waren.

Der Bankkrach – der größte, den es bis dahin gegeben hatte – hatte verheerende Folgen: Annähernd 10 000 Banken brachen zusammen, die Industrieproduktion ging rasch um über 10 Prozent zurück, in einigen Branchen wie der Automobilindustrie produzierte man sogar 20 Prozent weniger. Das zog auch viele Zulieferindustrien in Mitleidenschaft. Überall kam es zu *Massenentlassungen*. Das Heer der Arbeitslosen erhielt keinerlei staatliche Unterstützung, da man eine Arbeitslosenversicherung in dem klassischen Land des *Laissez-faire-Liberalismus* nicht kannte. Die Sorge für soziale Notfälle oblag dem einzelnen. So sank die allgemeine Nachfrage weiter, und Preise und Löhne fielen noch stärker. Wer noch Arbeit hatte, konnte sich gerade nur das Lebensnotwendigste kaufen.

Die sinkenden Preise trafen vor allem die ohnehin schon angeschlagene Landwirtschaft. Der Winter 1929/30 brachte für sehr viele bereits verschuldete Farmer das Ende: Hunderttausende mußten ihre Farmen aufgeben und zogen in die Städte, wo es aber weder Arbeit noch Unterstützung gab. Die Krise ernährte die Krise. 1932/33 stieg die Arbeitslosenzahl in den USA auf 13 Millionen; damit war ein Viertel der Bevölkerung ohne Existenzsicherung. Die Industrieproduktion ging um 50 Prozent zurück, der Welthandel um rund 30 Prozent. In vielen Gebieten herrschte *Hungersnot*.

Daten zur Wirtschaftsentwicklung in den USA während der Großen Depression 1929–1939

Jahr	Bruttosozialprodukt (in Mrd. Dollar)	Gewerbliche u. industrielle Produktion (1947–1949 = 100)	Arbeitslose (in Mio.)
1929	104,4	58	1,55
1930	91,1	48	4,34
1931	76,3	39	8,02
1932	58,5	30	12,06
1933	56,0	36	12,83
1934	65,0	39	11,34
1935	72,5	46	10,61
1936	82,7	55	9,03
1937	90,8	60	7,70
1938	85,2	46	10,39
1939	91,1	57	9,48

(Aus: *Geschichtsbuch*, Bd. 4, B, hg. v. Hüttenberger, Mütter, Zwölfer. Berlin 1988, S. 35.)

Präsident Roosevelt und der „New Deal"

Wie sollte der amerikanische Staat auf die unvorhergesehene Wirtschaftskrise und die *Massenarbeitslosigkeit* reagieren? Der amtierende Präsident, *Herbert Clark Hoover,* sah es nicht als Aufgabe des Staates an, unterstützend in die Wirtschaft einzugreifen und durch staatliche Maßnahmen das gesellschaftliche Elend zu lindern. Er vertraute auf die Selbstheilungskräfte der freien Marktwirtschaft. Jeder Eingriff des Staates, so Hoover, würde den „Geist der Freiheit und des Fortschritts ersticken". Daß die amerikanische Wirtschaftskrise sich zu einer *Weltwirtschaftskrise* ausgeweitet hatte, weil die amerikanischen Banken ihre Kredite von den europäischen Ländern zurückforderten, diese aber die Kredite nicht zurückzahlen konnten, weil sie sie langfristig angelegt hatten und somit zahlungsunfähig waren – das lastete Hoover allein dem Ausland an. Da alle Staaten durch Einfuhrzölle und Schutzzollpolitik nur sich selbst zu retten versuchten, brach der Weltwirtschaftshandel gänzlich zusammen.

Als *Franklin Delano Roosevelt* im Wahlkampfjahr 1932 als Gegenkandidat Hoovers die Auffassung vertrat, daß der Staat eine „ständige Verantwortung für die allgemeine öffentliche Wohlfahrt" habe, konnte er mit diesem neuen Denkansatz die Wahlen gewinnen. Sein neues Programm nannte er *New Deal,* womit eine „Neuverteilung der Karten" in der amerikanischen Gesellschaft gemeint war. Ein geschlossenes Programm war das nicht, es war ein Experimentieren mit verschiedenartigen Maßnahmen, um des Elends und der Mutlosigkeit, die Amerika erfaßt hatten, Herr zu werden. Grundsätzlich neu war, daß der Staat in Wirtschaft und Gesellschaft eingreifen sollte, wenn sich soziale Härten und Ungleichgewichte einstellten. Damit wurden dem liberalen Wirtschaftssystem von staatlicher Seite Grenzen gesetzt und erste Schritte in Richtung eines Staates getan, der sich für das soziale Wohl seiner Bürger verantwortlich fühlte. Zu den wichtigsten Maßnahmen, die Roosevelt in die Wege leitete, gehörten:

- Eine *Reform des Bankwesens,* durch die sich der Staat eine Kontrolle über das Kreditwesen sicherte.
- Ein *freiwilliger Arbeitsdienst* (Civilian Conservation Corps), der einer Viertelmillion junger Männer Arbeit sicherte.
- *Prämien für freiwillige Produktionsbeschränkung* in der Landwirtschaft und preisstützende Maßnahmen.
- Eine gesetzliche *Neuordnung der Industrie;* unter staatlicher Aufsicht sollte die Wirtschaft durch Selbstkontrolle, Beschränkung der Überproduktion, Erhöhung der Löhne und Verkürzung der Arbeitszeit gesunden.
- Das Gesetz über den *Ausbau des Tennessee-Tales* (TVA); durch eine umfassende Regionalplanung galt es, dieses Notstandsgebiet zu sanieren. Der Strom sollte schiffbar gemacht, der Boden verbessert, die Erosion bekämpft, die Landwirtschaft modernisiert, Industrie- und Wirtschaftswerke zur Elektrizitätserzeugung gebaut werden. Das TVA-Projekt gehörte zu den erfolgreichsten Leistungen des New Deal.
- Durch ein staatliches *Förderungsprogramm für öffentliche Arbeiten* (Straßenbau, Errichtung öffentlicher Gebäude u.a.) wollte Roosevelt die Wirtschaft ankurbeln.

- In einer zweiten Phase ab 1935 versuchte Roosevelt, eine *Sozialgesetzgebung* in die Wege zu leiten; den Arbeitnehmerorganisationen wurde die Koalitionsfreiheit garantiert, es gab erste Ansätze zu einer Arbeitslosenunterstützung. Die Gewerkschaften erhielten das Recht, für ihre Branchen kollektive Lohnverträge abzuschließen.

Die breite Masse der Amerikaner stimmte dieser neuen Politik zu. Die Großindustrie aber wollte diese Eingriffe des Staates in die Wirtschaft und die damit verbundene Stärkung der Gewerkschaften nicht hinnehmen und klagte erfolgreich gegen einzelne Maßnahmen des New Deal. Als größtes Problem erwies sich die Finanzierung des Programms. Arbeitsbeschaffung und Sozialprogramm verschlangen große Summen, so daß der Staatshaushalt nicht mehr ausgeglichen war und die *Staatsverschuldung* von Jahr zu Jahr wuchs. Roosevelt hielt sich dabei an die Theorie des Volkswirtschaftlers *John M. Keynes,* der gefordert hatte, daß der Staat in Zeiten wirtschaftlicher Depression Investitionen vornehmen müsse, um die Kaufkraft und das Bruttosozialprodukt durch Produktionsausweitung zu steigern. Wenn die Talsohle überwunden sei, könnten die Staatsschulden wieder ausgeglichen werden.

Das Experiment des New Deal war nur bedingt erfolgreich. Eine richtige Belebung der Konjunktur fand, vielleicht wegen der teilweise widersprüchlichen Maßnahmen, nicht statt; auch die Arbeitslosigkeit konnte langfristig nicht überwunden werden. Das lag weniger an den Bemühungen der Regierung, als vielmehr daran, daß die Unternehmen keine Investitionsbereitschaft zeigten. Der Durchbruch zu einer Normalisierung der Konjunktur gelang erst 1941, als mit dem *Überfall auf Pearl Harbor* das große Rüstungsprogramm einsetzte.

Dennoch stellt das New-Deal-Programm von Roosevelt einen bedeutenden Einschnitt in der amerikanischen Geschichte dar. Erstmals fühlte sich der Staat verantwortlich für das Wohl der sozial schwachen Bürger und war bereit, in den Kreislauf der Wirtschaft aktiv einzugreifen. Das bedeutete nicht das Ende des Laissez-faire-Liberalismus, aber doch eine gewichtige Einschränkung. Die Weichen in Richtung eines sozial engagierten Staates wurden gestellt. Mit dem

Der amerikanische Präsident Franklin Delano Roosevelt im Wahlkampf, 1936. Roosevelt entstammte einer begüterten Familie. Als Kind hatte er eine lebensgefährliche Kinderlähmung, von der er sich dank seiner Energie so erholte, daß er, zwar immer stark behindert, am politischen Leben teilnehmen konnte. Durch diese Willensstärke gewann er bei der Bevölkerung an Überzeugungskraft. Populär war er wegen seiner Gabe, den einfachen Mann packend ansprechen zu können.
(Foto: Ullstein – Ursula Röhnert)

Begriff *Interventionsstaat* hat man diese Wende charakterisiert. Und für die Amerikaner war fortan der Begriff „Staat" nicht mehr so mit dem Einzelstaat verbunden als vielmehr mit dem Bundesstaat, der in einer Zeit sozialer Not eine Initiative zugunsten der Schwachen ergriffen hatte. Am wichtigsten war, daß es Roosevelt gelang, den Amerikanern wieder Vertrauen in ihr politisches System zu geben. Amerika hatte die Weltwirtschaftskrise ohne eine Abkehr vom demokratischen System überwunden.

Wie kontrovers auch die Bedeutung des New Deal interpretiert wurde, eines zeichnete sich deutlich ab: Die Macht des Präsidenten hatte zugenommen; mehr und mehr ging die Gesetzgebungsinitiative, die früher beim Kongreß lag, auf ihn über. Der Präsident griff immer deutlicher in das soziale und wirtschaftliche Leben ein. Parallel dazu verloren die Einzelstaaten machtpolitische Kompetenzen an die Bundesregierung. Diese Entwicklung verstärkte sich während des Zweiten Weltkriegs, führte aber in der Nachkriegszeit zu politischen Machtkämpfen, weil man in dieser Verlagerung eine *einseitige Machtstärkung des Präsidenten* erblickte, die mit dem traditionellen Prinzip der "checks and ballances" nicht mehr zu vereinbaren sei.

Die wirtschaftliche und soziale Entwicklung nach dem Zweiten Weltkrieg

Als Siegermacht, die neben der Sowjetunion entscheidend zur Zerschlagung des Hitler-Regimes beigetragen hatte, waren die USA nach dem Zweiten Weltkrieg zur führenden *Weltmacht* geworden. Das zeigte sich nicht nur in der Außenpolitik, wo die USA die bestimmende Rolle innerhalb der „westlichen Welt" übernahmen (s. L. 17, S. 48), sondern auch im wirtschaftlichen Bereich. Seit der *Konferenz von Bretton Woods* (1944) sind die Vereinigten Staaten die erste Wirtschaftsmacht: Der Dollar wurde für die internationalen Währungs- und Handelsfragen als *Leitwährung* anerkannt. Feste Wechselkurse und ein liberales Wirtschaftssystem, gegründet auf internationalem Freihandel, sollten zu Wohlstand und Frieden auf der Welt führen. Durch ein solches Programm – unter der Führung des demokratischen Amerikas – sollten die Fehler, die beim Aufbau der internationalen Ordnung nach 1918 gemacht worden waren, korrigiert werden. Die USA wollten sich auch wirtschaftlich weltweit engagieren und durch internationale Wirtschaftshilfen wie dem *Marshall-Plan* die Demokratien stärken, damit sich diese dem kommunistischen Einfluß widersetzen konnten. „Wir müssen der gute Samariter der ganzen Welt sein!" sagte der Publizist Henry Luce. Dabei ging es auch um eigene wirtschaftliche Interessen, schließlich sollten die vorhandenen Produktionskapazitäten ausgelastet werden. Entscheidend aber war, daß die Amerikaner glaubten, eine stabile Weltfriedensordnung *(one world)* nur durch eine internationale Freihandelsordnung *(open door)* erreichen zu können.

Innenpolitisch bedeutete das Jahr 1945 für Amerika keinen großen Einschnitt, da das Land von Kriegszerstörungen frei geblieben war. Allerdings galt es, 10 Millionen Soldaten wieder in den Arbeitsprozeß einzugliedern und die Kriegsproduktion auf Friedensproduktion umzustellen.

Präsident *Harry S. Truman* knüpfte deshalb in der Innen-, Wirtschafts- und Sozialpolitik dort an, wo Roosevelt stehengeblieben war. Durch die Erweiterung der *Sozialversicherung* und Ausweitung der *Arbeitslosenunterstützung* wollte er den Übergang zur *Wohlstandsgesellschaft* vollziehen. In seinem Programm des *Fair Deal* forderte er den Staat auf, durch steuerliche und finanzpolitische Maßnahmen Vollbeschäftigung zu schaffen. Auch die Gewerkschaften konnten ihre Stellung ausbauen. Da viele Afroamerikaner im Krieg für die freiheitliche und demokratische Ordnung gekämpft hatten und dafür auch ihr Leben gelassen hatten, bemühte sich Truman auch um eine *Bürgerrechtsgesetzgebung,* die den Schwarzen eine *rechtliche Gleichstellung* in der amerikanischen Gesellschaft sichern sollte. Zunächst wurde die *Rassentrennung* aber nur in den Streitkräften aufgehoben; für die Bundesbehörden wurde die Aufhebung in Aussicht gestellt.

Wohlstand und sozialer Wandel: Entstehung der Massengesellschaft

Der Wirtschaftsaufschwung, den die USA unter Trumans Nachfolger *Dwight D. Eisenhower* erlebten, kann mit dem Begriff *Überflußgesellschaft* gekennzeichnet werden, wenngleich die Mehrheit der Bevölkerung keinen Anteil an dieser Entwicklung hatte. Zu neuen Symbolen des industriellen Fortschritts wurden Flugzeug und Fernsehgerät, die beide die Gesellschaft veränderten. Neben die Produktion neuer Güter trat die Werbung als entscheidender ökonomischer Faktor. In immer gigantischeren Werbekampagnen wurden Bedürfnisse nach den neuesten Produkten geweckt. Allein für die Werbung gab General Motors, einer der größten Automobilhersteller, mehr als 162 Millionen Dollar in einem Jahr aus.

Der rasch wachsende Wohlstand mit seinen technischen Innovationen veränderte vor allem die Lebensweise in den Großstädten. Durch den Massenkonsum vereinheitlichte sich der Lebensstil: Die Supermärkte mit ihren genormten und standardisierten Massenprodukten verdrängten den Einzelhandel, ein Gürtel von Trabantenstädten, sogenannte Schlafstädte, umgab die Großstädte, immer mehr Arbeitsplätze wurden durch die *Anonymität* von Großproduktionsstätten bestimmt. *Rationalisierung* und *Automation* bestimmten die Produktionsabläufe. Kaum 50 Jahre nach der Einführung der Fließbandarbeit ging die amerikanische Automobilindustrie dazu über, die Produktion durch Automation und andere technische Neuerungen zu revolutionieren. In den Städten nahm der Dienstleistungssektor immer stärker zu, das Großraumbüro mit seinem Heer von Angestellten wurde zu einem bestimmenden Kennzeichen der neuen Entwicklung. Trotz der propagierten liberalen Wirtschaftsordnung war die Konzentrationstendenz nicht aufzuhalten. Immer mehr Wirtschaftsunternehmen schlossen sich unter dem Dach weniger und mächtiger Konzerne zusammen. Schließlich führte zu Beginn der 50er Jahre der aufkommende Ost-West-Konflikt und vor allem der Ausbruch des Koreakrieges dazu, daß die Rüstungsindustrie zu einem wesentlichen Faktor des neuen Wirtschaftsaufschwungs heranwuchs.

Trumans Nachfolger, Präsident Eisenhower, versprach zwar, am Sozialhilfeprogramm festzuhalten, unternahm tatsächlich aber wenig, um die innenpolitischen Probleme zu lösen. Grund dafür war zum einen, daß er durch das weltweite militärische Engagement der USA große Summen für die Rüstung brauchte, zum anderen, daß er sich auf die Seite der Großunternehmer schlug und deren Interessen berücksichtigte.

Soziales Ungleichgewicht

Schon gegen Ende der 50er Jahre war nicht mehr zu übersehen, daß in den Vereinigten Staaten, dem reichsten und wohlhabendsten Land der Welt, die *Massenarmut* ein großes und immer größer werdendes Problem darstellte. Armut herrschte vor allem auf dem Land, wo sehr viele Farmer, Arbeiter und Kleinhändler keinerlei Anteil am Wohlstand hatten. Auch in vielen traditionellen Industriezentren hatte der Fortschritt in den Produktionstechniken vielen Arbeitern ihren Arbeitsplatz geraubt.

Die Schicht der Unterprivilegierten setzte sich zusammen aus den Farbigen in den Slums der Großstädte, den verelendeten Weißen in den ländlichen Armutsgebieten, den Iberoamerikanern und den Wohlfahrtsempfängern. Vor allem in den Großstädten, in denen die Bevölkerung explosionsartig zunahm, führten elende Wohnverhältnisse, Armut und Arbeitslosigkeit zu einem so extremen Anstieg von Kriminalität und Drogenproblematik, daß man von der *Unregierbarkeit der Städte* sprach.

Die Armut traf auch viele Alte, Kranke, Gebrechliche und Familien mit vielen Kindern (es gab kein Kindergeld), die durch kein soziales Netz aufgefangen wurden. Trotz des Denkansatzes des New Deal verstand sich der amerikanische Staat nicht als ein Staat, der sich um eine soziale Sicherungspolitik zu kümmern hatte. In Amerika galt weiterhin der traditionell liberale Grundsatz, daß in einer Gesellschaft freier Bürger individuelle Vorsorge und Selbsthilfe einen unbedingten Vorrang haben.

Zur *Sozialpolitik* des Staates – so wurde argumentiert – könne es nicht gehören, daß der Staat über gesetzliche Sozialmaßnahmen Korrekturen hinsichtlich der Verteilung der Einkommen und Vermögen durchführe. Eine solche Verteilung bzw. Umverteilung der Einkommen und Vermögen müsse dem *freien Mechanismus des Marktes* oder den anerkannten Tarifverbänden überlassen werden.

Das Ausmaß der Armut ist Gegenstand des Berichts einer amtlichen Untersuchungskommission. Hier ein Auszug:

„Von den 60 Millionen Haushalten hatten im März 1965 12 Millionen oder einer von fünf ein Einkommen, das unter der von der Social Security Administration gezogenen Armutsgrenze lag. Weitere 4 ½ Haushalte, die über dieser Linie lagen, hatten Einkommen, die so niedrig waren, daß sie an Armut grenzten, wenn sie nicht schon darin lagen. Es gab also ein Minimum von 34 Millionen Amerikanern und möglicherweise 50 Millionen, die in täglicher Not lebten. Darunter fielen 21 bis 31 Prozent der Kinder der Nation und 31 bis 43 Prozent der Alten. [...]

Während Armut an vielen Orten auftritt und Menschen in vielen Situationen trifft, ist sie doch bei Menschen mit bestimmten Charakteristiken konzentriert. Die Analysen im ‚Social Security Bulletin‘ werfen ein Schlaglicht auf diese Wegzeichen in der dunklen Landschaft der Armut.

- Ein Siebtel unserer Familien und über ein Sechstel unserer Gesamtbevölkerung war arm. 43 Prozent der alleinstehenden Personen war arm.
- Von den Armen waren 32 Prozent Nichtweiße, und nahezu die Hälfte aller Nichtweißen war arm.
- 22 Prozent aller armen Familien hatten ein Familienoberhaupt im Alter von 65 Jahren.
- Von den Armen leben 47 Prozent in städtischen Gebieten, 13 Prozent auf Farmen und 40 Prozent auf dem Lande, aber nicht auf Farmen.
- Über 33 Prozent der Farmerfamilien waren arm.
- Beinahe die Hälfte der Armen lebte im Süden, und die Chance eines Südstaatlers, arm zu sein, war ungefähr doppelt so groß wie von Personen, die in anderen Teilen des Landes lebten.
- Ein Viertel der armen Familien hatte ein weibliches Oberhaupt, aber ein Viertel aller Familien mit weiblichem Oberhaupt war arm."

(Advisory Commission on Intergovernmental Relations, Intergovernmental Relations in the Povery Program. A Commission Report. Washington 1966, S. 6 u. 12 f. In: G. Brunn, *Wandlungen der amerikanischen Gesellschaft in der jüngsten Vergangenheit.* Stuttgart 1971, S. 47.)

18

Personen unterhalb der offiziellen Armutsgrenze					
in absoluten Zahlen und in % der [1] Gesamtbevölkerung, der [2] weißen Bevölkerung und der [3] schwarzen Bevölkerung					
Gesamt		Weiße		Schwarze	
Millionen	Prozent[1]	Millionen	Prozent[2]	Millionen	Prozent[3]
1959 39,5	22,4	28,5	18,1	11,0	56,2
1969 24,1	12,1	16,7	9,5	7,1	32,2
1979 25,3	11,6	16,8	8,9	7,8	30,9

Armut in den USA

Die Programme „New Frontier" und „Great Society"

Es waren weniger die Berichte der amtlichen Regierungskommission über Armut und Arbeitslosigkeit oder die Protestbewegung der unterprivilegierten farbigen Bevölkerung, die Amerikas Öffentlichkeit grundlegend aufrüttelte. Das auslösende Moment für ein öffentliches Umdenken war der sogenannte *Sputnik-Schock*. 1957 hatte die Sowjetunion den ersten künstlichen Satelliten in den Weltraum gebracht. Die Nachricht erschütterte das Selbstverständnis der Amerikaner, da man sich nun gerade auf dem technischen Gebiet, auf dem man den größten Vorsprung gegenüber der Sowjetunion zu haben glaubte, überholt sah. Schließlich hatte man ja im technologischen Fortschritt den Beweis für die Überlegenheit des eigenen politischen Systems gesehen. Sofort wurden Maßnahmen zur Verbesserung der schulischen Ausbildung, zur Intensivierung der wissenschaftlich-technischen Forschung und zur Förderung des technischen Nachwuchses in Gang gebracht.

Diese veränderten inneren Verhältnisse waren der Hintergrund des Wahlsieges von *John F. Kennedy* im Jahr 1961. Bereits in seiner ersten Rede als Präsident der USA sprach er von einem notwendigen Aufbruch zu einer „neuen Grenze" *(New Frontier)*. Amerika könne nur dann wieder zu seiner ursprünglichen Stärke zurückfinden, wenn es fähig sei, „die Feinde zu besiegen, die alle Menschen bedrohen: Tyrannei, Armut, Krankheit und Krieg". Es gälte, Krisen und Unsicherheiten durch ein *neues Selbstvertrauen* zu überwinden. Selbstbewußt rief der jugendlich wirkende Präsident die junge Generation auf, zum „Glauben an die amerikanische Mission" zurückzufinden und sich für eine Erneuerung der Gesellschaft zu engagieren.

Zu den Aufgaben, die die Regierung Kennedy in Angriff nahm, gehörten eine Erweiterung des Schul- und Erziehungswesens für die Armen, ein Sanierungsprogramm für die Elendsviertel in den Städten, höhere Sozialleistungen für Arme und Bedürftige sowie vor allem eine *Revolution der Menschenrechte,* wie Kennedy es ausdrückte: Das Ziel war, Schluß zu machen mit der Benachteiligung der unterprivilegierten Schichten; insbesondere sollte die schwarze Bevölkerung

John F. Kennedy (1917–1963), 1961–1963 Präsident der USA, hier bei seiner ersten Pressekonferenz als Präsident. (Foto: Süddeutscher Verlag)

Amerikas nicht länger durch die Rassentrennung unterdrückt werden. Außerdem wollte er die rückständigen ländlichen Gebiete mit hoher Arbeitslosigkeit durch staatliche *Subventionsmaßnahmen* sanieren, um die Wanderbewegungen in die Städte des Westens und des Nordens einzudämmen. Um dieses Ziel einer gerechteren Gesellschaft zu erreichen, war Kennedy bereit, den öffentlichen Haushalt – gemäß der Theorie von Keynes (s. o.) – vorübergehend zu verschulden. Durch staatliche Aufträge sollte die Wirtschaft angekurbelt und während des erwarteten konjunkturellen Booms sollten dann durch die einfließenden Steuern die Schulden getilgt werden.

Kennedys Sorge galt auch der schwarzen Bevölkerung Amerikas, die überwiegend am Rande der Gesellschaft leben mußte. Er forderte die Gleichberechtigung. In einer Rede sagte er 1963:

„Das Negerkind, das heute in Amerika geboren wird – gleich, wo es zur Welt kommt –, hat nur halb so viel Chancen, die höhere Schule abzuschließen, wie ein weißes Kind, das am gleichen Ort und am gleichen Tag geboren wird; nur ein Drittel der Chancen, die Universität zu absolvieren, nur ein Drittel der Chancen einen freien Beruf zu ergreifen, doch das zweifache Risiko, arbeitslos zu werden, eine um sieben Jahre geringere Lebenserwartung und die Aussicht, nur halb soviel zu verdienen. Kein Amerikaner kann das Bild voll entschuldigen, erklären oder verteidigen, das die Statistiken ergeben."

Als Kennedy aber durch seine *Bürgerrechtsgesetzgebung* die rechtliche Gleichstellung der Farbigen in den Südstaaten durchsetzen wollte und dazu die Macht der zentralen Regierung gegenüber den Einzelstaaten zu stärken gewillt war, verlor er im Kongreß die Anhängerschaft der überwiegend konservativen Kräfte. Sie blockierten alle weitergehenden gesetzlichen Maßnahmen.

Im November 1963 wurde Kennedy in Dallas ermordet. Von seinen Reformplänen hat er nur wenige verwirklichen können, wichtig aber war, daß er Amerika, vor allem der heranwachsenden Generation, eine neue Zukunftsperspektive gegeben hatte. Sein Satz, „Fragt nicht, was Amerika für euch tun kann, fragt, was ihr für Amerika tun könnt", hat viele Jugendliche dazu gebracht, sich in den Entwicklungsländern für eine Veränderung der sozialen Verhältnisse zu engagieren. *Lyndon B. Johnson,* der Nachfolger Kennedys, führte die reformerische Politik fort und entwarf das Konzept der *Great Society.* Durch geschicktes Taktieren gegenüber dem Kongreß und dem Senat gelang es ihm, die Sozialleistungen von 13,4 auf 23,9 Millionen Dollar zu steigern. Dadurch sank die Zahl derer, die an der Armutsgrenze lebten, um annähernd 10 Millionen. Durch ein bundesstaatliches Sozialprogramm konnten in den Städten Sozialarbeiter eingestellt werden, die den Jugendlichen in den Slums halfen, eine Ausbildung abzuschließen. Mit staatlichen Beihilfen für die Armen und einem Krankenversicherungsgesetz für Senioren, das ihnen Hilfe bei der Krankenhausbehandlung gewährte, wollte die Regierung gegen die schlimmsten sozialen Nöte vorgehen. Den Verfall der Städte sollte ein staatliches Sanierungsprogramm stoppen. Das Erziehungsprogramm sah vor, daß die Kinder der weniger Begüterten bessere Bildungs- und damit Aufstiegschancen erhielten.

Die Amtszeit Johnsons gilt nach dem New Deal Roosevelts als die reformfreudigste. Dennoch ist der große „Krieg gegen die Armut", wie der Präsident seinen Feldzug selbst bezeichnet hat, nur bedingt gelungen. Denn bald kam es wegen der staatlichen Sozialmaßnahmen zum Streit zwischen den Regierungen der Einzelstaaten und der Bundesregierung. Viele Einzelstaaten befürchteten, daß der Schritt auf eine solche Sozialpolitik hin nicht nur finanziell auf ihrem Rükken ausgetragen werde, sondern daß sie dabei auch wichtige Kompetenzen an die Zentralregierung verlieren würden. Eine Stärkung der Bundesbehörden aber wollten sie nicht. Letztlich waren es aber die ständig steigenden Kosten für den Vietnamkrieg, die das soziale Hilfsprogramm auf ein Minimum schrumpfen ließen. „Die Great Society fiel auf dem vietnamesischen Schlachtfeld", urteilte der schwarze Bürgerrechtskämpfer Martin Luther King. Erfolgreich war der Präsident bei der Durchsetzung des Bürgerrechtsgesetzes, das einen wichtigen Schritt zur Gleichberechtigung der Schwarzen darstellte.

Der Kampf gegen die Rassendiskriminierung

Der Kampf um die Gleichbehandlung der Schwarzen gehört zu den schwierigsten innenpolitischen Problemen in den USA. Obwohl die Sklaverei offiziell schon 1863 abgeschafft wurde, sind in der zweiten Hälfte des 20. Jahrhunderts noch sehr viele der 24,5 Millionen Schwarzen in den USA unterprivilegiert und diskriminiert. Sie bilden die Bevölkerungsschicht, die am stärksten von Arbeitslosigkeit, Wohnungselend und anderen sozialen Härten betroffen ist.

Als 1896 das Oberste Bundesgericht sich in der Bürgerrechtsfrage auf die Formel *separate but equal* (getrennt, aber gleich) festlegte, hatte dies zur Folge, daß Schwarze und Weiße getrennte öffentliche Einrichtungen erhielten. Mit dieser Entscheidung wurden die Schwarzen in Wirklichkeit zu Bürgern zweiter Klasse. Fast in allen Bereichen setzte sich die *Rassentrennung* durch, vor allem im Süden, aber auch in vielen Gegenden des Nordens. Es gab Krankenhäuser, Schulen, Kinderplätze, Omnibusse für Weiße und für Schwarze, die allerdings recht verschieden ausgestattet waren.

Zwar hatte der New Deal vielen Schwarzen Hilfe gebracht, aber eine Gleichberechtigung war dadurch nicht erreicht worden. Erst nach dem Zweiten Weltkrieg wurde in der Armee und in

18

Martin Luther King (1964) (Foto: dpa – Jusuf Karsh)

den Bundesbehörden die Rassentrennung überwunden. 1954 hob das Oberste Bundesgericht die Entscheidung von 1896 auf.

1957 *(Civil Rights Act)* und 1965 *(Voting Rights Act)* erlangten die Schwarzen die Gleichberechtigung in der Ausübung des Wahlrechts. In mehreren Städten wurden Schwarze zu Bürgermeistern gewählt. Das Oberste Bundesgericht aber forderte die Regierung auf, dafür zu sorgen, daß die rechtliche Gleichstellung in allen Bereichen des öffentlichen Lebens verwirklicht werde. Als aber die Schwarzen im Süden dieses Recht auf Gleichberechtigung in Anspruch nehmen wollten, stießen sie auf Wiederstand bei der weißen Bevölkerung, die nicht gewillt war, die Rassentrennung aufzugeben. In den folgenden Jahren verhärteten sich die Fronten zwischen den beiden Bevölkerungsgruppen.

Bei der Unterzeichnung des *Bürgerrechtsgesetzes* am 2. Juli 1964, das den Schwarzen gleiche Behandlung in öffentlich zugänglichen Betrieben, Unternehmen, Parks usw. garantierte, äußerte Präsident Johnson:

„Unsere Generation ist jetzt aufgerufen, das nie endende Streben nach Gleichberechtigung innerhalb unserer Grenzen fortzusetzen. Wir glauben, daß alle Menschen gleich geschaffen sind, doch vielen wird eine gleiche Behandlung verweigert. Wir glauben, daß alle Menschen bestimmte unveräußerliche Rechte besitzen, jedoch viele Amerikaner erfreuen sich dieser Rechte bisher nicht. Wir glauben, daß alle Menschen ein Anrecht auf die Segnungen der Freiheit haben, jedoch Millionen werden dieser Segnungen beraubt – nicht weil sie versagt haben, sondern wegen ihrer Hautfarbe. Die Gründe hierfür sind tief in der Geschichte, in der Tradition und in der Natur des Menschen verwurzelt. Wir können ohne Groll und ohne Haß verstehen, wie es dazu kam, aber so kann es nicht weitergehen. Unsere Verfassung, die Grundlage unserer Republik, verbietet dies. Die Grundsätze unserer Freiheit verbieten dies. Die Moral verbietet dies. Und das Gesetz, das ich heute abend unterzeichnen werde, verbietet dies."

Im Kampf um die reale gesellschaftliche Gleichberechtigung organisierte der Baptistenpfarrer *Martin Luther King* den *gewaltlosen Widerstand* nach dem Vorbild von Gandhi. Durch Schweigemärsche und Boykott öffentlicher Einrichtungen, in denen die Schwarzen diskriminiert wurden, wollte er Ende der 50er und Anfang der 60er Jahre eine Gleichbehandlung durchsetzen. Da seine gewaltfreien Aktionen mit einem überzeugenden Appell an das moralische und nationale Empfinden der Amerikaner verbunden waren, erhielt M. L. King bei einem Teil der weißen Bevölkerung des Nordens öffentliche Zustimmung. Sein Konzept einer friedlichen Rassenintegration brachte aber nur sehr langsame und geringfügige Fortschritte für die Schwarzen. Deshalb bildeten sich neben Kings Protestbewegung andere, radikale Gruppen.

Das noch von Kennedy eingebrachte und 1964 verabschiedete Bürgerrechtsgesetz sowie das Stimmrechtsgesetz (1965) hatten große Fortschritte gebracht. Von da an galt das verfassungsmäßige Wahlrecht, und eigens eingesetzte Gerichte hatten Fälle von Rassendiskriminierung zu untersuchen; auch die Arbeitsbedingungen sollten für die Schwarzen gleich sein. Dennoch war es von 1964 bis 1968 in vielen Ghettos der amerikanischen Großstädte zu gewaltsamen *Rassenunruhen* gekommen. 1968 wurde M. L. King ermordet.

Zwar haben heute die Radikalen keinen starken Zulauf mehr, vor allem weil eine schwarze Mittelschicht aus Ärzten, Politikern und Unternehmern entstanden ist, aber eine Aufgabe ist trotz der gesetzlichen Aufhebung der Rassentrennung noch nicht hinreichend gelöst: Noch sind viele Schwarze materiell wesentlich schlechter gestellt als Weiße. Soziale Reformen und die Herstellung von gleichen wirtschaftlichen Startbedingungen, das sind die Herausforderungen der gegenwärtigen Innenpolitik.

Die amerikanische Gesellschaft in der Identitätskrise. Stagnation im sozialen Bereich

Zur 200-Jahr-Feier der amerikanischen Unabhängigkeit hieß es am 4. Juli 1976 in einem Kommentar der „New York Times":

„Als immer noch mächtigste Nation, aber nicht mehr als Schiedsrichter der Welt beginnen die Vereinigten Staaten einen neuen und neuartigen Zeitabschnitt. Die Lösung der sozialen, wirtschaftlichen, rassischen und politischen Probleme wird vielleicht nicht möglich sein ohne die Änderung wesentlicher Teile von Staat und Gesellschaft und ohne die Art schöpferischen und innovativen Denkens, das unsere Vorfahren bewiesen haben."

Die Notwendigkeit eines neuen Aufbruchs hatte sich aus einer sehr tiefgehenden Krise des Vertrauens der Amerikaner gegenüber ihrem Staat ergeben. Zu dieser Vertrauenskrise hatte der Vietnamkrieg beigetragen, das Problem der Desertion in Vietnam sowie die Greueltaten amerikanischer Soldaten gegenüber unbewaffneten Zivilisten, die das Fernsehen zeigte, aber auch die steigende Inflation, die Dollarschwäche (1973 Abwertung um 10 Prozent) im Zusammenhang mit dem hohen Haushaltsdefizit. Höhepunkt in dieser Vertrauenskrise war die Watergate-Affäre. Und dabei war der damals amtierende Präsident *Richard Nixon* unter der Maxime von *law and order* angetreten, mit dem Anspruch, die Amerikaner wieder zu ihren alten Wertvorstellungen zurückzuführen. Aber er vermochte keine Beruhigung zu bringen, obwohl er außenpolitische Erfolge hatte bei der Beendigung des Vietnamkrieges und bei der politischen Öffnung des kommunistischen Chinas.

Innenpolitisch von großer Wichtigkeit war der *War Powers Act* (1973). Durch dieses Gesetz wurde festgelegt, daß der Einsatz von US-Truppen auf Befehl des Präsidenten ohne vorhergehende Zustimmung durch den Kongreß auf 60 Tage begrenzt ist; der Kongreß muß innerhalb von 48 Stunden über eine solche Aktion unterrichtet werden und kann sie, ohne daß ein Veto des Präsidenten dagegen möglich ist, binnen 90 Tagen abbrechen. Durch dieses Gesetz wurde die bisherige „imperiale Präsidentschaft" auf dem Felde der Außenpolitik stark eingeschränkt.

Amt und Person des Präsidenten Nixon gerieten durch die *Watergate-Affäre* in die Krise. Während des Wahlkampfes 1972 waren enge Mitarbeiter des Präsidenten in das Wahlhauptquartier des demokratischen Gegenkandidaten eingebrochen. Nach längeren Untersuchungen durch einen Senatsausschuß belasteten die Einbrecher den Präsidenten schwer. Als die Existenz geheimer Abhöranlagen und Tonbänder im Weißen Haus ruchbar wurde, trat Nixon zurück, bevor ein offizielles Impeachment-Verfahren (Amtsenthebungsverfahren) gegen ihn in die Wege geleitet werden konnte. Seit Watergate kontrolliert der Kongreß den Präsidenten wieder stärker. Die Frage, wie man die Demokratisierung stärken kann, ohne dadurch die Regierungsfähigkeit des Präsidenten in seiner Arbeit unnötig zu blockieren, beschäftigt die amerikanische Öffentlichkeit. Das Ziel dabei ist, einen Amtsmißbrauch der mächtigen Exekutive auszuschließen.

Die Reaktion auf Watergate und den Vietnamkrieg war eine Wendung zum *Konservativismus*. Propagiert wurde eine „Rückführung" zu einem „verbindlichen Wertesystem". Als Hüter dieses Wertesystems wurden Familie, Kirche und Schule genannt, womit die neue politische Führungsschicht besonders bei der amerikanischen Mittelschicht auf breite Zustimmung stieß. Amerika sollte wieder zu Recht, Ordnung und dem alten calvinistischen Arbeitsethos zurückfinden. Präsident *Ronald Reagen* verstand sich als Vertreter dieser Wende; er propagierte einen neuen Nationalismus und Antikommunismus.

Gegen die „Wertkonservativen", die auch als „neue Rechte" bezeichnet werden, wendet sich eine Gruppe der Demokratischen Partei, die sich als *Neoliberale* verstehen. Sie wollen an den New Deal Roosevelts und an die Great Society Johnsons anknüpfen und sich für mehr soziale Umverteilung zugunsten der Unterprivilegierten und Benachteiligten einsetzen. Der ökonomische Liberalismus (Laissez-faire-Liberalismus) ist für sie nur haltbar, wenn er ergänzt wird durch eine gezielte Industriepolitik, bei der die drei Seiten Wirtschaft, Arbeit und Verwaltung der Einzelstaaten kooperieren. Nur durch einen Interventionsstaat kann ihnen zufolge der gebotene soziale Ausgleich in der wirtschaftlichen und gesellschaftlichen Entwicklung erreicht werden.

Amerikanische Außenpolitik nach 1945 und Vietnamkrieg

Hatten sich die USA nach dem Ersten Weltkrieg noch einer Führungsrolle in der internationalen Politik entzogen und sich von Europa abgewandt, so standen sie nach 1945 zu dieser Verantwortung.

1941 unterzeichneten Roosevelt und Churchill die *Atlantik-Charta,* der sich bald viele andere Staaten anschlossen und deren Grundgedanken in die Gründungsurkunde der *Vereinten Nationen* eingingen. Gefordert wurde das Selbstbestimmungsrecht der Völker, internationaler Freihandel auf allen Meeren und Ozeanen, Gewaltverzicht und ein System der allgemeinen Sicherheit und Abrüstung. Doch dieses *Konzept der einen Welt* (one world) ließ sich nicht so einfach realisieren, da es zu Meinungsverschiedenheiten und Spannungen mit der Sowjetunion kam (siehe L. 17, S. 47 ff.).

Mit der *Truman-Doktrin* und dem *Marshall-Plan* (1947) vollzog die amerikanische Außenpolitik eine deutliche Wende. Nicht nur auf Europa bezogen, sondern auf die Welt erklärten die Amerikaner die *Eindämmung des Kommunismus* und der sowjetischen Expansion zu ihrem vordringlichen außenpolitischen Ziel *(Containment-Politik).* Dabei sollte nicht der militärische Konflikt gesucht, sondern vor allem die europäischen und asiatischen Länder wirtschaftlich so unterstützt werden, daß sie stabile und für das kommunistische Gedankengut nicht anfällige politische Systeme errichten konnten. Diese außenpolitische Marschrichtung aber verschärfte, vor allem durch die Bildung der militärischen Blöcke, die Konflikte zwischen den USA und der Sowjetunion. Außenminister *John F. Dulles* propagierte in den 50er Jahren die *Politik des Roll-back,* durch die die Zurückdrängung

der kommunistischen Macht und die Befreiung unterdrückter Völker angestrebt wurde. Die Folgen waren ein zunehmendes militärisches Engagement der USA und eine *Verschärfung des Wettrüstens,* durch die der *Kalte Krieg* immer mehr zu einem höchst gefährlichen Balanceakt wurde. Mehr als zweimal stand die Welt vor dem Ausbruch eines neuen Krieges. Der *Bau der Berliner Mauer* (1961) und die *Kuba-Krise* (1962) gehörten zu solchen Momenten.

Als die Sowjetunion Raketenbasen auf Kuba aufstellte, bedeutete dies für die USA eine massive militärische Bedrohung, da es nun keine Vorwarnzeiten bei einem Angriff mehr geben konnte. Präsident Kennedy ging gegenüber dem sowjetischen Staatschef *Nikita Chruschtschow* auf klaren Konfrontationskurs und erklärte seine Entschlossenheit, falls die Raketen nicht abgezogen würden, das Risiko eines Atomkrieges einzugehen. Die Sowjetunion gab nach, erreichte aber eine Einigung mit den USA über eine gegenseitige Anerkennung der jeweiligen „Einflußsphären" beider Supermächte. Damit wurde außenpolitisch eine *Politik des Status quo* eingeleitet. Dennoch hielt die Konfrontation beider Mächte unvermindert an. Dies zeigte sich im *Vietnamkrieg* (zur Vorgeschichte vgl. Lektion 17, S. 54).

Nachdem der *Vietcong,* die Befreiungsbewegung im Süden Vietnams, von den kommunistischen Mächten – der Sowjetunion, China und Nordvietnam – Militärhilfe für den Kampf gegen die konservative südvietnamesische Regierung unter *Diem* erhalten hatte, forderte dieser von den USA immer stärker militärische Unterstützung. Zunächst stellten die Amerikaner nur Militärberater (1963 16 300) zur Verfügung. Als sich aber eine Niederlage der südvietnamesischen Armee abzuzeichnen begann, griff Amerika direkt in den Krieg ein. Immer mehr Soldaten wurden nach Südvietnam geschickt, ohne allerdings in diesem Dschungelkrieg entscheidende Fortschritte zu erreichen. Auf beiden Seiten häuften sich *Greueltaten gegen die Zivilbevölkerung,* auf die die amerikanische Öffentlichkeit – das Fernsehen war bei fast allen Kampfhandlungen dabei, so daß die Zuschauer Zeugen der Gewalttaten waren – immer empörter reagierte. Nicht nur in der Truppe, die zum Teil demoralisiert war, sondern auch in Amerika kam es zu wachsendem Widerstand gegen diesen „schmutzigen Krieg". Senator *James William Fulbright,* der Vorsitzende des außenpolitischen Ausschusses, äußerte bereits 1967 über diesen Krieg:

„Gegenwärtig ist ein großer Teil der Welt abgestoßen von Amerika. [...] Amerika, das noch vor ein paar Jahren der Welt ein Muster an Demokratie und sozialer Gerechtigkeit erschien, ist ein Symbol für Gewaltsamkeit und disziplinlose Macht geworden. [...] Mit unserer undisziplinierten Anwendung physischer Gewalt haben wir uns selbst einer stärkeren Macht entkleidet: der Macht des Vorbildes."

1973 gelang es Präsident Nixon, den Krieg zu beenden. Die Amerikaner zogen ihre Truppen zurück. Zwei Jahre später brach Südvietnam unter der militärischen Überlegenheit des kommunistischen Nordens zusammen. 1976 wurde das Land unter kommunistischer Führung als *Sozialistische Republik Vietnam* wiedervereinigt.

Für die USA bedeutete der Vietnamkrieg die größte Niederlage seit ihrem Bestehen. Etwa 50 000 amerikanische Soldaten waren gefallen, und das Selbstwertgefühl der Nation war durch den Sieg des „Entwicklungslandes" Vietnam tief getroffen. Noch lange wirkte der *Vietnam-Schock,* ausgelöst durch Berichte über das Verhalten amerikanischer Soldaten, in der amerikanischen Öffentlichkeit nach. Zumindest vorübergehend büßten die USA ihre Vormachtstellung im pazifisch-asiatischen Raum ein. Im Zusammenhang mit diesem Krieg war die Handelsbilanz erstmals in die Negativzone gefallen. 1972 belief sich das Defizit auf fast 7 Milliarden Dollar, und die Inflationsrate war stark gestiegen. 1973 wurde der Dollar als leitende Weltwährung aufgegeben. Dies alles belastete die Innenpolitik und führte dazu, daß viele Sozialprogramme auf Eis gelegt wurden.

C. Arbeitsteil

Aus einer Rede von Fr. D. Roosevelt:

„Soweit ich sehe, besteht die Aufgabe der Regierung in ihrem Verhältnis zur Wirtschaft darin, die Entwicklung einer ökonomischen Grundrechtserklärung und Verfassungsordnung zu unterstützen. Dies ist die gemeinsame Aufgabe der Politiker und Geschäftsleute. Es geht um die Minimalforderung einer größeren Stabilität in der Ordnung der Dinge. Jedermann hat ein Recht auf Leben, und das heißt, daß er auch ein Recht auf ein angenehmes Leben hat. Er mag durch Faulheit oder Verbrechen die Ausübung dieses Rechts verwirken, aber es darf ihm nicht grundsätzlich verweigert werden. Wir haben keinen wirklichen Hunger oder Mangel; unsere Industrie und unsere Landwirtschaft vermögen genug zu produzieren und in Reserve zu halten. Unsere formelle und informelle Regierung, die im politischen und wirtschaftlichen Bereich, schulden jedem die Chance, durch die eigene Arbeit so viel von dem allgemeinen Reichtum zu besitzen, wie für seine Bedürfnisse erforderlich ist.

Jedermann hat ein Recht auf sein persönliches Eigentum, d. h. ein Recht darauf, in höchstmöglichem Maße in seinen Ersparnissen gesichert zu sein. Auf keine andere Weise kann man die Lasten jener Lebensphasen tragen, in denen naturgemäß keine Chance auf Erwerbsarbeit besteht – in der Kindheit, bei Krankheit, im hohen Alter. Bei allen Überlegungen zum Eigentum ist dieses Recht vorrangig; alle anderen Eigentumsrechte müssen ihm untergeordnet sein. Wenn wir in Übereinstimmung mit diesem Grundsatz den Handlungsspielraum des Spekulanten, des Finanzmaklers, selbst des Finanziers beschränken müssen, haben wir diese Einschränkungen als notwendig hinzunehmen, nicht um die individuelle Lebensgestaltung zu behindern, sondern um sie zu schützen. Die Regierung sollte die Aufgabe wirtschaftlicher Regulierung nur als ein letztes Mittel übernehmen, das nur versucht wird, wenn die Privatinitiative, gelenkt von hohem Verantwortungsgefühl und von der Regierung so weit unterstützt wie möglich, endgültig gescheitert ist. [...] Wir wissen, daß die Freiheit, etwas zu tun, was die elementaren Rechte anderer verletzt, von keinem Gesellschaftsvertrag geschützt wird und daß der Staat insoweit das gesellschaftliche Gleichgewicht aufrecht erhalten muß, innerhalb dessen jeder einzelne einen Platz haben kann, wenn er ihn einnehmen will, in dem jeder Sicherheit findet, wenn er es wünscht, in dem jeder so viel Macht erreicht, wie seine Fähigkeit erlaubt, sofern er das damit verbundene Verantwortung übernimmt. Unser Glaube an Amerika, an unsere Tradition persönlicher Verantwortung, an unsere Institutionen, an uns selbst fordert, daß wir die neuen Bedingungen der alten Gesellschaftsordnung anerkennen."

(In: *Politische Weltkunde II, Die Vereinigten Staaten von Amerika,* hg. von J. Rohlfes, Stuttgart 1980, S. 67.)

Arbeitsaufgaben

1. Erläutern Sie, welche neuartige Rolle Roosevelt dem Staat zuweist und welches Staatsverständnis dabei zu erkennen ist. Gehen Sie dazu auf zentrale Textstellen ein.

2. Welche Bedeutung hatte die Politik des New Deal für die amerikanische Geschichte?

3. Formulieren Sie aus der Sicht eines Anhängers der traditionellen amerikanischen Staatsauffassung Einwände gegen die Politik des New Deal.

Lektion 19
Die UdSSR – Aufstieg und Auflösung einer Weltmacht

A. Überblick

Die Sowjetunion ist nach dem Zweiten Weltkrieg unter Stalin die führende sozialistische Macht geworden. Stalin gelang es, seinen Einflußbereich weit nach Osteuropa auszudehnen und die Sowjetunion mit einem breiten Gürtel von Satellitenstaaten zu umgeben. In Ungarn, Bulgarien, Rumänien, Polen, der Tschechoslowakei und der DDR setzte die Rote Armee mit Unterstützung einheimischer Kräfte das sozialistische Herrschaftssystem nach sowjetischem Vorbild durch. Da sich die KPdSU unter Stalin als „Mutterpartei" der bolschewistischen Revolution den alleinigen Führungsanspruch sicherte, wurde der Ostblock zu einem monolithischen Block, militärisch im Warschauer Pakt und ökonomisch durch den Gemeinsamen Rat zur wirtschaftlichen Hilfe (Comecon) organisiert. Die Führungsspitze der KPdSU war die unanfechtbare Zentrale, nach der sich alle kommunistischen Parteien zu richten hatten. Im Innern der Sowjetunion ließ Stalin viele rechts- und linksoppositionelle Kräfte in großen öffentlichen Schauprozessen „ausschalten" (andere wurden niemals vor ein Gericht gestellt, sondern sofort inhaftiert, verbannt, ermordet). Durch Terror, Gewalt und ein organisiertes Straflagersystem errichtete er seine unumschränkte diktatorische Alleinherrschaft und ließ sich in einem propagandistischen Personenkult als Vollender der russischen Revolution verklären.

Stalins Nachfolger Chruschtschow versuchte, die erste „Entstalinisierung" in der Sowjetunion einzuleiten und das sowjetische System zu reformieren. Aber die Ansätze zu einer Liberalisierung blieben stecken, nicht nur in der Gesellschaft, sondern auch in der Wirtschaft. Die Sowjetunion wurde weltpolitisch, militärisch und technologisch durch die Erfolge in der Weltraumpolitik die zweite Supermacht neben den USA. Aber ökonomisch gelang nicht der Durchbruch zu der in Aussicht gestellten Konsumgesellschaft, die die einfachen Bedürfnisse der Sowjetbürger zu stillen in der Lage gewesen wäre. Dennoch hat Chruschtschow bei der Bevölkerung durch seine Politik Erwartungen und Hoffnungen geweckt, die sich auf die Dauer nicht mehr zurückschrauben lassen konnten. Zwar gelang es seinem Nachfolger Breschnew noch einmal, im Inneren des sowjetischen Imperiums eine Restaurationspolitik durchzuführen und durch staatliche Maßnahmen die Oppositionsbewegung weitgehend zu unterdrücken, aber die Wirtschaft geriet immer mehr in eine fast unaufhaltsame Talfahrt. In allen Bereichen sank die Produktivität, der Mangel an einfachen Konsumgütern erschwerte das tägliche Leben immer mehr. Die Ausgaben für die Rüstung stiegen ins Unermeßliche. Die Sowjetunion stand am Rande des Ruins, und Breschnew leitete keine Reformen ein.

Mit Gorbatschow trat 1985 erstmals ein junger Reformer an die Spitze des Weltreichs. Er wollte die sowjetische Gesellschaft, die brachliegende Wirtschaft und das Herrschaftssystem konsequent reformieren und dadurch eine neue Form des Sozialismus schaffen. Die zwei zentralen Begriffe seines Programms waren Glasnost und Perestroika, Öffnung und Umgestaltung. Der Bevölkerung sollte ein Raum für mehr Eigeninitiative und Verantwortungsbereitschaft geschaffen werden; sie sollte die Abläufe der politischen Entscheidungsfindung verfolgen und somit kontrollieren können: Öffentlichkeit sollte mehr Demokratie garantieren. Aber bei allem Reformeifer – an gewissen Prinzipien des Leninismus gedachte Gorbatschow festzuhalten. Die Reformen jedoch, die er einleitete, lösten eine Lawine aus: Reformer wie Jelzin forderten eine konsequente Demokratisierung, Pluralismus im politischen Bereich und einen raschen Übergang zur Marktwirtschaft. Es entstand eine demokratisch-revolutionäre Welle, getragen von starken Nationalbewegungen der Einzelrepubliken. Hinzu kommt, daß sich trotz aller Reformen die wirtschaftliche Situation für die Bürger eher verschlechtert als gebessert hat. Dies alles führte zum Auseinanderbrechen der Union der sozialistischen Republiken im Dezember 1991.

Die Wandlungen, die sich Ende 1991 in der Sowjetunion vollzogen haben, sind so groß und so sprunghaft, daß man nur schwer vermuten kann, wie die Entwicklung weitergehen wird. Sicher ist, daß es die Sowjetunion in der Form, wie sie sich in den vergangenen 50 Jahren präsentierte, nicht mehr gibt: Am 31. 12. 1991 hörte sie auf zu bestehen. Die Geschichte dieses riesigen Staatengebildes, das aus der Revolution von 1917 hervorgegangen ist, scheint abgeschlossen, so daß die wichtigsten Etappen des Aufstiegs und Zerfalls nachgezeichnet werden können.

Zeittafel

Innenpolitische Entwicklung	Außenpolitik
1936 Neue „demokratische" Verfassung der UdSSR („Stalin-Verfassung"); Führungsrolle der KPdSU wird festgeschrieben.	
1937/38 Schauprozeß gegen Trotzkisten, führende Militärs und Parteimitglieder; Säuberungswelle innerhalb der Roten Armee	
1939 XVIII. Parteitag. Stalin propagiert „Einholen und Überholen" der kapitalistischen Länder.	**1939** „Hitler-Stalin-Pakt": Nichtangriffspakt zwischen der SU und dem Dritten Reich
1941 Juli: Stalin proklamiert den „Großen Vaterländischen Krieg".	**1941** 22.6.: Deutscher Überfall auf die SU
1942/43 Kampf um Stalingrad	
	1945 Konferenz von Jalta Konferenz von Potsdam
	1947 Auf Initiative Stalins Gründung der KOMINFORM: „Informationsbüro der kommunistischen Arbeiterparteien"
	1949 Erste Tagung des Rats für Gegenseitige Wirtschaftshilfe (RGW) in Moskau
1953 Tod Stalins; Kollektive Führung unter Malenkow, Molotow, Berija September: Chruschtschow wird Erster Sekretär des ZK der KPdSU.	**1953** Niederschlagung des Volksaufstands in der DDR
	1955 Gründung des Warschauer Pakts (UdSSR, Albanien, DDR, Bulgarien, Ungarn, Polen, ČSSR, Rumänien)
	1956 Niederschlagung des Volksaufstands in Ungarn durch sowjet. Truppen

1956

XX. Parteitag: Chruschtschow fordert Entstalinisierung.

1957

Start des ersten künstlichen Erdsatelliten, des Sputnik

1959

XXI. Parteitag: Chruschtschow propagiert den „endgültigen Sieg des Sozialismus" und stellt bei seinem USA-Besuch die These von der „friedlichen Koexistenz" auf.

1964

Sturz Chruschtschows; neuer Erster Sekretär wird Breschnew, Minister-Präsident Kossygin.

1966

Breschnew wird Generalsekretär der KPdSU. Teilrehabilitierung Stalins; neuer restaurativer Kurs

1968

Breschnew stellt die These von der „begrenzten Souveränität der sozialistischen Staaten" auf („Breschnew-Doktrin").

1970

A. Sacharow gründet das Komitee zur Durchsetzung der Menschenrechte in der SU.

1977

Breschnew wird auch Staatsoberhaupt.

1983

Tod Breschnews; Andropow wird Nachfolger.

1984

Tod Andropows, Nachfolger Tschernenko

1985

Nach dem Tod Tschernenkos wählt ZK der KPdSU Gorbatschow zum Parteichef. Er verkündet eine „Revolution ohne Gewehre" durch „Glasnost" und „Perestrojka"

1956

Niederschlagung des Volksaufstands in Ungarn durch sowjet. Truppen

1962

Kuba-Krise: Erste direkte Konfrontation mit den USA; SU zieht Raketen aus Kuba wieder ab.

1968

August: Einmarsch der Truppen des Warschauer Pakts in die ČSSR

1970

Moskauer Vertrag zwischen SU und BRD

1975

Unterzeichnung der KSZE-Schlußakte in Helsinki

1979

Einmarsch sowjetischer Truppen in Afghanistan

1986

XXVII. Parteitag: Reformprogramm: mehr Selbständigkeit für Betriebe.
Sacharow wird aus Verbannung entlassen.

1988

Rückzug der Truppen aus Afghanistan

1989

Gorbatschow zum Staatspräsidenten gewählt; er betont „Selbständigkeit" der sozialist. Staaten bei Reformen; Jelzin gründet im Obersten Sowjet eine eigenen Fraktion. Oberster Sowjet legalisiert Streiks (außer in Schlüsselindustrien).

1990

XXVIII. Parteitag erklärt die Trennung von Partei und Staat. Jelzin, Präsident der Russischen Republik, erklärt Austritt aus der KPdSU.

1991

August: Putsch gegen Gorbatschow scheitert.
1. Dezember: Rußland, die Ukraine und Weißrußland gründen die Gemeinschaft unabhängiger Staaten (GUS).
25. Dezember: Rücktritt Gorbatschows

1992

1. Januar: Auflösung der Sowjetunion

19

Anmerkungen zur Sendung

70 Jahre nach der sozialistischen Oktoberrevolution fordert Gorbatschow mit Nachdruck die Demokratie, derer die Sowjetunion bedürfe wie der Luft zum Atmen. Perestroika und Glasnost - das sind die Schlagworte seiner Politik. Die Sendung geht der Frage nach, wie die Sowjetunion sich nach dem Zweiten Weltkrieg entwickelt hat und wie es dazu kam, daß ihre Bürger an den Grundfesten des Sozialismus rütteln. Stationen dieser Entwicklung werden aufgezeigt: Aufstieg zur Weltmacht, Entstalinisierung, Raumfahrt, wirtschaftliche Experimente. Die politische und wirtschaftliche Erstarrung der 70er und 80er Jahre führt dann zur offenen Kritik Gorbatschows und zu seinen Neuansätzen, die ihrerseits weitere revolutionäre Kräfte bis auf den heutigen Tag freisetzen.

Zentrale Begriffe

Stalinismus - „Großer Vaterländischer Krieg" - Personenkult - Einheits- und Volksfrontpolitik - Kominform - GULAG-System - Einheit von Partei und Staat - Prinzip der kollektiven Führung - Entstalinisierung - „Friedliche Koexistenz" - Prager Frühling - Breschnew-Doktrin - Perestroika - Glasnost

Lernziele

Sie sollten wissen, durch welche Maßnahmen es Stalin gelang, sich die unumschränkte Alleinherrschaft in der Sowjetunion zu sichern.

Sie sollten verstanden haben, warum Chruschtschow eine Entstalinisierung betrieb, welche Reformen er beabsichtigte und warum durch ihn der Anspruch des Kommunismus mit der Lebenswirklichkeit in der Sowjetunion immer stärker in Widerspruch geriet.

Sie sollten erkennen, welche Folgen die restaurative Ära unter L. Breschnew für die gesellschaftliche und wirtschaftliche Entwicklung in der Sowjetunion hatte.

Sie sollten die Absichten und Probleme des Reformansatzes von Gorbatschow beurteilen können, indem Sie die geschichtliche Entwicklung der Sowjetunion seit der Jahrhundertwende in Ihre Überlegungen einbeziehen.

B. Darstellung

Der Stalinismus: Unumschränkte Alleinherrschaft und Personenkult

Seit Mitte der 30er Jahre konnte man eine *konservative Tendenz* in Stalins Innenpolitik feststellen. Er unterstrich die Rolle der Familie, erschwerte die Ehescheidung und ließ 1936 die Abtreibung, die 1920 freigegeben worden war, wieder verbieten. Erziehung in der Familie, Schule, Fabrik sowie die gesamte politische Schulung stellte er unter die Prinzipien von Autorität, Unterordnung und Gehorsam. In der Armee wurden die alten Offiziersdienstgrade wieder eingeführt, und die Nationalgeschichte, vor allem die der großen Zaren, die Land hinzuerobert hatten, als Geschichte von Macht und Stärke des Staates gepriesen. In allen Bereichen ließ Stalin großrussischen Nationalismus als einzig fortschrittliches Element propagieren und zugleich alle eigenständigen Entwicklungen in den vielen Republiken von der Zentrale in Moskau aus unterdrücken.

Im Zuge dieser Entwicklung entledigte sich Stalin durch verschiedene *Schauprozesse* (1936–38) der führenden altbolschewistischen Kräfte und säuberte die Partei von allen, die sich nicht ganz und gar hinter seine Person stellten. Viele Revolutionäre der ersten Stunde wie Sinojew, Kamenew, Radek und andere wurden in *Zwangsarbeitslager* deportiert oder hingerichtet. Im spektakulären *Tuchatschewski-Prozeß* fiel fast die gesamte Führungsspitze der Roten Armee dem stalinistischen Terror zum Opfer. Nicht nur linke Kritiker wie die Trotzkisten, die auf eine Weltrevolution drängten, auch sogenannte rechtsstehende Gegner wurden liquidiert. Nach neueren sowjetischen Schätzungen hat Stalin fast 70 Prozent des Zentralkomitees „ausgeschaltet".

Im Sinne der „neuen Generallinie" ließ Stalin auch die Geschichte der Oktoberrevolution so „umschreiben", daß er als einzig rechtmäßiger Nachfolger Lenins und als Vollender der russischen Revolution dastand. Auf den offiziellen Bildern ließ er die Person Trotzkis wegretuschieren.

Der *Kult um die Person Stalins* erfuhr eine immer höhere Aufwertung. Stalin, das war nicht nur der Inhaber der obersten Ämter in

Die Unterschrift lautet in der Übersetzung: „Wir kommen zum Überfluß". In der Hand Stalins ein Telegramm, vor ihm Briefe, rechts die „Prawda". Telegramm und Brief haben die Aufschrift: „An den Genossen J.W. Stalin, Kreml, Moskau" und berichten über die großen Erfolge der Betriebe, Kolchosen und Sowchosen. (Foto: Süddeutscher Verlag)

Partei und Staat, sondern das war auch der „Vater" und Lehrer des sowjetischen Volkes, der große Führer des Proletariats auf der ganzen Welt; in immer neuen Varianten pries ihn die Propaganda als Freund der Kinder und Jugendlichen, als Vordenker des Marxismus-Leninismus, als den wahren Förderer der Künste und Wissenschaften. Alle Bereiche der Kultur hatten der Parteiideologie ganz und gar zu dienen, das galt für die Malerei und Bildhauerkunst ebenso wie für den Film, die Musik und die Architektur.

Die Außenpolitik in der Ära Stalins

Die Zeit zwischen 1918 und 1940

Der 1. Weltkrieg und die Oktoberrevolution hatten Rußland außenpolitisch ins Abseits gedrängt. Die Westmächte erkannten Sowjetrußland zunächst nicht an. Zwischen Sowjetrußland und Europa war – vor allem auf Betreiben Frankreichs – ein *cordon sanitaire* eingerichtet worden, ein Schutzgürtel aus den Staaten Lettland, Litauen, Estland, Polen und der Tschechoslowakei, der die bolschewistische Weltrevolution abwehren bzw. auf Sowjetrußland begrenzen sollte. Die genannten Staaten waren auf Kosten Deutschlands und Rußlands gebildet worden. 1934 trat die UdSSR dem *Völkerbund* bei, den sie bis dahin als Kampfmittel der kapitalistischen Staaten gegen den Bolschewismus bezeichnet hatte.

Gleichwohl blieb Stalin den Westmächten gegenüber mißtrauisch, und diese waren auch nicht gesonnen, die Sowjetunion bei der Regelung osteuropäischer Angelegenheiten, z.B. der Sudetenkrise, einzubeziehen.

Trotz unvereinbarer ideologischer Standpunkte – galten doch Faschismus und Bolschewismus als Todfeinde – schlossen *Stalin* und *Hitler* im August 1939 zum Erstaunen der Weltöffentlichkeit einen *Nichtangriffspakt* auf 10 Jahre. Das *geheime Zusatzprotokoll* ließ das territoriale Interesse der beiden Diktatoren deutlich werden: Stalin sollte Litauen, Estland, Lettland und den östlichen Teil Polens zugesprochen bekommen, Hitler den westlichen Teil Polens. Stalins Sicherheitsbedürfnis war zunächst zufriedengestellt – ein Bündnis der Westmächte gegen die Sowjetunion war damit ausgeschlossen. Außerdem bot der Pakt die Möglichkeit zu territorialem Gewinn.

Das Zweckbündnis zwischen Hitler und Stalin bestand nicht lange. Es hatte Hitler beim *Überfall auf Polen* den Rücken frei gehalten, und wie vereinbart rückte die Rote Armee in den baltischen Staaten und in Polen bis an die Demarkationslinie vor, ein Landgewinn, den Stalin nach Kriegsende nicht mehr aufzugeben bereit war.

Der Große Vaterländische Krieg

Der deutsche Angriff auf die Sowjetunion am 22. Juni 1941 traf die Grenztruppen völlig überraschend. Die deutschen Truppen waren zunächst „erfolgreich"; bereits im Oktober standen deutsche Einheiten 50 Kilometer vor Moskau.

Stalin selbst, der die Bevölkerung zum Kampf gegen den deutschen Faschismus und für die Freiheit, zum Kampf auf Leben und Tod aufgerufen hatte, blieb im Kreml. Der „Große Vaterländische Krieg" vereinte das russische Volk in der Abwehr des eingedrungenen Feindes. Der Kampf um die Heimat ließ viele die Unterdrückung und den Terror Stalins vergessen.

Der erhoffte schnelle Sieg über die Sowjetunion blieb aus. Die Sowjetunion wurde von den USA und von England wirtschaftlich unterstützt; trotzdem geriet sie im Sommer 1942 während der deutschen Sommeroffensive in ernsthafte Gefahr. Um *Stalingrad,* das Hitler unbedingt einnehmen und Stalin unbedingt halten wollte, entbrannte ein erbitterter Kampf, der mit der deutschen Niederlage (Februar 1943) endete.

Von nun an gewann die Rote Armee zunehmend an Boden. Im Frühjahr 1944 war sie im Westen an der Vorkriegsgrenze, Rumänien und Bulgarien wurden besetzt. Bei der *Gipfelkonferenz in Teheran* (18.11.–1.12.1943) stimmten die Westmächte (vertreten durch Churchill und Roosevelt) der *Curzon-Linie* als neuer polnischer Ostgrenze zu. Polen sollte dafür auf Kosten Deutschlands nach Westen verschoben werden. Zu diesem Gebietsgewinn erhielt Stalin noch das nördliche Ostpreußen mit Königsberg. Im Januar 1945 eroberte die Rote Armee Warschau. Stalin verweigerte der polnischen Exilregierung in London, nach Polen zurückzukehren, und setzte das prosowjetische *Lubliner Komitee* als Regierung ein.

Mit diesen Tatsachen sahen sich Roosevelt und Churchill bei der *Kriegskonferenz in Jalta* auf der Krim (4.–11. Februar 1945) konfrontiert. Stalin ließ sich auf keine Diskussion ein. Man einigte sich darauf, den Staaten in Osteuropa beim Aufbau demokratischer Strukturen zu helfen, aber die beiden Westmächte verstanden etwas anderes darunter als Stalin. Schon im März 1945 zwang er beispielsweise Rumänien eine kommunistische Regierung auf.

Nach der Kapitulation Deutschlands trafen sich die großen Drei (USA, Großbritannien, Sowjetunion) in *Potsdam* (17.7.–2.8.1945), um die Voraussetzungen für eine gemeinsame Nachkriegspolitik zu schaffen, was sich aber als fast unmöglich herausstellen sollte. Hinsichtlich Polens war Stalin zu keinem Kompromiß bereit. Das deutsche Gebiet östlich der Oder und Görlitzer Neiße war polnischer Verwaltung unterstellt und sollte es bleiben (bis zu einem Friedensvertrag). Die Sowjetunion behielt endgültig die polnischen Ostgebiete bis zur Curzon-Linie. Damit setzte die *Vertreibung deutscher und die Umsiedlung polnischer Bevölkerungsgruppen* in großem Ausmaß und ohne Rücksicht auf menschliche Schicksale und Bindungen ein. Stalin setzte sich mit seinem politischen Kalkül durch: Polen geriet in sowjetische Abhängigkeit, Ostmitteleuropa war mehr oder minder in sowjetischer Hand.

Stalins Außenpolitik in der Nachkriegszeit

Stalins außenpolitisches Konzept hieß vereinfacht: *Sowjetisierung von Ost- und Südeuropa.* Nach Kriegsende war dieses Konzept erfolgversprechend: die Bodenreformpläne, der Aufbau von Industrien und die Ideen von Marx gewannen viele Anhänger. Aber bald wurden bäuerliche und bürgerliche Parteien und Interessenvertreter durch kommunistischen Terror und Druck, Wahlmanöver und Verhaftungen ausgebootet. Wo nach 1945 noch Koalitionsregierungen mit Kommunisten und anderen Parteien eingesetzt worden waren, verschwanden diese ab 1947. An ihre Stelle traten rein kommunistische *Satellitenregierungen;* das war in Polen und Ungarn, Rumänien und Bulgarien - ehemalige Feindstaaten der Sowjetunion - der Fall.

Der *Bürgerkrieg in Griechenland* zwischen kommunistischen Kräften und der konservativen Regierung war für die USA der Anlaß, der Sowjetisierung Europas ein wirtschaftliches Hilfsprogramm - den *Marshallplan* - entgegenzustellen. Neben vielen anderen europäischen Staaten verkündete auch die Tschechoslowakei, die in freundschaftlicher Beziehung zur Sowjetunion stand, die Annahme des Marshallplans. Die Regierung wurde nach Moskau zitiert, und trotz langer Verhandlungen bestand Stalin kategorisch auf der *Ablehnung des amerikanischen Hilfsangebotes durch alle osteuropäischen Staaten.* Der Ausspruch des tschechoslowakischen Außenministers *Jan*

Masaryk (Sozialdemokrat) ist symptomatisch für die künftige Beziehung der Satellitenstaaten zu Moskau: „Ich fuhr nach Moskau als der Außenminister eines souveränen Staates, und ich kehrte als Lakai der Sowjetregierung zurück." Masaryk überlebte diesen Ausspruch nur wenige Tage. – Eine kommunistische Regierung wurde eingesetzt, Wirtschaft, Gesellschaft und Staat wurden nach sowjetischem Muster umgeformt.

So entstand aus den Staaten Osteuropas der *Ostblock* unter sowjetischer Führung. Nur *Jugoslawien* unter General *Josip Tito* gelang ein eigener, jugoslawischer Weg zum Sozialismus. Stalin beantwortete diesen Trotz mit dem Abbruch der diplomatischen Beziehungen aller Ostblockstaaten zu Jugoslawien und mit dem Ausschluß aus der *Kominform.* Dieses Kommunistische Informationsbüro wurde 1947 gegründet. Unter der Führung der KPdSU sollten mit ihm die osteuropäischen Staaten und die westeuropäischen kommunistischen Parteien kontrolliert und „gleichgeschaltet" werden. Im Westen galt die Gründung der Kominform als weiterer Beweis für die expansionistischen und aggressiven Absichten Stalins und der Sowjetunion. Eine Kooperation der Weltmächte schien endgültig ausgeschlossen. Die Fronten waren verhärtet, die Blöcke zementiert.

Zur Grafik auf der folgenden Seite:
1918 wurde die *Russische Sozialistische Föderative Sowjetrepublik* proklamiert. Sie gestattete den Nationalitäten gewisse Eigenständigkeiten, ließ sie aber nicht aus ihrem Machtbereich. Mit und nach dem Ersten Weltkrieg waren Finnland, Estland, Litauen, Lettland und Polen als selbständige Staaten aus dem Zarenreich hervorgegangen. Weißrußland, die Ukraine und Transkaukasien vereinigten sich 1922 mit den übrigen russischen Sowjetrepubliken zur *Union der Sozialistischen Sowjetrepubliken.* Der Spielraum, den die Nationalitäten noch hatten, wurde unter Stalin stark eingeschränkt. Durch den *Hitler-Stalin-Pakt* erhielt Stalin Ostpolen, das der Ukraine und Weißrußland zugeschlagen wurde. Stalin annektierte auch die baltischen Staaten (1940) und gliederte das rumänische Bessarabien in die neue Unionsrepublik Moldawien ein. Die Sowjetunion wurde nach dem 2. Weltkrieg erweitert durch das nördliche Ostpreußen (von Deutschland), Sachalin und die Kurilen (von Japan).

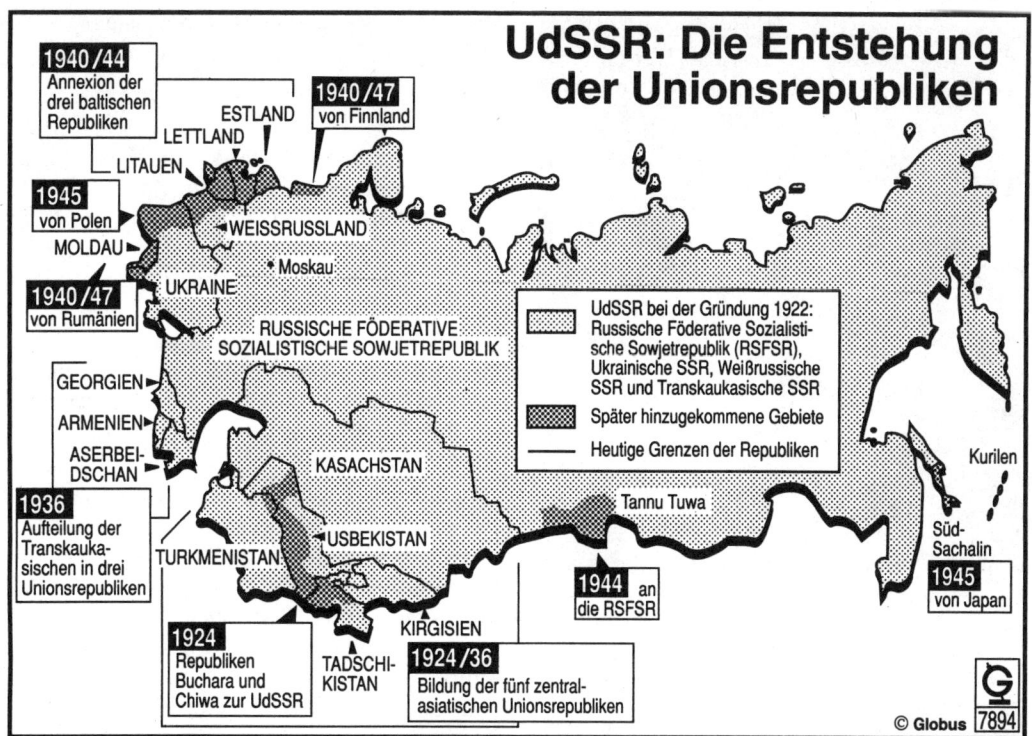

Die Zeit nach Stalin: Chruschtschow und die „Entstalinisierung" (1953–1964)

Chruschtschow und der XX. Parteitag

Nach Stalins Tod am 4. 3. 53 wurde die Macht zunächst gemäß dem leninistischen *Prinzip der kollektiven Führung* auf drei Köpfe verteilt: das Amt des Ministerpräsidenten erhielt *Georgi Malenkow,* Erster Sekretär des Zentralkomitees wurde *Nikita Chruschtschow,* Vorsitzender des Ministerrats *Nikolai Bulganin.* Schon kurze Zeit später gelang es Chruschtschow, seine Führungsposition auszubauen, indem er die alten stalinistischen Kräfte ausschaltete. Fünf Jahre nach Stalins Tod vereinigte er wieder die höchsten Ämter der Sowjetunion in seiner Person. Weltweites Aufsehen erregte Chruschtschow mit seiner zunächst geheimgehaltenen *Rede auf dem XX. Parteitag,* deren Kernpunkte jedoch sehr schnell bekannt wurden.

Erstmals distanzierte sich ein Mann der Führungsspitze der KPdSU offen vom Stalin-Mythos und gab zu, daß durch Stalins Per-

sonenkult und seine Terrormethoden, seine Säuberungen und Liquidierungen alle „Normen revolutionärer Gesetzlichkeit" verletzt worden seien. Chruschtschow beschuldigte Stalin, das Recht mißachtet, Partei und Staat seiner willkürlichen Macht unterworfen und die Grundsätze des Marxismus-Leninismus verlassen zu haben. Er sagte weiter:

„[...] daß es unzulässig und dem Geist des Marxismus-Leninismus zuwider ist, eine Person herauszuheben und sie zu einem Übermenschen zu machen, der gottähnliche, übernatürliche Eigenschaften besitzt, zu einem Menschen, der alles weiß, alles sieht, für alle denkt, alles kann und in seinem Verhalten unfehlbar ist."

Die Abrechnung Chruschtschows bezog sich aber nur auf die Person Stalins; die ideologischen Grundlagen der Parteidiktatur, die Einparteienherrschaft, die Einheitswahlen mit der Kandidatenaufstellung durch die Parteiführung und den bürokratischen Zentralismus griff er nicht an. Nicht vom System, nur von seiner „Verfälschung" unter Stalin distanzierte er sich. Die Führungsrolle der KPdSU sollte nicht einge-

Nikita S. Chruschtschow (1894–1971),
1953–1964 1. Sekretär der KPdSU   (Foto: dpa)

Die Theorie der „Friedlichen Koexistenz" zwischen Kapitalismus und Kommunismus

„In den nächsten zehn Jahren wird die Sowjetunion die Erste Industriemacht der Welt sein und die USA sowohl in der absoluten Produktion wie auch in der Pro-Kopf-Zahl überholen", erklärte Chruschtschow 1961, überzeugt vom unaufhaltsamen Sieg des Sozialismus, wenn es nur gelänge, ihn von den Fesseln des Stalinismus zu befreien.

Die Politik der Entstalinisierung hatte nicht nur innen-, sondern auch außenpolitische Konsequenzen. 1955 proklamierte Chruschtschow nach der *Auflösung der Kominform* in Belgrad das *Prinzip der Nichteinmischung* in die Angelegenheiten der anderen kommunistischen Parteien und folgerte daraus, daß es *verschiedene Wege zum Sozialismus* gebe. Dies aber bedeutete nur die Anerkennung des jugoslawischen Kommunismus unter Tito, der einen Kurs der Neutralität zwischen den zwei Blöcken einzuschlagen beabsichtigte.

Daß Chruschtschow mit seiner Theorie der „verschiedenen Wege" den Ostblockstaaten keinen eigenständigen außenpolitischen Handlungsspielraum zu gewähren gewillt war, zeigt sich 1956 in Polen und Ungarn. Während er in *Polen* die *Entstalinisierungspolitik* von *Wladislaw Gomulka* hinnehmen mußte, ließ er in *Ungarn* den *Volksaufstand* durch sowjetische Panzer niederschlagen. Doch die blutige Unterdrückung des Freiheitsaufstandes von Budapest ließ das internationale Ansehen der Sowjetunion stark sinken und den Verdacht aufkommen, daß das Programm der „Entstalinisierung" mehr einer innenpolitischen Taktik entsprungen sei als dem Drang nach einer wahrhaften Veränderung des sowjetischen Systems. Das Prinzip der „friedlichen Koexistenz" hatte keine Geltung innerhalb des sowjetischen Machtbereichs. Dazu äußerte Chruschtschow eindeutig:

„Wenn wir von Koexistenz sprechen, meinen wir die Koexistenz der sozialistischen und der kapitalistischen Staaten. Diese Kräfte stehen sich gegenüber, zwischen ihnen bestehen antagonistische Widersprüche. Und damit diese Widersprüche nicht zum Krieg führen, muß man koexistieren. [...] Was aber die sozialistischen Länder betrifft, so gibt es zwischen ihnen keine antagonistischen Widersprüche, keinen Kampf und keine Feindschaft."

grenzt werden; vielmehr sollten Reformen wieder zu mehr Glaubwürdigkeit führen und zu einer größeren Bereitschaft des Volkes, der Partei zu folgen. Deshalb suchte Chruschtschow auch im Sinne einer *Entstalinisierung* Zeichen zu setzen: Tausende von politischen Häftlingen konnten die Gefängnisse und Zwangsarbeitslager verlassen, Tausende von Stalin-Opfern ließ er öffentlich rehabilitieren. Standbilder und Portraits von Stalin wurden vielerorts zurückgenommen, sogar die Stadt, die seinen Namen trug, taufte man in Wolgograd um. 1961 schließlich ließ Chruschtschow den Leichnam Stalins aus dem Lenin-Mausoleum auf dem Roten Platz in Moskau entfernen. Die Entstalinisierungskampagne erweckte bei großen Teilen der Bevölkerung Hoffnungen auf eine generelle Änderung. Doch der Traum von Meinungs- und Pressefreiheit, dem Recht auf öffentliche Diskussion gesellschaftlicher Fragen, dem Recht zu reisen, wohin man will, sowie dem von Versammlungsfreiheit – all diesen in westlichen Demokratien grundlegenden Freiheitsrechten – erfüllte sich nicht; Chruschtschow wollte sie dem sowjetischen Bürger nicht zugestehen. Das „Tauwetter" – so nannte Ilja Ehrenburg in einem Roman diese Zeit – hielt nur kurz und nicht tiefgreifend an. An eine grundlegende Reform des Systems war nicht gedacht.

Zu den westlich-kapitalistischen Ländern suchte Chruschtschow durch das neue Prinzip ein neuartiges Verhältnis aufzubauen. Durch das Prinzip der „friedlichen Koexistenz" wollte Chruschtschow die Sowjetunion aus der außenpolitischen Sackgasse herausführen und neue Handlungsspielräume, vor allem bei den Ländern der Dritten Welt, gewinnen.

Aber sein außenpolitischer Kurs blieb ein Zickzack-Kurs. Zwar besuchte er als erster sowjetischer Partei- und Regierungschef die Vereinigten Staaten und weckte dort den Anschein, den Kalten Krieg überwinden zu wollen, gleichzeitig aber setzte er alles daran, die sowjetische Machtposition, z.B. in Berlin (Berlin-Ultimatum 1958, Mauerbau 1961) oder in Kuba, auszubauen (siehe Lektion 17, S. 52 und 18, S. 70). Als er in der Kuba-Krise zum Nachgeben durch Präsident Kennedy gezwungen wurde, schwächte dies seine innenpolitische Stellung erheblich.

Der Sprung zur Supermacht

Im Oktober 1957 empfingen die Radiostationen rund um den Erdball ein schrilles Piepsen aus dem Weltraum; das waren die Signale des ersten künstlichen Satelliten, der die Erde umkreiste. Der erfolgreiche Start des *Sputnik I* stellte eine Sensation dar und brachte Chruschtschow einen ungeahnten Prestigeerfolg. Zum ersten Mal war es dem sozialistischen Land gelungen, Amerika auf technischem Gebiet zu überflügeln. Chruschtschow beeilte sich, diesen Erfolg propagandistisch als Beweis für die Überlegenheit des sozialistischen Systems darzustellen. Vier Jahre später verkündete er der sowjetischen Bevölkerung die *zwei Hauptetappen des Aufbaus des Kommunismus:*

Von 1961 bis 1970
- werden die USA in der Pro-Kopf-Produktion übertroffen,
- wird der materielle Wohlstand aller Sowjetbürger gewährleistet,
- der Bedarf an komfortablen Wohnungen im wesentlichen gedeckt,
- die UdSSR das Land mit der kürzesten Arbeitszeit,
- die Arbeitsproduktivität verdoppelt,
- die durchgängige Mechanisierung in Industrie und Landwirtschaft durchgesetzt,

- die Verdoppelung des Realeinkommens den Arbeitern und Angestellten zugute kommen,
- die Verdreifachung der Fleischproduktion stattfinden;

von 1971 bis 1980
- wird die Kommunistische Gesellschaft in der UdSSR im wesentlichen aufgebaut,
- der Überfluß an materiellen Gütern gesichert,
- ein allmählicher Übergang zum kommunistischen Prinzip der Verteilung nach Bedürfnissen stattfinden sowie
- eine durchgängige Automatisierung der Industrie u.a.

Der Kommunismus werde, so Chruschtschow, eine hochorganisierte Gesellschaft freier und bewußt schaffender Menschen.

Dies weckte Hoffnungen und Ansprüche, die sich auf die Dauer gegen Chruschtschow selber wandten. Denn die inneren Reformen zur Ankurbelung der Wirtschaft und damit zur Verbesserung der materiellen Situation brachten keineswegs die verkündeten Fortschritte. Die zentralen Produktionspläne nahmen zwar erstmals mehr Rücksicht auf die Produktion von lebenswichtigen Konsumgütern, aber der von Chruschtschow in Aussicht gestellte *Konsumkommunismus* („Gulaschkommunismus") mit einem ähnlich hohen Lebensstandard wie in den USA *rückte* realiter *in immer weitere Ferne.* Dazu kam, daß ein ständig zunehmender Teil der städtischen Bevölkerung neben besseren Lebensbedingungen auch mehr Rechtssicherheit und Freiheit verlangte.

Durch folgende Maßnahmen hatte Chruschtschow seine ehrgeizigen Pläne in die Tat umsetzen wollen:
- Ein gestaffeltes Prämiensystem sollte die Produktionsleistungen erhöhen.
- Die Betriebe erhielten ein höheres Maß an Entscheidungsfreiheit im Produktionssektor.
- Die Beschränkung für Privateigentum an Geräten, Möbeln, Wohnhäusern und Bankguthaben wurde stark gelockert.

Doch all diese Maßnahmen scheiterten weitgehend an der zentralen Bürokratie und dem starren hierarchischen Herrschaftssystem. Beispielhaft dafür war die *Wohnungsnot* in den rasch gewachsenen Großstädten. Man baute zwar wieder Familienwohnungen statt der bisherigen Gemeinschaftswohnungen (in ihnen mußten sich mehrere Parteien Küche und Toilette tei-

19

len), aber dem Bedarf an Wohnraum konnte die zentrale Planwirtschaft nicht gerecht werden, weil immer wieder andere Materialteile nicht lieferbar oder nicht eingeplant waren. So stand jedem Einwohner in den Großstädten nur ein Wohnraum von 7 bis 8 Quadratmetern zur Verfügung.

Selbst auf seinem Spezialsektor, der *Agrarpolitik,* gelangen Chruschtschow keine eigentlichen Fortschritte. Die Getreideproduktion hinkte hinter dem wachsenden Bedarf her. Der Plan, das riesige Steppengebiet in Kasachstan zu kultivieren, was etwa 40 Millionen Hektar Neuland ergeben hätte, schlug fehl. Der Mangel an Düngemitteln und Arbeitskräften sowie an einer Transportinfrastruktur führten dazu, daß die landwirtschaftliche Produktion ineffektiv blieb und schließlich sogar noch sank. Auch die Umgestaltung der Kolchosen in Groß-Kolchosen mit eigenen Maschinenparks änderte nur wenig an der Mangelwirtschaft.

Als Chruschtschow 1964 überraschend vom Zentralkomitee und dem Obersten Sowjet abgesetzt wurde, hatten seine Reformansätze viele Hoffnungen geweckt, aber so gut wie nichts bewirkt. Der russische Schriftsteller Solschenizyn hat ein hartes Urteil abgegeben:

„Chruschtschow besaß nach Stalin die größte Macht in unserer Geschichte, und er ging damit um wie jener Bär in Kryslows Fabel, der einen Holzklotz ziel- und nutzlos auf der Wiese umherrollt. Er hätte die Befreiung des Landes viel tiefer treiben können, doch er ließ plötzlich davon ab und wandte sich anderen Spielereien zu: Kosmos, Maisanbau, Kuba-Raketen, Berlin-Ultimatum, Kirchenverfolgung [...]. Er hat nie etwas zu Ende geführt, am wenigsten die Sache der Freiheit."
(In: *Aufstieg und Fall des Kommunismus. Von Lenin über Mao bis Gorbatschow.* Hg. v. Klaus Liedtke, Hamburg 1990, S. 137.)

Dennoch, Chruschtschow hat einen Weg aus der Sackgasse einer erstarrten Ideologie gesucht, ohne daß er ihn allerdings konsequent verfolgt hätte. Auch wenn die Bewegung, die er innerhalb der sowjetischen Gesellschaft ausgelöst hat, durch die Politik seiner Nachfolger wieder zum Stillstand kam, zurückschrauben ließen sich die geweckten Erwartungen auf die Dauer nicht mehr. Gesellschaft und Wirtschaft mußten modernisiert werden, wenn die Sowjetunion als Großmacht überleben wollte.

Die Ära Breschnew: Periode der Stagnation (1965–1982)

Nach der Absetzung Chruschtschows wurde *Leonid Breschnew,* ein Mann aus dem stalinistischen Parteiapparat, Erster Sekretär des Zentralkomitees. Er *stützte sich auf die konservativen Kräfte,* dabei vor allem auf den Ministerpräsidenten *Alexej Kossygin.* Ihre politische Devise lautete: „Nur keine Unruhe!" Beide wollten zum militärisch mächtigen Sowjetreich mit parierenden Bürgern zurückkehren. Dazu baute Breschnew den bürokratischen Apparat aus und verschärfte die Kontrolle der wirtschaftlichen und gesellschaftlichen Bereiche durch die Zentrale in Moskau. Alle unter Chruschtschow begonnenen Veränderungen wurden von Breschnew wieder rückgängig gemacht; die Herrschaft der Funktionäre, des Parteiapparats verstärkte er. Am Ende gab es unter seiner Regierung 110 Ministerien und annähernd 18 Millionen Funktionäre, alle mit mehr oder weniger großen Privilegien.

Wirtschaftlicher Rückgang

In der Wirtschaftspolitik war die Ära Breschnew bestimmt durch das Bemühen, die Effizienz des ökonomischen Systems zu steigern. Aber alle Ansätze, die vor allem von Kossygin ausgingen, der die Kosten der Produktion senken und den Bedarf der Bewohner mehr in den Mittelpunkt rücken wollte, versandeten, da der bürokratische Apparat nicht grundlegend umstrukturiert wurde.

Die Lücke zwichen dem Plansoll der Produktion und den tatsächlich angebotenen Waren wurde immer grotesker. Laut Statistik hätte Fleisch im Überangebot für jeden vorhanden sein sollen, aber in den Geschäften war es höchst selten zu finden, und wenn, dann nur in kleinsten Mengen. In der Herstellung von Glas stand das Land an erster Stelle der Weltproduktion, aber die hohe Zahl der zerbrochenen Fensterscheiben konnte nicht ausgewechselt werden, da in den Geschäften kein Glas zu bekommen war.

Sicher, die Menschen in der Sowjetunion litten keinen Hunger, aber der ewige Mangel an simplen Konsumgütern wie Seife, Zahnpasta, an einfachen Küchengeräten u. a. erschwerte das alltägliche Leben und hatte zur Folge, daß man

Leonid Breschnew (1906–1982),
1964–1982 1. Sekretär der KPdSU
(Foto: AP)

viele Stunden (meist während der Arbeitszeit) damit verbrachte, an irgendeinem, meist dem entgegengesetzten Ende der Stadt, irgendetwas zu erwerben. Die Schlangen vor den Geschäften wurden zum Markenzeichen des Systems. Die Parteiparolen von der hohen Lebensqualität in der Sowjetunion entpuppten sich immer krasser als Lügen. Anspruch und Wirklichkeit entfernten sich in der Zeit nach Chruschtschow noch weiter voneinander.

Die Reaktion der breiten Bevölkerung auf das geringe Warenangebot war eine zunehmende Arbeitsverweigerung. Eine *Schattenwirtschaft* entstand: Auf dem Schwarzen Markt suchte jeder an das heranzukommen, was er benötigte oder womit er Geschäfte machen konnte. Selbst hohe staatliche Behörden besorgten sich durch Schieberei die benötigten Materialien und Ersatzteile. Die Organisatoren solcher Schwarzmärkte hatten Verbindungen bis in die höchsten Staatsstellen und sicherten sich Privilegien und ein hohes Einkommen.

Politik der Restauration und Unterdrückung

Der *Wiedererweckung des Patriotismus* galt Breschnews besonderes Bemühen. Partei und Rote Armee sollten der nachwachsenden Gene-

ration ein neues Nationalgefühl vermitteln und in diesem Zusammenhang ein *geläutertes Bild von Stalin* als dem großen Führer. Die Armee erfuhr nicht nur eine gesellschaftliche Aufwertung, sie erhielt auch mehr Personal, mehr Geld und Waffen; die Mittel dafür wurden im Staatshaushalt unter anderen Posten verbucht. Neben die *Aufrüstung* aller Waffengattungen trat der *Export von Rüstungsgütern* in Spannungsgebiete und in viele Entwicklungsländer. Breschnew unterstützte Bürgerkriegsparteien in Äthiopien, Angola und Moçambique, da diese Länder in seinen Augen *Stellvertreterkriege* (siehe Lektion 17, S. 54) für die sozialistische Weltrevolution führten. Auf dem Parteitag von 1971 erklärte er, daß der ideologische Krieg gegen den Kapitalismus nicht nachgelassen habe. Deshalb gelte es, so Breschnew, das politische Schwergewicht auf die Stärkung der Macht des sowjetischen Blocks zu legen.

Diese Linie bekam als erstes Land die *Tschechoslowakei* zu spüren. Im August 1968 marschierten die Truppen der Warschauer-Pakt-Staaten unter der Führung der Sowjetunion in das Land ein, um dem dortigen Reformkommunismus unter *Alexander Dubček* gewaltsam ein Ende zu setzen. In der danach verkündeten *Breschnew-Doktrin* steckte die Formel von der begrenzten Souveränität der sozialistischen Länder den Rahmen ab für den Spielraum ihrer Außenpolitik.

Auch innerhalb des Riesenreichs zog Breschnew die Zügel an; viele Unionsrepubliken verloren wieder ihre kaum gewonnenen Freiräume für eine eigenständige Entwicklung. Was ihnen gelassen wurde, war meist nur die eigene Sprache und Folklore. Gegen alle Andersdenkenden (Dissidenten) ging man radikal vor. Der Physiker *Andrej Sacharow,* der 1970 ein *Komitee zur Durchsetzung der Menschenrechte* gegründet hatte, wurde, da er im Westen als prominente Symbolfigur für den Widerstand eine hohe Popularität genoß, nicht gleich wie die anderen eingesperrt, sondern nach Gorki in die *Verbannung* geschickt. Andere Dissidenten wie *Wladimir Bukowski* und *Andrej Amalrik* schickten die Behörden ins Gefängnis oder in eine der vielen psychiatrischen Kliniken. *Alexander Solschenizyn,* der während der Tauwetterperiode unter

Chruschtschow mit seiner Erzählung aus einem stalinistischen Lager *Ein Tag im Leben des Iwan Denissowitsch* das *GULAG-System* den Sowjetbürgern offenbart hatte, wurde 1974 verhaftet und aus der UdSSR ausgewiesen.

Um aus der verfahrenen ökonomischen Situation herauszukommen, die ja durch die hohen Kosten für das Militär enorm belastet war, suchte Breschnew Hilfe in Amerika. Zwar vermochte er durch den Moskauer Vertrag und das Viermächte-Abkommen einen Schritt in Richtung Entspannung zu gehen (siehe Lektion 17, S. 53), aber der von ihm gewollte Ost-West-Handel kam nicht richtig in Gang. Denn Amerika verlangte als Bedingung für wirtschaftliche Unterstützung, daß Breschnew sein System den Menschenrechten öffnen und vor allem die Emigration jüdischer Sowjetbürger ungehindert zulassen solle. Diese *Forderung nach Wahrung der Menschenrechte* verschärfte die KSZE noch. Das Regime antwortete mit härteren Repressalien gegenüber den Oppositionellen in Rußland, die für die KSZE-Schlußakte von Helsinki eintraten.

Der *Einmarsch sowjetischer Truppen in Afghanistan* (Jahreswende 1979/80) fror die Ost-West-Beziehungen ganz ein. Die USA lieferten keinen Weizen mehr, der Westen boykottierte die Olympischen Spiele. Die Sowjetunion blieb ökonomisch auf sich gestellt. Nach dem Tod Breschnews konnten seine Nachfolger daran nichts ändern.

Die Ära Gorbatschow: Reform und Zerfall der Sowjetunion

Glasnost und Perestroika – Überwindung der Stagnation?

1985 wählte das Zentralkomitee in Moskau zum ersten Mal nach Lenin „einmütig", nicht einstimmig, einen Akademiker zum neuen Generalsekretär der KPdSU. Mit 54 Jahren galt der Jurist *Michail Gorbatschow* als junger Mann. Er machte von Anfang an deutlich, daß mit seiner Wahl nicht nur ein Generationenwechsel vollzogen wurde, sondern daß er die Weichen für die notwendige *Modernisierung* zu stellen gewillt war, um die „Periode der Stagnation" zu über-

winden. Zu den wichtigsten Zielen seiner *Beschleunigung der sozial-ökonomischen Entwicklung* zählte er:

- Überwindung der rückständigen Planwirtschaft,
- Beseitigung des Mangels an Lebensmitteln und Konsumgütern,
- Wohnraumbeschaffung,
- Einschränkung der Bürokratie, um die Entfaltung von Eigenständigkeit und Verantwortungsbereitschaft zu ermöglichen,
- Überwindung der geringen Arbeitsproduktivität,
- Beseitigung der Korruption und des Alkoholismus,
- Entspannungspolitik, um das unbezahlbare Wettrüsten einstellen zu können.

Nach Gorbatschows Auffassung war der Wandel des sowjetischen Wirtschaftssystems nur im Zusammenhang mit einer *weltweiten Entspannungspolitik* zu erreichen. Deshalb legte er bereits ein Jahr nach seinem Amtsantritt einen Plan zur Beseitigung aller Atomwaffen bis zum Jahr 2000 vor. Er gab dadurch dem amerikanisch-sowjetischen Abrüstungsdialog neue Impulse, die dann zu einer Vereinbarung über die *Vernichtung atomarer Mittelstreckenraketen* führten. Der *Abzug der sowjetischen Truppen aus Afghanistan* bekräftigte die Ernsthaftigkeit des neuen Kurses.

Das Programm zur Umgestaltung des Gesellschafts- und Wirtschaftssystems war von Gorbatschow nicht als eine Überwindung, sondern als *Vervollkommnung des Sozialismus* gedacht. Es läßt sich in zwei zentralen Schlagworten zusammenfassen: *Glasnost* und *Perestroika*.

Der Begriff *Glasnost* meint Offenheit, Herstellung einer Öffentlichkeit, durch die die Bürger zu konstruktiver Kritik, Verantwortungsübernahme, Eigeninitiative und Partizipation am gesellschaftlichen und ökonomischen Geschehen gebracht werden sollten. Durch Flucht in die Öffentlichkeit glaubte Gorbatschow das alte verkrustete Denken der Parteihierarchie und die Bürokratie überwinden zu können. Zu seinem Programm gehörte auch die offene Analyse der eigenen Situation: „Seien wir doch ehrlich und geben Mißwirtschaft, Apathie und sogar Verantwortungslosigkeit zu", sagte er vor Parteigenossen und fuhr fort: „Wartet nicht länger auf Anweisungen von oben." 1987 betonte er vor dem Zentralkomitee: „Ohne die aktive Mitwirkung des Volkes werden wir die Aufgaben nicht lösen können." – „Wir brauchen Demokratie wie die Luft zum Atmen."

Glasnost war also die Voraussetzung für den Sprung aus dem Schatten des Stalinismus, für die *Perestroika,* die Umgestaltung der Strukturen des sowjetischen Systems. Die erste Folge war eine liberale Politik gegenüber oppositionellen Kreisen:

- Gefängnistüren und Lagerpforten öffneten sich für viele Regimekritiker;
- sowjetische Juden und Deutsche durften auswandern;
- die russisch-orthodoxe Kirche konnte wieder öffentlich tätig sein;
- Dichter und Künstler durften ungehindert ihre Werke vorstellen;
- Filme über Stalin und den stalinistischen Terror entfachten eine öffentliche politische Diskussion über die eigene Geschichte, wobei sich abzeichnete, daß bald auch Lenin und der Leninismus ins Kreuzfeuer der Kritik gerieten;
- altgediente und privilegierte Parteifunktionäre mußten unter öffentlichem Druck ihre Ämter räumen;
- die Polizei erlaubte Demonstrationen.

Doch der reale Fortschritt, der das alltägliche Leben der Sowjetbürger bessern sollte, stellte sich nicht ein. Im Gegenteil, die Lage auf dem Konsumgütermarkt wurde sogar noch angespannter, und *Produktionsausfälle* häuften sich, bedingt durch *Streiks* und durch die Tatsache, daß konservative Parteifunktionäre und die staatliche Bürokratie die Umgestaltung allzuoft sabotierten. Je radikaler das Programm Gorbatschows wurde, je deutlicher sich abzeichnete, daß die Perestroika die Konturen einer *Revolution* annahm, desto größer wurden die allgemeine Unsicherheit und das Chaos.

Wirtschaftliche Maßnahmen

Vor allem die landwirtschaftliche Misere bekam Gorbatschow nicht in den Griff. Auch die ersten gesetzlichen *Maßnahmen gegen Kommandowirtschaft und das Staatsmonopol,* die am 1. Mai 1987

M. Gorbatschow, ab 1985 Generalsekretär der KPdSU, 1988–1991 Staatspräsident (Foto: Lothar Kucharz)

19

angekündigt wurden, brachten keinen Durchbruch:

- Zwar erhielten die Staatsbetriebe per Gesetz größere Freiheiten hinsichtlich ihrer Produktion und auch Verfügungsmöglichkeiten über die erwirtschafteten Gewinne, aber die zentrale Planbürokratie überhäufte sie mit so viel Staatsaufträgen, daß der gewonnene Spielraum wieder eingebüßt wurde.
- Die Einmann- und Familienbetriebe sowie die privaten Kooperativen, die nun als „individuelle Arbeitstätigkeit" zugelassen waren, empörten die Öffentlichkeit, weil ihre Preise als Wucher empfunden wurden.
- Der Freigabe des staatlichen Außenhandelsmonopols folgten zwar viele Kooperationsverträge (Joint-ventures) mit westlichen Firmen, aber die meisten funktionierten 1990 nicht mehr.
- Die Warenknappheit verschärfte sich, Preise und Inflationsrate stiegen ständig, und jede Ankündigung eines Abbaus von Subventionen für Lebensmittel und Wohnraum oder einer radikalen Preisreform löste wegen der Befürchtungen weiterer Preissteigerungen im ganzen Land Panik aus.

Fünf Jahre nachdem mit den Reformen begonnen wurde, lebt ein Viertel der sowjetischen Bevölkerung in großer Armut. Soziale Verschlechterung durch *Lohnabbau, Wegrationalisierung von Arbeitsplätzen* und allgemeine *Preissteigerungen* zeigen, daß für den raschen Übergang zu Formen der Marktwirtschaft in vielen Bereichen die Voraussetzungen fehlen. Es gab in der russischen Geschichte im ländlichen Bereich nie den Anreiz, über den Eigenbedarf hinaus Überschüsse zu produzieren. So fehlen auch Berufsgruppen, die sich z. B. der Getreideversorgung der Städte hätten annehmen können. Auch ein leistungsfähiges Verkehrsnetz mit befestigten und winterfesten Straßen wurde nicht gebaut. Heute macht es sich negativ bemerkbar, daß Lenin die Phase einer bürgerlichen Entwicklung mit der Herausbildung eines ökonomischen Mittelstandes, bestehend aus Kleinunternehmern, Kaufleuten, überregional wirkenden mittelständischen Betrieben, überspringen zu können glaubte. An kaum einem Punkt konnte Gorbatschow auf Strukturen zurückgreifen, die in der Lage gewesen wären, Märkten regionale Eigenständigkeit zu geben. Auch von der Einstellung und Mentalität der Menschen her fehlen die Voraussetzungen für ein schnelles Wachstum der Wirtschaft. Das wenige, das 1917 dazu vorhanden war, hat der alles bestimmende bürokratische Parteiapparat ausgelöscht.

Der Umbau des politischen Systems

Das Programm der Perestroika, das eine allgemeine *Verunsicherung* hervorrief, das *separatistische Bewegungen* in einer Vielzahl von Unionsrepubliken – vom Baltikum über Georgien bis zur Ukraine – entstehen ließ und dabei sogar zu blutigen Kämpfen zwischen verfeindeten Nationalitäten führte, hat fast zwangsläufig auch einen Machtkampf innerhalb der Parteispitze zur Folge gehabt. Dabei standen sich diejenigen, die die Reformen rasch und konsequent vorantreiben wollten (z. B. *Boris Jelzin*) und die bremsenden Konservativen, die sich um *Jegor Ligatschow* scharten, gegenüber. Die Konservativen wollten vor allem an einigen Grundpositionen der traditionellen Herrschaftsstruktur der Sowjetunion festhalten. Dabei beriefen sie sich auf die Verfassung von 1977.

Danach verstand sich die UdSSR als ein Vielvölkerstaat, als ein „einheitlicher multinationaler Bundesstaat", der aus der „freien Selbstbestimmung" der Nationen hervorgegangen sei. In diesem Staat galt uneingeschränkt die *führende Rolle der kommunistischen Partei*. Sie wurde als „Vorhut des Volkes" bezeichnet und war nach dem leninistischen *Prinzip des demokratischen Zentralismus* aufgebaut. Die Willensbildung erfolgte dabei von oben nach unten und kannte keine demokratische Erneuerung von der Basis her. Alle fünf Jahre fand ein *Parteitag* der KPdSU statt, an dem annähernd 5000 Delegierte teilnahmen. Auf diesen Parteitagen wurde der jeweilige Fünfjahresplan verabschiedet. Dem Parteitag direkt unterstellt waren das *Zentralkomitee* (ZK) der KPdSU. Aus diesem Zentralkomitee gingen zwei führende Gremien hervor: das *Politbüro* und das *Sekretariat*.

Zwischen den Parteitagen vertrat das Zentralkomitee die Interessen der Gesamtpartei. Zentrum des sowjetischen Machtsystems war das Politbüro. Hier fielen alle wichtigen Entscheidungen zur Lenkung von Partei, Staat und Gesellschaft. Der Generalsekretär mußte sich mit dem Politbüro auseinandersetzen, wenn er wichtige Entscheidungen durchsetzen wollte.

Oft verfügte er allerdings in diesem Gremium über eine treue Gefolgschaft, so daß es nicht zu demokratisch gefällten Entscheidungen kam. Was bestimmt werden sollte, wurde vom Politbüro vorbereitet. In der politischen Wirklichkeit hatte das Zentralkomitee nur dem Vorgelegten (auch Personalentscheidungen) kritiklos zuzustimmen.

Die Struktur der Partei war durch Kader streng hierarchisch aufgebaut. Das war das entscheidende Erbe Lenins. Die einzelnen Kader hatten die von der Parteispitze beschlossene „politische Linie" nach unten bis in die untersten Ebenen der einzelnen Republiken durchzusetzen. Die Partei kontrollierte auch alle anderen gesellschaftlichen Verbände auf die Einhaltung der „politischen Linie" hin. Sie bestimmte und kontrollierte Verwaltung und Staat. Sie legte die *Einheitsliste* für die Wahl zum *Obersten Sowjet* fest, die der Wähler nur zu bestätigen hatte. Ein Recht auf Auswahl gab ihm die Verfassung nicht.

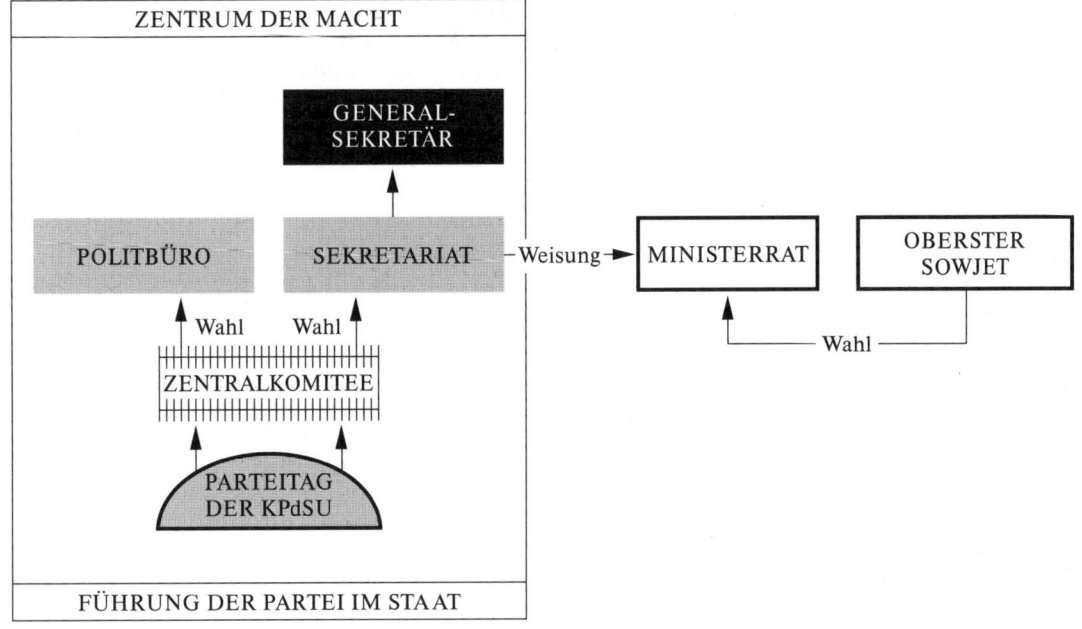

ZENTRUM DER MACHT

GENERAL-SEKRETÄR

POLITBÜRO   SEKRETARIAT —Weisung→ MINISTERRAT   OBERSTER SOWJET

Wahl   Wahl

ZENTRALKOMITEE

PARTEITAG DER KPdSU

FÜHRUNG DER PARTEI IM STAAT

Wahl

Der Oberste Sowjet trat nur zweimal im Jahr zusammen, seine ständige Vertretung war das Präsidium. Das Plenum des Obersten Sowjets hatte nur die „Pflicht", den bereits beschlossenen Dekreten durch seine Zustimmung Gesetzeskraft zu verleihen. Das galt selbst für den Haushaltsplan, der hier nicht mehr diskutiert wurde. Zur Perestroika gehörte nun, daß das politische System zu einem System mit größerer Effizienz umgebaut werden sollte. Deshalb wurde im September 1988 eine *Verfassungsänderung* beschlossen. Kernstück der Reform war die Einführung eines *Präsidentenamtes* mit erweiterten Befugnissen und eines *Kongresses der Volksdeputierten,* der durch Wahl sowohl den Präsidenten als auch den Obersten Sowjet (gedacht als eine Art „Arbeitsparlament", das nicht nur dem ihm Vorgelegten zustimmt, sondern Entscheidungen vorbereitet und mitträgt) bestimmen sollte. Ein *Wahlrecht* wurde verabschiedet, nach dem ein Drittel der Kandidaten durch die Wählerversammlungen bestimmt werden sollte. Die restlichen blieben der Entscheidung der Parteispitze vorbehalten; sie wollte sich ihren Einfluß nicht ganz aus der Hand nehmen lassen. Bei den Wahlen vom März 1989 durften die Sowjetbürger erstmals seit 70 Jahren in *geheimer Wahl* aus mehreren Kandidaten – auch unter Nicht-KPdSU-Mitgliedern – auswählen. Die Reformanhänger gingen aus dieser Abstimmung als Sieger hervor. In einigen Teilrepubliken setzten sich die Gruppen, die für Autonomie eingetreten waren, durch. Erstmals bot die KPdSU nicht mehr das Bild eines einheitlichen, monolithischen Blocks, sondern zerfiel in viele Flügel, die insgesamt ein breites Meinungsspektrum repräsentierten.

Der Kongreß wählte nach langen Diskussionen Gorbatschow zum neuen Präsidenten des Obersten Sowjets. Er erhielt damit eine Macht, die dem amerikanischen oder französischen Staatspräsidenten vergleichbar ist: als Chef der Exekutive, amtierender Vorsitzender der Legislative und Generalsekretär der KPdSU. Diese Gewaltenvereinigung und Ämterhäufung stieß bereits vor der Wahl bei den neuen demokratischen Kräften auf heftige Kritik.

Boris Jelzin führte den demokratischen Reformansatz konsequent weiter und gründete eine eigene Oppositionspartei zur KPdSU, um das Machtmonopol im bisherigen Einparteienstaat zu durchbrechen. „Man muß nicht nur über Pluralismus reden, man muß ihn auch praktizieren", erklärte Jelzin. Er forderte sogleich auch eine neue Verfassung, in der das Mehrparteiensystem verankert ist und die Opposition legalisiert wird.

Das Ende der Union der sozialistischen Republiken

Das Jahr 1990 wurde für Gorbatschow zum Jahr der großen Krisen im Innern der Sowjetunion. Neben die großen Streiks traten bald die immer größer werdenden *Nationalitätenkonflikte* und die Krise mit den baltischen Staaten, die ihre Unabhängigkeit und nationale Souveränität zu erkämpfen bestrebt waren. Sie beriefen sich nicht nur auf Demokratie und Selbstbestimmungsrecht, sondern auch darauf, daß Gorbatschow selbst im Zuge seiner Entstalinisierung den Hitler-Stalin-Pakt und damit die Vereinnahmung der baltischen Staaten für ein Unrecht erklärt hatte. Gorbatschow bemühte sich daraufhin, die Macht wieder stärker an sich zu reißen, um den Zerfall der Sowjetunion aufzuhalten. In vielen Teilrepubliken, die von der Russischen Föderation angeführt wurden, mehrten sich jedoch weiterhin die Kräfte, die den Moskauer Zentralismus als hemmenden Schuh auf dem Weg zur Besserung der Lebensverhältnisse

ansahen. Neben dem Wunsch nach eigenständiger Verwaltung und Eigenverantwortlichkeit bei der Umgestaltung der Wirtschaftsstrukturen trat immer häufiger die Rückbesinnung auf einen eigenen Nationalismus.

Als sowjetische Einheiten – wohl nicht auf direkten Befehl von Gorbatschow – in Lettland und Litauen gegen demonstrierende Zivilisten gewaltsam vorgingen, wurde *Boris Jelzin*, der öffentlich dieses Vorgehen verurteilte und die drei baltischen Staaten im Namen der Russischen Republik anerkannte, zum neuen Hoffnungsträger für die demokratische Bewegung. Anders als Gorbatschow hatte er sich offen vom Leninismus losgesagt und war für einen raschen Übergang zur Marktwirtschaft eingetreten.

Vor allem seine Haltung gegen den Zentralismus und sein Eintreten für die Souveränität der Republiken haben ihm eine große Popularität eingetragen. Sein unerschrockenes Auftreten während des gescheiterten *Putsches gegen Gorbatschow* im August 1991 ließ Jelzin zum „starken Mann" in der Sowjetunion werden.

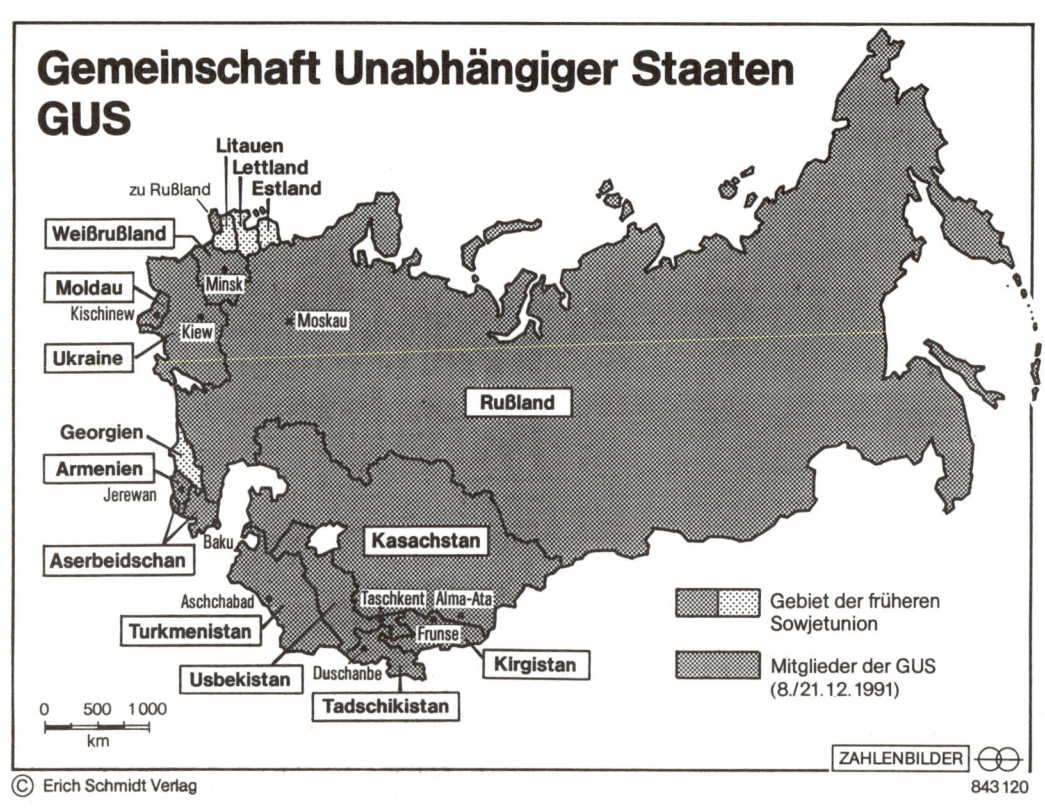

Gemeinschaft Unabhängiger Staaten GUS

Litauen
Lettland
Estland
zu Rußland
Weißrußland
Moldau
Kischinew
Minsk
Kiew
Moskau
Ukraine
Rußland
Georgien
Armenien
Jerewan
Aserbeidschan
Baku
Kasachstan
Aschchabad
Taschkent · Alma-Ata
Turkmenistan
Frunse
Usbekistan
Duschanbe
Kirgistan
Tadschikistan

0   500   1 000
km

Gebiet der früheren Sowjetunion

Mitglieder der GUS (8./21. 12. 1991)

ZAHLENBILDER

843 120

Nach dem gescheiterten Putsch galt Gorbatschows Sorge vor allem dem Nationalitätenkonflikt; er befürchtete, daß aus dem Zerfall der Sowjetunion ein Krieg entstehen könnte. Nachdem nach den baltischen Staaten (Estland, Lettland, Litauen) auch Rußland, die Ukraine und andere Republiken den Vorrang ihrer eigenen Gesetze vor dem Unionsrecht proklamiert hatten, bemühte sich Gorbatschow um eine neue Föderationsverfassung, die dem Riesenreich ein neues Korsett geben und gleichzeitig den Republiken das Recht auf wirtschaftliche und staatliche Selbstverwirklichung im Rahmen einer eigenen Nationalität zugestehen sollte. Dieser Plan aber scheiterte: Denn im Dezember 1991 beschlossen die Republiken Rußland, die Ukraine und Weißrußland in Minsk, eine *Gemeinschaft unabhängiger Staaten* (GUS) zu gründen. Als kurze Zeit danach auch die fünf zentralasiatischen Republiken (Turkmenien, Usbekistan, Kasachstan, Kirgisien, Tadschikistan) ihre Entschlossenheit bekundeten, dieser Gemeinschaft beizutreten, war das Ende der alten Sowjetunion eingeläutet. Am 17. Dezember 1991 beschlossen Gorbatschow und Jelzin, daß der „Prozeß der Überführung der Strukturen der Sowjetunion in einen neuen Status bis zum Ende des Jahres abgeschlossen sein muß". Damit wurde das Ende der Sowjetunion zum 1.1.1992 beschlossen; Gorbatschow trat am 25.12. zurück. Am Silvesterabend wurde die Flagge der Sowjetunion auf dem Kreml eingeholt. Welche neuen Formen der neue Staatenbund haben, wie man ihn organisieren und verwalten wird, das zeichnet sich noch nicht mit endgültiger Klarheit ab.

C. Arbeitsteil

Aus dem Referat Michail Gorbatschows vor dem ZK der KPdSU am 27. Januar 1987: „Wir brauchen die Demokratie wie die Luft zum Atmen":

Es ist völlig natürlich, daß im Zuge der weiteren Demokratisierung der sowjetischen Gesellschaft auch Fragen der Erweiterung der innerparteilichen Demokratie erörtert werden müssen. [...]

Nun vor allem zur Schaffung von Wahlorganen in den Parteiorganisationen. Der Sinn der meisten Vorschläge in dieser Hinsicht besteht darin, den Willensbekundungen ausnahmslos aller Kommunisten bei den Wahlen der Sekretäre der Parteibüros und Parteikomitees sowie bei der Erhöhung ihrer Verantwortung gegenüber ihren Wählern vollen Raum zu geben.

Es ist notwendig, auch über die Veränderung des Modus der Wahl von Sekretären der Bezirkskomitees, der Kreiskomitees, der Stadtkomitees, der Gebietskomitees und der Regionalkomitees der Partei sowie der Zentralkomitees der kommunistischen Parteien der Unionsrepubliken nachzudenken. Hier kann man, wie die Genossen vorschlagen, so verfahren, daß die Sekretäre, darunter auch die 1. Sekretäre, in geheimer Abstimmung auf den Plenartagungen der entsprechenden Parteikomitees gewählt werden. Die Mitglieder des Parteikomitees hätten dabei das Recht, eine beliebige Anzahl von Kandidaten auf dem Stimmzettel einzubringen. Eine derartige Maßnahme würde die Verantwortung der Sekretäre gegenüber den Parteikomitees, die sie gewählt haben, erhöhen, ihnen mehr Sicherheit in der Arbeit geben und es ihnen gestatten, das Maß ihrer Autorität genauer einzuschätzen.

Es versteht sich, daß in der Partei das statutengemäße Prinzip unverrückbar bleiben muß, demzufolge die Beschlüsse der übergeordneten Organe – auch zu Kaderfragen – für alle untergeordneten Parteikomitees bindend sind.

Nach Auffassung des Politbüros muß die weitere Demokratisierung auch die Schaffung zentraler Leitungsorgane der Partei beinhalten. Ich denke, daß das völlig logisch ist. Ebenso logisch wäre es offenbar, die Wahlen der Leitungsorgane auch in anderen gesellschaftlichen Organisationen zu demokratisieren.

Ich nehme an, Genossen, Sie stimmen mit mir darin überein, daß alle diese Maßnahmen die Grundlagen des demokratischen Zentralismus im Leben der Partei festigen und dazu beitragen werden, die Einheit und Geschlossenheit der Reihen der Partei zu konsolidieren, Disziplin und Verantwortung sowie die Aktivität jedes Kommunisten, aller Parteiorganisationen und der Partei insgesamt zu erhöhen.

Möglicherweise treten Fragen auf: Komplizieren wir nicht die Prozedur der Schaffung von Wahlorganen der Partei, inwieweit ist das alles gerechtfertigt, und inwiefern dient es der Sache?

Seit dem April-Plenum des ZK heben wir ständig hervor, daß die Probleme, die sich in der Gesellschaft angesammelt haben, in bedeutendem Maße mit den Mängeln in der Arbeit der Partei selbst und in ihrer Kaderpolitik zusammenhängen.

Das Politbüro ist der Ansicht, daß der weitere Demokratisierungsprozeß bei der Aufstellung der Wahlorgane eine der wichtigsten Voraussetzungen für die Aktivierung des Parteilebens, für den Zustrom frischer

19

Kräfte und für die aktive Arbeit der Parteiorganisationen ist und eine Garantie dafür gibt, daß sich Fehler aus der Vergangenheit nicht wiederholen.

Die Wahlen in der Partei sind kein formaler Akt. Wir müssen sie mit Überlegung und hohem Verantwortungsbewußtsein vorbereiten und dabei von den Interessen der Partei und der Gesellschaft ausgehen.

Die Demokratisierung der Gesellschaft wirft erneut auch die Frage nach einer Kontrolle darüber auf, wie die Partei-, Staats- und Wirtschaftsorgane und deren Kader arbeiten. Was die Kontrolle von „oben" betrifft, so wurden hier, wie Sie wissen, in letzter Zeit bemerkenswerte Veränderungen vorgenommen. Allmählich verschwinden die „verbotenen Zonen" für Kritik und Kontrolle. Auf den Sitzungen des Politbüros und des Sekretariats des ZK werden regelmäßig die Berichte der Zentralkomitees der kommunistischen Parteien der Unionsrepubliken, der Regions- und der Gebietskomitees entgegengenommen sowie andere prinzipielle Fragen des Lebens der Partei und der Gesellschaft gründlich und allseitig erörtert. Der Ministerrat der UdSSR und sein Präsidium sind gegenüber den Ministerien und anderen zentralen Staatsorganen sowie den Ministerräten der Unionsrepubliken bedeutend strenger geworden.

Allerdings muß ich offen sagen, daß dem Politbüro, dem Sekretariat des ZK und der Regierung in dieser Richtung noch viel zu tun bleibt. [...]

Doch bei aller Bedeutung der Kontrolle „von oben" hat die Erhöhung des Niveaus und der Effektivität der Kontrolle „von unten" unter den Bedingungen der Demokratisierung der Gesellschaft prinzipielle Bedeutung, damit jeder Leiter, jeder Funktionär ständig seine Verantwortung und seine Abhängigkeit von den Wählern, den Arbeitskollektiven, den gesellschaftlichen Organisationen, von der Partei und dem ganzen Volk spürt. Das wichtigste dabei ist, alle Instrumente und Formen einer realen Kontrolle zu schaffen, die von den Werktätigen ausgeht.

Welche Instrumente und Formen meine ich?

Vor allem die Rechenschaftslegung. Es ist Zeit, ohne Einschränkung die Regeln der systematischen Rechenschaftslegung aller gewählten und nominierten Funktionäre vor den Arbeitskollektiven und der Bevölkerung einzuhalten. Es ist notwendig, daß jede derartige Rechenschaftslegung von einer lebendigen und prinzipiellen Erörterung, von Kritik und Selbstkritik, von sachlichen Vorschlägen begleitet wird und mit der Einschätzung der Arbeit desjenigen, der Rechenschaft ablegt, schließt.

Damit wird auch in der Praxis die Forderung Lenins erfüllt, daß die Arbeit der gewählten Organe und Leiter allen offen ist und vor den Augen der Massen geleistet wird. Wenn wir eine solche Kontrolle erreichen, dann besteht kein Zweifel, daß viele Gründe

für Beschwerden und Eingaben bei übergeordneten Behörden verschwinden, die meisten der darin aufgeworfenen Fragen an Ort und Stelle gelöst werden. Unter den Bedingungen einer breiten Demokratie werden die Menschen selbst Ordnung in ihren Kollektiven, in ihrer Stadt oder in ihrem Dorf schaffen.
(Michail Gorbatschow: *Die Rede. „Wir brauchen die Demokratie wie die Luft zum Atmen". Referat vor dem ZK der KPdSU am 27. Januar 1987*. Reinbek 1987 (= rororo aktuell 12168).)

Arbeitsaufgabe

1. Erläutern Sie anhand der Forderungen Gorbatschows, was er mit Demokratisierung meint und welche Konsequenzen einer Demokratisierung er nicht zu ziehen bereit ist.

Der Historiker Jewgenie Ambarzumow antwortete auf die Frage: Von welchem Sozialismus wir uns lossagen?

Wir distanzieren uns vom Kasernenhofsozialismus, der eigentlich kein Sozialismus war.

Wir streben eine normale sozialistische Gesellschaft an, der folgendes aphoristische Modell von Marx und Engels zugrunde liegt: „Eine Gesellschaft, in der die freie Entwicklung eines jeden die Bedingung für die freie Entwicklung aller ist." Oder um es anders auszudrücken, in der nicht der Mensch für den Staat, sondern der Staat für den Menschen da ist. Und zwar gar nicht einmal so sehr der Staat, sondern die Gesellschaft, die entsprechend einer Prognose von Marx und Engels erheblich weniger staatlich-absolutistisch werden sollte, als sie es bis dahin war. Je bunter der Sozialismus sein wird, wobei er unterschiedliche Wirtschaftsformen, Freiheit und Demokratie in sich vereint, desto besser ist das für die Menschen und den Sozialismus. Den Weg dahin sehe ich in einer präzisen Funktionsbestimmung der Partei, in der Entwicklung eines gesellschaftlichen Pluralismus, in einer veränderten Wahlpraxis, in der Einführung von Wettbewerbsbedingungen bei Wahlen.
(Aus: *Neue Zeit. Moskauer Hefte für Politik*. Nr. 26, Juni 1988, S. 16.)

Arbeitsaufgabe

2. In welchen Punkten geht der Reformvorschlag von Ambarzumow über Gorbatschows Politik hinaus?

Lektion 20
„Die Partei hat immer recht" – Die Geschichte der DDR

A. Überblick

Am 7. Oktober 1989 beging die Partei- und Staatsführung der DDR mit gewohntem Pomp – Militärparade und Massenaufzug – den 40. Jahrestag der Deutschen Demokratischen Republik. Sie feierte den ersten sozialistischen Staat auf deutschem Boden, einen Staat der Arbeiter und Bauern, wie die Propaganda vollmundig verkündete.

Aber dieser Staat und seine Gesellschaft befanden sich zu diesem Zeitpunkt in einer tiefen Krise. Tausende verließen die DDR über Ungarn und die ČSFR, Tausende gingen seit Monaten in Leipzig und anderen Städten auf die Straße, forderten Reisefreiheit, freie Wahlen und das Ende des SED-Regimes. Selbstbewußt hielten sie den Machthabern entgegen: „Wir sind das Volk!" Am 9. November 1989 trat die SED die Flucht nach vorn an: Sie öffnete die Grenzen zu Westberlin und zur Bundesrepublik Deutschland, das Ende der DDR kündigte sich an.

Dieser Prozeß des Zerfalls einer als unerschütterlich geltenden Ordnung hat mehrere Ursachen, deren wichtigste in der Sowjetunion zu suchen ist. 1985 übernahm Michail Gorbatschow im Kreml die Macht. Angetreten, die verkrusteten Strukturen stalinistischer Herrschaftsapparate aufzubrechen, betrieb er eine Politik der Perestroika, zu deutsch Umgestaltung, verbunden mit Glasnost, was soviel wie Offenheit, Durchsichtigkeit heißt. Polen, seit Beginn der 80er Jahre in Aufruhr – die unabhängige Gewerkschaftsbewegung Solidarność drängte auf Veränderung der politischen und gesellschaftlichen Verhältnisse von unten –, fand seit Mitte der 80er Jahre zu tiefreichenden Reformen, die die sozialistische Gesellschaftsordnung allmählich aushöhlten. Ungarn schlug in der Wirtschaftspolitik den Weg zur Marktwirtschaft ein und war dabei bereit, politische Freiräume zu schaffen, in denen sich demokratische Strukturen entwickeln konnten. Die Sowjetunion beobachtete diese Entwicklungen aufmerksam, gab den sich reformierenden Ländern gleichzeitig die Sicherheit, daß militärische Interventionen wie 1953 in der DDR, 1956 in Ungarn und 1968 in der ČSSR endgültig der Vergangenheit angehören.

Die Mächtigen in der DDR hingegen beobachteten die Reformen der Verbündeten mit großem Argwohn. Trotzig beharrten sie auf ihrem Kurs, von dem sie keinen Deut abzugehen bereit waren. Erich Honecker belehrte noch 1989 die Welt mit simplen Merksprüchen wie: *„Den Sozialismus in seinem Lauf halten weder Ochs noch Esel auf!"* Es waren dann auch weder Ochsen noch Esel, sondern Menschen zu Hunderttausenden, die das System des „real existierenden Sozialismus" wie ein Kartenhaus in sich zusammenstürzen ließen.

Lernziele

Sie sollten nach der Lektion folgende Fragen beantworten können:

- Welche Bedingungen der Nachkriegszeit bestimmten die politische Entwicklung in der Sowjetischen Besatzungszone (SBZ) bis zur Entstehung und Konsolidierung der DDR?
- Welche wirtschaftlichen, politischen und gesellschaftlichen Veränderungen wurden für den Aufbau des Sozialismus durchgeführt?
- Von welchem Partei- und Staatsverständnis gingen die Machthaber der DDR aus?
- Wie hat sich die Integration der DDR in den Ostblock vollzogen, zu welchen Konflikten kam es dabei um Berlin und welche Folgen hatte das für die Beziehungen zwischen beiden deutschen Staaten?
- Der Zusammenbruch der SED und des Staates DDR im Herbst 1989 hat bei vielen Menschen in Ostdeutschland zu einer Identitätskrise geführt. Sie sollen in der Lage sein, die Probleme, die dazu geführt haben, zu erkennen.

20

Zeittafel

1945

8. Mai: Unterzeichnung der bedingungslosen Kapitulation Deutschlands

17. Juli bis 2. August: Potsdamer Konferenz

1946

21.–22. April: Vereinigung von KPD und SPD der SBZ zur SED

1947

6.–7. Dezember: 1. Deutscher Volkskongreß

1948

18. Juni: Beginn der Blockade West-Berlins

23. Juni: Währungsreform in der SBZ

1949

12. Mai: Ende der Berlin-Blockade

7. Oktober: Gründung der DDR

1950

29. September: Aufnahme der DDR in den Rat für Gegenseitige Wirtschaftshilfe

1952

9.–12. Juli: II. Parteikonferenz der SED beschließt die „planmäßige Errichtung der Grundlagen des Sozialismus in der DDR".

1953

28. Mai: Erhöhung der Arbeitsnormen um 10 Prozent

17. Juni: Volksaufstand in Ost-Berlin und der DDR

1955

26. Juli: Erklärung der Sowjetunion zur Zwei-Staaten-Theorie in Deutschland

1956

18. Januar: Gründung der Nationalen Volksarmee (NVA)

1960

15. April: Abschluß der Kollektivierung der Landwirtschaft

1961

13. August: Abriegelung West-Berlins, Bau der Mauer

1967

20. Februar: Volkskammer beschließt „Gesetz über die Staatsbürgerschaft der DDR".

1971

3. Mai: Walter Ulbricht verliert die Macht, sein Nachfolger wird Erich Honecker.

1976

16. November: Ausbürgerung des Liedermachers Wolf Biermann

1982

14. Februar: Friedensforum, abgehalten von 5000 Anhängern der unabhängigen Friedensbewegung in der Kreuzkirche in Dresden

1989

Sommer: Fluchtwelle von DDR-Bürgern über Ungarn in die Bundesrepublik

Protestdemonstrationen in Leipzig und anderen Städten der DDR

Bildung oppositioneller Bürgerbewegungen wie Neues Forum

18. Oktober: Entmachtung Honeckers; Krenz wird Nachfolger.

9. November: Öffnung der Grenze zu West-Berlin und zur Bundesrepublik Deutschland

Anmerkungen zur Sendung

Die Sendung wird eingeleitet mit Bildern von den staatlichen Feiern zum 40. Jahrestag der DDR am 7. Oktober 1989. Die drei folgenden Filmberichte behandeln

1. die Vorgeschichte der DDR bis zur II. Parteikonferenz der SED im Juli 1952, auf der die „planmäßige Errichtung der Grundlagen des Sozialismus in der DDR" beschlossen wurde;

2. die Entwicklung der DDR vom Volksaufstand 1953 bis zum Ende der Ära Ulbricht 1971 und

3. die DDR unter Honecker, wobei die Sozialpolitik in den Mittelpunkt gerückt wird. Dieser Filmbericht endet mit der Öffnung der Grenze am 9. November 1989.

Die deutschlandpolitische Entwicklung wird in dieser Sendung allenfalls gestreift, sie ist Gegenstand von Lektion 22.

Zentrale Begriffe

Alliierter Kontrollrat – Potsdamer Konferenz und Potsdamer Abkommen – Sowjetische Militäradministration in Deutschland – antifaschistisch-demokratische Umwälzung – Bodenreform – Rat für Gegenseitige Wirtschaftshilfe – Volkseigener Betrieb – Landwirtschaftliche Produktionsgenossenschaft – Marxismus-Leninismus

B. Darstellung

Von der Sowjetischen Besatzungszone zur Deutschen Demokratischen Republik (1945–1949)

Für das Verständnis der Entwicklungen in Deutschland seit 1945 ist es unerläßlich, sich mit den Vorstellungen, Plänen und Konflikten der Siegermächte des Zweiten Weltkrieges auseinanderzusetzen.

Die Herausbildung der Anti-Hitler-Koalition

Im Januar 1943 trafen sich US-Präsident *Franklin Delano Roosevelt* und der Premierminister von Großbritannien, *Winston Churchill*, in *Casablanca* zu einer Konferenz. Zentraler Verhandlungspunkt war das gemeinsame militärische Vorgehen auf den Kriegsschauplätzen in Europa. Die folgenreichste Vereinbarung bestand in der *Festlegung des gemeinsamen Kriegszieles:* Deutschland sollte zur bedingungslosen Kapitulation gezwungen werden. Ein militärisch besiegtes Deutschland – so war die Überlegung – würde das Recht auf politische Selbstbestimmung zumindest für eine gewisse Zeit verlieren. Die Sowjetunion und Frankreich stimmten diesem Ziel zu, dessen Erreichen die Basis für die Übernahme der Regierungsgewalt durch die Alliierten in Deutschland nach dem Ende des Zweiten Weltkrieges schaffte.

Auf mehreren Konferenzen suchten die Alliierten nach Übereinstimmug in der künftigen Behandlung Deutschlands als besiegtem Aggressor. Am 12. September 1944 veröffentlichte die *Europäische Beratende Kommission*, ein Gremium von Deutschlandexperten der Alliierten, das *Erste Zonenprotokoll*. Darin wurde die Einteilung Deutschlands in *Besatzungszonen* vorgeschlagen, wobei Berlin als besonderes Gebiet bezeichnet wurde, das in Besatzungssektoren eingeteilt und von den Alliierten gemeinsam verwaltet werden sollte. Im November 1944 folgte das *Zweite Zonenprotokoll*, das die Regierungs- und Kontrollratsarbeit der Siegermächte in Deutschland regelte. So sollten die Oberkommandierenden der Besatzungsmächte die Regierungs- und Befehlsgewalt in der jeweiligen Besatzungszone eigenständig ausüben; bei Angelegenheiten, die Deutschland als Ganzes betrafen, mußte der aus den Oberkommandie-

renden gebildete *Alliierte Kontrollrat* einstimmig entscheiden. Für Berlin sollte eine gemeinsame *Interalliierte Kommandantura* eingerichtet werden, in der die Kommandanten der Sektoren Berlins zusammenarbeiteten.

Am 8. Mai 1945 kapitulierte die deutsche Wehrmacht bedingungslos. Am 5. Juni 1945 übernahmen die Alliierten die Staats- und Regierungsgewalt in Deutschland. Noch waren die Alliierten von dem Willen beseelt, die Zusammenarbeit während des Krieges in der Nachkriegszeit fortzusetzen.

Spannungen in der Anti-Hitler-Koalition

Mit dem Ende der Kampfhandlungen in Europa trat das Bündnis der Alliierten in ein neues Stadium. War die militärische Zusammenarbeit relativ reibungslos verlaufen, so zeigten sich im politischen Bereich sehr bald Unstimmigkeiten zwischen der Sowjetunion einerseits und den Westalliierten andererseits. Mißtrauen zwischen den Verbündeten wegen der verschiedenen politischen Absichten kam auf. Diese Schwierigkeit war Anlaß für ein erneutes Treffen der Staatsführrer der Sowjetunion (*Jossif Stalin*), der USA (*Harry S. Truman* als Nachfolger des im April 1945 verstorbenen Roosevelt) und Großbritanniens (*Winston Churchill*, im zweiten Teil des Treffens von *Clement Attlee,* dem Sieger der Unterhauswahlen vom Juli 1945, abgelöst). Dieses Treffen, das vom 17. Juli bis 2. August 1945 dauerte, ist als die *Potsdamer Konferenz* in die Geschichte eingegangen, ihr Ergebnis ist das *Potsdamer Abkommen*. Die Konferenz zeigte, daß sich die Beziehungen zwischen den Alliierten deutlich verschlechtert hatten. Vor allem bei den Briten, aber auch bei den Amerikanern wuchs das Mißtrauen gegenüber der Sowjetunion, weil deren Rote Armee in den Ländern, die sie vom Faschismus befreit hatte, unverzüglich kommunistische Systeme errichtete. Außerdem hatten die Sowjets, ohne ihre Verbündeten zu unterrichten, die deutschen Ostgebiete bis zur Oder und Görlitzer Neiße sowie Ostpreußen unter eigene bzw. unter polnische Verwaltung gestellt. Zwar protestierten die Westmächte, gaben der Sowjetunion aber nach, da der Krieg im pazifischen Raum noch andauerte und dort sowjetische Unterstützung gebraucht wurde. Sie erklärten jedoch, daß eine endgültige Festlegung der deutschen Ostgrenzen einem Friedensvertrag vorbehalten bleiben müsse.

Hinsichtlich Deutschlands wurden auf der Potsdamer Konferenz folgende Grundsätze festgelegt:

- Deutschland ist während der Besatzungszeit als *wirtschaftliche Einheit* zu behandeln; die Besetzung Deutschlands soll nicht die Teilung des Landes bedeuten.
- Die *Regierungsgewalt* in Deutschland wird durch die Oberbefehlshaber der Streitkräfte der Besatzungsmächte nach den Weisungen ihrer Regierungen ausgeübt. Aufgabe des Alliierten Kontrollrates ist es, eine einheitliche Entwicklung in Deutschland sicherzustellen. Die Beschlüsse, die Deutschland als Ganzes betreffen, bedürfen der Zustimmung aller.
- Die *Ziele der Besetzung* Deutschlands sind: Entmilitarisierung, Entnazifizierung, Demokratisierung des gesamten politischen Lebens, politische und wirtschaftliche Dezentralisierung.
- *Reparationen*: Diese sind binnen zweier Jahre in Sachwerten zu entnehmen, und zwar aus den Leistungen der laufenden Produktion, aus Guthaben, aus Goldbesitz, aus Demontagegütern (Produktions- und Verkehrsanlagen), aus Schiffsbesitz. Die Reparationsansprüche der Sowjetunion sollen durch Sachwerte aus der SBZ und durch angemessene Anteile aus deutschen Auslandsguthaben befriedigt werden. Außerdem soll die Sowjetunion Reparationsanteile aus den westlichen Besatzungszonen erhalten.

Die Zukunft des deutschen Staates, insbesondere die Festlegung seiner künftigen Grenzen, blieb durch Unbestimmtheiten des Potsdamer Abkommens in der Schwebe.

Am 30. August 1945 nahmen der Alliierte Kontrollrat für Deutschland und die Interalliierte Kommandantura für Berlin ihre Arbeit auf.

Nachkriegszeit, Wiederbelebung des politischen Lebens in der SBZ

Noch während des Kampfes um Berlin, im April 1945, trafen zwei Gruppen deutscher Kommunisten, die im Exil in der Sowjetunion gelebt hatten, in der zukünftigen SBZ ein. Ihre wichtigsten Aufgaben bestanden darin, der Roten Armee bei der Suche nach zuverlässigen, antifaschistisch eingestellten Deutschen zu helfen, die bereit waren, sich dem Wiederaufbau zur Verfügung

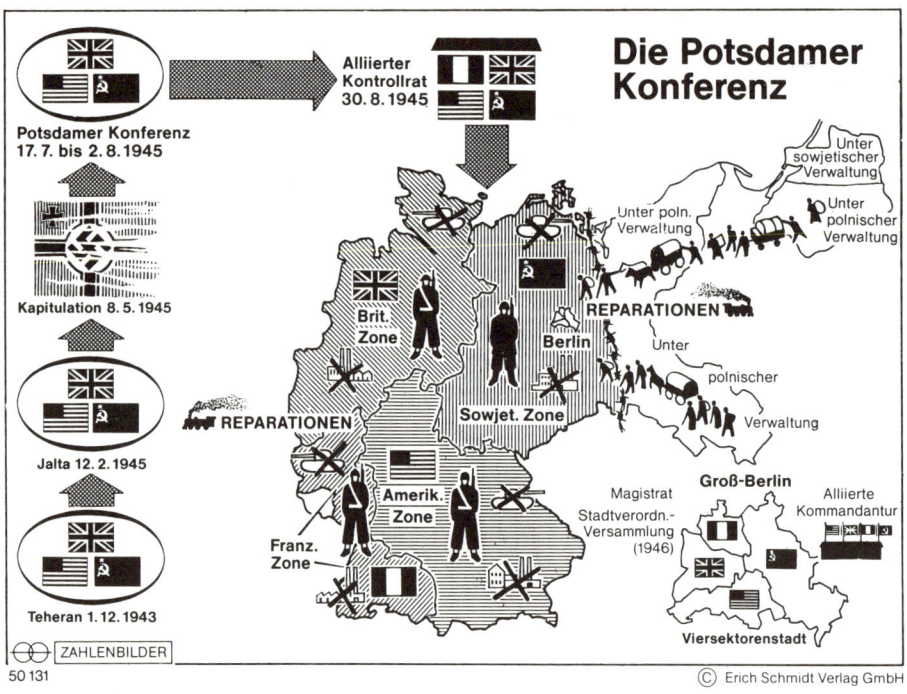

94

zu stellen. Für die SBZ wurde wenige Tage nach der Übernahme der Regierungsgewalt durch die sowjetische Besatzungsmacht die *Sowjetische Militäradministration für Deutschland (SMAD)* gebildet. Am 10. Juni 1945 erging der Befehl Nr. 2; er betraf die *Zulassung antifaschistisch-demokratischer Parteien und Gewerkschaften* in der SBZ. Daß dieser Befehl auf gut vorbereiteten Boden fiel, zeigten die Ereignisse der folgenden Tage:

- 11. Juni: Gründung der *KPD*.
- 13. Juni: Das Zentralorgan der KPD, die *Deutsche Volkszeitung* erscheint mit der ersten Nummer.
- 15. Juni: Gründung des *Freien Deutschen Gewerkschaftsbundes* (FDGB).
- 15. Juni: Gründung der *SPD*.
- Ende Juni/Anfang Juli 1945 folgen Gründungen der *CDU* und der *Liberal-Demokratischen Partei* (LDP).
- 14. Juli: Die vier Parteien der SBZ schließen sich zur *Einheitsfront antifaschistisch-demokratischer Parteien* (Antifa-Block) zusammen.

Die *KPD* galt als moskauhörige Partei, ihre Nähe zur SMAD war deshalb auch nicht verwunderlich. Allerdings wurde ihr *Gründungsaufruf* mit einigem Erstaunen zur Kenntnis genommen. Darin fanden sich Thesen wie: Die Vollendung der bürgerlichen Revolution von 1848 sei das Gebot der Stunde; eine parlamentarisch-demokratische Republik müsse entstehen; die völlig ungehinderte Entfaltung des freien Handels und der privaten Unternehmerinitiative müsse gewährleistet werden.

Von einer revolutionären Umgestaltung der Gesellschaft vom Kapitalismus zum Sozialismus war hingegen nichts zu entdecken; die KPD schien sich von ihren revolutionären Traditionen gelöst zu haben.

In dieser Phase zeigte die KPD auch kein Interesse an organisatorischer Verschmelzung mit der *SPD*, der anderen großen deutschen Arbeiterpartei. Diese war in ihrem *Gründungsaufruf* für eine strikt sozialistische Politik eingetreten, sie forderte für Staat und Gemeinden Demokratie und in Wirtschaft und Gesellschaft die Durchsetzung des Sozialismus, was Abschaffung des Privateigentums an Produktionsmitteln in der Schwer- und Schlüsselindustrie und Herstellung sozialer Gerechtigkeit in der Gesellschaft hieß.

Die SPD glaubte, daß zur Durchsetzung dieser Ziele der Zusammenschluß der Arbeiterbewegung zu einer Arbeiterpartei unverzichtbar sei. Für diese Forderungen sprachen die gemeinsamen leidvollen Erfahrungen unter dem Faschismus sowie die antifaschistische Grundeinstellung beider Parteien, das Bekenntnis der KPD zur parlamentarischen Demokratie und schließlich die Überzeugung, daß die zahlenmäßige Stärke der eigenen Partei die Kontrolle in einer Einheitspartei den Sozialdemokraten sichern würde.

Die Auffassungen beider Parteien zur Vereinigung verkehrten sich bis Ende 1945 in ihr Gegenteil: Die KPD erkannte, daß die SPD die mitgliederstärkere Partei war und vermutlich auch mehr Anklang bei der Bevölkerung finden würde (Wahlen in Österreich im November 1945 bereiteten den dortigen Kommunisten eine herbe Enttäuschung: die KPÖ errang 6 von 165 Parlamentssitzen, die SPÖ dagegen 76), woraus die SPD einen Führungsanspruch hätte ableiten können, dem die KPD sich hätte fügen müssen.

Die SPD erkannte immer deutlicher die enge Verbindung von KPD und SMAD und fürchtete, politisch und organisatorisch erdrückt zu werden. Nun trat die KPD für eine rasche Vereinigung ein, die SPD versuchte, sich zur Wehr zu setzen. Druck und Drohung der Besatzungsmacht, aber auch willfährige Personen in der Führung der SPD der SBZ führten im April 1946 zur Vereinigung beider Arbeiterparteien zur *Sozialistischen Einheitspartei Deutschlands* (SED).

Vorerst blieb der politische Kurs der SED auf der Linie eines *gemäßigten Sozialismus* – Deutschland sollte die Möglichkeit haben, einen eigenen, vom sowjetischen Vorbild unabhängigen Weg zum Sozialismus zu finden. Zur Wahrung der Interessen beider ehemals selbständigen Parteien wurden alle Führungspositionen in der SED doppelt – je von einem Sozialdemokraten und einem Kommunisten – besetzt; an der Parteispitze standen gleichberechtigt *Otto Grotewohl* (SPD) und *Wilhelm Pieck* (KPD).

Für alle politischen Kräfte in der SBZ galten als oberste Ziele die Überwindung der Reste des Nationalsozialismus und der Aufbau des gesellschaftlichen Lebens im schwer zerstörten Deutschland. Der im Juli 1945 gegründete Block

20

der antifaschistisch-demokratischen Parteien bildete den organisatorischen Rahmen, durch den alle politischen Kräfte auf diese Ziele konzentriert werden sollten.

Auf staatlicher Ebene hatte die SMAD mit Befehl vom 27. Juli 1945 die Bildung von elf deutschen Zentralverwaltungen veranlaßt, nachdem vorher auf Gemeinde- und Kreisebene, aber auch in den Ländern und Provinzen (Sachsen, Sachsen-Anhalt, Thüringen, Mecklenburg, Brandenburg) deutsche Verwaltungen durch die jeweiligen Kommandanturen eingesetzt worden waren. Die Zentralverwaltungen (unter anderem Justiz, Inneres und Polizei, Wirtschaft, Volksbildung, Verkehr, Gesundheit, Handel und Versorgung) arbeiteten als Hilfsorgane der SMAD und ausschließlich unter deren Befehl.

Reformen in der SBZ

Die Anti-Hitler-Koalition hatte sich auf den gemeinsamen Konferenzen über die Behandlung Deutschlands soweit geeinigt, daß neben einer gründlichen Entnazifizierung des deutschen Volkes eine Reihe von Reformen den Neubeginn in Deutschland begleiten sollten.

In der SBZ wurde die *Entnazifizierung* durch die SMAD sehr konsequent und gründlich betrieben: Bis 1948 verloren etwa 520 000 Personen ihre Positionen. Die Mitgliedschaft und Aktivitäten in NS-Organisationen ließen sie in ihren bisherigen Stellungen (als Lehrer, Richter, Staatsanwälte, Beamte in Verwaltungen, Führungskräfte in der Wirtschaft) untragbar erscheinen.

Die Entnazifizierung in den Bereichen Justiz, Bildung und Verwaltung erstreckte sich nicht nur auf personelle, sondern auch auf strukturelle Maßnahmen. Das Berufsbeamtentum wurde abgeschafft. An die Stelle der vertriebenen Richter, Staatsanwälte und Lehrer traten zumeist junge Menschen, die in Schnellkursen auf ihre neue Tätigkeit vorbereitet wurden. Antifaschistische Gesinnung rangierte vor beruflicher Qualifikation. Das traditionelle dreigliedrige Schulwesen (Volks- und Realschule, Gymnasium) wurde ab Oktober 1945 durch eine achtklasse Grundschule (Einheitsschule) und eine sich anschließende vierklasse Oberschule, die zum Abitur führte, ersetzt.

Grundlegende Umstrukturierungen erfuhr die Gesellschaftsordnung der SBZ durch eine *Boden- und Industriereform:*

– Im September 1945 begann auf Befehl der SMAD die entschädigungslose Enteignung allen landwirtschaftlichen Großgrundbesitzes über 100 Hektar. Rund 2 Millionen Hektar Land wurden rund 500 000 Personen als privater Besitz überschrieben.

– Im Oktober 1945 hatte die SMAD das gesamte industrielle Eigentum des deutschen Staates, der NSDAP und der Wehrmacht beschlagnahmt. Ein Teil dieser Unternehmungen ging in sowjetischen Besitz über (Sowjetische Aktiengesellschaften, SAG), der übrige Teil, etwa 7000 Betriebe, stand ab März 1946 den deutschen Verwaltungsstellen zur Verfügung. Dieser enteignete Besitz wurde zu Volkseigentum erklärt. Grundlage für diese „Vergesellschaftung" war der Volksentscheid im Land Sachsen im Juni 1946; 77,6 Prozent der abstimmungsberechtigten Bürger sprachen sich für die Überführung der Betriebe in Volkseigentum aus. Auch in den anderen Ländern der SBZ kam es zu Enteignungen, ohne daß dort Volksabstimmungen durchgeführt wurden. Mit diesen Reformen änderten sich die gesellschaftlichen Strukturen grundlegend, und das war Voraussetzung für den Aufbau einer sowjetisch-sozialistischen Gesellschaftsordnung.

In der Rückschau benannte die DDR diese historische Phase als *antifaschistisch-demokratische Umwälzung,* wobei das *sowjetisch-sozialistische Demokratieverständnis* zugrunde gelegt wurde.

Wandlungen in der gesellschaftspolitischen Orientierung der SBZ zwischen 1945 und 1949

KPD und SPD waren 1945 mit dem Ziel einer grundlegenden Demokratisierung der politischen und gesellschaftlichen Verhältnisse in Deutschland angetreten. Die sozialistische Orientierung der neuen Ordnung war zwar unzweifelhaft, jedoch sollte sie nicht revolutionären Vorstellungen folgen, sie sollte nicht als Nachvollzug des sowjetischen Modells erscheinen, vielmehr einen eigenen, nationalen Weg zum Sozialismus finden.

Jedoch tauchten bald Differenzen zwischen Wort und Tat auf seiten der SED auf, die bei den bürgerlichen Parteien Widerstände erzeugten. So sahen Teile der CDU in der Bodenreform eine Verletzung individueller Rechte, die mit der Errichtung einer Demokratie unvereinbar seien. Die SMAD griff ein, indem sie Führungspersönlichkeiten dieser Partei (Hermes und Schreiber) zum Rücktritt zwang. Die LDP verwarf jede Form von Sozialismus; Boden- und Industriereform bedeuteten ihr Hinwendung zum Sozialismus und fanden ihren Widerstand. Auch hier griff die SMAD in die Führungsstruktur der Partei ein.

Das Parteiengefüge der SBZ erfuhr 1948 durch die Gründung zweier neuer Parteien eine Veränderung. Die *Nationaldemokratische Partei Deutschlands* (NDPD) – sie nahm sich vor allem geläuterter ehemaliger Offiziere und NSDAP-Mitglieder an, die keiner anderen Partei beitreten durften – und die *Demokratische Bauernpartei* (DBD) wurden sofort in den Antifa-Block integriert. Die Gründung dieser Parteien war durch die SED bzw. SMAD initiiert worden, sie lehnten sich sehr eng an die SED an und konnten damit die Stellung von CDU und LDP weiter schwächen.

Auch Massenorganisationen wie der *Freie Deutsche Gewerkschaftsbund* (FDGB), die *Freie Deutsche Jugend* (FDJ), der *Demokratische Frauenbund Deutschlands* (DFD) und der *Kulturbund zur Erneuerung Deutschlands* (KB) wurden Mitglieder des Blocks und verstärkten die Vormachtstellung der SED, weil die Führungsgremien dieser Organisationen von Mitgliedern der SED beherrscht waren. Die ursprüngliche Zielsetzung, die Koordination und Konzentration aller politischen Kräfte auf die Lösung lebensnotwendiger Aufgaben, veränderte sich durch Ausschaltung aller gegen einen *Führungsanspruch der SED* gerichteten Kräfte innerhalb und außerhalb dieser Partei und des Blocks. 1948 löste sich die SED von jenen Prinzipien, die auf eine eigenständige und demokratische Entwicklung in Deutschland hoffen ließen. Die SED wurde zu einer *Partei neuen Typs* umgebildet.

Gründung der DDR und Beginn des Aufbaus der Grundlagen des Sozialismus

Im Gegensatz zur föderativen Entwicklung in den westlichen Besatzungszonen kamen in der SBZ zentralistische Elemente zum Tragen.

Vorbereitungen zur Gründung der DDR

Die im Juli 1945 gebildeten *Zentralverwaltungen* verwandelten sich im Juni 1947 in die Ständige Wirtschaftskommission, die ab Frühjahr 1948 die Bezeichnung *Deutsche Wirtschaftskommission* (DWK) trug. Mit diesen organisatorischen Veränderungen, d. h. Kompetenzverlagerungen, wurde die Eigenständigkeit der 1946 wiederentstandenen Länder der SBZ erheblich beschnitten. Von den etwa 7000 Mitarbeitern der DWK gehörten 6600 der SED an. Im November 1947 rief die SED zur Bildung eines *Deutschen Volkskongresses für Einheit und gerechten Frieden* auf, der eine Art Vorparlament eines künftigen, vereinigten Deutschlands sein sollte.

Der 1. Deutsche Volkskongreß mit über 2000 Delegierten tagte am 6. und am 7. Dezember 1947 in Berlin. Einer der wichtigsten Beschlüsse war, die Volkskongreßbewegung zu einer ständigen Einrichtung werden zu lassen.

Am 17. und 18. März 1948 trat der 2. Deutsche Volkskongreß zusammen und beschloß die Bildung eines *Deutschen Volksrates*; von ihm ging der Auftrag zur Erarbeitung eines *Verfassungsentwurfs* aus.

Bereits im Oktober 1948 war der Entwurf fertiggestellt und wurde am 19. März 1949 durch den Volksrat angenommen. Für den 3. Deutschen Volkskongreß wurden Wahlen vorbereitet. Den Wählern in der SBZ lag am 15. und 16. Mai 1949 eine Einheitsliste vor, in der den Parteien und Massenorganisationen des Antifa-Blocks Mandatsquoten zugeteilt waren, so daß der Wahlakt keine Abstimmung über Personen zuließ; der Wähler konnte lediglich die vorgegebene Quotenverteilung annehmen oder ablehnen. Nach dem offiziellen Wahlergebnis hatte etwa ein Drittel der Wähler die Einheitsliste abgelehnt, obwohl die Möglichkeit einer freien und geheimen Stimmabgabe eingeschränkt war; außerdem konnten Manipulationen bei der Stimmenauszählung nachgewiesen werden, die das Wahlergebnis zum Positiven verfälschten.

Der so zustande gekommene 3. Deutsche Volkskongreß bildete einen neuen Volksrat, der sich am 7. Oktober 1949 als Reaktion auf die vollzogene Gründung der Bundesrepublik Deutschland zum Parlament erklärte und mittels Inkraftsetzung der Verfassung die *Deutsche Demokratische Republik* gründete.

20

Gründung der DDR 1949. Wilhelm Pieck beim Verlesen der Proklamation.
(Foto: dpa)

Etablierung einer sozialistischen Wirtschaftsordnung

Auf wirtschaftlichem Gebiet trat neben die Boden- und Industriereform die Einführung der *Planwirtschaft*. Für die Jahre 1949/50 wurde ein Zweijahresplan verabschiedet. Die Ausgangsposition der DDR für den wirtschaftlichen Wiederaufbau war denkbar ungünstig, weil erhebliche Disproportionen in der Wirtschaftsstruktur bestanden:

- Von der Vorkriegsproduktion Deutschlands entfielen bei Roheisen nur 1,3 Prozent, bei Steinkohle nur 2 Prozent und bei Stahl etwa 7 Prozent auf das Gebiet der DDR.

- Der Anteil des auf diese Industriezweige angewiesenen Maschinenbaus betrug fast 32 Prozent; 1949 verfügte die DDR lediglich über ein Hüttenwerk mit vier veralteten Hochöfen.

Zur Überwindung dieser Strukturschwäche mußten erhebliche Investitionen in die Schwer- und Schlüsselindustrien gesteckt werden, die dem Konsumgüterbereich folglich nicht zur Verfügung standen. Die Fortführung der Planwirtschaft (1950 wurde der erste Fünfjahresplan für die Jahre 1951 bis 1955 erarbeitet) sollte Ergänzung finden durch die Steigerung der Arbeitsproduktivität mittels staatlich gelenkter *Aktivistenbewegungen*.

II. Parteikonferenz der SED im Juli 1952

Auf der II. Parteikonferenz der SED verkündete Parteichef *Walter Ulbricht* den Aufbau der Grundlagen des Sozialismus:

„Die demokratische und wirtschaftliche Entwicklung sowie das Bewußtsein der Arbeiterklasse und der Mehrheit der Werktätigen sind jedoch jetzt soweit entwickelt, daß der Aufbau des Sozialismus zur grundlegenden Aufgabe geworden ist. Auf dem Wege der sozialistischen Entwicklung werden wir alle bei uns vorhandenen Schwierigkeiten überwinden können. [...]
In Übereinstimmung mit den Vorschlägen aus der Arbeiterklasse, aus den Reihen der werktätigen Bauern und aus anderen Kreisen der Werktätigen hat das Zentralkomitee der Sozialistischen Einheitspartei Deutschlands beschlossen, der II. Parteikonferenz vorzuschlagen, daß in der Deutschen Demokratischen Republik der Sozialismus planmäßig aufgebaut wird."
(W. Ulbricht: *Zur Geschichte der deutschen Arbeiterbewegung*, Bd. IV, Berlin-Ost 1958, S. 407.)

Drastische *Erhöhungen der Arbeitsnormen* ohne Anhebung des Lohnes führten im Juni 1953 zu erheblicher Unruhe unter der Arbeiterschaft. Die allgemeine Unzufriedenheit mit der politischen und wirtschaftlichen Situation schlug mit der Normerhöhung in Empörung um, die sich durch Streiks und Demonstrationen, schließlich durch einen landesweiten *Volksaufstand am 17. Juni 1953* Luft machte. Sowjetische Soldaten und Panzer wurden eingesetzt, um den Aufstand niederzuschlagen.
Die Verhinderung jeder politischen Opposition und die wirtschaftlich angespannte Lage der DDR veranlaßte viele Menschen zur *Flucht in den Westen*. Diese Abwanderung von vornehmlich jungen und gut ausgebildeten Arbeitskräften *schwächte die DDR-Wirtschaft* erheblich.

Integration der DDR in den Ostblock

Die faktische Einbeziehung der DDR in das Lager sowjetisch-sozialistischer Staaten war lediglich als Ergänzung zur ideologisch-weltanschaulichen Integration zu sehen, die mit der prinzipiellen Übereinstimmung zwischen SMAD und KPD bzw. SED bereits früher zum Ausdruck gekommen war. Die DDR trat am 29. September 1950 dem *Rat für Gegenseitige Wirtschaftshilfe* bei, der als eine Reaktion auf den amerikanischen *Marshallplan* für Westeuropa (s. L. 21, S. 108 f.) von der Sowjetunion für ihren

Einflußbereich in Osteuropa gegründet worden war.

Als Gegengewicht zur *NATO* wurde am 14. Mai 1955 zwischen den mit der Sowjetunion verbündeten europäischen Staaten der Vertrag über Freundschaft, Zusammenarbeit und gegenseitigen Beistand (*Warschauer Pakt*) geschlossen, dem die DDR am 28. Januar 1956 beitrat.

Die Verfassung der DDR vom 7. Oktober 1974 bekräftigte die Verbundenheit der DDR mit der Sowjetunion und den anderen sozialistischen Staaten. In Artikel 6 Abs. 2 hieß es:

„Die Deutsche Demokratische Republik ist für immer und unwiderruflich mit der UdSSR verbündet. Das enge und brüderliche Bündnis mit ihr garantiert dem Volk der DDR das weitere Voranschreiten auf dem Wege des Sozialismus und des Friedens. Die DDR ist untrennbarer Bestandteil der sozialistischen Staatengemeinschaft. Sie trägt getreu den Prinzipien des sozialistischen Internationalismus zu ihrer Stärkung bei, pflegt und entwickelt die Freundschaft, die allseitige Zusammenarbeit und den gegenseitigen Beistand mit allen Staaten der sozialistischen Gemeinschaft."

Konflikte zwischen Ost und West

Im Frühjahr 1948 kippten die Bemühungen der Anti-Hitler-Koalition um Kooperation endgültig in Konfrontation um. Im März 1948 tagte die *Londoner Sechsmächtekonferenz* (USA, Großbritannien, Frankreich und die Beneluxstaaten) und empfahl für Westdeutschland die Bildung einer föderativen, deutschen Republik und deren Einbeziehung in das europäische Wiederaufbauprogramm. Die Sowjetunion bewertete diese Schritte als Bruch der Kontrollratsbestimmungen und erklärte, daß die Durchführung dieser Empfehlungen die Spaltung Deutschlands zur Folge haben würde.

Die Westmächte drängten zu jener Zeit im Alliierten Kontrollrat auf die Verabschiedung einer Währungsreform, die für die Wiederbelebung der deutschen Wirtschaft unerläßlich war. Die Sowjetunion gab diesem Drängen nicht nach und versperrte damit den Weg zu einer gesamtdeutschen Lösung wichtigster ökonomischer Probleme.

Am 20. März 1948 verließ der sowjetische Oberkommandierende für immer den Alliierten Kontrollrat, der damit seine Tätigkeit aufgrund *ewiger Vertagung* einstellen mußte. Somit wurden Beschlüsse, die Deutschland als Ganzes

Volksaufstand 17. Juni 1953.
(Foto: Süddeutscher Verlag)

betrafen und einstimmig hätten gefaßt werden müssen, unmöglich. Die Westmächte teilten der Sowjetunion mit, daß sie für ihr Besatzungsgebiet mit Wirkung vom 20. Juni 1948 eine Währungsreform durchführen würden. Die Reaktion der Sowjetunion war die Sperrung der Zugangswege zu den drei Westsektoren Berlins zu Lande und zu Wasser. Die fast ein Jahr andauernde *Blockade West-Berlins* konnte durch eine Luftbrücke, die West-Berlin mit allen lebensnotwendigen Gütern versorgte, unterlaufen werden.

Mit der Blockade West-Berlins hatte der *Kalte Krieg* einen ersten Höhepunkt erreicht. Gleichzeitig änderte sich unter dem Druck der Ereignisse das Verhältnis zwischen den westlichen Besatzungsmächten und der deutschen Bevölkerung grundlegend: Die Besatzungsmächte wurden zu Schutzmächten, die willens und in der Lage waren, gegen sowjetische Ansprüche aufzutreten. Mit dieser Koalitionsverschiebung wuchs aber auch die Kluft zwischen den Teilen Deutschlands.

Diese Entwicklung setzte sich in einer späteren Berlinkrise fort, die durch ein *Ultimatum der Sowjetunion* vom 10. November 1958 ausgelöst wurde. Darin drohte Moskau, nach Ablauf von sechs Monaten die Rechte aus den Viermächtevereinbarungen gegenüber Berlin an die DDR abzutreten, falls die Westmächte nicht binnen sechs Monaten ihre Sektoren in Berlin räumen und ihr Einverständnis dazu geben würden, West-Berlin den Status einer freien, entmilitarisierten und selbständigen Stadt zuzusprechen. Auch hier widerstanden die Westmächte der Drohung, sie sprachen Garantien für den Bestand und den Schutz West-Berlins aus und stärkten damit den Ruf der Stadt, Symbol des Freiheitswillens des deutschen Volkes zu sein. Das Ultimatum verstrich folgenlos.

Republikflucht und Bau der Mauer am 13. August 1961

Der relativ freie Zugang zu West-Berlin war für DDR-Bürger ein jederzeit nutzbarer Fluchtweg in den Westen. Bis 1961 hatten etwa 3 Millionen DDR-Bürger diese Möglichkeit wahrgenommen – ein gesellschaftlich und ökonomisch von der DDR nicht lange zu ertragender Exodus.

Am 13. August 1961 entschloß sich die DDR-Führung im Einverständnis mit ihren Verbündeten, die Grenze zu West-Berlin und zur Bundesrepublik Deutschland hermetisch abzuriegeln. Strenge Bewachung und Schießbefehl ließen seither den Versuch, die Grenze unerlaubt zu überwinden, zu einem lebensgefährlichen Risiko werden.

Die Konfrontation zwischen Ost und West erreichte mit dieser Maßnahme einen neuen Höhepunkt. Militärische Reaktionen des Westens unterblieben, weil die Sowjetunion ihren Einflußbereich nicht überschritten hatte und die Garantien der Westmächte für den Bestand West-Berlins von diesen Maßnahmen nicht berührt wurden.

Die Mauer in Berlin war für alle an der deutschen Frage Beteiligten das Symbol einer gescheiterten Deutschlandpolitik:

- Die Sieger des Zweiten Weltkriegs hatten sich nicht einigen können, welche gesellschaftliche und politische Gestalt Deutschland annehmen sollte.
- Sie waren von der Überlegenheit des jeweils eigenen gesellschaftlichen und politischen Systems so überzeugt, daß sie nicht vorrangig nach einer Übereinkunft strebten, sondern der eigenen Besatzungszone das eigene System auferlegten und beabsichtigten, den jeweils anderen Teil Deutschlands im Laufe der Zeit auf die eigene Seite zu ziehen – und zwar durch Druck und Drohung einerseits, andererseits durch den Erfolg der eigenen Sache, der sich – so war der feste Glaube – schon bald einstellen, in der Entwicklung der eigenen Zone zeigen und auch die andere Seite überzeugen würde.
- Die zunehmende Unfähigkeit von Ost und West zur Kommunikation – trotz aller gewechselten Worte – erfaßte auch die Deutschen in ihren Teilstaaten.

Folgen des Mauerbaus für die Entwicklung der DDR

Die Abriegelung der DDR durch den Bau der Mauer schuf die Voraussetzungen für einen *Prozeß der inneren Konsolidierung*. Der Versuch, Sozialismus bei offener Grenze zu verwirklichen, mußte als gescheitert angesehen werden. Nun, da die Fluchtmöglichkeit verbaut war, konnte forciert an der Durchsetzung des Sozialismus gearbeitet werden. Um die Menschen aus tiefer Resignation zu holen, reformierte die DDR 1963 ihr Wirtschaftssystem. Künftig sollten die Konsumbedürfnisse der Bürger besser befriedigt werden; davon versprach man sich Duldung, Arrangement, wenn nicht gar Zustimmung zur sozialistischen Gesellschaftsordnung.

Die innere Konsolidierung übertrug sich auf die außenpolitischen Beziehungen der DDR. Im Zuge des weltweiten *Entspannungsprozesses* seit Ende der 60er Jahre erfuhr die DDR *internationale Anerkennung*. Innerhalb dieses Rahmens verbesserten sich die Beziehungen zwischen den beiden deutschen Staaten, was für die Menschen in der DDR und in der Bundesrepublik Deutschland eine spürbare Erleichterung bedeutete. Verträge zwischen beiden deutschen Staaten erleichterten die Begegnungen der Menschen. Gleichzeitig war die DDR bemüht, die Abgrenzung von der Bundesrepublik Deutschland zu vertiefen, um damit die eigene Souveränität zu unterstreichen. Sie begründete dies mit der These, daß eine *Normalisierung der Beziehungen* zwischen den beiden deutschen Staaten nur bei strikter *Abgrenzung* voneinander möglich sei. Deutlich trat hervor: Die Grenze zwischen beiden deutschen Staaten war vor allem eine Trennungslinie zwischen Ost und West, zwischen sowjetisch geprägtem Sozialismus und Demokratie westlicher Auffassung.

Die DDR in den 70er und 80er Jahren

Die Politik der SED war von der Überzeugung getragen, die Erkenntnisse des *Marxismus-Leninismus*, der als *wissenschaftliche Weltanschauung* bezeichnet wurde, gesellschaftliche Wirklichkeit werden zu lassen. Nach dieser Lehre folgte die Gesellschaft, geführt durch die Partei, einer determinierten und erkennbaren Entwicklung. Das Ziel hieß *Kommunismus*, eine Gesellschaftsordnung, in der die Menschen frei und gleich leben würden.

Die führende Rolle der Partei

Die erste *sozialistische Verfassung* der DDR wurde am 6. April 1968 verabschiedet. 1974 erfolgte eine Reform dieser Verfassung: Alle Bezüge in ihr auf Deutschland als eine Nation wurden gestrichen. Artikel 1 lautete seither wie folgt:

„Die Deutsche Demokratische Republik ist ein sozialistischer Staat der Arbeiter und Bauern. Sie ist die politische Organisation der Werktätigen in Stadt und Land, die gemeinsam unter Führung der Arbeiterklasse und ihrer marxistisch-leninistischen Partei den Sozialismus verwirklichen."

Der *Führungsanspruch der SED* war zur Verfassungsnorm erhoben worden, er beruhte nicht auf der Legitimation durch das Volk, sondern war direkt aus dem *Marxismus-Leninismus* abgeleitet. Die Partei gab vor, die wirklichen Interessen des Volkes zu vertreten. Führungsrolle, das hieß, die Kompetenz zur Führung in allen gesellschaftlichen Bereichen zu besitzen: in Politik, Wirtschaft und Kultur. Ohne oder gar gegen die Partei konnte nichts geschehen.

Die Ära Honecker

Im Mai 1971 gelangte Erich Honecker an die Spitze der SED. Zur gleichen Zeit übernahm er den Vorsitz im Nationalen Verteidigungsrat, schließlich – im Herbst 1976 – trat er an die Spitze des Staatsrates. Sein Förderer *Walter Ulbricht*

war bei der sowjetischen Führung in Ungnade gefallen, weil er zu viel Eigenständigkeit und Starrsinn an den Tag gelegt hatte. In den komplizierten Prozessen der Entspannungspolitik erschien Ulbricht der Führungsmacht Sowjetunion als Störenfried, weil er in der Deutschland- und Berlinpolitik eigene, *DDR-national geprägte Ziele* verfolgte. In der Innenpolitik drohte die von ihm durchgesetzte Linie immer stärker den Bedürfnissen der Menschen zuwiderzulaufen.

Erich Honecker riß das Ruder der Innenpolitik herum: In den Mittelpunkt stellte er die *Sozialpolitik*. Der VIII. SED-Parteitag im Mai 1971 verabschiedete ein umfangreiches Wohnungsbauprogramm. Bis 1990 sollte die *Wohnungsfrage* als soziales Problem durch Neu- und Ausbau von 3,5 Millionen Wohnungen gelöst werden. Das entsprach einem drängenden Bedürfnis der Bevölkerung, denn die Wohnungssituation war angespannt, es herrschte Wohnungsmangel, nicht selten Wohnungsnot.

Da mehr als 90 Prozent der Frauen berufstätig waren, folgte ein Programm zur *Förderung der Frauen*. Bezahltes Babyjahr, Ausbau von Kinderkrippen und Kindergärten und berufliche Qualifizierungsmaßnahmen waren wichtige Schritte, um lange Versäumtes nachzuholen.

In der *Deutschlandpolitik* wurde, bei aller Abgrenzung, nach Kooperationsmöglichkeiten mit der Bundesrepublik Deutschland gesucht. Der *Grundlagenvertrag* von 1972 schuf die Voraussetzungen, den *Reiseverkehr* von West nach Ost zu erleichtern. DDR-Bürgern, die die DDR auf Dauer verlassen wollten, wurde die Ausreise gestattet, allerdings ohne Rechtsgrundlage. Gleiches galt für Besuchsreisen in die Bundesrepublik. Der Spielraum, der der Willkür der DDR-Behörden bei der Ablehnung oder Genehmigung von Ausreise- oder Reisewünschen gegeben war, führte nicht selten zu Verärgerungen und Resignation bei Betroffenen.

Die genannten Veränderungen in der Innenpolitik der DDR können als Versuch der Führung gewertet werden, das Fehlen der Legitimation zur Herrschaft durch die freiwillige Zustimmung der Bürger zur Politik von Partei und Staat auszugleichen. Aus heutiger Sicht kann festgestellt werden, daß diese Rechnung zu keinem Zeitpunkt aufging.

20

Der Zusammenbruch des SED-Regimes und der DDR

Die Wirtschaft der DDR geriet in den 80er Jahren in einen desolaten Zustand. Das ehrgeizige sozialpolitische Programm überforderte die ökonomischen Möglichkeiten der DDR erheblich. Disproportionen in der wirtschaftlichen Entwicklung sind unübersehbar: Ein zu großer Teil des Bruttosozialproduktes wurde in die Konsumtion geleitet (dazu gehörte vor allem der Wohnungsbau), für notwendige Investitionen in der Industrie reichten die Mittel nicht aus. Um dringend benötigte Devisen beschaffen zu können, wurden Produkte, die dem Binnenmarkt entzogen wurden, unter den Gestehungskosten auf dem Weltmarkt verramscht. Die Versorgung der Bevölkerung mit Konsumgütern war mangelhaft und schuf immer neuen Anlaß für Klagen der Bürger.

Das starre System der Planwirtschaft war den immer komplexer werdenden ökonomischen Abläufen nicht gewachsen. Die maßlos aufgeblähte Bürokratie war nicht nur unproduktiv und damit teuer, sondern wirkte auch hemmend in Wirtschaft und Gesellschaft.

Der Zerfall der Altbausubstanz, Wohnungen wie Industrieanlagen, war unübersehbar und bewies augenfällig den Niedergang der DDR-Wirtschaft. Unvorstellbar große Umweltbelastungen, die Zerstörung ganzer Landstriche in industriellen Ballungsräumen und in Gebieten der Braunkohleförderung, dem einzigen Energierohstoff der DDR, sind weitere Begleiterscheinungen dieser Misere.

Mit Hilfe eines weitverzweigten *Staatssicherheitsdienstes (Stasi)* versuchte die SED zu verhindern, daß sich die Unzufriedenheit breiter Bevölkerungskreise mit den Lebensbedingungen Luft machte. Die Existenz dieses Unterdrückungsapparates, im Volksmund „die Firma" oder „Horch und Guck" genannt, war Beleg für das grenzenlose Mißtrauen, das das Verhältnis zwischen Herrschenden und Beherrschten in der DDR bestimmte.

Vier Jahrzehnte unausgesetzter Versuche haben nicht ausgereicht, den Sozialismus in den Köpfen und Herzen der Menschen zu verankern. Der Entschluß, nicht länger Demütigungen ertragen zu wollen, Freiheitsrechte einzufordern und lange verschüttetes Selbstbewußtsein zu zeigen, straften die SED und den auf ihr gegründeten Staat Lügen, im Sinne der wirklichen Interessen des Volkes gehandelt zu haben. Die wirklichen Interessen des Volkes wurden von ihm selbst in Leipzig und anderswo auf den Straßen vertreten, ihnen mußten die SED und schließlich die DDR selbst weichen.

C. Arbeitsteil

Lesen sie den folgenden Text, betrachten Sie die Abbildung und beantworten Sie vor diesem Hintergrund die im Anschluß an die Quellen abgedruckten Fragen.

Aus dem Protokoll der 1. Parteikonferenz der SED vom 25.–28. 1. 1949 (Berlin-Ost, S. 524 ff.):

„Die Verschmelzung der KPD und SPD zur Sozialistischen Einheitspartei Deutschlands war das bedeutendste Ereignis in der jüngsten Geschichte der deutschen Arbeiterbewegung. Die Einheit hat sich bewährt – das beweisen die Erfolge im demokratischen Aufbau der Ostzone. [...]

Es muß selbstkritisch festgestellt werden, daß der Kampf um die ideologische Klarheit in der Partei nach der Vereinigung nicht mit genügender Aktivität geführt wurde. Insbesondere wurde der bedeutende Schritt, den der zweite Parteitag zur ideologischen Klärung vorwärts tat, nicht genügend in der ganzen Partei ausgewertet. [...]

Die Kennzeichen einer Partei neuen Typus sind: Die marxistisch-leninistische Partei ist die bewußte Vorhut der Arbeiterklasse. Das heißt, sie muß eine Arbeiterpartei sein, die in erster Linie die besten Elemente der Arbeiterklasse in ihren Reihen zählt, die ständig ihr Klassenbewußtsein erhöhen. Die Partei kann ihre führende Rolle als Vorhut des Proletariats nur erfüllen, wenn sie die marxistisch-leninistische Theorie beherrscht, die ihr die Einsicht in die gesellschaftlichen Entwicklungsgesetze vermittelt. Daher ist die erste Aufgabe zur Entwicklung der SED zu einer Partei neuen Typus die ideologisch-politische Erziehung der Parteimitglieder und besonders der Funktionäre im Geiste des Marxismus-Leninismus.

Die Rolle der Partei als Vorhut der Arbeiterklasse wird in der täglichen operativen Leitung der Parteiarbeit verwirklicht. Sie ermöglicht es, die gesamte Parteiarbeit auf den Gebieten des Staates, der Wirtschaft und des Kulturlebens allseitig zu leiten. Um dies zu erreichen, ist die Schaffung einer kollektiven operativen Führung der Partei durch die Wahl eines Politischen Büros (Politbüro) notwendig. [...]

Die marxistisch-leninistische Partei beruht auf dem Grundsatz des *Demokratischen Zentralismus*. Dies bedeutet die strengste Einhaltung des Prinzips der

Was die DDR aufzuholen hat...

...bei der Produktivität	...bei den Löhnen	...bei den Renten	...beim Wohnungsbau
Jährliche Produktionsleistung je Erwerbstätigen	Durchschnittliche Netto-Monatsverdienste der Arbeitnehmer	Durchschnittliche monatliche Altersrenten	Anteil der Nachkriegsbauten am Wohnungsbestand

Angaben für 1988

BR DEUTSCH-LAND: 80 900 DM | 2 198 DM | 1 094 DM

DDR: 40 100 Mark | 959 Mark | 378 Mark

BR DEUTSCH-LAND 70 %
DDR 35%

8142 © Globus

20

Wählbarkeit der Leitungen und Funktionäre und der Rechnungslegung der Gewählten vor den Mitgliedern. Auf dieser innerparteilichen Demokratie beruht die straffe Parteidisziplin, die dem sozialistischen Bewußtsein der Mitglieder entspringt. Die Parteibeschlüsse haben ausnahmslos für alle Parteimitglieder Gültigkeit, insbesondere auch für die in Parlamenten, Regierungen, Verwaltungsorganen und in den Leitungen der Massenorganisation tätigen Parteimitglieder. *Demokratischer Zentralismus* bedeutet die Entfaltung der Kritik und Selbstkritik in der Partei, die Kontrolle der konsequenten Durchführung der Beschlüsse durch die Leitungen und die Mitglieder. Die Duldung von Fraktionen und Gruppierungen innerhalb der Partei ist unvereinbar mit ihrem marxistisch-leninistischen Charakter."

Arbeitsaufgaben

1. *Zeigen Sie die Begründung auf, mit der die SED die Behauptung stützte, als einzige politische Kraft „objektive Interessen" benennen zu können.*

2. *Stellen Sie die Kennzeichen der „Partei neuen Typus" heraus. Worin unterscheidet sich die Linie der SED von der bis dahin (zwischen 1946 und 49) eingeschlagenen? Benutzen sie dazu die Quelle 1.*

3. *Begründen Sie, weshalb die SED die Wirtschaft in der DDR mittels einer zentralen Verwaltung kontrollierte (Zentralverwaltungswirtschaft).*

4. *Beschreiben Sie den Kurswechsel der SED, besonders auf ökonomischem Gebiet, beim Übergang der Macht von Ulbricht auf Honecker 1971. Was waren Honeckers Motive für diesen Kurswechsel?*

5. *Nennen Sie einige Ursachen für den Zusammenbruch von SED und DDR im Herbst 1989.*

Lektion 21
Die Bundesrepublik Deutschland

A. Überblick

Aus der Sicht des Auslands galt die Bundesrepublik – zumindest bis in das Jahr 1990 – als ein wirtschaftlich erfolgreicher, sozial stabiler und demokratisch gefestigter Staat. Nur sporadisch tauchten Befürchtungen auf, daß die „Wurzeln der nationalsozialistischen Vergangenheit" doch nicht so ausgetrocknet seien, wie das nach außen den Anschein habe. Mit der Vereinigung der beiden deutschen Staaten im Jahre 1990 und der Erwartung einer noch größeren wirtschaftlichen Stärke sind solche Befürchtungen vor einem Wiederaufleben des nationalistischen Vorherrschaftsdenkens wieder lauter geworden.

Geht man der Frage nach, wo die Ursachen dafür zu suchen sind, daß die Bundesrepublik Deutschland so geworden ist, wie sie sich heute darstellt, so wird man auf zwei verschiedene Stränge der deutschen Vergangenheit verwiesen. Zum einen stand die Gründung der Bundesrepublik im Schatten der gescheiterten Demokratie von Weimar. Die Gründer des Nachkriegsstaates wollten aus dem Scheitern dieser ersten Demokratie, die eine allzu leichte Beute der Nationalsozialisten geworden war, lernen und die Verfassungsmängel der Weimarer Republik vermeiden. So konstruierten sie den neuen Staat als eine Demokratie, die in der Lage sein sollte, sich gegen die Gegner einer freiheitlichen Ordnung zur Wehr zu setzen. Der Gedanke der Stabilität hatte Vorrang gegenüber dem Gedanken einer allzu direkten politischen Mitbestimmung der verschiedenen Volksgruppen mit ihren vielfältigen, auseinandergehenden Interessen.

Zum andern galt es, Konsequenzen zu ziehen aus der Erfahrung der NS-Diktatur. Durch welche verfassungsrechtlichen Konstruktionen war eine Wiederholung jeglicher Diktatur auszuschließen? Welche Folgen ergaben sich aus der nationalsozialistischen Eroberungs- und Weltherrschaftspolitik für das kommende außenpolitische Selbstverständnis des neuen Staates? Allgemeiner Konsens herrschte darüber, daß die Begriffe Nation und Nationalismus nur noch in einem auf Europa bezogenen Rahmen gedacht werden dürften.

Anmerkungen zur Sendung

Die Sendung zeichnet zunächst den schwierigen Weg der Nachkriegszeit nach, in der die Frage des Überlebens angesichts der Zerstörung Deutschlands vorrangig war. Sie zeigt, wie und warum von den westlichen Alliierten die Initiative zur Gründung eines Weststaates ausging. Danach wird versucht zu erklären, welche Folgen das aufkommende „Wirtschaftswunder", resultierend aus der sozialen Marktwirtschaft, für das politische Bewußtsein der Westdeutschen hatte. Stabilität und ökonomischer Fortschritt waren wesentlicher als ein demokratischer Wechsel der Macht. Nach der großen Koalition kam es zu einem reformerischen Aufbruch, der außenpolitisch auch den Ausgleich mit den östlichen Nachbarn brachte, innenpolitisch aber bald an die Grenzen der Finanzierbarkeit des Sozialstaates führte. Entscheidend für die stabile politische Entwicklung der Bundesrepublik war die Tatsache, daß sich die beiden großen Parteien entideologisiert und zu Volksparteien entwickelt haben, die nach vielen Seiten hin kompromißbereit sind. Das bedeutet, daß für den Wähler die Frage der Sozialpolitik und der erfolgreichen Wirtschaftspolitik immer entscheidender geworden ist.

Zentrale Begriffe

Westintegration – soziale Marktwirtschaft – Sozialstaatspostulat – Kanzlerdemokratie – konstruktives Mißtrauensvotum – Rechtsstaat – APO – Godesberger Programm – Volkspartei – Marshall-Plan – Entnazifizierung – konzertierte Aktion – Bildungsreform – Chancengleichheit – große Koalition – sozialliberale Koalition

Zeittafel

1945

8.5.: Bedingungslose Kapitulation der deutschen Wehrmacht
Einteilung Deutschlands in Besatzungszonen
17.7.–2.8.: Potsdamer Konferenz der Siegermächte

1946

Zulassung von Parteien auf Gemeinde- und Länderebene
6.9.: Stuttgarter Rede des amerikanischen Außenministers Byrnes

1947

1.1.: Vereinigung der amerikanischen und britischen Zone zur Bizone
März/April: Moskauer Viermächtekonferenz
Juni: Konferenz der deutschen Ministerpräsidenten

1948

Februar: Londoner Konferenz. Empfehlung zugunsten eines westlich integrierten Westdeutschlands
Juni: Währungsreform in den drei Westzonen
Blockade Berlins durch die Sowjetunion
September: Parlamentarischer Rat zur Ausarbeitung eines Grundgesetzes für die westlichen Besatzungszonen

1949

8. Mai: Verabschiedung des Grundgesetzes
Ende der Berliner Blockade
August: Wahlen zum ersten Bundestag
September: Theodor Heuss wird Bundespräsident,
Konrad Adenauer erster Bundeskanzler.

1953

Oktober: Zweite Regierung Adenauer; Ankündigung eines großen Sozialprogramms

1954

Oktober: Pariser Verträge: Einigung über die Beendigung des Besatzungsregimes in der BRD, Berlin-Garantie, Gründung der WEU

1955

5. Mai: Bundesrepublik wird souverän und Mitglied der NATO
Staatsbesuch Adenauers in der UdSSR
Hallstein-Doktrin („Alleinvertretungsanspruch")

1956

Einführung der allgemeinen Wehrpflicht

1957

Wiedereingliederung des Saarlands in die Bundesrepublik
Dritte Regierung Adenauer

1959

Erste „Volksaktie": Privatisierung von Teilen des Bundesvermögens
Godesberger Programm der SPD

1962

Spiegel-Affäre

1963

Vertrag über deutsch-französische Zusammenarbeit
Rücktritt Adenauers: Erhard wird Bundeskanzler

1966

Dezember: Bildung einer großen Koalition unter Kanzler Kiesinger (CDU) und Außenminister Brandt (SPD)

1967

Konzertierte Aktion unter Minister Schiller
Tod Adenauers

1968

Demonstrationen der APO gegen das Verlagshaus Springer

1969

Sozial-liberale Koalition unter Kanzler Brandt

1970

Moskauer Vertrag
Warschauer Vertrag

1972

Grundlagenvertrag mit der DDR

1974

Beginn der Kanzlerschaft von Helmut Schmidt

1982

Oktober: Durch ein konstruktives Mißtrauensvotum wird Helmut Kohl Bundeskanzler; Koalitionsregierung von CDU/CSU und FDP

1983

März: Wahlen zum 10. Deutschen Bundestag, Bestätigung der CDU/CSU-FDP-Koalition
Juni: Milliardenkredit für die DDR

1984

Mai: Richard von Weizsäcker wird Bundespräsident

21

1989
    Fluchtwelle aus der DDR
    9. November: Öffnung der Grenzen von
    seiten der DDR
1990
    10. Februar: UdSSR gibt Weg zur Einheit
    frei
    März: „Fahrplan zur deutschen Einheit" von
    Bundeskanzler Kohl
    Juli: Wirtschafts- und Währungsunion
    September: Abschluß des 2+4-Vertrags
    3. Oktober: Tag der deutschen Einheit
    2. Dezember: 1. gesamtdeutsche Bundes-
    tagswahlen

Lernziele

Sie sollten nach der Lektion erklären können,
wie und warum es zur Gründung der Bundesrepublik Deutschland kam.

Sie sollten wissen, welche Konsequenzen die
Väter des Grundgesetzes aus dem Scheitern der
Weimarer Demokratie für die neue Verfassung
der Bundesrepublik gezogen haben.

Sie sollten verstanden haben, von welchen
Grundlagen die soziale Marktwirtschaft ausgeht
und welche Rolle dem Staat zugewiesen wird.

Sie sollten die Bedeutung der Westintegration
und die der Ostverträge beurteilen können.

B. Darstellung

Die Entstehung der Bundesrepublik Deutschland

Die „Stunde Null"

Daß bereits vier Jahre nach der bedingungslosen
Kapitulation, durch die sich Deutschland verpflichtete, „allen Forderungen, die ihm jetzt
oder später auferlegt werden", ohne Vorbehalte
nachzukommen, wieder ein bzw. zwei deutsche
Staaten entstehen würden, das hielten die Zeitgenossen damals für unmöglich.

Und doch waren wesentliche Weichenstellungen
für die kommende Entwicklung bereits lange vor
der Staatsgründung vollzogen worden. Zunächst
aber hatte Deutschland am 8. Mai 1945 als Staat
de facto aufgehört zu bestehen. In diesem Sinn
hatte *General de Gaulle* erklärt: „Der Sieg
mußte ein totaler sein. [...] Insofern sind der
Staat, die Macht und die Doktrin, ist das
Deutsche Reich zerstört."

Die Regierungsgewalt übernahmen die Alliierten. Der militärische Oberbefehlshaber der
jeweiligen Besatzungsmacht übte in seiner
Besatzungszone die oberste Gewalt aus. Alle
noch vorhandenen Behörden waren ihm unterstellt. Gemäß dem *Potsdamer Abkommen* (s.
Lektion 20, S. 93 f.) sollte der *Alliierte Kontrollrat*
dafür sorgen, daß sich die einzelnen Besatzungszonen nicht zu weit auseinanderentwickeln. Alle
Fragen, die ganz Deutschland betrafen, sollten
hier gemeinsam und einstimmig entschieden
werden.

Doch schon bei der Frage der Reparationen
überließ man das Vorgehen jeder Besatzungsmacht in ihrer Zone. Diese Reparationen konnten aus Sachwerten, Arbeitsleistungen und Guthaben bestehen oder durch Demontage von
Industrieanlagen bereitgestellt werden. Nur ein
kleiner Teil von Industriegütern aus den Westzonen stand der Sowjetunion zu; dafür hatte sie
aus ihrer Zone Nahrungsmittel in den Westen
zu liefern.

Die gemeinsame politische Linie, auf die sich
die Alliierten geeinigt hatten, ist mit der Formel
von den „vier Ds" gekennzeichnet worden.
Neben der *Demontage* stand die *Denazifizierung,*
die *Demokratisierung* und die *Demilitarisierung.*
Im Sinne der Demokratisierung galt es auch,
jede Zentralisierung von politischer Macht
aufzulösen sowie die Großindustrie zu ent-
flechten.

Deutschland verlor etwa ein Viertel der Fläche,
die es 1937 umfaßt hatte. Die Gebiete östlich der
Oder-Neiße-Linie kamen unter polnische, der
nördliche Teil Ostpreußens unter sowjetische
Verwaltung. Aus diesen Gebieten wurde die
deutsche Bevölkerung umgesiedelt. Die Endgül-
tigkeit dieser Gebietsabtretungen sollte erst auf
einer Friedenskonferenz beschlossen werden.

Die Probleme des Alltags

Deutschland war in vielen Teilen ein verwüste-
tes Land; viele Großstädte waren zerbombt,
oft war mehr als die Hälfte des Wohnraums
zerstört, Post und Eisenbahn funktionierten
nicht mehr, viele Brücken und Gleisanlagen
waren unbrauchbar gemacht. Gas, Wasser und
Elektrizität gab es in vielen Großstädten nur
vereinzelt.

Die Bevölkerung litt große Not, wesentliche Grundnahrungsmittel fehlten überall. Vor allem Kinder hatten unter diesem Mangel zu leiden. In Köln z. B. besaßen nur noch 12 Prozent der Kinder das altersgemäße Gewicht; bei den Männern lag das Durchschnittsgewicht bei 51 Kilogramm.

Zu all dem kam, daß fast 10 Millionen Flüchtlinge aus den Ostgebieten in den nächsten Jahren in die englische und amerikanische Zone eingegliedert und versorgt werden mußten. Denn die Franzosen weigerten sich zunächst, Flüchtlinge aufzunehmen.

Die Hauptlast hatten in den ersten Jahren die Frauen zu tragen; sie mußten, um ihre Familien durchzubringen, durch Hamsterkäufe Lebensmittel auf dem Land besorgen. Oft waren sie – wie die berühmten Berliner *Trümmerfrauen* – bei Aufräumungsarbeiten eingesetzt, und stundenlang hatten sie bei der Verteilung von Lebensmittelrationen anzustehen. Da die Lebensmittelversorgung im Winter 1946/47 zusammenbrach, war vieles nur noch im Tauschhandel oder auf dem Schwarzmarkt zu bekommen. Ware wurde hier gegen Ware getauscht. Als Wertmesser, d. h. als Währungsersatz, diente meist das amerikanische Zigarettenpäckchen. Bei diesem Schwarzhandel waren die sozial Schwachen zumeist benachteiligt.

Die Entnazifizierung

Zu den vorrangigen Zielen der Alliierten gehörte die Verfolgung und Bestrafung der hauptverantwortlichen Nationalsozialisten sowie die Entfernung aller aktiven NSDAP-Mitglieder aus wichtigen Positionen. Der deutsche Militarismus und die Wurzeln des Nationalsozialismus sollten beseitigt werden. Das galt als der entscheidende Grundstein für die kommende demokratische Ordnung.

Schon 1945 hatten sich prominente Führer des Nationalsozialismus vor einem internationalen Militärtribunal zu verantworten. Nach einem Jahr sprach das Gericht die Urteile in diesen *Nürnberger Prozessen:* Zwölfmal verhängte es die Todesstrafe, unter anderem über Göring und Frick, gegen sieben Angeklagte wurden langjährige Freiheitsstrafen ausgesprochen (R. Heß, Rüstungsminister Speer u. a.).

In den einzelnen Besatzungszonen begannen danach Nachfolgeverfahren gegen Diplomaten, Militärs, Industrielle und hohe Parteifunktionäre. Um eine umfassende Entnazifizierung durchzuführen, teilte man an die Bevölkerung umfangreiche Fragebögen aus, deren Auswertung es erlauben sollte, die Schuld eines jeden zu bestimmen. Die Alliierten legten fünf Kategorien fest: Entlastete, Mitläufer, Minderbelastete, Belastete und Hauptschuldige. Dieses aufwendige und bürokratische Verfahren schlief aber mit der Zunahme des Ost-West-Konfliktes immer mehr ein, so daß viele, die in leitender Position bei den Nationalsozialisten gewesen waren, entlastet oder nicht mehr verfolgt wurden, während viele „kleine Nazis" bestraft worden waren, da man solche Verfahren rasch zu einem Ende bringen konnte.

Diese Entnazifizierungspraxis wirkte sich für das politische Bewußtsein der Bevölkerung eher negativ als positiv aus. In weiten Teilen verstärkte sich die Grundhaltung, daß es besser sei, sich von allem Politischen fernzuhalten. Angesichts der ohnehin verbreiteten Resignation wegen der materiellen Notlage erfolgte nach dem Zusammenbruch keine allgemeine politische Aufbruchstimmung.

Der Beginn des politischen Lebens

Bei den Amerikanern setzte sich schon Ende 1945 das Bewußtsein durch, daß das öffentliche Leben und die Wirtschaft wieder aufgebaut werden müßten, um die Verhältnisse in Westeuropa zu stabilisieren. Sie beendeten deshalb 1946 ihre Demontagepolitik und förderten die alten, vorhandenen Strukturen von Industrie und Wirtschaft. So blieb die alte Eigentumsordnung und Gesellschaftsstruktur in vielem unangetastet.

Andererseits haben die Amerikaner und Engländer durch ihre Besatzungspolitik die Ideen der westlich, freiheitlich orientierten Demokratie gefördert und so den Grundstein für die spätere freiheitliche Ordnung gelegt. Auf lokaler und regionaler Ebene ließen die Westalliierten Parteien und Verbände zu, kontrollierten jedoch deren Vorstellungen und Programme. Gemeinsamer Ausgangspunkt bei der Neugründung der Parteien war die Erfahrung, daß eine parteipolitische Zersplitterung, wie sie in der Weimarer

21

Demokratie vorgeherrscht hatte, vermieden werden sollte. So blieb der Gedanke einer *Öffnung zur politischen Mitte* tragend sowie das Bemühen, dem Staat einen größeren Einfluß auf das private Kapital zu verschaffen.

Neben den traditionellen Arbeiterparteien SPD sowie KPD und den Liberalen entstand mit der CDU eine neue Partei, die sich als christlich übergreifend verstand – anders als das frühere Zentrum –, d. h. auch die evangelischen Christen mit einbezog.

Die *Sozialdemokratie* unter der Führung von *Kurt Schumacher, Ernst Reuter* und *Carlo Schmid* grenzte sich von Anfang an scharf gegen die Kommunistische Partei und ihre von Moskau stark beeinflußte Ideologie ab. Sie verstand sich nicht als eine Partei des Klassenkampfes, sondern als eine *Volkspartei,* die für eine pluralistische und freiheitlich-demokratische Ordnung eintrat, zugleich aber für sozialistische Ziele in Staat und Wirtschaft kämpfte.

Die *Christlich-Demokratische Union* ging von einem christlich-humanistischen Menschenbild aus und verstand sich ebenfalls als eine Volkspartei, in der alle sozialen Gruppen ihre politische Heimat finden können sollten. Rasch entwickelte sie sich zu einer Partei mit einem bürgerlichen Flügel und einer starken Gruppe christlich-sozial denkender Gewerkschaftler. Sie haben bis heute in den Sozialausschüssen einen großen Einfluß. Die anfänglichen Forderungen nach Sozialisierung der Schlüsselindustrien (Ahlener Programm) wurden 1949 unter dem Einfluß von *Konrad Adenauer* fallengelassen. Er förderte zusammen mit Ludwig Erhard unter der Formel des machtverteilenden Prinzips in der Wirtschaft das *Konzept einer sozialen Marktwirtschaft,* das in der Freiburger Schule unter *Walter Eucken* und *Alfred Müller-Armack* entworfen worden war. Dabei sollte der Staat durch eigene Sozialpolitik regulativ in das wirtschaftliche Geschehen eingreifen.

Die Liberalen gründeten unter *Theodor Heuss* die *Freie Demokratische Partei.* Sie knüpften an die liberale Tradition ihrer Vorgängerparteien in der Weimarer Republik an. Sie traten für private Initiative, freien Wettbewerb und uneingeschränktes persönliches Eigentum ein, weil sie darin Garanten für Freiheit, für das Konkurrenzprinzip und für Leistungsbereitschaft sahen.

Neben den politischen Parteien konstituierten sich die *Gewerkschaften,* zunächst nur auf lokaler Ebene unter der Aufsicht der Militärbehörden. Erst 1948 entstand eine überregionale Organisation. Wegen der ideologischen Differenzen war ein Zusammengehen mit den Gewerkschaften im Osten nicht möglich. Die westlichen Gewerkschaften hatten aus dem Nationalsozialismus die Erkenntnis gewonnen, daß es nicht ausreiche, nur als reine Interessengruppe der Arbeitnehmer aufzutreten, sondern daß es notwendig sei, eine aktive Rolle im politischen und wirtschaftlichen Leben zu spielen.

Da die Besatzungsmächte sich einer Einheitsgewerkschaft widersetzten, fiel die Entscheidung zugunsten eines *Deutschen Gewerkschaftsbundes* als Dachverband autonomer Einzelgewerkschaften (1949). Der Gewerkschaftsbund einigte sich auf das Prinzip parteipolitischer Neutralität, ohne dabei seine politischen Zielsetzungen aufzugeben. Die Gewerkschaften entwickelten sich zu einer stabilisierenden Kraft beim Aufbau der westdeutschen Demokratie.

Die Errichtung der Bizone und der Marshall-Plan

Obwohl schon bald in den westlichen Zonen wieder Länderregierungen mit Verwaltungen aufgekommen waren, besserten sich die wirtschaftlichen Verhältnisse nicht. Damit die Deutschen nicht noch länger durch amerikanische und englische Hilfe unterstützt werden mußten, entschlossen sich beide Besatzungsmächte, ihre Zonen zur *Bizone* zusammenzulegen. Diese wirtschaftliche Einheit (1. 1. 1947), der sich dann auch die französische Zone anschließen durfte, war ein wichtiger Grundstein für den wirtschaftlichen Wiederaufbau. Diese Einheit begrenzte auch den Einfluß der Sowjetunion auf die westliche Entwicklung. Das lag im Interesse der amerikanischen Deutschlandpolitik, die schon ein Jahr nach Kriegsende bestrebt war, wenigstens die westlichen Zonen in den westlichen Machtbereich zu integrieren. *George Kennan,* der Berater des amerikanischen Außenministers, hatte bereits im Sommer 1945 geäußert:

„Die Idee, Deutschland gemeinsam mit den Russen regieren zu wollen, ist ein Wahn. [...] Besser ein zerstückeltes Deutschland, von dem wenigstens der westliche Teil als Prellbock gegen die Kräfte des Totalitarismus wirkt, als ein geeintes Deutschland, das diese Kräfte wieder bis zur Nordsee vorläßt."

Auf amerikanische Initiative wurde ein *Wirtschaftsrat* für das Vereinigte Wirtschaftsgebiet geschaffen; dieser Rat war die erste parlamentarische Vertretung der Länder. Die parteipolitischen Konstellationen, die sich hier ergaben, und die Beschlüsse, die gefaßt wurden, haben die Entwicklung der Bundesrepublik stark beeinflußt. CDU und CSU konnten mit Unterstützung der Liberalen ihr Konzept von einer freien und sozialen Marktwirtschaft gegen die sozialdemokratischen Sozialisierungsbestrebungen durchsetzen.

Im Juni 1947 verkündete der amerikanische Außenminister Marshall ein *Programm für den Wiederaufbau Europas* (ERP). Als eine Art Vorbeugemittel gegen kommunistische Ideen sah er die wirtschaftliche und soziale Stabilität an. Wenn es gelänge, die westeuropäischen Länder wieder in eine gesunde Weltwirtschaft einzubinden, würden sich durch den ökonomischen Aufstieg auch die politischen und gesellschaftlichen Verhältnisse stabilisieren. Durch die Verwirklichung des *Marshall-Plans* sollten Hilfsgelder, Rohstoffe und Fertigprodukte von Amerika nach Europa gelangen. Marshall versprach sich davon nicht nur eine florierende Weltwirtschaft, sondern auch, daß Amerika wirtschaftlich und politisch eine eindeutige Führungsrolle übernehmen werde. Die Teilnahme der westlichen Besatzungszonen an diesem Programm bedeutete, daß die in Amerika favorisierte Weststaatslösung konkrete Formen annehmen konnte. Die Sowjetunion sah in der Bizone und in diesem Wiederaufbauprogramm für Europa einen Verstoß gegen das Potsdamer Abkommen und verbot ihrer Besatzungszone sowie den osteuropäischen Ländern, die amerikanischen Hilfsgelder anzunehmen.

Währungsreform und Berlinblockade

Damit die Westdeutschen am Marshallplan beteiligt werden konnten, mußten zuerst die wirtschaftlichen Verhältnisse normalisiert werden. Dazu trat am 18. Juni 1948 eine Währungsreform in Kraft:

- An die Stelle der Reichsmark trat die Deutsche Mark;
- jeder Einwohner erhielt zunächst 40 DM;
- Guthaben wurden im Verhältnis von 10 zu 1 abgewertet; von 100 alten Reichsmark blie-

ben den Sparern schließlich noch DM 6,50;
- die Betriebe erhielten entsprechend der Zahl der Beschäftigten eine Übergangshilfe.

Verlierer dieser Währungsreform waren vor allem die Sparer, die Besitzer von Sachwerten traf sie nicht in dem Maße. Aber wie nach der Inflation von 1923 entstand dadurch eine stabile Währung, die zur wesentlichen Voraussetzung für den wirtschaftlichen Aufstieg wurde. Mit der Währungsreform hob *Ludwig Erhard* die Zwangsbewirtschaftung auf und leitete gesetzliche Schritte zur *Einführung der Marktwirtschaft* ein. Über Nacht waren die Schaufenster wieder voll mit Gütern, die vorher wegen des fehlenden Vertrauens in die alte Währung zurückgehalten worden waren. Der Schwarzmarkt verschwand.

Da die Westalliierten schon vor der Währungsreform Pläne zur Gründung eines Weststaates bekanntgegeben hatten, reagierte die Sowjetunion – aus Furcht, daß der neue Weststaat im Bündnis mit den Westmächten stehen würde – auf die getroffenen Maßnahmen hart. Am 24. Juni sperrte sie die Zonengrenze und ordnete eine *Blockade Westberlins* an. Ein Zugang nach Berlin war nur noch über einen Luftkorridor möglich. Durch diese Blockade wollte die Sowjetunion die Gründung eines Weststaates verhindern; sie erreichte aber das Gegenteil. Die Amerikaner versorgten die Bevölkerung Berlins über die Luftbrücke. Berlin wurde damit zu einem Freiheitssymbol, und die Gründung der Bundesrepublik wurde dadurch noch rascher vorangetrieben.

Die Gründung der Bundesrepublik

Im Juli 1948 überreichten die westlichen Militärgouverneure den Ministerpräsidenten der elf Länder die sogenannten *Frankfurter Dokumente,* die die Empfehlungen der *Londoner Konferenz* enthielten. Danach sollte bis zum 1. August 1948 eine verfassunggebende Versammlung einberufen, die Länder neu gegliedert und ein Besatzungsstatut verabschiedet werden.

Zur Ausarbeitung einer Verfassung konstituierte sich im September der *Parlamentarische Rat* unter dem Vorsitz von Konrad Adenauer. Um die Spaltung zwischen den beiden Teilen Deutschlands nicht noch mehr zu vertiefen, einigte man sich in diesem Rat darauf, daß die neue Verfassung nur ein *Provisorium,* d. h. eine

Übergangslösung sein sollte. Deshalb beriet man auch nur über ein Grundgesetz, das vorläufig die Staats- und Gesellschaftsordnung regeln sollte. Gemäß den Vorgaben der Westalliierten war dem Staat ein stark föderalistischer Aufbau zu geben: Die Länder sollten gegenüber der Zentralregierung ein bedeutendes Gewicht haben. Die Väter des Grundgesetzes wiederum wollten die Schwächen und Mängel der Weimarer Verfassung durch folgende Beschlüsse korrigieren:

- *Regierung und Kanzler* sollten gegenüber dem neuen Parlament eine wesentlich *stärkere Stellung* erhalten.
- *Das Amt des Präsidenten* sollte auf eine *repräsentative Funktion* eingegrenzt werden.
- Ein Verfassungsgericht bekam die Aufgabe übertragen, über die Einhaltung des Grundgesetzes zu wachen und zu entscheiden (*Rechtsstaatsgedanke*).
- Durch vorangestellte *Menschen- und Grundrechte,* die als vorstaatliche Freiheitsrechte verstanden wurden, glaubte man einen Mißbrauch demokratischer Freiheitsrechte ausschließen zu können; der Staat hat dafür zu sorgen, daß nicht nur die Würde und Freiheit des einzelnen geachtet wird, sondern daß auch jeder Bürger diese Freiheitsrechte wahrnehmen kann.
- An die Stelle des direkten Einflusses des Volkes sollte das *Repräsentationsprinzip* treten (Vertretung durch Abgeordnete, die nur ihrem Gewissen gegenüber verpflichtet sind).
- Der neue Staat sollte nicht nur ein demokratischer, sondern auch ein sozialer Rechtsstaat

sein, d. h. er sollte verpflichtet werden, soziale Aufgaben in der Gesellschaft wahrzunehmen (*Sozialstaatspostulat*).
- Über eine *Wiedervereinigung* sollten alle Deutschen in freier Selbstbestimmung entscheiden.

Anfang Mai 1949 legte der Parlamentarische Rat den Westalliierten und den westdeutschen Länderparlamenten den Entwurf zur Billigung vor. Am 23. Mai trat das *Grundgesetz* der Bundesrepublik Deutschland in Kraft. Neu war, daß den Parteien durch die Verfassung ein Mitwirkungsrecht bei der politischen Willensbildung zugesprochen wurde. Sie sind zur Einhaltung der Grundwerte der Verfassung verpflichtet, müssen also einen demokratischen Aufbau haben. Das *konstruktive Mißtrauensvotum* bedingt, daß das Parlament nicht gegen eine Regierung sein und diese abwählen kann, ohne sich zuvor mit einer qualifizierten Mehrheit auf einen neuen Kanzler zu einigen. Eine Abwahl eines Kanzlers ist nur durch eine Neuwahl möglich. Das Ziel war, das Parlament zu Kompromissen und zu einer konstruktiven Opposition zu zwingen.

Im August wählten die Westdeutschen den ersten Bundestag. Kanzler wurde Konrad Adenauer (CDU), erster Bundespräsident der Liberale Theodor Heuss. Der neugeschaffenen Bundesrepublik fehlte allerdings in sehr vielen Bereichen die Souveränität. Das *Besatzungsstatut* erlaubte den Westalliierten, in die politische Entwicklung einzugreifen und sie zu korrigieren.

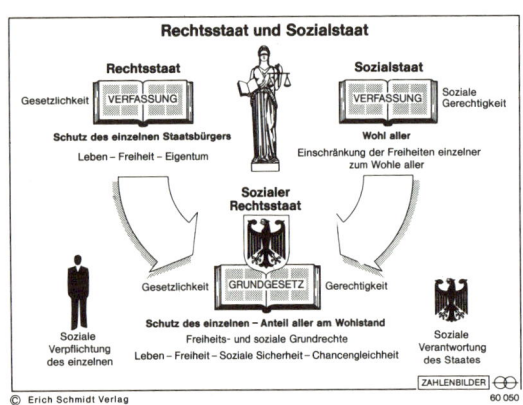

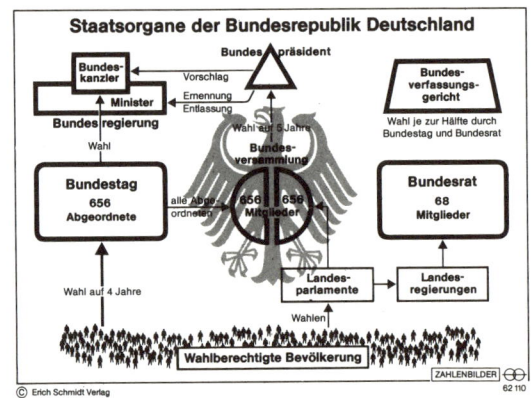

Die Ära Adenauer (1949–1963)

Das System der sozialen Marktwirtschaft

Mit dem Sieg der bürgerlich-liberalen Koalition (CDU/CSU, FDP, DP) in der ersten Bundestagswahl war auch die Entscheidung über die neue Wirtschaftsform gefallen. Zusammen mit Müller-Armack hatte Ludwig Erhard, gestützt auf die Gedanken der neoliberalen Freiburger Schule, das System der sozialen Marktwirtschaft konzipiert. Ausgangspunkt dieses Systems ist zunächst das prinzipielle Recht auf Eigentum und der „freie Markt", der Unternehmern eine freie Entscheidung über ihre Produktion zusichert, und den Konsumenten über die Nachfrage eine Entscheidungsmöglichkeit bezüglich Qualität und Preis gibt. Weiterhin ist die Freiheit der Berufs- und Arbeitsplatzwahl gesichert. Aber nicht allein der Markt erhält eine Steuerungsfunktion, auch der Staat hat eine solche zu übernehmen: Er hat dafür zu sorgen, daß der Wettbewerb erhalten bleibt und eine zu große wirtschaftliche Machtkonzentration ausbleibt: Wenn es durch den Marktmechanismus zu sozialen Unausgewogenheiten in der gesellschaftlichen Entwicklung kommt, muß der Staat gemäß dem Sozialstaatsprinzip eingreifen und die sozial Benachteiligten unterstützen. Damit ist der Staat verantwortlich für eine gezielte *Ordnungspolitik* und aufgefordert, durch Sozialpolitik die Bürger zu sichern *(„soziales Netz")*. Umstritten war und ist bis heute – sowohl zwischen den Parteien als auch in ihnen selbst –, wie weit die sozialpolitische Sicherheit gehen soll und inwieweit dem einzelnen Bürger die Selbstverantwortung abgenommen werden darf. Die Grundfrage, ob dafür der einzele selbstverantwortlich ist oder die Gemeinschaft diese soziale Leistung durch Solidarität (sprich Steueraufkommen aller) regeln und bezahlen soll, muß immer wieder neu diskutiert werden.

Währungsreform und Marktwirtschaft lösten nicht sogleich die wirtschaftlichen Probleme. Die vorhergesagte Preissenkung trat nicht ein, und die wirtschaftliche Gesamtlage verschlechterte sich sogar noch: 1950 waren zwei Millionen Arbeitslose zu verzeichnen. Erst in der zweiten Hälfte der 50er Jahre wurde das Ziel der Vollbeschäftigung erreicht und das, was man mit dem Begriff *Wirtschaftswunder* bezeichnet hat, trat ein. Die Gründe für diese Entwicklung waren vor allem: niedrige Lohnquoten und hohe Arbeitszeiten, so daß die deutschen Produkte im In- und Ausland billig gehalten werden konnten; dazu kam, daß der Staat den Unternehmen steuerliche Anreize bot und ein hohes Angebot an qualifizierten Arbeitskräften zur Verfügung stand. Konjunkturelle Schwankungen blieben zwar nicht aus, aber bis 1966 erfolgte kein Einbruch. Erst 1966/67 trat eine erste scharfe *Rezession* ein.

Das Prinzip der sozialen Marktwirtschaft führte dazu, daß der Staat immer häufiger bei Strukturkrisen – z. B. im Agrarbereich oder in der Kohle- und Stahlindustrie – eingriff, um Arbeitsplatzverluste zu vermeiden.

Durch diese Ausweitung der Rolle des Staates wird dieser zu einem wirtschaftspolitischen Aktivpartner, der durch seine Haushalts- und Investitionspolitik regulierend in das marktwirtschaftliche Geschehen eingreift. Der Erfolg der sozialen Marktwirtschaft hängt sicher auch damit zusammen, daß dieses System immer wieder neu gedeutet und politisch ausgestaltet werden muß.

Die Sozialpolitik der Bundesrepublik

Die wirtschaftspolitischen Maßnahmen waren nur die eine Seite, die zum Aufschwung und zur politischen Stabilität in der Bundesrepublik beigetragen hat. Die andere Seite war das umfassende sozialpolitische Programm, durch das der Teil der Bevölkerung, der durch die Kriegsfolgen hart getroffen worden war, rasch in die neue Gesellschaft integriert werden konnte. Gerade dieses Programm hat dazu geführt, daß – anders als in Weimar – politische Extremisten zunächst keinen Zuspruch fanden. Zu den sozialpolitischen Grundsteinen gehören:
- Der *soziale Wohnungsbau;* durch ihn löste die Regierung von 1950 an das drängende Problem der Wohnungsnot, vor allem für die Menschen mit niedrigem Einkommen.
- Das *Lastenausgleichsgesetz;* diejenigen, die zum Zeitpunkt der Währungsreform ein Vermögen von mehr als 5000 DM besessen hatten, mußten, verteilt auf die kommenden 30 Jahre, eine finanzielle Abgabe zugunsten derer leisten, die alles verloren hatten. Zwar wurde damit keine soziale Umverteilung

21

vorgenommen, aber Flüchtlinge und Vertriebene konnten durch die finanzielle Hilfe eine neue Existenz aufbauen.

– Ausbau des *Systems der sozialen Sicherung;* historisch knüpfte die bürgerlich-liberale Regierung an die Tradition der deutschen Sozialpolitik, die mit Bismarck begonnen hatte, an. Das System der sozialen Sicherung hat drei Säulen: die *Sozialversicherung,* die *Sozialversorgung,* die unmittelbar von Bund und Ländern verwaltet wird, und die *Sozialhilfe,* die von den Gemeinden verwaltet wird. Die Sozialversicherung ist das Kernstück und umaßt vier Bereiche: Unfallversicherung, Rentenversicherung, Krankenversicherung und Arbeitslosenversicherung. Von besonderer Bedeutung war die Einführung der sogenannten *dynamischen Rente,* die 1957 mit den Stimmen der SPD-Opposition beschlossen wurde. Seitdem ist die Rente nicht mehr allein abhängig von den Beiträgen, die der Rentner und sein Arbeitgeber im Laufe des Berufslebens eingezahlt haben. Das neue Modell baut auf dem *Generationenvertrag* auf; die Arbeitenden finanzieren die Renten der Nichtarbeitenden mit und können selbst auch damit rechnen. Dadurch kann die Rente jeweils den durchschnittlichen Lohnsteigerungen angeglichen, d. h. „dynamisiert" werden. Dieses Gesetz, das die Rentner von dem kümmerlichen Altersdasein befreite, gilt als das bedeutendste Sozialgesetz seit der Einführung der Sozialversicherung und führte zu einer bedeutenden Stabilisierung des politischen Systems. Erst seit Mitte der 80er Jahre wird dieses Prinzip – vor allem wegen der sich stark verändernden Alterspyramide – zu einem Problem, da die Geburtszahlen und damit die Zahl der Arbeitenden zurückging.

Flugblatt der SPD vom Mai 1951.
(Foto: Keystone Pressedienst)

Wahlkampfplakat der CSU zur
Bundestagswahl 1957.
(Archiv für Kunst und Geschichte, Berlin)

- Die *Montanmitbestimmung* (1951) gehört auch zu den sozialpolitischen Grundlagen. Die Gewerkschaften erreichten, daß in den großen Aktiengesellschaften der Stahl- und Bergbauindustrie die Arbeitnehmer und Arbeitgeber gleichberechtigt sind (Parität). In den Augen der Gewerkschaft war dies ein erster Schritt zur Einführung der Demokratie in der Wirtschaft. In anderen Industriezweigen konnten sie aber diese Form der Mitbestimmung nicht durchsetzen.

Die innenpolitische Entwicklung: „Keine Experimente" und „Eigentum für alle"

Kennzeichnend für die politische Entwicklung der Bundesrepublik war im Unterschied zu Weimar die große Stabilität. Schon nach der ersten Legislaturperiode zeichnete sich ein Vierparteiensystem ab: CDU, CSU, SPD und FDP. Da 1953 die *Fünf-Prozent-Klausel* eingeführt wurde, hatten neue Splitterparteien kaum eine Chance, in den Bundestag zu gelangen.

Die politisch bestimmende Kraft war die CDU unter Konrad Adenauer. Sein aus dem christlichen Glauben resultierender antikommunistischer und antisozialistischer Kurs prägte das politische Selbstverständnis der meisten Bundesbürger.

Adenauer gelang es, die unterschiedlichsten Gruppierungen des Bürgertums, von Handwerkern über Kleinunternehmer, Beamten bis hin zu Industriellen, an seine Partei zu binden.

Neben einem konservativen Gedankengut standen von Anfang an auch die Ideen der katholischen Soziallehre. Zur Stabilität beigetragen hat auch die sehr erfolgreiche Wirtschaftspolitik von Erhard, die zwar in den fünfziger Jahren zunächst nur einen geringen Wohlstand aufkommen ließ, aber den breiten Schichten der Bevölkerung das Gefühl gab, auf dem richtigen Weg zu sein. 1957 forderte Erhard „Eigentum für alle", um der Idee der sozialen Marktwirtschaft eine breitere Basis in der Bevölkerung zu geben. Diese Idee des Volkskapitalismus sollte die Wähler von der Sozialdemokratie abziehen, die eine dirigistische Umverteilung des Eigentums durch den Staat nicht ausschloß. Maßnahmen zur Eigentumsbildung waren:

- staatliche Förderung des Bausparens,
- Stärkung der Kapitalbasis bei kleineren und mittleren Unternehmen,
- Bewilligung zinsvergünstigter Kredite zum Aufbau selbständiger Existenzen,
- die Idee der „Volksaktien".

Dazu wurden Teile des Bundesvermögens privatisiert und die Aktien so gehalten, daß Menschen mit niedrigem Eigentum diese auch erwerben konnten. Vor allem die Ausgabe der VW-Aktien wurde für Millionen zum Symbol eines neuen Massenwohlstandes. Auch die staatlich geförderte Wohnungsbaupolitik, die den Erwerb familiengerechter Häuser und Eigentumswohnungen ermöglichte und zugleich privaten Kapitaleigentümern einen Anreiz gab, Geld im Wohnungsbau zu investieren, trug dazu bei, daß große Teile der Bevölkerung Eigentum erwerben konnten. Das Ziel dieser Politik war, durch Verteilung von Besitz eine *mittelständische Gesellschaft* zu schaffen, die am Erhalt ihres Besitzes und Wohlstandes interessiert ist und sich somit für Stabilität in der Politik entscheidet.

Angesichts dieses Kurses mußte die Sozialdemokratie, die 1953 und 1957 bei den Bundestagswahlen kaum Wählerstimmen hinzugewinnen konnte, Konsequenzen für ihr Parteiprogramm ziehen. 1959 verabschiedete die Partei ihr *Godesberger Programm;* darin wandte sie sich von ihrer antikapitalistischen und sozialistischen Tradition ab und wandelte sich zu einer Volkspartei, die nicht mehr nur die Arbeitnehmerinteressen politisch zu vertreten beabsichtigte. Ziel blieb zwar weiterhin ein *demokratischer Sozialismus,* aber durch ein ausdrückliches Bekenntnis zur Marktwirtschaft und durch eine klare Abgrenzung von kommunistischen Ideen erhielt die politische Praxis einen breiten Spielraum. Der Begriff Sozialismus tauchte in dem neuen Parteiprogramm nicht mehr auf, es ging jetzt nur noch darum, den Staat und die Wirtschaft konsequent zu demokratisieren. Wesentlich war auch der außenpolitische Kurswechsel: Die SPD bejahte von nun an die Landesverteidigung und stimmte der vollzogenen Westintegration und der Wiederbewaffnung zu.

Tatsächlich vermochte die SPD, allerdings erst langfristig, durch diesen programmatischen Kurswechsel, neue Wähler zu gewinnen, vor

21

allem unter Angestellten, Beamten und Studenten. Lag der Anteil der Arbeiter unter den SPD-Wählern 1961 bei 55,5 Prozent, 1967 bei 44,5 Prozent, so stieg der der Angestellten von 12,5 auf 18,9 Prozent, der der Beamten auf 11,7, der freien und geistigen Berufe auf 5,6 und der Selbständigen auf 6,0 Prozent. Zum führenden Kopf des neuen Kurses wurde neben *Herbert Wehner* von 1960 an *Willy Brandt.*

Die außenpolitische Entwicklung unter Adenauer: Über Westintegration zur Souveränität

Der handlungspolitische Freiraum der Bundesrepublik Deutschland wurde durch das Besatzungsstatut vom 21. 9. 1949 festgelegt. Die Zuständigkeit für die Außenpolitik hatten sich die Alliierten vorbehalten. Für die Regierung Adenauer ergab sich dadurch folgende politische Zielsetzung:
- *Wiedergewinnung der außenpolitischen Handlungsfreiheit,* damit die Bundesrepublik Deutschland nicht weiterhin „Objekt" alliierter Politik blieb;
- *Überwindung der deutschen Teilung;*
- *Sicherung des Friedens* durch eine europäische *Integrationspolitik.*

Über den Weg, wie diese Zielsetzungen erreicht werden könnten, kam es zu harten Kontroversen mit der Opposition. Dabei ging es um folgende Alternative:
- Kann man als *Teil eines militärisch starken Westens* die Wiedervereinigung in Verhandlungen gegen Moskau durchsetzen, oder
- bedeutete *Westintegration* die *Preisgabe des Ziels der Wiedervereinigung Deutschlands,* da die Sowjetunion nicht erlauben würde, daß ein wiedervereinigtes Deutschland zum westlichen Einfluß- und Machtbereich gehören würde? Da Adenauer von der realpolitischen Situation ausging, daß sowohl die USA als auch die UdSSR die von ihnen beherrschten Teile Deutschlands in ihr machtpolitisches Lager integrieren würden, wollte er durch eine Westintegration die politische Zuverlässigkeit und Friedensbereitschaft der Bundesrepublik dokumentieren und so die volle Souveränität und die damit verbundene außenpolitische Hand-

lungsfreiheit wieder erlangen. Der Weg sollte also über „Freiheit und Frieden" zur „Einheit" führen.

Die weltpolitischen Ereignisse um die Berlin-Blockade, der Marshallplan und letztlich der Koreakrieg forcierten die Annäherung an die Westmächte. Die Aussöhnung mit Frankreich spielte im Konzept einer europäischen Integration eine besondere Rolle (vgl. L. 23, S. 139). 1954 wurde die Westintegration durch die Unterzeichnung der *Pariser Verträge* abgeschlossen: Sie brachten der Bundesrepublik die *volle Souveränität in der Außenpolitik,* regelten den Beitritt zur Westeuropäischen Union und die *Aufnahme der Bundesrepublik in die NATO* und legten eine Volksabstimmung im Saarland fest. Die Westmächte anerkannten die *Bundesrepublik als einzige deutsche Regierung* und verpflichteten sich, für eine friedensvertragliche Regelung bezüglich Gesamtdeutschland einzutreten.

Die Zeit der großen Koalition und der sozialliberalen Regierung

Die 14 Jahre, die Adenauer Kanzler war, haben dazu geführt, daß man die Bundesrepublik auch als *Kanzlerdemokratie* charakterisiert hat. Mit diesem Begriff war nicht nur gemeint, daß der Bundeskanzler fast allein die Politik bestimmte, sondern auch, daß diese Demokratie auf dem Weg war, eine autoritäre Staatsform zu werden, getragen allerdings von einer plebiszitären Basis. In der politischen Wirklichkeit fehlte es tatsächlich noch in vielen Bereichen an demokratischem Engagement und an Mitbestimmung. Trotz recht hoher Wahlbeteiligung interessierten sich nur wenige für Politik, und noch weniger Menschen spielten eine aktive Rolle in ihr. Beispielhaft für autoritäre Strukturen in dieser Demokratie war die Art, wie die *Spiegel-Affäre* über die politische Bühne ging. Nachdem 1962 im „Spiegel" ein Artikel über die militärischen Probleme der NATO veröffentlicht worden war, ließ der damalige Verteidigungsminister *Franz Josef Strauß* wegen des Verdachts auf Landesverrat den Herausgeber und mehrere Autoren verhaften und die Redaktionsräume durchsuchen. Dieses Vorgehen war ein schlimmer Eingriff in die Pressefreiheit, denn rechtlich ließ sich diese Aktion nicht rechtfertigen. Erstmals empörte sich die Öffentlichkeit, so daß Strauß seinen Rücktritt einreichen mußte.

Ein Regierungswechsel aber fand immer noch nicht statt. Erst als 1966 die Bundesrepublik in die erste große Wirtschaftskrise kam und Adenauers Nachfolger Erhard keine Lösung anzubieten wußte, bildete die SPD – vor allem auf Betreiben von H. Wehner – eine *große Koalition* mit der CDU/CSU unter der Führung von Kanzler *Kurt-Georg Kiesinger* und Vizekanzler *Willy Brandt*. Dadurch aber gab es kaum noch eine wirksame Opposition, da die FDP weniger als fünfzig Mandate hatte. Besorgt fragte ein Teil der politisch interessierten Öffentlichkeit, ob jetzt überhaupt noch die Regierenden kontrolliert werden könnten. Vorteilhaft war, daß die Regierung rasch einige Gesetze erließ, um die Wirtschaft wieder in Gang zu bringen. Das Stabilitätsgesetz und die *Konzertierte Aktion* verstärkten die Rolle des Staates in der Wirtschaft. Neu war, daß der Staat, ausgehend von einer mittelfristigen Finanzplanung, Kredite aufnahm und seine wirtschaftspolitischen Aktivitäten mit Gewerkschaften und Unternehmern abstimmte. Verstärkt trat er als Investor auf und versuchte dadurch, die Konjunktur wieder in Gang zu bringen. Seine Verschuldung sollte der Staat nach Überwindung der „Talsohle" durch erhöhte Steuereinnahmen wieder tilgen können. Mit dieser antizyklischen Finanzpolitik schloß sich der damalige Wirtschaftsminister K. F. Schiller den Theorien von Keynes an. Da der Wirtschaftsaufschwung bald wieder einsetzte, sah sich die große Koalition in ihrer Politik bestätigt.

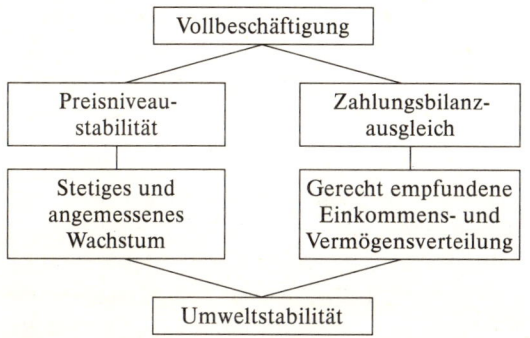

Zu den ursprünglichen drei Zielen der staatlichen Ordnungspolitik (Vollbeschäftigung, Preisstabilität u. Wachstum) traten neue hinzu, so daß man von einem magischen Sechseck spricht.

Öffentliche Unruhe allerdings entstand, als die Koalition 1968 die *Notstandsgesetze* verabschiedete. Diese Gesetze sahen vor, daß die Regierung in besonderen Notsituationen Grundrechte vorübergehend außer Kraft setzen konnte. Der kritischen Öffentlichkeit war der Begriff „innerer Notstand" nicht eng genug definiert. Viele befürchteten, daß die Regierung auch bei Massenstreiks und Massendemonstrationen von diesem Ausnahmerecht Gebrauch machen könnte.

Die Außerparlamentarische Opposition (APO)

Gegen einen möglichen Machtmißbrauch und gegen die Herrschaft „der etablierten Parteien" formierte sich die APO, die sich als einzig wahre Opposition verstand. Sie war eine vor allem von Studenten getragene und von Intellektuellen unterstützte Protestbewegung, die ihre geistige Heimat in der neomarxistischen Gesellschaftsanalyse und in anderen kritischen Theorien hatte; sie wollte eine radikale Demokratie, in der die Basis (die Wähler) in allen Bereichen direkt mitbestimmen sollte. Neben dieser Basisdemokratie beabsichtigte die APO, alle traditionellen Strukturen, die sich nicht rational legitimieren ließen, zu beseitigen. Schule und Hochschule sollten der jungen Generation in erster Linie demokratisches Verhalten beibringen und Demokratie einüben. Alle gesellschaftlichen und kulturellen Fragen galt es, von der politischen Seite zu sehen. Wo immer Machtstrukturen auftraten – z.B. im Lehrer-Schüler-Verhältnis –, da sollten sie durch direkte Mitbestimmung aller ersetzt werden. Im Bereich der Wirtschaft hieß das, daß die „kapitalistische Macht der Großunternehmen" zu überwinden war. Zunächst versuchte die APO, durch Demonstrationen, durch sogenannte „Sit-ins" und „Happenings", die Öffentlichkeit für ihr Anliegen zu gewinnen. Bald folgten Boykottaufrufe, gewaltsame Blockaden und Besetzungen, z.B. von Rektoraten in den Universitäten. Dabei kam es zu gewaltsamen Auseinandersetzungen mit der Polizei. Im Juni 1967 wurde bei einer Demonstration gegen das Regime des Schahs von Persien ein Demonstrant erschossen. Ein Jahr später schoß ein Rechtsradikaler auf *Rudi Dutschke,* den bekanntesten Wortführer der „neuen Linken". Danach ging eine Welle von

Gewaltaktionen über die Bundesrepublik, z. B. gegen Großkaufhäuser und gegen den Springer-Verlag. An der Frage, ob Gewaltanwendung für das Erreichen politischer Ziele erlaubt sei, spaltete sich die APO in den nächsten Jahren. Ein Teil, die Radikalen, suchte mit Terror den Kampf als eine Art „Krieg gegen die bürgerliche Gesellschaft" fortzuführen und ersetzte politische Aufklärung durch Mord, Gewaltanwendung und Erpressung *(Rote Armee Fraktion)*; ein anderer Teil wollte über den „Marsch durch die Institutionen" von innen heraus die Demokratie schrittweise wandeln. Sie traten vor allem in die SPD ein, andere schlossen sich den *Grünen* an.

Die sozialliberale Koalition unter Willy Brandt und Helmut Schmidt

Die Bundestagswahlen von 1969 brachten den ersten Machtwechsel in der Geschichte der Bundesrepublik. SPD und FDP bildeten eine sozialliberale Koalition unter Kanzler Brandt, der die Herausforderung durch die APO mit dem Motto *„Mehr Demokratie wagen"* von staatlicher Seite beantworten wollte. Reformen von oben sollten die Radikalisierung brechen und die junge Generation wieder zum Staat hinführen: Entscheidende Ziele waren „Mitbestimmung", „Chancengleichheit" und „Emanzipation".

Durch ein *Ausbildungsförderungsgesetz* und eine grundsätzliche Neugestaltung des Schul- und Ausbildungswesens (Gesamtschulen, neu gestaltete Oberstufe) wollten die Anhänger der sozialliberalen Koalition die Schulen demokratisieren und auch Kindern aus den mittleren und unteren Gesellschaftsschichten den sozialen Aufstieg ermöglichen.

Ein neues *Betriebsverfassungsgesetz* sicherte den Arbeitnehmern ein höheres Maß an Mitbestimmung zu. Auch das System der sozialen Sicherung wurde weiter ausgebaut, das Ehe- und Familienrecht wurde vom Verschuldungs- auf das Zerrüttungsprinzip umgestellt und der Strafvollzug reformiert.

Die neue Ostpolitik

Zu den außenpolitischen Zielen der neuen Koalition gehörte nach der von Adenauer betriebenen Aussöhnung mit Frankreich das Bemühen, eine *Aussöhnung mit dem Osten* zu erreichen. Dabei stand diese neue Politik im Rahmen einer weltweiten *Entspannungspolitik*. Die Regierung war bereit, die Oder-Neiße-Linie als Westgrenze Polens anzuerkennen und die DDR als Staat zu akzeptieren. Das führte zu harten Auseinandersetzungen mit der christdemokratischen Opposition und den Vertriebenenverbänden, die in einer solchen „Vorleistung" einen falschen Ansatz sahen. Unter dem Motto „Wandel durch Annäherung" hat die Regierung durch vier Vertragswerke die Beziehungen der Bundesrepublik zu den östlichen Nachbarn und zur DDR zu normalisieren versucht (1970 *Vertrag mit Moskau und Warschau,* 1971 *Berlinabkommen* und 1972 *Grundlagenvertrag* mit der DDR).

Damit anerkannte die Regierung die durch den Zweiten Weltkrieg entstandenen Machtverhältnisse und konnte Erleichterungen für die Bewohner der DDR schaffen. Ihr Ziel war, zu einem „geregelten Nebeneinander" zu kommen und die Konfrontation der Vergangenheit zu überwinden. Willy Brandt, der maßgeblich zu dieser Ost- und Deutschlandpolitik beigetragen hat, erhielt dafür im Jahr 1972 den Friedensnobelpreis.

Grenzen des Sozialstaates

Eine weltweite *Wirtschaftskrise,* verursacht durch die erdölexportierenden Länder, die das Öl als politische Waffe einsetzten, und eine Ernüchterung in bezug auf die finanziellen Möglichkeiten für die inneren Reformen führten bald zum Ende der „Aufbruchstimmung". Die Bundesrepublik hatte von 1974 an mit einem hohen Preisanstieg, mit Arbeitslosigkeit und Staatsverschuldung zu kämpfen. 1974 trat Helmut Schmidt die Nachfolge von Brandt an, der zurückgetreten war, als einer seiner engsten Mitarbeiter als DDR-Spion enttarnt wurde. Schmidt versuchte, die finanzielle Lage durch einen Sparkurs zu konsolidieren. Gegen seine Politik einer *Nachrüstung,* die die Sowjetunion dazu bringen sollte, ihren Raketenvorsprung in Mitteleuropa auf dem Verhandlungsweg abzubauen, formierte sich eine breite *Friedensbewegung,* in der Grüne, Alternative und Bürgerinitiativen Unterstützung für ihre politischen Ziele fanden.

Von 1979 an hatten die Grünen ihre ersten Wahlerfolge. Ihr Auftreten und ihre Ziele verunsicherten die etablierten Parteien.

Der Machtwechsel von 1982

Zwar konnte sich die sozialliberale Koalition 1980 noch einmal eine klare Mehrheit bei der Bundestagswahl sichern, aber unter dem Eindruck einer sich abzeichnenden, weltweiten Wirtschaftskrise rückte die FDP immer mehr von der SPD ab. Die zunehmende Staatsverschuldung zwang die Regierung Schmidt zu starken Etatkürzungen; auch der Bereich der Sozialpolitik sollte davon nicht verschont bleiben. Hierin wollte die SPD ihrem Kanzler aber nicht folgen. Diese Spannungen mit der eigenen Partei schwächten Schmidts Position. Als die Liberalen bei der Vorbereitung des Haushalts auf Kürzungen im Sozialetat beharrten, fiel die Koalition auseinander. Die Sozialdemokraten setzten auf vorgezogene Neuwahlen zum Bundestag, in der Hoffnung, daß die FDP an der Fünf-Prozent-Klausel scheitern würde. Doch der ehemalige Koalitionspartner hatte sich schon mit der CDU/CSU auf ein konstruktives Mißtrauensvotum geeinigt. Am 1. 10. 1982 wurde dann der CDU-Vorsitzende und CDU/CSU-Fraktionschef Helmut Kohl zum neuen Bundeskanzler gewählt. Der Machtwechsel war vollzogen. Ein halbes Jahr später bestätigten die Wähler in den Bundestagswahlen vom 6. März 1983 die neue Koalition. Bis dahin war es der FDP gelungen, ihre Position wieder zu festigen. Ausschlaggebend bei dieser Wahl war, daß die Mehrheit der Wähler der wirtschaftspolitischen Kompetenz der neuen Koalition angesicht der zunehmenden Arbeitslosigkeit ein höheres Vertrauen entgegenbrachte.

Für die Innen- und Wirtschaftspolitik versprach der neue Kanzler auch, ein Programm gegen die Arbeitslosigkeit zu entwickeln und der Wirtschaft durch Steuererleichterungen wieder eine Hilfe zum Aufschwung zu geben.

Daneben wollte die neue konservative Regierungskoalition durch Förderung von Eigenverantwortung und Leistungsbereitschaft den ihrer Ansicht nach zu stark ausgeprägten Wohlfahrtsstaat korrigieren. Durch eine drastische Spar-

politik, auch im Sozialbereich, sollte die hohe Staatsverschuldung abgebaut werden. Zwar ging die Zahl der Arbeitslosen nur geringfügig zurück, aber die Konjunktur stieg in der zweiten Hälfte der 80er Jahre wieder kräftig an, so daß eine wirtschaftliche und finanzielle Stabilität erreicht wurde.

„Wiedervereinigung"

Die politische Wende in der DDR und die „Revolution von 1989" führten in der Deutschlandpolitik zum größten Erfolg der Regierung Kohl. Nach der Öffnung der Berliner Mauer ergriff der Kanzler die Initiative, um die Einheit Deutschlands durch Anschluß der ehemaligen DDR an die Bundesrepublik so rasch wie möglich wiederherzustellen:
- Im Sommer 1990 trat die Wirtschafts-, Währungs- und Sozialunion in Kraft; das bedeutete das Ende der sozialistischen Planwirtschaft in der DDR und die Übernahme der sozialen Marktwirtschaft.
- Durch Verhandlungen mit den westlichen Siegermächten und mit Gorbatschow erreichte Kohl eine Zusage zur Wiedervereinigung der beiden deutschen Staaten und eine Einigung über die Bündniszugehörigkeit eines vereinigten Deutschlands: Gorbatschow gestand zu, daß das vereinigte Deutschland darüber frei entscheiden könne.
- Innerhalb von zwei Monaten wurde der „Einigungsvertrag" ausgehandelt und unterschrieben. Dieser Vertrag regelte den Beitritt der fünf Länder der DDR zur Bundesrepublik; als Termin wurde der 3. Oktober bestimmt. Am 2. Dezember sollten dann die ersten gesamtdeutschen Wahlen zum ersten gesamtdeutschen Bundestag stattfinden.

Bei diesen Wahlen errang die CDU/CSU-FDP-Koalition eine deutliche Mehrheit, so daß sie sich in ihrer Politik einer raschen Einigung, die heute im Gebiet der ehemaligen DDR große soziale Konflikte ausgelöst hat, zunächst bestätigt sah. Die Angleichung der Lebensbedingungen an die in den alten Bundesländern wurde als nächstes Ziel der Regierung ausgegeben.

21

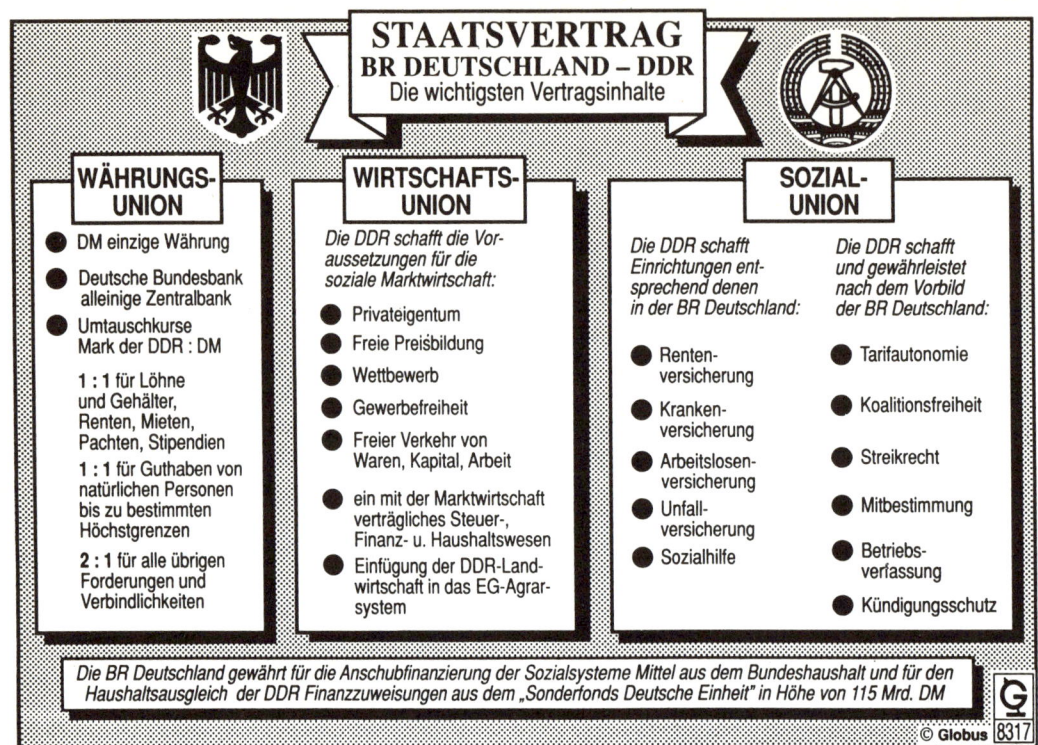

**STAATSVERTRAG
BR DEUTSCHLAND – DDR**
Die wichtigsten Vertragsinhalte

**WÄHRUNGS-
UNION**

- DM einzige Währung
- Deutsche Bundesbank alleinige Zentralbank
- Umtauschkurse Mark der DDR : DM

1 : 1 für Löhne und Gehälter, Renten, Mieten, Pachten, Stipendien

1 : 1 für Guthaben von natürlichen Personen bis zu bestimmten Höchstgrenzen

2 : 1 für alle übrigen Forderungen und Verbindlichkeiten

**WIRTSCHAFTS-
UNION**

Die DDR schafft die Voraussetzungen für die soziale Marktwirtschaft:

- Privateigentum
- Freie Preisbildung
- Wettbewerb
- Gewerbefreiheit
- Freier Verkehr von Waren, Kapital, Arbeit
- ein mit der Marktwirtschaft verträgliches Steuer-, Finanz- u. Haushaltswesen
- Einfügung der DDR-Landwirtschaft in das EG-Agrarsystem

**SOZIAL-
UNION**

Die DDR schafft Einrichtungen entsprechend denen in der BR Deutschland:

- Rentenversicherung
- Krankenversicherung
- Arbeitslosenversicherung
- Unfallversicherung
- Sozialhilfe

Die DDR schafft und gewährleistet nach dem Vorbild der BR Deutschland:

- Tarifautonomie
- Koalitionsfreiheit
- Streikrecht
- Mitbestimmung
- Betriebsverfassung
- Kündigungsschutz

Die BR Deutschland gewährt für die Anschubfinanzierung der Sozialsysteme Mittel aus dem Bundeshaushalt und für den Haushaltsausgleich der DDR Finanzzuweisungen aus dem „Sonderfonds Deutsche Einheit" in Höhe von 115 Mrd. DM

© Globus 8317

C. Arbeitsteil

Arbeitsaufgaben

1. Die drei Graphiken auf der folgenden Seite weisen auf Probleme des Sozialstaates hin, die sich im Laufe der Entwicklung der Bundesrepublik stellten. Erläutern Sie diese Probleme, die durch die Graphiken verdeutlicht werden.

2. Die Bundesrepublik versteht sich als sozialer Rechtsstaat. Erklären Sie, was mit dem Begriff Sozialstaatspostulat umschrieben wird.

Stellungnahmen von Arbeitgeberverbänden und Gewerkschaften zur Sozialpolitik:

Arbeitgeberverbände:
Orientierungspunkte zur Sozialpolitik

„Folgende Grundsätze sollten Beachtung finden:
1. Soziale Absicherung gegen die Wechselfälle des Lebens gehört zu unserer freiheitlichen Wirtschafts- und Gesellschaftsordnung. Sie darf allerdings nicht so weit gehen, dem einzelnen jede Eigenvorsorge abzunehmen. [...]

2. Die Maßstäbe für soziale Gerechtigkeit und Bedürftigkeit, die unter anderen – inzwischen überholten – Verhältnissen entstanden sind, müssen überprüft werden. [...]
Als Leitlinie muß gelten, daß Sozialeinkommen nicht so hoch sein darf wie verfügbares Einkommen bei Arbeit. [...]
3. Ein Sozialleistungssystem, das praktisch die gesamte Bevölkerung umfaßt und das aufgrund überhöhter Ansprüche funktionsunfähig zu werden droht, läßt sich ohne ein Zurückführen der Leistungen auf ein sozial und wirtschaftlich vertretbares Maß nicht konsolidieren. Das hat nichts zu tun mit „Abbau des Sozialstaats" und „Umverteilung von unten nach oben". Wenn überhaupt von Umverteilung gesprochen werden kann, dann ist es die von den Bürgern und den Unternehmern hin zum Staat, die in einer überhöhten Staatsquote zum Ausdruck kommt. In Wirklichkeit geht es darum, ein durch ständige Anspruchsausweitung aufgeblähtes und unfinanzierbar gewordenes System wieder in die Grenzen seiner Finanzierbarkeit zurückzuführen. [...]
4. Was die Selbstverwaltung in eigener Zuständigkeit behandeln und entscheiden kann, sollte nicht vom Gesetzgeber geregelt werden. Die unmittelbar betrof-

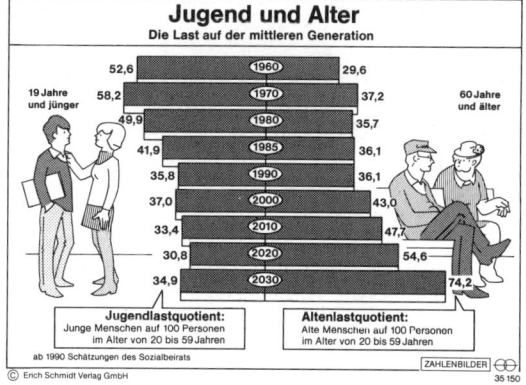

Jugend und Alter
Die Last auf der mittleren Generation

19 Jahre und jünger		60 Jahre und älter
52,6	1960	29,6
58,2	1970	37,2
49,9	1980	35,7
41,9	1985	36,1
35,8	1990	36,1
37,0	2000	43,0
33,4	2010	47,7
30,8	2020	54,6
34,9	2030	74,2

Jugendlastquotient: Junge Menschen auf 100 Personen im Alter von 20 bis 59 Jahren
Altenlastquotient: Alte Menschen auf 100 Personen im Alter von 20 bis 59 Jahren

ab 1990 Schätzungen des Sozialbeirats
© Erich Schmidt Verlag GmbH
ZAHLENBILDER 35 150

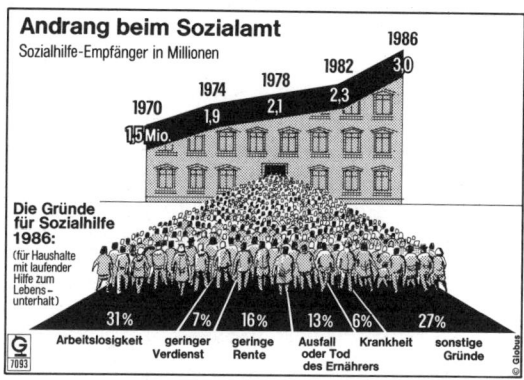

Andrang beim Sozialamt
Sozialhilfe-Empfänger in Millionen

1970	1974	1978	1982	1986
1,5 Mio.	1,9	2,1	2,3	3,0

Die Gründe für Sozialhilfe 1986:
(für Haushalte mit laufender Hilfe zum Lebensunterhalt)

31%	7%	16%	13%	6%	27%
Arbeitslosigkeit	geringer Verdienst	geringe Rente	Ausfall oder Tod des Ernährers	Krankheit	sonstige Gründe

© Globus 7093

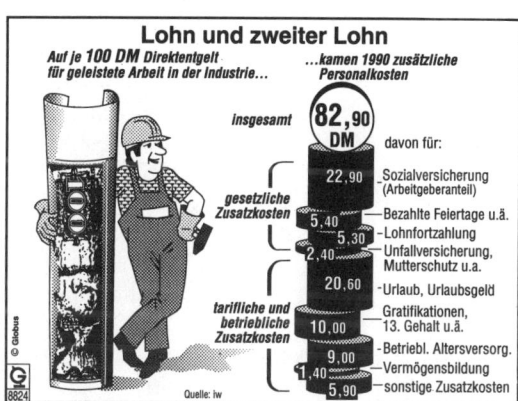

Lohn und zweiter Lohn

Auf je 100 DM Direktentgelt für geleistete Arbeit in der Industrie...

...kamen 1990 zusätzliche Personalkosten

insgesamt **82,90 DM** davon für:

gesetzliche Zusatzkosten	22,90 Sozialversicherung (Arbeitgeberanteil)
	5,40 Bezahlte Feiertage u.ä.
	5,30 Lohnfortzahlung
	2,40 Unfallversicherung, Mutterschutz u.a.
tarifliche und betriebliche Zusatzkosten	20,60 Urlaub, Urlaubsgeld
	10,00 Gratifikationen, 13. Gehalt u.ä.
	9,00 Betriebl. Altersversorg.
	1,40 Vermögensbildung
	5,90 sonstige Zusatzkosten

Quelle: iw
© Globus 8824

fenen Versicherten und ihre Arbeitgeber sind kraft Sachnähe am besten in der Lage, die Aufgaben der sozialen Sicherung entsprechend den Notwendigkeiten und finanziellen Gegebenheiten zu erfüllen. [...] 5. Die Konsolidierung des Sozialleistungssystems erfordert viele Einzelschritte, die allerdings in ein umfassendes und langfristig angelegtes Ordnungskonzept eingebettet sein müssen. Über eine derart wichtige Frage unserer Gesellschaftsordnung sollte ein Konsens zwischen Parteien und Verbänden herbeigeführt werden. Die Arbeitgeber sind zur konstruktiven Mitarbeit bereit."

(*Soziale Sicherung im Umbruch*, Bundesvereinigung der Deutschen Arbeitgeberverbände, Köln 1983.)

DGB: Sozialpolitisches Programm

„Für die gewerkschaftliche Sozialpolitik sind insbesondere die folgenden Grundsätze maßgebend:
- Der Grundsatz der Solidarität bedeutet, daß Leistungen und Finanzierung der Sozialen Sicherung mittels einer sozial ausgleichenden Umverteilung zu organisieren sind. Das rechtfertigt eine Belastung nach der Leistungsfähigkeit bei bedarfsgerechter Verteilung der Leistungen. Darüber hinaus beinhaltet Solidarität auch ein Verhalten unmittelbarer, gegenseitiger Hilfe und Verantwortlichkeit – entsprechend der Tradition der Gewerkschaften.
- Vorbeugende und gestaltende Sozialpolitik muß vorrangig ausgebaut werden. [...]
- Die Sozialeinkommen müssen – soweit sie Lohn- bzw. Unterhaltsersatz darstellen – die Aufrechterhaltung des Lebensstandards ermöglichen. Die übrigen Leistungen einschließlich der Dienst- und Sachleistungen müssen nach sozialstaatlichen Grundsätzen ausgerichtet und organisiert werden. In jedem Fall muß ein rechtlich verbürgter und tatsächlich einlösbarer Anspruch gesichert werden. [...]
- Das demokratische Prinzip muß durch eine wirksame Mitbestimmung der Betroffenen auch in den sozialen und gesundheitlichen Bereichen verwirklicht werden. [...]
- Die Organisation der Sozialen Sicherung ist kein Selbstzweck, sie muß vielmehr der Erfüllung ihrer Aufgaben angemessen sein. Die vielfältigen Nachteile, die sich aus den uneinheitlichen Strukturen des Sozialen Sicherungssystems ergeben, sind durch Arbeitsgemeinschaften, die sowohl die Koordination der Leistungen als auch die Kooperation aller Träger sicherstellen, zu beseitigen. [...]

(In: *Sozialpolitisches Programm des DGB* 1980.)

Arbeitsaufgabe

3. *Erläutern Sie die unterschiedlichen Positionen, die Arbeitgeberverbände und Gewerkschaften zum Problem der Sozialpolitik einnehmen. Welche Rolle weisen sie jeweils dem Staat zu?*

21

Lektion 22

„Deutschland, einig Vaterland" –
Geschichte der deutsch-deutschen Beziehungen

A. Überblick

Ewigkeit und Vergänglichkeit der deutsch-deutschen Grenze

Am 19. Januar 1989 nahm Erich Honecker in einer Rede zur Grenze zwischen beiden deutschen Staaten Stellung:

„Mit dem Bau des antifaschistischen Schutzwalls im Jahre 1961 wurde die Lage in Europa stabilisiert, der Frieden gerettet. [...] Die Mauer wird [...] so lange bleiben, wie die Bedingungen nicht geändert werden, die zu ihrer Errichtung geführt haben. Sie wird in 50 und auch in 100 Jahren noch bestehen bleiben, wenn die dazu vorhandenen Gründe noch nicht beseitigt sind. Das ist schon erforderlich, um unsere Republik vor Räubern zu schützen. [...]"
(*Neues Deutschland*, Nr. 17, 20.01.89, S. 5.)

Knapp zehn Monate später, am Abend des 9. November 1989, verlas das Politbüro-Mitglied Günter Schabowski folgende Erklärung:

„Das Zentralkomitee der SED und der Ministerrrat der DDR haben beschlossen, daß folgende Bestimmungen für Privatreisen und ständige Ausreisen aus der DDR ins Ausland mit sofortiger Wirkung in Kraft gesetzt werden: Privatreisen nach dem Ausland können ohne Vorliegen von Voraussetzungen (Reiseanlässe und Verwandtschaftsverhältnisse) beantragt werden. Die Genehmigungen werden von den zuständigen Abteilungen Paß- und Meldewesen der Volkspolizei-Kreisämter kurzfristig erteilt. Versagungsgründe werden nur in besonderen Ausnahmefällen angewandt."
(*Das Volk,* Nr. 265, 10.11.89, S. 1.)

In Windeseile verbreitete sich diese Nachricht in Ost-Berlin und der DDR. Menschen drängten zu den Grenzübergängen, hielten den Grenzern ihre Ausweise hin, bekamen ein Visum eingestempelt und durften die offene Grenze passieren.

Mit einer Nacht- und Nebelaktion am 13. August 1961 hatte es begonnen: Völlig überraschend schloß damals die DDR die Grenze zu West-Berlin und zur Bundesrepublik, um den Flüchtlingsstrom zu stoppen. Von 1949 bis 1961 hatten fast 3 Millionen DDR-Bürger ihren Staat verlassen, um ein Leben in politischer Freiheit führen zu können. Der Bau der Mauer und der Grenze war das Ziehen der Notbremse, die SED mußte fürchten, die DDR blute aus, verliere ihre Existenzgrundlage. Die Grenze zur Bundesrepublik wurde mit einem schier unüberwindlichen Geflecht von Grenzanlagen befestigt. Für das Jahr 1989 waren im Staatshaushalt der DDR knapp 860 Millionen Mark für die Unterhaltung und den weiteren Ausbau der Grenze bereitgestellt worden.

Kaum einer hätte die Öffnung dieser Grenze für möglich gehalten, war doch die innerdeutsche Grenze nicht einfach eine Grenze zwischen zwei Staaten, sondern die Grenze zwischen zwei gegensätzlichen Weltanschauungen, zwischen zwei gegeneinander gerichteten Militärbündnissen, ein Symbol der Teilung Europas.

Was war geschehen, was hatte zu dieser Entwicklung beigetragen? Mit den Reformen Gorbatschows kam Bewegung in die bis dahin starren sozialistischen Teil Europas. Im August 1989 besetzten Hunderte, später Tausende von DDR-Bürgern die bundesdeutschen Botschaften in Prag und Budapest. In Leipzig wagten sich einige Hundert auf die Straße und skandierten „Wir wollen raus"! Der Staatssicherheitsdienst griff erbarmungslos zu, versuchte das Aufbegehren zu ersticken. Es gelang nicht mehr.

Als Ungarn am 11. September 1989 die Grenze nach Österreich auch für DDR-Bürger öffnete, schwoll der Strom der Übersiedler stark an. In Leipzig gingen nun jeden Montag, nach Friedensgebeten in den Kirchen, Demonstranten auf die Straße – ihre Losung hieß anfänglich: „Wir bleiben hier"! Aus tausend wurden bald Zehntausende, schließlich waren bis zu 300 000

Menschen auf Leipzigs Straßen und riefen die stolze Losung: „Wir sind das Volk!" Das Aufbegehren breitete sich über die ganze Republik aus, ein Volk vollzog eine friedliche, unblutige Revolution, der erst Erich Honecker und einige seiner Getreuen weichen mußten, dann folgte das Politbüro der SED, schließlich die SED selbst und ihr ganzer, in Jahren aufgebauter Herrschaftsapparat.

Zeittafel

1949
Gründung der NATO
Verkündung und Inkrafttreten des Grundgesetzes der Bundesrepublik Deutschland

1951
Unterzeichnung des ersten Interzonenhandelsabkommens zwischen DDR und BRD in Berlin

1952
10. März: Note der Sowjetunion zur Frage der deutschen Wiedervereinigung bei Verzicht auf EVG-Beitritt
25. März: Ablehnung der sowjetischen Note durch die drei Westmächte

1955
5. Mai: Inkrafttreten der Pariser Verträge (NATO-Beitritt der Bundesrepublik Deutschland)
14. Mai: Unterzeichnung des Warschauer Paktes

1961
13. August: Abriegelung West-Berlins, Bau der Mauer, Ausbau der innerdeutschen Grenze

1963
Der westdeutsche SPD-Politiker Egon Bahr prägt für die Deutschlandpolitik den Begriff „Wandel durch Annäherung".
17. Dezember: Erstes Passierscheinabkommen für den Besuch von West-Berlinern in Ost-Berlin

1968
DDR führt Visapflicht für Transitreisen von und nach West-Berlin ein.

1970
Erstes Treffen der Regierungschefs beider deutscher Staaten, Brandt und Stoph, in Erfurt
Gegenbesuch des DDR-Ministerpräsidenten Stoph in der Bundesrepublik

Unterzeichnung des deutsch-sowjetischen Gewaltverzichtsvertrags in Moskau (Moskauer Vertrag)
Unterzeichnung des deutsch-polnischen Gewaltverzichtsvertrags in Warschau (Warschauer Vertrag)

1971
Botschafter der vier Mächte unterzeichnen Berlin-Abkommen.

1972
Unterzeichnung des deutsch-deutschen Verkehrsvertrages
21. Dezember: Unterzeichnung des Grundlagenvertrages

1973
18. September: DDR und Bundesrepublik Deutschland werden Mitglieder der UNO.

1974
Eröffnung Ständiger Vertretungen in Bonn und Ost-Berlin
Volkskammer der DDR beschließt ein Gesetz zur Änderung der Verfassung; alle Bezüge in der Verfassung auf Deutschland als einheitliche Nation werden ersatzlos gestrichen.

1975
Die Konferenz über Sicherheit und Zusammenarbeit in Europa (KSZE) endet in Helsinki mit der Unterzeichnung der Schlußakte.

1981
Bundeskanzler Schmidt besucht die DDR.

1983
Westdeutscher Kredit von 1 Milliarde DM an die DDR bewilligt.

1987
Erich Honecker besucht die Bundesrepublik Deutschland.

1989
Mai: Grenzbefestigung an der ungarisch-österreichischen Grenze wird entfernt.
Bürgerrechtsbewegung in der DDR wirft Regierung Wahlbetrug bei Kommunalwahlen vor.
August: DDR-Bürger verlassen über Ungarn ihr Land.
Oktober: Feier zum 40. Jahrestag der DDR-Gründung; Massendemonstrationen in Leipzig und Ost-Berlin; Entmachtung Honeckers, Krenz wird Nachfolger.
9. November: Die Mauer wird geöffnet; alle DDR-Bürger dürfen in den Westen reisen.
Dezember: Zentralkomitee und Politbüro treten zurück.

22

Anmerkungen zur Sendung

Die Sendung wird eingeleitet mit der Öffnung eines Fußgängerübergangs am Brandenburger Tor im Dezember 1989. Der symbolträchtige Satz „Solange das Brandenburger Tor zu ist, ist die Deutsche Frage offen" findet historische Bestätigung: Die Deutsche Frage nähert sich ihrer Lösung. Drei folgende Filmteile behandeln:

1. die Nachkriegszeit in Deutschland bis zum Bau der Mauer am 13. August 1961, wobei die entscheidenden Stationen des Spaltungsprozesses angesprochen werden;

2. die Wandlungen in der Ost- und Deutschlandpolitik nach der Bildung der sozial-liberalen Regierungskoalition in Bonn 1969; dieser Filmteil endet mit den tiefgreifenden Veränderungen in Ost-Europa seit Mitte der 80er Jahre;

3. Ursachen und Verlauf der Revolution in der DDR im Herbst 1989 bis hin zu ersten konkreten Schritten auf dem Weg zur Vereinigung Deutschlands.

Lernziele

– In dieser Lektion werden zunächst die Phasen der Deutschlandpolitik seit 1949 vorgestellt.

– Sie erhalten als Leser Einblick in das seitdem entstandene Vertragsgeflecht.

– Die Beziehungen zwischen den beiden deutschen Staaten spielten sich auf unterschiedlichen Ebenen ab. Diese Ebenen werden erläutert.

– Die Erörterung der Funktionen der Deutschlandpolitik bis zur Wende in der DDR soll Sie in die Lage versetzen, die deutschlandpolitischen Kontroversen der Vergangenheit nachzuvollziehen.

– Schließlich sollen Sie die Auswirkungen des Vereinigungsprozesses der beiden deutschen Staaten auf die nationale und internationale Szenerie erkennen und beurteilen können.

Zentrale Begriffe

Abgrenzung – Alleinvertretungsrecht, -anspruch – Einheit der Nation – Einigungsvertrag – Hallsteindoktrin – Konferenz für Sicherheit und Zusammenarbeit in Europa (KSZE) – NATO – Prager Frühling – Runder Tisch – Wendehals – Wirtschafts-, Währungs- und Sozialunion – 2 + 4-Verhandlungen

Die Mauer am Brandenburger Tor 1961.
(Foto: dpa)

B. Darstellung

Phasen der Deutschlandpolitik der beiden deutschen Staaten

Überdenkt man die vier Jahrzehnte während Teilung und die in dieser Zeit verfolgten Ziele und Richtungen der Deutschlandpolitik, so lassen sich drei Phasen relativ deutlich voneinander abgrenzen:

a) Wiedervereinigungspolitik, 1949 bis 1966

Für die Gründungsmütter und -väter war die Bundesrepublik Deutschland der einzig rechtmäßige deutsche Staat; nach ihrer Auffassung war seine Regierung befugt, für alle Deutschen zu sprechen und zu handeln. Dieses Verständnis speiste sich aus der demokratischen Legitimation des Grundgesetzes, des Parlaments und der Regierung. Es darf davon ausgegangen werden, daß die Mehrheit der Deutschen diese Auffassung von jeher teilte.

Die Regierenden in der DDR fühlten sich durch den Marxismus-Leninismus und die Geschichte legitimiert (s. L. 20, S. 101); es darf gleichfalls davon ausgegangen werden, daß diese Auffassung allenfalls von einer kleinen Minderheit geteilt wurde.

Beide Seiten formulierten gegensätzliche Wiedervereinigungsansprüche, die ihre Wurzeln in den jeweiligen geistig-politischen Grundlagen hatten. Für die Bundesregierungen jener Zeit war deshalb Wiedervereinigung gleichbedeutend mit Eingliederung der DDR in die westlich-demokratische Ordnung.

Für die SED und die von ihr abhängige Regierung sollte Wiedervereinigung hingegen den Sieg der sozialistischen Gesellschaftsordnung auch in Westdeutschland bedeuten.

Der kritische Beobachter konnte immer deutlicher feststellen, daß zwischen Worten zur Wiedervereinigung und politischen Taten ein immer breiter werdender Graben entstand. So diskutierten die Politiker im Westen 1952 leidenschaftlich, ob die Bundesrepublik einer *Europäischen Verteidigungsgemeinschaft (EVG)* beitreten solle. Die Befürworter erhofften eine Zunahme an Souveränität, die Kritiker befürchteten eine Vertiefung der Spaltung Deutschlands. Als nach dem Scheitern der EVG (1955) der Beitritt der Bundesrepublik zur NATO vereinbart und vollzogen wurde, fanden sich Befürworter wie Kritiker bestätigt: Die Bundesrepublik wurde fast völlig souverän; die DDR erklärte im Einklang mit der UdSSR die *Zwei-Staaten-Theorie* – in Deutschland existierten nun zwei voneinander unabhängige, fast völlig souveräne Staaten.

Die Bundesregierung handhabe ein politisches Instrument, mit dessen Hilfe sie die Durchsetzung ihrer deutschlandpolitischen Ziele möglichst weltweit zu erreichen hoffte: das selbstverliehene Recht, für alle Deutschen zu sprechen und zu handeln, kurz: *Alleinvertretungsrecht*.

Dieser Rechtsstandpunkt fußte auf der Überzeugung, daß nur die Bundesrepublik eine demokratisch legitimierte Regierung besaß, die Herrschaftsordnung der DDR hingegen ein Unrechtssystem sei. In den außenpolitischen Beziehungen fand der Alleinvertretungsanspruch in der Form der *Hallsteindoktrin* Anwendung: Die DDR sollte isoliert bleiben und außerhalb des Ostblocks keine völkerrechtliche Anerkennung als souveräner Staat finden.

Jedes Liebäugeln eines dritten Staates mit der völkerrechtlichen Anerkennung der DDR wurde in Bonn zu einem gegen die Bundesrepublik gerichteten Akt erklärt und mit Sanktionen bedroht, z. B. dem Abbruch der diplomatischen Beziehungen oder der Verweigerung von Entwicklungshilfe. Auf die Dauer wurde dieses außenpolitische Instrument teuer, weil manche Staaten es auf ihre Weise nutzten: Entweder ihr Westdeutschen erhöht die Entwicklungshilfe, oder wir erkennen die DDR an!

Die „Wiedervereinigungspolitik", die die beiden deutschen Staaten betrieben, trug eigentlich die falsche Bezeichnung: Konkret war es eine Politik der gegenseitigen Nichtanerkennung, ein Beharren auf juristischen oder politisch-weltanschaulichen Positionen ohne jede ernsthafte Bereitschaft zum Dialog und zur Suche nach Lösungsmöglichkeiten für die schmerzhafte Teilung des Landes.

22

Erst mit dem Ende der Ära Adenauer bzw. des dominierenden Einflusses der CDU/CSU begann 1966, mit der Bildung der großen Koalition aus CDU/CSU und SPD, eine allmähliche Neuorientierung in der westdeutschen Ost- und Deutschlandpolitik.

b) Politik kleinster Schritte aufeinander zu, 1966 bis 1969

Es waren anfänglich lediglich klimatische Veränderungen, die die Neuorientierungen in den Beziehungen zwischen beiden deutschen Staaten allenfalls ahnen ließen. Zwischen ihnen hatte bisher ein Zustand der Sprachlosigkeit bestanden. Der jeweils andere Staat wurde allenfalls rhetorisch angesprochen, und zwar zum Zweck der Schuldzuweisung und Rechtfertigung vor den Bürgern des eigenen Teils des Landes.

Die neue Bundesregierung unter Kanzler *Kurt-Georg Kiesinger* (CDU) und Vizekanzler sowie Außenminister *Willy Brandt* (SPD) nannte die DDR zwar noch nicht beim Namen und erkannte sie erst recht nicht als Staat an, aber es wurde nicht länger geleugnet oder übersehen, daß es die DDR überhaupt gab, ein „Phänomen" (Kiesinger) existierte zumindest. Dieses Phänomen sandte Briefe an die Bundesregierung, die nun endlich nicht nur angenommen und gelesen, sondern auch beantwortet wurden. Vor 1966 war das undenkbar gewesen.

Ab 1963 gestattete die DDR ehemaligen Bürgern, die in den Westen geflohen waren, zunehmend großzügiger Besuchs-Aufenthalte in der früheren Heimat. Ab Herbst 1964 durften DDR-Bürger im Rentenalter für 30 Tage jährlich zu Angehörigen in die Bundesrepublik reisen. Dies war eine schmale Basis für Begegnungen der Deutschen aus Ost und West, quasi ein erstes Durchbrechen der politischen Sprachlosigkeit. Auf diesem Wege mußten und sollten weitere Schritte folgen.

Seit Mitte der sechziger Jahre zeichnete sich zwischen den Supermächten eine gewisse Bereitschaft ab, über *Entspannung* nachzudenken. Die Rüstungsausgaben hatten inzwischen eine Höhe erreicht, die die Volkswirtschaften in Ost und West an die Grenzen ihrer Belastbarkeit führte. Es wuchs die Überzeugung, der Frieden

müßte auch anders als über Hochrüstung und Abschreckung zu sichern sein. Zarte Ansätze zu Dialogen wurden durch die Invasion von Truppen der Warschauer-Pakt-Staaten in die ČSSR im August 1968 zur Niederwerfung des *Prager Frühlings* vorerst erstickt, aber der Entspannungswille erwies sich als stärker. Er führte zur *Konferenz für Sicherheit und Zusammenarbeit in Europa* (KSZE), zu Abrüstungskonferenzen und schließlich zu tatsächlichen Abrüstungsmaßnahmen.

Für die Bundesrepublik stellte sich die Frage, ob die Veränderung der politischen Großwetterlage die Gefahr in sich berge, daß Deutschland in die Isolation geraten könnte, wenn es weiterhin versuchte, die ungelöste Deutsche Frage überall und immer als den Mittelpunkt der Ost-West-Probleme darzustellen. Änderungen der ost- und deutschlandpolitischen Orientierung waren angezeigt, wollte man sich nicht am Rand des politischen Geschehens wiederfinden.

Die Bundesregierung der großen Koalition unterließ zudem Versuche, die DDR international weiter zu isolieren. Die Absicht, mit allen, auch mit den osteuropäischen Staaten, geregelte und beiderseitigem Nutzen dienende Beziehungen aufzunehmen, wurde nicht mehr dadurch erschwert, daß von diesen quasi als Vorbedingung eine Abkehr von der DDR gefordert wurde. Die Bundesregierung war im Begriff, anfangs noch zögerlich, die Hallsteindoktrin als außenpolitisches Instrument aus der Hand zu legen.

Beide deutsche Staaten zeigten, zwar nur mit kleinsten Schritten, aber doch mit Schritten, ihre Bereitschaft zu einer grundsätzlichen Veränderung ihres Verhältnisses zueinander.

c) „Normalisierung" der Beziehungen ab 1969

Normalisierung der Beziehungen – dieser Begriff fand ab 1969 Eingang in die politische Sprache. Man hat darunter nicht ein festumrissenes, klar definiertes Ziel zu verstehen, vielmehr sollte damit ein Prozeß beschrieben werden, der die Verhältnisse zwischen den beiden deutschen Staaten entspannen und verbessern sollte.

Die Wahlen zum Bundestag 1969 führten zu einem Regierungswechsel; die SPD bildete mit der FDP eine *sozial-liberale Koalition,* Willy Brandt (SPD) wurde zum Bundeskanzler gewählt, das Amt des Vizekanzlers und Außenministers übernahm *Walter Scheel* (FDP).

Diese Regierung verfolgte mit einer neuen, in die allgemeine Enstspannungsatmosphäre sich einordnenden *Ostpolitik,* in die wiederum die Deutschlandpolitik eingebettet werden sollte, die Aussöhnung mit den Nachbarn im Osten als eine notwendige Ergänzung zur Aussöhnung mit den westlichen Nachbarn, die in der Regierungszeit Konrad Adenauers gelungen war. Wichtigste Momente der neuen Ostpolitik waren der Verzicht auf jegliche Gewaltanwendung gegenüber den Staaten Osteuropas, der in einem Vertrag garantiert wurde, verbunden mit der Respektierung der Grenzen, wie sie als Folge des Zweiten Weltkriegs in Europa entstanden waren. Sollte die neue Ostpolitik Vertrauen finden, mußte die DDR ebenso behandelt werden. Aber gerade hier lagen erhebliche verfassungsrechtliche Probleme: Die Bundesrepublik Deutschland konnte, solange das Grundgesetz in seiner damaligen Fassung galt, die DDR nicht völkerrechtlich anerkennen. Die DDR durfte für die Bundesrepublik nicht zu einem Staat mit eigener Staatsbürgerschaft werden; DDR-Bürger hatten vielmehr Deutsche im Sinne des Grundgesetzes zu bleiben. Die Beziehungen zwischen beiden deutschen Staaten konnten also nur Beziehungen besonderer Art sein. Die DDR hat gegen diese Auffassung ständig protestiert und sie als Verletzung ihrer Souveränität bezeichnet.

Die Bundesregierungen der sozial-liberalen Koalition von 1969 bis 1982 unter den Bundeskanzlern *Brandt* und *Schmidt* und den Außenministern *Scheel* und *Genscher* verfolgten in der Deutschlandpolitik das Ziel, die Beziehungen der beiden deutschen Staaten so zu gestalten, daß für die Menschen in Deutschland und für die Nachbarn Deutschlands möglichst wenig Spannungen, Probleme oder gar Gefahren entstanden.

Bis zur Revolution in der DDR im Herbst 1989 galt, daß die Teilung Deutschlands in absehbarer Zeit nicht zu überwinden sei. Neu seit 1969 war, daß die Bundesregierung diese Auffassung nicht nur teilte, sondern auch klar und ohne Umschweife auszusprechen bereit war. In politischen Reden wurde kaum mehr von Wiedervereinigung, sondern zunehmend von der Bewahrung der *Einheit der Nation* gesprochen: Der Entfremdung zwischen den Menschen in beiden Teilen Deutschlands sollte entgegengearbeitet, das Zusammengehörigkeitsgefühl aller Deutschen wieder geweckt und gestärkt werden. Nation ist, so definierte Bundeskanzler Brandt, wenn die Menschen sich treffen, miteinander umgehen können.

Für die Bundesrepublik bedeutete *Normalisierung der Beziehungen* die Möglichkeit zu Reisen und zu Begegnungen der Menschen aus Ost und West. Das politische Fernziel war in der Forderung nach dem *Selbstbestimmungsrecht* aller Menschen enthalten. Die Regierung der DDR sollte es auch ihren Bürgern gewähren, damit diese eines Tages über ihre politische und gesellschaftliche Ordnung frei entscheiden und damit die Zukunft Deutschlands mitgestalten könnten.

Berlin

Eine zentrale Größe der Deutschlandpolitik einer jeden Bundesregierung war das Berlin-Problem. Der westliche Teil Berlins wurde zum Symbol der Freiheit, als die Anti-Hitler-Koalition zerbrach und aus der beabsichtigten Demonstration der Einigkeit durch eine gemeinschaftliche Verwaltung Berlins und Deutschlands ein erbarmungsloser Kampf wurde, der, bis hart an die Grenze des heißen Krieges führend, den Westberlinern Furcht und Unsicherheit brachte und diesen Teil der Stadt immer erneut zum Mittelpunkt von Ost-West-Krisen werden ließ. Die neue Ost- und Deutschlandpolitik zielte auf eine Verbesserung der politischen Lage von Berlin (West). Es sollte künftig nicht mehr Ausgangspunkt politischer Krisen sein können. Dieses Ziel war nur in Zusammenarbeit mit den vier Mächten (Sowjetunion, USA, Großbritannien, Frankreich) zu erreichen, die nach wie vor die Verantwortung für Berlin trugen und aus dieser Verantwortung auch nicht entlassen werden sollten. Sie mußten veranlaßt werden, in einem Abkommen über Berlin all jene Mängel zu beseitigen, die das Ergebnis unzureichender Regelungen der Kriegs- und Nachkriegskonferenzen waren.

22

Das Vertrags-Geflecht der neuen Ost- und Deutschlandpolitik

Die tiefreichenden Veränderungen in der Deutschlandpolitik waren unübersehbar, als in Erfurt (19. 3. 1970) und Kassel (21. 5. 1970) die Regierungschefs beider deutscher Staaten (*Willy Brandt* und *Willi Stoph*) zu ersten Gesprächen auf dieser Ebene zusammentrafen.

Bei der Bevölkerung in beiden Teilen Deutschlands, vor allem aber in der DDR, weckte dieses erste offizielle Treffen große Hoffnungen. Viele erwarteten, daß die Politiker Vereinbarungen treffen würden, die es den Menschen ermöglichten, ein nachbarschaftliches Nebeneinander zu führen (z. B. Reiseerleichterungen betreffend).

Tatsächlich kam es 1970 im Rahmen der Ostpolitik zu Verträgen, die sich auch auf die Deutschlandpolitik auswirken sollten. Zwei Verträge waren dabei von besonderer Wichtigkeit:

- 12. 8. 1970 – Vertrag zwischen der Bundesrepublik Deutschland und der UdSSR – *Moskauer Vertrag;*
- 8. 12. 1970 – Vertrag zwischen der Bundesrepublik Deutschland und der Volksrepublik Polen – *Warschauer Vertrag.*

In beiden Verträgen verpflichteten sich die Parteien zum Gewaltverzicht in ihren Beziehungen; die bestehenden Grenzen wurden als unverletzlich, änderbar allenfalls in gegenseitigem Einvernehmen, erklärt.

Beide Verträge blieben in der politischen Diskussion in der Bundesrepublik heftig umstritten; als der Bundestag sie am 17. 5. 1972 ratifizierte, stimmten die Abgeordneten der CDU/CSU-Fraktion mit Nein oder enthielten sich der Stimme. Weitere Verträge:

- 3. 9. 1971 – Die vier Alliierten schließen ein *Abkommen über Berlin.*
- 17. 12. 1971 – Beide deutsche Regierungen schließen ein *Transitabkommen,* das den zivilen Verkehr von und nach Berlin (West) grundsätzlich regelt und wesentlich vereinfacht.
- 26. 5. 1972 – Beide deutsche Regierungen schließen einen *Verkehrsvertrag,* der den Reiseverkehr zwischen den beiden deutschen Staaten, vornehmlich den West-Ost-Reiseverkehr, erstmalig vertraglich regelt.
- 21. 12. 1972 – Vertrag über die Grundlagen der Beziehungen zwischen der Bundesrepublik Deutschland und der Deutschen Demokratischen Republik – *Grundlagenvertrag.*

Der Grundlagenvertrag hatte für die Beziehungen beider deutscher Staaten zentrale Bedeutung: Er sollte die Regelung zahlreicher offener Fragen (Grenzverlauf, Postverkehr, Fernmeldewesen, Gesundheits- und Rechtshilfe u. a.) erleichtern.

Am 11. Mai 1973 beschloß der Deutsche Bundestag mit großer Mehrheit den *Beitritt* der Bundesrepublik Deutschland *zur UNO.* Am 26. 9. 1973 wurden beide deutsche Staaten als Vollmitglieder in die Vereinten Nationen aufgenommen.

Die geschlossenen Verträge und Abkommen wurden von Protokollen, Erklärungen, Parlamentsresolutionen und Briefen zur Deutschen Einheit begleitet, die der Verdeutlichung eines Rechtsstandpunkts dienen sollten: Kein Vertrag hat die Funktion eines Friedensvertrages, kein Vertrag darf die Bundesregierung daran hindern, an dem im Grundgesetz verankerten Gebot festzuhalten, die Einheit Deutschlands in Frieden und Freiheit zu vollenden. Mit diesem Gebot waren weder Rahmen noch Form festgelegt, in denen sich die angestrebte Einheit Deutschlands darstellen könnte. Die Forderung, das Selbstbestimmungsrecht allen Menschen, auch den DDR-Bürgern, zu gewähren, war eine Wegbeschreibung, mit der die Deutschen zur Einheit des Landes finden können sollten. Die Ereignisse seit Herbst 1989 in der DDR ließen die Möglichkeit dieses Weges inzwischen zur Gewißheit werden.

Ebenen der Beziehungen zwischen beiden deutschen Staaten

Für die Beziehungen zwischen der Bundesrepublik und der DDR bis zur Revolution in der DDR können verschiedene Ebenen unterschieden werden, die zwar miteinander in enger Verbindung standen, denen aber sehr unterschiedliche Interessen eigen waren.

a) Politische Ebene

Auf dieser Ebene war das Verhältnis der beiden *Staaten* zueinander angesiedelt, wobei „Staat" als Organisation aller politischen Institutionen zu verstehen ist. Der Forderungskatalog, den die DDR vorlegte, um ihre Auffassungen von

Normalisierung durchzusetzen, beinhaltete die volle völkerrechtliche Anerkennung. Die Bundesrepublik Deutschland sollte:
- die Staatsangehörigkeit der DDR anerkennen;
- die Ständigen Vertretungen der beiden Staaten in Ost-Berlin und Bonn in Botschaften umwandeln;
- nicht länger von innerdeutschen oder gesamtdeutschen Beziehungen ausgehen.

Die Bundesrepublik konnte und durfte diese Forderungen zu keiner Zeit erfüllen; die Präambel des Grundgesetzes ließ dies nicht zu. Dort wird verlangt:

„Das gesamte deutsche Volk bleibt aufgefordert, in freier Selbstbestimmung die Einheit und Freiheit Deutschlands zu vollenden."

Zudem hatte das Bundesverfassungsgericht in einem vom Freistaat Bayern angestrebten Urteil zum Grundlagenvertrag (31. 7. 1973) dessen verfassungsmäßige Vereinbarkeit festgestellt, vorausgesetzt, an den Bestimmungen des Grundgesetzes werde strikt festgehalten.
Die Bundesrepublik versuchte, auf der politischen Ebene das Nebeneinander der beiden deutschen Staaten so zu regeln, daß die Lebensbedingungen für die Menschen zunehmend erträglicher werden konnten.

b) Wirtschaftliche Ebene

Der *Handel* zwischen beiden deutschen Staaten war durch einige Besonderheiten geprägt. Innerdeutscher Handel vollzog sich als zollfreier Handel. Beide deutsche Staaten fanden über diesen Handel Zugang zu den Märkten der *Europäischen Gemeinschaft* und des *Rates für Gegenseitige Wirtschaftshilfe* (RGW). Damit entstanden Handelsvorteile, die von den Partnern in der jeweiligen Wirtschaftsorganisation mit Argwohn beobachtet wurden.
Auf dieser Ebene war die DDR weitaus eher bereit, auf uneingeschränkte Souveränität und völkerrechtliche Anerkennung zu verzichten, weil die ökonomischen Vorteile die politischen Nachteile übertrafen.
Für die Bundesrepublik Deutschland überwog die politische Funktion des innerdeutschen Handels; er galt als Klammer zwischen beiden

deutschen Staaten, als ein Feld der Kooperation und damit als eine Möglichkeit, das Zusammengehörigkeitsgefühl der Deutschen zu stärken.

c) Gesellschaftliche Ebene

Die Vorstellungen darüber, welche Beziehungen zwischen den *Gesellschaften* beider deutscher Staaten bestehen und sich weiterentwickeln sollten, gingen weit auseinander. Die Bundesrepublik wollte erreichen, daß sich die Menschen in Ost und West ungehindert und zahlreich begegnen konnten.
Die DDR hingegen vertrat die Auffassung der *Abgrenzung*. Die Beziehungen der Menschen sollten möglichst weit eingeschränkt werden. Die DDR-Bürger sollten bei der Übernahme des von der SED aufgestellten, aus dem Marxismus-Leninismus abgeleiteten negativen Bildes von westlichen Gesellschaftsordnungen, also auch von der Bundesrepublik, nicht durch eigene Anschauungen und Erfahrungen irritiert werden.
Seit dem Inkrafttreten des Verkehrsvertrages (1972) war die Zahl der Reisen von der Bundesrepublik in die DDR erheblich gestiegen; auch die seit 1975 möglichen Reisen von DDR-Bürgern in die Bundesrepublik in dringenden Familienangelegenheiten hatten bis 1989 stark zugenommen.

Der Prozeß der Vereinigung Deutschlands

Die Demonstranten von Leipzig waren anfänglich mit der Losung *Wir sind das Volk!* auf die Straße gegangen. Die politisch Aktiven sammelten sich in neuen politischen Gruppierungen, Bürgerbewegungen zumeist, die wie das *Neue Forum* oder *Demokratie jetzt* staatlicher Verfolgung ausgesetzt waren. In der Frühphase der Revolution, etwa bis Mitte November 1989, herrschte die Überzeugung vor, man solle im Staat DDR einen politischen Neubeginn versuchen, Sozialismus mit Demokratie versöhnen und zur kapitalistisch organisierten Bundesrepublik eine politische und gesellschaftliche Alternative errichten.

Wandel in der politischen Zielsetzung der Revolution

Die Öffnung der Grenze zum Westen am 9. November 1989 markierte einen Wandel der

22

Demonstration in Leipzig im Oktober 1989.
(Jürgens Ost + Europa Photo)

politischen Zielsetzung der Revolution. Millionen von DDR-Bürgern waren seit dem 9. November in den Westen geströmt. Man geht sicher nicht fehl in der Annahme, daß viele der Besucher lediglich die Fassade der Wohlstandsgesellschaft wahrgenommen haben. Diese vordergründigen Eindrücke reichten tief.

Aber es waren sicherlich nicht nur wirtschaftliche Motive, die dazu geführt haben, daß sich die politische Einstellung eines Teils der Demonstranten gewandelt hat. Auf den Leipziger Montagsdemonstrationen änderten sich nach dem 9. November die Losungen der Demonstranten. Bald hieß es immer häufiger *Wir sind ein Volk* und wenig später sogar *Deutschland einig Vaterland*. Die neuen Bürgerbewegungen verloren zunehmend Gehör bei den Massen, deren Bereitschaft, noch einmal ein Experiment sozialistischer Prägung einzugehen, rasch gegen Null sank. Gehör fanden diejenigen politischen Kräfte, die die schnelle Vereinigung Deutschlands propagierten.

Politik am Runden Tisch

Den alten politischen Institutionen auf allen Ebenen der DDR fehlte die demokratische Legitimation. Doch Politik mußte gemacht werden, das gesellschaftliche Leben mußte weitergehen, trotz Revolution. Überall in der DDR entstanden im Herbst und Winter 1989/90 *Runde Tische*. An ihnen versammelten sich politisch Engagierte, mischten sich in die Alltagspolitik ein. Ohne oder gar gegen die Runden Tische war Politik nicht mehr machbar. An ihnen wurde versucht, die Rolle des Staatssicherheitsdienstes zu klären; sie kontrollierten die Politiker des alten Regimes; sie sonderten *Wendehälse* – Personen, die dem zerbrochenen System gedient hatten und nun rasch zu neuen Ufern schwammen – von jenen, die ernsthaft und unvorbelastet den Neuanfang suchten; sie schufen erste rechtliche Grundlagen für eine demokratische Entwicklung. Hier waren die neuen Bürgerbewegungen aktiv und kreativ am Neubeginn beteiligt.

Staatsverträge zur Vereinigung Deutschlands

In Bonn war rasch erkannt worden, daß die revolutionäre Entwicklung in der DDR die einmalige Chance zur raschen Vereinigung Deutschlands bot. Als erster Schritt wurde eine *Wirtschafts-, Währungs- und Sozialunion* erwogen. Baldmöglichst sollte die sozialistische Kommandowirtschaft durch ein marktwirtschaftliches System abgelöst werden, ergänzt durch Einführung der D-Mark in der DDR samt der westdeutschen Sozialgesetzgebung. Die Währungsunion trat am 1. Juli 1990 in Kraft. Am 31. August folgte der eigentliche Einigungsvertrag, in dem die Übertragung der westdeutschen Rechtsordnung auf die DDR festgeschrieben wurde.

2 + 4-Verhandlungen

Mit den vier Siegermächten mußte über die außenpolitischen Bedingungen für die Vereinigung verhandelt werden. Das Ziel dieser Verhandlungen war die Erlangung der völligen Souveränität Deutschlands. Mit anderen Worten, die ehemaligen Kriegsalliierten und Siegermächte des Zweiten Weltkriegs sollten auf ihre Vorbehaltsrechte gegenüber Deutschland verzichten und sich mit der Vereinigung Deutschlands einverstanden erklären. Schwierigster Part in diesen Verhandlungen waren die Gespräche mit der Sowjetunion, deren Ziel es war, eine Zustimmung zu einer gesamtdeutschen NATO-Mitgliedschaft zu erwirken. Erstaunlich schnell gelang das lange für unmöglich Gehaltene: Die Sowjetunion gab ihr Einverständnis, nachdem die deutsche Verhandlungsdelegation folgende Zusagen gemacht hatte:

- Deutschland reduziert die Bundeswehr bis 1994 auf insgesamt 370 000 Mann;
- Deutschland verzichtet auf die Herstellung und den Besitz von atomaren, biologischen und chemischen Waffen;
- Deutschland anerkennt in völkerrechtlich verbindlicher Form die Oder-Neiße-Grenze als endgültige polnische Westgrenze;
- auf dem Gebiet der ehemaligen DDR dürfen keine fremden NATO-Truppen stationiert werden, und
- Deutschland beteiligt sich an den Kosten der Rückführung der Roten Armee aus Ostdeutschland in Milliardenhöhe.

Mit dem Abschluß diverser Verträge zwischen Deutschland und den Siegermächten des Zweiten Weltkriegs fand die Nachkriegszeit ihr endgültiges Ende: Deutschland erhielt die volle Souveränität zurück und konnte am 3. Oktober 1990 seine staatliche Vereinigung vollziehen.

Mentale und psychologische Probleme der Vereinigung

Die rasche staatliche Vereinigung Deutschlands darf nicht vergessen machen, daß die Menschen in Ost- und Westdeutschland noch weite Wege zueinander zurückzulegen haben. Vierzig Jahre getrennter gesellschaftlicher Entwicklung haben Distanzen entstehen lassen, die schwerer abzubauen sind als die Grenzanlagen.

Für den Neuanfang in Ostdeutschland sind nur wenige von den Elementen brauchbar, die dort bestimmend für die Gesellschaftsordnung waren. Zur Verdeutlichung sei nur auf zwei Sachverhalte, stellvertretend für viele andere, hingewiesen:

- Von den Ostdeutschen wird *Initiative* verlangt, um die anstehenden Probleme in Wirtschaft und Gesellschaft bewältigen zu können. In der alten Gesellschaft war Initiative nicht gefordert, sie konnte für jene, die sie entfalteten, sogar gefährlich werden. Was und in welcher Form zu geschehen hatte, bestimmte die SED, die sich für allzuständig hielt. Im öffentlichen Leben der DDR wurde nur das getan, was der Linie der Partei entsprach.
- Als eine der sozialistischen Errungenschaften galt die Sicherheit der Arbeitsplätze. Durch die Umstellung auf soziale Marktwirtschaft erfährt die Wirtschaft Ostdeutschlands eine tiefreichende Krise mit Millionen von *Arbeitslosen* und Kurzarbeitern. Diese Erfahrung trifft die meisten völlig unvorbereitet. Allenthalben ist der Satz zu hören: „Wir sind doch nicht auf die Straße gegangen, um nun auf der Straße zu liegen!"

Der Niedergang der DDR stellt viele ihrer ehemaligen Bürger vor die Frage, *was* von den vergangenen vierzig Jahren *bleibt?* Mancher fühlt sich wie im Niemandsland: Nicht mehr in der DDR und noch nicht im vereinten Deutschland.

22

129

Er fragt sich auch, ob er vierzig Jahre umsonst gearbeitet und gelebt hat, weil Westdeutsche ihm mitteilen bzw. vorschreiben wollen, was er nun alles zu lernen habe. Manche Westdeutsche begegnen den Landsleuten im Osten mit großer Überheblichkeit, weil sie sich zu den Siegern der Geschichte zählen und dabei vergessen, daß es DDR-Bürger waren, die durch ihr mutiges Eintreten im Herbst 1989 die Voraussetzungen schufen für die Vereinigung Deutschlands.

Deutschlandpolitik als Beitrag zur Überwindung der Teilung Europas

Deutschlandpolitik ist nie Politik gewesen, die nur die beiden deutschen Staaten allein betraf. Deutschlandpolitik durfte und darf auch künftig nie unter Vernachlässigung der geographischen Lage dieses Landes betrieben werden: Deutschland liegt in der Mitte Europas; aus geographischen wie historischen Gründen war und ist es Angriffsfläche zahlreicher, oft gegeneinander gerichteter Kräfte. In der Geschichte Europas, vor allem im 19. Jahrhundert während des Strebens nach einem deutschen Nationalstaat, hat es Deutschland nicht immer vermocht, die verschiedenen Interessen der Nachbarstaaten mit den deutschen Interessen in einen friedlichen Ausgleich zu bringen. Aber auch die europäischen Nachbarstaaten haben nicht immer, wie der Wiener Kongreß von 1815 verdeutlicht hat, die nationalstaatlichen Kräfte in Deutschland, die eine Einigung ihres Vaterlandes wollten, hinreichend berücksichtigt. Aus diesem Konflikt waren im 19. Jahrhundert die Kriege um die Einigung Deutschlands unter Bismarck entstanden; und im 20. Jahrhundert hat Deutschland, um die Kräfte, die außerhalb seiner Grenzen lagen, unter seine Herrschaft zu zwingen, zweimal Krieg geführt. Während der Erste Weltkrieg noch aus machtpolitischen Verwicklungen entstanden ist, die Deutschland zum Erreichen einer Vorrangstellung in Europa ausnutzen wollte, ist der Zweite Weltkrieg das Ergebnis einer rassistisch begründeten Expansionspolitik, die den Nationalsozialisten die Weltherrschaft bringen sollte.
Nach diesen historischen Erfahrungen kann Deutschlandpolitik im ausgehenden 20. Jahrhundert nur dann ein Beitrag zur Überwindung der Teilung Europas sein, wenn alle Europäer die Überzeugung gewinnen können, daß die Deutschen nicht rücksichtslos nur ihre eigenen nationalen Ziele verfolgen.

Deutsche Verantwortung gegenüber Europa

Was niemand erwarten konnte, ist mit den Revolutionen in der Sowjetunion, in Polen, Ungarn, Rumänien, Bulgarien, der ČSFR und in der DDR eingetreten: Die Einheit des Ostblocks zerfällt, weil die Angehörigen dieses Blocks nun in der Gestaltung ihrer Gesellschaftsordnungen eigene Wege gehen, Wege, die zu demokratischen Strukturen in den einst zentralistisch und autoritär regierten Staaten führen sollen.
Bei den Bemühungen um die Einheit Deutschlands und Europas haben wir Deutschen eine große Verantwortung zu übernehmen. Nationale Interessen müssen mit europäischen Interessen in Einklang gebracht werden. Deshalb ist die Bundesregierung unter Kanzler Kohl bestrebt, die neue Deutschlandpolitik ganz in den Rahmen einer europäischen Einigungspolitik einzufügen. Deutschlandpolitik ist nach dieser Konzeption keine traditionelle Nationalstaatspolitik mehr, sondern europäische Integrationspolitik. Allen europäischen Völkern muß die Sicherheit gegeben werden, daß die Dynamik der Vereinigung Deutschlands nicht zu ihrem Nachteil gereicht.
Von den politisch Verantwortlichen in Deutschland ist Sensibilität zu verlangen im Umgang mit dem eigenen Land, mit seinen Bürgern, aber auch mit den Interessen und Ängsten der Europäer außerhalb Deutschlands. Ihre Einwände und Mahnungen zu überhören oder abzutun, dazu sollten sich Deutsche kein Recht nehmen.

C. Arbeitsteil

Arbeitsaufgaben zur Lektion

1. Zeigen Sie einige Positionen der Bundesrepublik Deutschland und der DDR zur Frage der Wiedervereinigung Deutschlands zwischen 1949 und 1989 auf.

2. Begründen Sie einige der gegensätzlichen Positionen der beiden deutschen Staaten in der Deutschlandpolitik vor 1989.

3. *Legen Sie dar, was die SED 1961 veranlaßte, die Grenze zu Westberlin und zur Bundesrepublik zu schließen.*

Bearbeiten Sie die nachfolgenden Quellen unter der im Anschluß angegebenen Aufgabenstellung:

Neues Deutschland vom 29. November 1989:

FÜR UNSER LAND

Unser Land steckt in einer tiefen Krise. Wie wir bisher gelebt haben, können und wollen wir nicht mehr leben. Die Führung einer Partei hatte sich die Herrschaft über das Volk und seine Vertretungen angemaßt, vom Stalinismus geprägte Strukturen hatten alle Lebensbereiche durchdrungen. Gewaltfrei, durch Massendemonstrationen hat das Volk den Prozeß der revolutionären Erneuerung erzwungen, der sich in atemberaubender Geschwindigkeit vollzieht. Uns bleibt nur wenig Zeit, auf die verschiedenen Möglichkeiten Einfluß zu nehmen, die sich als Auswege aus der Krise anbieten.

Entweder

können wir auf der Eigenständigkeit der DDR bestehen und versuchen, mit allen unseren Kräften und in Zusammenarbeit mit denjenigen Staaten und Interessengruppen, die dazu bereit sind, in unserem Land eine solidarische Gesellschaft zu entwickeln, in der Frieden und soziale Gerechtigkeit, Freiheit des einzelnen, Freizügigkeit aller und die Bewahrung der Umwelt gewährleistet sind.

Oder

wir müssen dulden, daß, veranlaßt durch starke ökonomische Zwänge und durch unzumutbare Bedingungen, an die einflußreiche Kreise aus Wirtschaft und Politik in der Bundesrepublik ihre Hilfe für die DDR knüpfen, ein Ausverkauf unserer materiellen und moralischen Werte beginnt und über kurz oder lang die Deutsche Demokratische Republik durch die Bundesrepublik Deutschland vereinnahmt wird.

Laßt uns den ersten Weg gehen. *Noch* haben wir die Chance, in gleichberechtigter Nachbarschaft zu allen Staaten Europas eine sozialistische Alternative zur Bundesrepublik zu entwickeln. *Noch* können wir uns besinnen auf die antifaschistischen und humanistischen Ideale, von denen wir einst ausgegangen sind.

Alle Bürgerinnen und Bürger, die unsere Hoffnung und unsere Sorge teilen, rufen wir auf, sich diesem Appell durch ihre Unterschrift anzuschließen.

Berlin, den 26. November 1989

Götz Berger, Rechtsanwalt; Wolfgang Berghofer, Kommunalpolitiker; Frank Beyer, Regisseur; Volker Braun, Schriftsteller; Reinhard Brühl, Militärhistoriker; Tamara Danz, Rocksängerin; Christoph Demke, Bischof; Siegrid England, Pädagogin; Bernd Gehrke, Ökonom; Sighard Gille, Maler; Stefan Heym, Schriftsteller; Uwe Jahn, Konstruktionsleiter; Gerda Jun, Ärztin/Psychotherapeutin; Dieter Klein, Politökonom; Günter Krusche, Generalsuperintendent; Brigitte Lebentrau, Biologin; Bernd P. Löwe, Friedensforscher; Thomas Montag, Mediziner; Andreas Pella, Bauingenieur; Sebastian Pflugbeil, Physiker; Ulrike Poppe, Hausfrau; Martin Schmidt, Ökonom; Friedrich Schorlemmer, Pfarrer; Andree Türpe, Philosoph; Jutta Wachowiak, Schauspielerin; Heinz Warzecha, Generaldirektor; Konrad Weiss, Filmemacher; Angela Wintgen, Zahnärztin; Christa Wolf, Schriftstellerin; Ingeborg Graße, Krankenschwester.

Walter Janka, der – wie bekanntgegeben wurde – aus organisatorischen Gründen an der Pressekonferenz nicht teilnehmen konnte – stimmt dem Aufruf zu, hat diesen noch nicht unterzeichnet.

Leipziger Volkszeitung vom 9./10. Dezember 1989:

STELLUNGNAHME

„Für unser Land" – so haben Stefan Heym, Christa Wolf und andere Persönlichkeiten den Aufruf überschrieben, um dessen Bestätigung durch Unterschrift sie bitten.

Niemand wird ihnen die Sorge um unser Land und seine Zukunft absprechen wollen.

Niemand wird bestreiten, daß nur noch wenig Zeit besteht, einen Ausweg aus der Krise zu suchen.

Niemand wird aber auch leugnen können, daß eben dieser Ausweg nur dann gefunden werden kann, wenn schonungslose Realitätserkenntnis nicht nur als Voraussetzung für die Analyse der Vergangenheit gilt, sondern auch für die Suche nach dem Zukünftigen.

Und hier setzen meine Fragen ein: Glauben die Unterzeichner wirklich, daß das Entweder-Oder, das sie postulieren, den Ausweg aus der Krise bringt?

1. Wo sind die Staaten und Interessengruppen, die bereit sind, zur Entwicklung einer solidarischen Gesellschaft in unserem Land beizutragen? [...]

2. Woher nehmen die Unterzeichner die Gewißheit, daß einflußreiche Kreise aus Wirtschaft und Politik der Bundesrepublik Deutschland ihre Hilfe an unzumutbare Bedingungen knüpfen würden? Entsprechen Bedingungen wie ein neues Wahlgesetz, Verfassungsänderung, Verzicht auf das Machtmonopol einer Partei nicht auch unseren Vorstellungen? [...]

22

Oder ist es für die Unterzeichner so unzumutbar, daß Bundeskanzler Kohl als sein Fernziel eine mögliche deutsche Einheit nennt, vorausgesetzt, die Deutschen beider Staaten würden hierüber ihr Einverständnis geben? Auch für uns, so einige unserer Politiker, steht die Beantwortung der nationalen Frage noch aus, wenn nicht heute, so in Zukunft. Ist es nicht erschreckend, daß Bürger, die diese Frage stellen, in Verbindung zur Partei Schönhuber gebracht werden?

Ist es nicht erschreckend, daß Walter Janka, der durch den Stalinismus, durch Intoleranz Schweres erlitten hat, im Verlauf einer Diskussion in Westberlin gesagt haben soll, daß Vertreter des Einheitsgedankens in der Volkskammer nichts zu suchen hätten?

Ist es nicht erschreckend, daß in unseren Massenmedien von einer Mehrheit der Einheitsgegner ausgegangen wird, ohne daß je auch nur einem Bürger unseres Landes die Möglichkeit gegeben worden wäre, sich in freier Selbstbestimmung zu dieser Frage zu äußern?

Ist es nicht erschreckend, daß man sich schon wieder arrogant über Meinungen hinwegzusetzen beginnt, die gerade von dem Volk geäußert werden, das auf der Straße unser aller Freiheit erkämpft hat?

3. Ist es verantwortungsvoll, wenn die Unterzeichner von unserem Staat als von einer möglichen sozialistischen Alternative zur Bundesrepublik sprechen, ohne daß uns auch nur einer von ihnen sagen könnte, wie dieser Sozialismus konkret auszusehen hätte?

Können wir uns in dieser tiefen Krise weitere Experimente leisten, um vielleicht nach weiteren 40 Jahren feststellen zu müssen, daß sie erneut gescheitert sind? Wer trüge hierfür die Verantwortung?

4. Und was heißt es, wenn formuliert wird, daß mit Hilfe der BRD der Ausverkauf unserer materiellen und moralischen Werte beginnen würde? Woher nehmen die Unterzeichner den Mut, von einem beginnenden Ausverkauf zu sprechen, wo es doch unser eigener sozialistischer Staat war, der uns seit langem ausverkauft hat? [...]

Aus diesem Grund bin ich nicht bereit, den Appell zu unterstützen. Im Gegenteil, ich warne vor ihm!

Doz. Dr. J. Wenzel

Arbeitsaufgaben

1. Erklären Sie den Weg, den die Unterzeichner des Aufrufs „Für unser Land" einschlagen möchten.

2. Überprüfen Sie die Stichhaltigkeit der Argumente des Verfassers der „Stellungnahme". In welchen Punkten hat er die Realitäten des Jahres 1989 klarer gesehen als die Verfasser des Aufrufs?

Lektion 23
Europa

A. Überblick

Die Notwendigkeit einer Einigung Europas ergab sich aus den Erfahrungen zweier Weltkriege. Bei vielen Europäern reifte die Einsicht, daß dauerhafter Friede und Wohlstand der Völker Europas nur durch Überwindung des Großmachtdenkens einerseits und des nationalen Hoheitsdenkens andererseits möglich seien. Der nach dem Zweiten Weltkrieg entstandene Ost-West-Konflikt (siehe L. 17) verhinderte die auf Gesamteuropa gerichteten Einheitsbemühungen. Europa wurde in Ost und West geteilt (siehe Karte S. 138).

In Osteuropa setzte die Sowjetunion ihren Vormachtsanspruch durch, bemäntelte ihre Herrschaft mit der Idee von einer „Brudergemeinschaft sozialistischer Staaten" und ordnete diese im RGW (Rat für Gegenseitige Wirtschaftshilfe) und Warschauer Pakt ihren eigenen wirtschaftlichen, politischen und militärischen Interessen unter.

In Westeuropa verlief die Entwicklung differenzierter und uneinheitlich. Auf dem Gebiet Sicherheit und Verteidigung schloß sich die Mehrheit der westeuropäischen Staaten mit den USA und Kanada zur NATO zusammen. Politisch blieben die meisten Staaten selbständig. Eine Kerngruppe von sechs Staaten wollte mehr. Belgien, die Niederlande, Luxemburg, Frankreich, die Bundesrepublik Deutschland und Italien gründeten mit der Montanunion, der EWG und EAG Gemeinschaften für Wirtschaft und Forschung, die über die Zusammenarbeit souveräner Staaten hinausgingen und Teilbereiche der Politik, insbesondere auf wirtschaftlichem Gebiet, gemeinsam entschieden. Dieser Weg der wirtschaftlichen Integration war schwierig. Nationale Interessen einzelner Mitglieder lösten Krisen aus, verhinderten zeitweise gemeinsame Lösungen. Langfristig erwies sich jedoch das Gemeinschaftsinteresse als stärker. Zollunion und wirtschaftliche Verflechtung brachten einen Wirtschaftsaufschwung, förderten den Wohlstand und sicherten den Frieden in

der Europäischen Gemeinschaft. Die Anziehungskraft der EG wuchs. Die Zahl der Mitglieder stieg von sechs auf zwölf. Im europäischen Einigungsprozeß hat sich die EG als stabilster Faktor herausgestellt. In den 90er Jahren muß sich die Europäische Gemeinschaft gewaltigen Herausforderungen stellen. Bis 1993 soll der gemeinsame Binnenmarkt verwirklicht sein. Witschafts-, Währungs- und Politische Union sollen auf den Weg gebracht werden. Es müssen Antworten gefunden werden für eine gemeinsame Außen-, Sicherheits- und Verteidigungspolitik der EG, und es müssen Grundsatzentscheidungen fallen, wie ein gemeinsames gesamteuropäisches Haus entstehen kann und aussehen soll.

Zeittafel

1949
Europarat, Nordatlantik-Pakt, Rat für Gegenseitige Wirtschaftshilfe entstehen.

1951
Belgien, Niederlande, Luxemburg, Frankreich, Bundesrepublik Deutschland und Italien gründen die Montanunion.

1954
Die Europäische Verteidigungsgemeinschaft scheitert am Widerstand Frankreichs.
In Westeuropa entsteht als Beistandspakt die Westeuropäische Union.

1955
Die Sowjetunion bildet mit den osteuropäischen Staaten den Warschauer Pakt.

1958
Die Staaten der Montanunion gründen die Europäische Wirtschaftsgemeinschaft und die Europäische Atomgemeinschaft.

1960
Dänemark, Großbritannien, Norwegen, Österreich, Portugal, Schweden und Schweiz gründen die Europäische Freihandelszone.

1963
Die EWG schließt mit 18 afrikanischen Staaten ein Assoziierungsabkommen.

1967

Montanunion, EWG und EAG vereinigen sich zur Europäischen Gemeinschaft (EG).

1968

Die EG hat die Zollunion verwirklicht.

1973

Die EG wird durch Großbritannien, Dänemark und Irland auf neun Mitglieder erweitert.

1975

Zwischen der EG und Staaten Afrikas, der Karibik und des Pazifischen Raumes (AKP-Staaten) tritt ein Assoziierungsabkommen in Kraft.

1979

Als Vorstufe für eine spätere Währungsunion ensteht das Europäische Währungssystem.
Die Völker der EG wählen erstmals direkt das Europäische Parlament.

1981

Griechenland wird Mitglied der EG.

1986

Spanien und Portugal treten der EG bei.

1991

Warschauer Pakt und Rat für Gegenseitige Wirtschaftshilfe lösen sich auf.

1993

Von der EG geplante Verwirklichung des gemeinsamen Binnenmarktes.

Zentrale Begriffe

Europäische Gemeinschaft - Binnenmarkt - Zollunion - Montanunion - Europäischer Rat - Europäisches Parlament - Integration - Politische Union

Lernziele

Sie sollten die Notwendigkeit einer europäischen Einheit zur Erhaltung des Friedens, der Stabilität und des wirtschaftlichen Wohlstandes erkennen.
Sie sollten die demokratischen Defizite im Einigungsprozeß erkennen und verstehen.
Sie sollten sich die Schwierigkeiten klarmachen, die mit einem Einigungsprozeß verbunden sind, der nicht „von oben" diktiert wird, sondern auf der Freiwilligkeit der beteiligten Nationen beruht. Sie sollten die Problematik der „Erweiterung oder Vertiefung" bei der europäischen Einheit erörtern können.

134

Anmerkungen zur Sendung

Die Sendung zeichnet in groben Zügen den Prozeß der westeuropäischen Integration nach. Im Mittelpunkt steht die Frage, wie die ursprüngliche Idee Europas geistig konzipiert war und warum diese Idee der Vereinigten Staaten von Europa als dritter Kraft neben den USA und der UdSSR sich nicht durchsetzen konnte. Dabei wird gezeigt, daß die politischen Ideen des Humanismus und Sozialismus nach 1945 den Kern für Europa bilden sollten, weil nur darin eine Grundlage gesehen wurde, um das nationalstaatliche Denken zu überwinden.
Im letzten Teil der Sendung wird gezeigt, wie stark Westeuropa auf der ökonomischen Ebene – bei allen heute noch offenen Fragen – zusammengewachsen ist und welche Probleme sich bei der notwendigen politischen und demokratischen Union ergeben.

B. Darstellung
Umbau Europas

Die gewaltigen politischen Veränderungen der letzten Jahre haben dem alten Europa ein Ende gesetzt. Das Europa der Blöcke existiert nicht mehr. Der Eiserne Vorhang ist verschwunden. Die Vorstellung von der Einheit Europas rückt in den Vordergrund.
Michail Gorbatschow, der letzte Präsident der UdSSR, hat seine *Idee vom künftigen Europa* anschaulich folgendermaßen beschrieben:

„Europa ist unser gemeinsames Haus. Dieses Bildwort fiel mir während eines Gesprächs ein. Schon lange hatte ich nach solch einer Formulierung gesucht. Ich konnte die mehrfarbige, einem Flickenteppich ähnliche politische Landkarte Europas nicht mehr akzeptieren. Als ich über die gemeinsame europäische Kultur nachdachte, wurde mir immer stärker bewußt, wie künstlich und wie kurzlebig die gegenwärtige Konfrontation der Blöcke und die veraltete Vorstellung vom „Eisernen Vorhang" sind. Möglicherweise kam mir auf diesem Weg die Idee des gemeinsamen europäischen Hauses in den Sinn. Europa ist in der Tat ein gemeinsames Haus. Natürlich hat jedes Land seine eigenen Probleme und möchte seine Eigenständigkeit bewahren und seinen eigenen Traditionen folgen.
Man könnte daher sagen: Das Haus ist ein gemeinsames, das ist richtig, aber jede Familie hat darin ihre eigene Wohnung, und es gibt auch verschiedene Eingänge. Doch nur zusammen, gemeinschaftlich

können die Europäer ihr Haus bewahren, es vor Feuer und anderen Katastrophen schützen, es besser und sicherer machen und es in einwandfreiem Zustand halten."

Geschichte des Gedankens von der Einheit Europas

Ein Blick auf die Karte zeigt Europa als einen in zahlreiche Inseln und Halbinseln gegliederten Kontinent, den Ural, Kaspisches Meer, Kaukasus und Bosporus von Asien und das Mittelmeer von Afrika trennen.

Die geographische Gestalt Europas findet ihre Entsprechung in der Vielfalt der europäischen Völker, die in über 40 Staaten leben und über 70 verschiedene Sprachen sprechen.

Geschichtlich bildete sich Europa als eigenständiger Faktor erst im *Mittelalter* heraus. Getragen von der *Tradition der Antike* und geprägt vom *christlichen Glauben* wuchs eine *kulturelle Einheit Europas*. Politisch zerrieb und zermürbte sich Europa in unzähligen Kriegen. Der in den vergangenen Jahrhunderten immer wieder entwickelte Gedanke der politischen Einheit Europas war eher Wunsch als Realität. Streben nach Frieden, Harmonie und Stabilität erwuchs aus der Kriegserfahrung. Schon Anfang des 16. Jahrhunderts rief der Theologe und Philosoph *Erasmus von Rotterdam* die Europäer zu einem Frieden stiftenden Bund der Völker auf. 160 Jahre später wollte der Engländer *William Penn* eine Bundesversammlung der europäischen Staaten schaffen. 1795 sprach sich der Philosoph *Immanuel Kant* für eine Föderation republikanischer Staaten aus. 1851 kündigte *Victor Hugo* die Vereinigten Staaten von Europa an. Nach dem Ersten Weltkrieg bildeten sich *Initiativen zur Völkerverständigung,* zum Abbau von Handelshindernissen und zur internationalen Zusammenarbeit. Politisch durchsetzbar waren solche Entwürfe jedoch nicht. Sie scheiterten an nationalen oder hegemonialen Machtansprüchen.

Notwendigkeit europäischer Zusammenarbeit

Das Ende des Zweiten Weltkriegs brachte für Europa einen tiefen Funktionsverlust. Die Zentren der Macht hatten sich auf die USA und die Sowjetunion verlagert. Nur gemeinsame Anstrengungen der Europäer konnten die politischen, wirtschaftlichen und sozialen Probleme der Nachkriegszeit beheben und die Selbstbehauptung Europas als Machtfaktor in der Welt ermöglichen.

Die wichtigsten *Motive und Ziele im Bemühen um einen europäischen Zusammenschluß* in der Nachkriegszeit waren:
- Selbstbehauptungswille der Europäer,
- dauerhafte Friedenssicherung aufgrund gemeinsamer Kriegserfahrung,
- Überwindung nationaler Egoismen,
- Wiederaufbau der zerstörten Volkswirtschaften,
- Einbindung und Eingliederung des besiegten Deutschlands in ein einiges Europa,
- Sicherheits- und Verteidigungsbedürfnis gegenüber der sowjetischen Bedrohung.

Erste Ansätze

In der Nachkriegszeit erhielt die *europäische Idee* einen großen Aufschwung. *Winston Churchill* forderte 1946 in einer Grundsatzrede in Zürich „eine Art Vereinigter Staaten von Europa", in denen Frankreich und Deutschland zusammen die Führung übernehmen sollten. Gleichzeitig entwickelten die europäischen Föderalisten auf einem *Kongreß in Hertenstein* am Vierwaldstädter See ein *Programm für eine Europäische Union*. 1947 gründete Graf Coudenhove-Kalergi die *„Europäische Parlamentarier-Union".* Der Radikalsozialist Herriot bildete den *„Conseil Français pour l'Europe Unie".* Christlich-demokratische Parteien gründeten die *„Nouvelles Equipes Internationales",* sozialistische Parteien die *„Mouvement Socialiste pour les Etats-Unis d'Europe".* In Den Haag trafen sich 1948 europäische Politiker zu einem europäischen Kongreß, der erklärte, „daß die Zeit gekommen sei, zu der die europäischen Nationen einen Teil ihrer Souveränitätsrechte übertragen und verschmelzen müssen, um gemeinsames politisches und wirtschaftliches Handeln zur Ergänzung und geeigneten Entwicklung ihrer gemeinsamen Hilfsquellen sicherzustellen". Dieser Kongreß führte schließlich zur *Gründung des Europarats* im Jahre 1949. Er sollte die Grundlage zur politischen Vereinigung Europas werden. Als es

23

135

jedoch darum ging, die Organe des Europarats mit Zuständigkeiten und Entscheidungsbefugnissen auszustatten, zeigte sich, daß die nationalen Staaten zu einem Machtverzicht zugunsten überstaatlicher europäischer Institutionen nicht bereit waren. So blieb der Europarat in Straßburg eine *beratende Versammlung,* die die Europäer einander näher brachte, die Vereinigung aber nicht bewirken konnte.

Der bei vielen Europäern verbreiteten Europa-Begeisterung, die auf einen gesamteuropäischen Bund abzielte, entzog die politische Entwicklung in Europa rasch den Boden. Die *Sowjetisierung Osteuropas,* die Konfrontation zwischen den USA und der Sowjetunion und der *Kalte Krieg* reduzierten den Gedanken der europäischen Einigung auf Westeuropa, das auf die USA angewiesen blieb.

1947 verkündete der US-Außenminister Marshall das europäische Wiederaufbauprogramm (*European Recovery Program* (ERP), siehe Lektion 21, S. 108 f.), durch das bis 1952 15,3 Milliarden Dollar in Geld- und Sachwerten nach Westeuropa flossen. Zur Verteilung der Marshallplanmittel und zur Koordinierung der europäischen Volkswirtschaften gründeten die Europäer die OEEC *(Organization for European Economic Cooperation).* Durch diese Zusammenarbeit festigte Westeuropa seine Wirtschaft und stabilisierte die sozialen Verhältnisse, eine Integration entstand aber daraus nicht.

Sicherheitspolitik

Die Sicherheitspolitik der Europäer wurde in den ersten Jahren nach 1945 vor allem durch das *Sicherheitsbedürfnis gegenüber Deutschland* und durch die *sowjetische Bedrohung* bestimmt.

Obwohl Deutschland völlig besiegt, geteilt und entmilitarisiert war und der Kontrolle der Alliierten unterstand, hielten es die westeuropäischen Staaten Großbritannien, Frankreich, Belgien, Niederlande und Luxemburg für erforderlich, 1948 den *Brüsseler Pakt* zu schließen, einen Sicherheitspakt, der die Mitglieder zu gemeinsamem Beistand „für den Fall der Erneuerung einer deutschen Aggression" verpflichtete. Mehr und mehr wurde jedoch die Angst vor Deutschland überlagert von der Bedrohung Europas durch die Sowjetunion, die bis 1948 alle osteuropäischen Staaten ihrem Herrschaftssystem unterworfen hatte. Zur

Sicherung des westlichen Europa hatten deshalb die USA 1949 die *Gründung der NATO* durchgesetzt. Im gleichen Jahr waren in Deutschland zwei Staaten entstanden, im östlichen Teil die *DDR,* gestützt durch die UdSSR, im westlichen Teil die *Bundesrepublik Deutschland* unter Aufsicht der westlichen Alliierten. Damit stellte sich erneut die Frage der Einbeziehung Deutschlands in die Sicherheitsüberlegungen der Europäer. Die USA forderten einen deutschen Verteidigungsbeitrag. Auch die Briten stimmten dem zu. Deshalb entwickelte Frankreich den *Plan einer Europäischen Verteidigungsgemeinschaft* (EVG), der 1952 unterzeichnet wurde. Vorgesehen war eine europäische Armee mit westdeutscher Beteiligung unter gemeinsamer europäischer Führung und unter Haushaltskontrolle eines europäischen Parlaments. In der EVG wollten Frankreich, Belgien, die Niederlande, Luxemburg, Italien und die Bundesrepublik Deutschland ein Verschmelzen ihrer Streitkräfte erreichen. Die Realisierung dieses Planes hätte einen wichtigen Teilschritt auf dem Weg der Integration Westeuropas bedeutet, da auf dem Gebiet der Verteidigung die Mitglieder auf nationale Souveränitätsrechte zugunsten eines gemeinsamen Handelns verzichtet hätten. Doch gerade *Bedenken gegen einen Souveränitätsverzicht* führten in der französischen Nationalversammlung, in der sich Anhänger de Gaulles und Kommunisten dem Vertrag verweigerten, 1954 zum Scheitern der EVG. Damit fielen gleichzeitig die *Pläne zur Bildung einer Europäischen Politischen Gemeinschaft* (EPG) in sich zusammen, mit der das Ziel der Koordinierung der Außen-, Wirtschafts- und Finanzpolitik verbunden sein sollte.

Als Ersatz für die EVG entstand 1954 die *Westeuropäische Union* (WEU), entwickelt aus dem Brüsseler Pakt und erweitert durch Italien und die Bundesrepublik Deutschland, mit dem Ziel, die Sicherheit aller Partner durch automatischen Beistand gegen jede Aggression zu gewährleisten.

In der Folgezeit blieb die WEU weitgehend bedeutungslos. Dominant für Westeuropa blieb die NATO, der auch die Bundesrepublik beitrat. Im Gegenzug gründete die Sowjetunion den *Warschauer Pakt* (WP).

Die folgenden Jahrzehnte führten zu einem beispiellosen *Wettrüsten* zwischen Ost und West und machten Europa zum höchstgerüsteten Raum der Erde.

Nachdem die sowjetische Bedrohung weggefallen ist und der Warschauer Pakt sich 1991 aufgelöst hat, steht die EG vor einer neuen Herausforderung. Angesichts der zunehmenden Instabilität an den Grenzen ihres Raumes muß sie ein sicherheitspolitisches Instrumentarium entwickeln und zu einem einheitlichen außenpolitischen Handeln kommen, um den Frieden in Europa sicherzustellen. Zwar ist die Einsicht dazu bei den Mitgliedstaaten vorhanden, aber die politische Weichenstellung für eine integrierte Außen- und Sicherheitspolitik ist noch nicht erfolgt.

Von der Montanunion zur EG

Die politische Entwicklung Europas Ende der 40er und Anfang der 50er Jahre hatte gezeigt, daß eine gesamteuropäische Politik am Ost-West-Gegensatz scheitern mußte. Auch der Weg zu einer Politischen Union oder zu einer Verteidigungsgemeinschaft Westeuropas war nicht gangbar. Ihm standen *nationale Egoismen* entgegen. Erfolgversprechender erwies sich die *Bemühung um wirtschaftliche Teilintegration*.

Als Politiker der ersten Stunde beeinflußten diese Entwicklung in besonderem Maße *Robert Schuman* und *Jean Monnet,* Frankreich, *Alcide de Gasperi,* Italien, *Konrad Adenauer,* Bundesrepublik Deutschland, und *Paul-Henri Spaak,* Belgien. Im Jahre 1951 beschlossen Belgien, die Niederlande, Luxemburg, Frankreich, Italien und die Bundesrepublik Deutschland die Bildung der Europäischen Gemeinschaft für Kohle und Stahl (*EGKS* oder *Montanunion*). Die Montanunion schuf einen gemeinsamen Markt für Kohle, Eisenerz, Stahl und Schrott durch Abbau der Zölle und Handelsbeschränkungen mit dem Ziel, Witschaftsaufschwung und Wohlstand zu erreichen und Westdeutschland als gleichberechtigten Staat in Westeuropa einzubinden. Gemeinsame wirtschaftliche Interessen ließen die Kohle- und Stahlindustrien zusammenwachsen und halfen, jahrhundertealte Rivalitäten zu überwinden.

Die Zuständigkeit für Kohle und Stahl wurde von den Staaten der Sechsergemeinschaft auf gemeinsame Organe übertragen. Als Exekutive fungierte die Hohe Kommission. Ein *gemeinsamer Ministerrat* und ein *gemeinsames Parlament* faßten und kontrollierten die Beschlüsse. Bei Streitigkeiten fällte ein *europäischer Gerichtshof* verbindliche Urteile.

Über den wirtschaftlichen Erfolg hinaus, den die EGKS ermöglichte, liegt die geschichtliche Bedeutung der Montanunion darin, daß *erstmals in Europa Staaten* freiwillig in einem wirtschaftlichen Teilbereich *auf ihre Souveränität verzichteten* und damit den Grundstein für eine weitergehende wirtschaftliche Integration legten.

Ausschlaggebend für die Fortentwicklung der europäischen Einigung war das gemeinsame Interesse, in wirtschaftlicher Hinsicht mit den beiden Weltmächten konkurrieren zu können. 1957 einigten sich die Benelux-Länder, Frankreich, Italien und die Bundesrepublik Deutschland auf die *Gründung der Europäischen Wirtschaftsgemeinschaft* (EWG, 1958) und der *Europäischen Atomgemeinschaft* (EAG). Die EAG hatte zum Ziel, die Forschung und friedliche Nutzung der Kernenergie gemeinsam voranzutreiben, einheitliche Sicherheitsnormen festzulegen und die Wirtschaft mit billiger Energie zu versorgen.

Artikel 2 des EWG-Vertrages beschreibt die *Aufgaben der Wirtschaftsgemeinschaft* so:

„Aufgabe der Gemeinschaft ist es, durch die Errichtung eines gemeinsamen Marktes und die schrittweise Annäherung der Wirtschaftspolitik der Mitgliedstaaten eine harmonische Entwicklung des Wirtschaftslebens innerhalb der Gemeinschaft, eine beständige und ausgewogene Wirtschaftsausweitung, eine größere Stabilität, eine beschleunigte Hebung der Lebenshaltung und engere Beziehungen zwischen den Staaten zu fördern, die in dieser Gemeinschaft zusammengeschlossen sind."

Zur Umsetzung der wirtschaftlichen Zielvorgaben enthielt der EWG-Vertrag folgende Elemente:

- *Zollunion:* In mehreren Etappen wurden bis 1968 die Zollschranken zwischen den Mitgliedern beseitigt und gleichzeitig gegenüber Nichtmitgliedern (Drittländern) ein gemeinsamer Außenzoll geschaffen. Dazu bedurfte es einer gemeinsamen Außenhandelspolitik.
- *Gemeinsamer Markt:* Zur Errichtung eines einheitlichen Wirtschaftsraumes mußten die Bedingungen für freien Waren-, Dienstlei-

23

stungs-, Personen- und Kapitalverkehr verbessert werden. Die Endstufe dieser Entwicklung soll mit Verwirklichung des Binnenmarktes 1993 abgeschlossen sein.

- *Gemeinsamer Agrarmarkt:* In dem von Schrumpfung und Anpassungskrisen gekennzeichneten Bereich der Landwirtschaft sollte ein gemeinsamer Markt und eine gemeinsame Agrarpolitik entwickelt werden. Heute hat die EG in diesem Bereich einen hohen Grad an Integration erreicht.
- *Gemeinsame politische Organe,* die nach dem Vorbild der Montanunion zur Durchführung der EWG-Verträge geschaffen wurden.

In einem nächsten Schritt vereinigten sich EGKS, EWG und EAG im Jahre 1967 zur *Europäischen Gemeinschaft* (EG). *Hauptziele der EG für die nächsten Jahre* sind:
- Vollendung des Binnenmarktes,
- Schaffung der Wirtschafts- und Währungsunion,
- Verwirklichung der Politischen Union.

Europäische Freihandelszone

Neben der EG entwickelte sich in Westeuropa 1960 ein zweites Wirtschaftsbündnis, die *Europäische Freihandelszone* (EFTA).

Die Bedeutung der EFTA für die europäische Wirtschaftsentwicklung blieb relativ gering und ging weiter zurück, als 1973 Dänemark und Großbritannien und 1986 Portugal der EG beitraten. Nachdem weitere Staaten der EFTA Aufnahmeanträge bei der EG gestellt haben, steht in den nächsten Jahren eine Auflösung bzw. Verschmelzung der EFTA mit der EG bevor.

Osteuropas Eigenweg

Als Reaktion auf die 1948 in Westeuropa entstandene Organisation für wirtschaftliche Zusammenarbeit (OEEC), die den wirtschaftlichen Wiederaufbau nach dem Zweiten Weltkrieg vorantrieb, gründeten im Jahre 1949 die Staaten des sozialistischen Ostblocks den *Rat für Gegenseitige Wirtschaftshilfe* (RGW). Dieser anfangs lockere Zusammenschluß erhielt 1959 als Antwort auf die Gründung der EWG eine erweiterte Organisation und eine eigene Satzung. *Hauptziele des RGW* waren:
- Schaffung eines sozialistischen Weltmarktes mit eigenem Preissystem,
- Produktionsspezialisierung durch Plankoordination,
- Zusammenarbeit in Technik und Forschung,

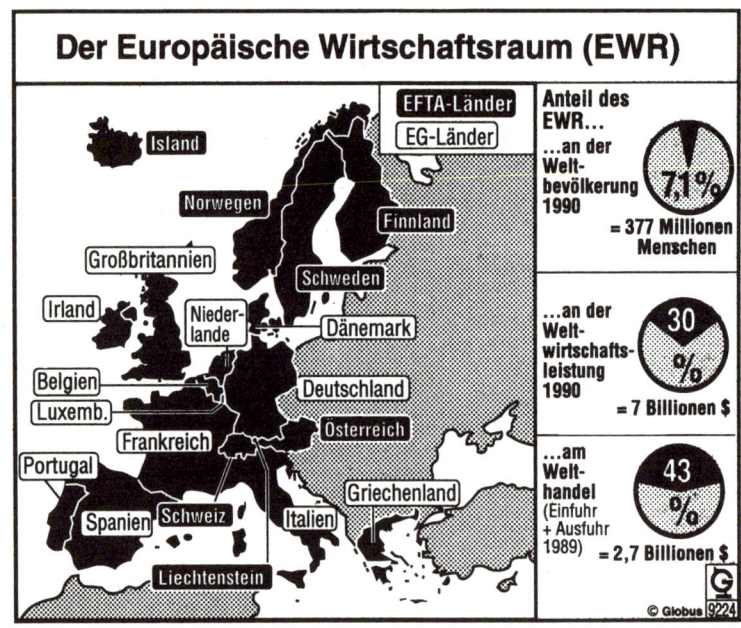

- Angleichung der Plansysteme der Mitglieder,
- Aufbau eines mehrseitigen Verrechnungssystems,
- Beseitigung der Entwicklungsunterschiede der Mitgliedstaaten.

Die *Sowjetunion sicherte sich* im RGW *die Vorherrschaft* und konnte so ihre wirtschaftlichen und strategischen Interessen durchsetzen. *Zweiseitige* (bilaterale) *Handelsabkommen* halfen dabei.

In den 50er Jahren mußte ein Partnerstaat für sowjetische Lieferungen Preise weit über Weltmarktniveau bezahlen, während er für Exporte in die Sowjetunion nur geringe Preise erzielte. Dies führte zu einer verdeckten *Ausbeutung der sozialistischen „Bruderländer".*

Die Schwerfälligkeit des sozialistischen Plansystems, die wirtschaftliche Ineffektivität in Industrie und Landwirtschaft sowie die hohe Westverschuldung, die nach den Revolutionen in Osteuropa offen zutage traten, trugen zum schnellen *Niedergang des RGW* bei. Er löste sich am 28. Juni 1991 selbst auf. Damit war das Experiment einer sozialistischen Weltwirtschaftsordnung und der wirtschaftliche Eigenweg Osteuropas unter sowjetischer Vorherrschaft endgültig gescheitert.

Erweiterung der Europäischen Gemeinschaft

Befruchtend für die weitere Entwicklung der EG erwies sich der *Vertrag über die deutschfranzösische Zusammenarbeit* aus dem Jahr 1963. Die alte Erbfeindschaft wurde endgültig überwunden. Staatspräsident *Charles de Gaulle* und Bundeskanzler *Konrad Adenauer* vereinbarten ständige Konsultationen in den Bereichen Politik, Wirtschaft und Kultur. Ergänzt wurde das Abkommen durch das deutsch-französische Jugendwerk, das die Jugend beider Staaten zu gegenseitiger Begegnung und Verständigung anregen soll.

Bei anderen EG-Staaten löste das deutsch-französische Abkommen allerdings auch Bedenken aus, weil man ein Übergewicht der beiden großen Staaten in der EG befürchtete.

Während die EG im wirtschaftlichen Bereich aufblühte und die Spitzenstellung im Welthandel erreichte, stagnierte ihre politische Entwicklung. Zwischen den Mitgliedern blieb der Weg zur politischen Gemeinschaft umstritten. Sollte die EG die Lösung eines Staatenbundes oder eines Bundesstaates anstreben, oder sollte man bei der funktionalen Teilintegration verharren? De Gaulle wehrte sich am heftigsten gegen einen Ausbau der Gemeinschaftsaufgaben der EG-Organe, beharrte auf dem Prinzip einstimmiger Entscheidungen und lehnte strikt Mehrheitsentscheidungen in der EG ab. Damit geriet der Integrationsprozeß ins Stocken und konnte erst allmählich nach dem Rücktritt de Gaulles 1969 wieder in Gang gebracht werden. Wirtschaftliche Interessen führten 1973 zur *Norderweiterung:* Irland, Großbritannien und Dänemark traten der EG bei. Aus dem Europa der Sechs wurde das *Europa der Neun* und schließlich *der Zwölf* durch die *Süderweiterung* (Griechenland 1981, Spanien und Portugal 1986). 1990 kam zur EG durch die Vereinigung Deutschlands das Gebiet der östlichen Bundesländer dazu. Durch die Gründung der EWG war ein Markt für 180 Millionen Europäer entstanden. 1990 umfaßte die Gemeinschaft über 340 Millionen Einwohner und ist damit der bei weitem stärkste einheitliche Wirtschaftsraum der Erde.

Mitglieder der Europäischen Gemeinschaft	
1951/58	Gründerstaaten: Belgien, Niederlande, Luxemburg, Frankreich, Italien, BR Deutschland
1973	Norderweiterung: Irland, Großbritannien, Dänemark
1981/86	Süderweiterung Griechenland, Spanien, Portugal
1990	Gebiet der ehemaligen DDR durch Vereinigung Deutschlands

23

Inzwischen haben weitere Staaten ihren Beitrittswillen bekundet und die Mitgliedschaft in der EG beantragt, z.B. Malta, Österreich, Schweden, die Türkei und Zypern.

EFTA-Staaten wie Finnland, Norwegen und die Schweiz erwägen einen EG-Beitritt. Auch Staaten des ehemaligen Rats für Gegenseitige Wirtschaftshilfe wie Ungarn, Polen und die Tschechoslowakei sind an der EG interessiert.

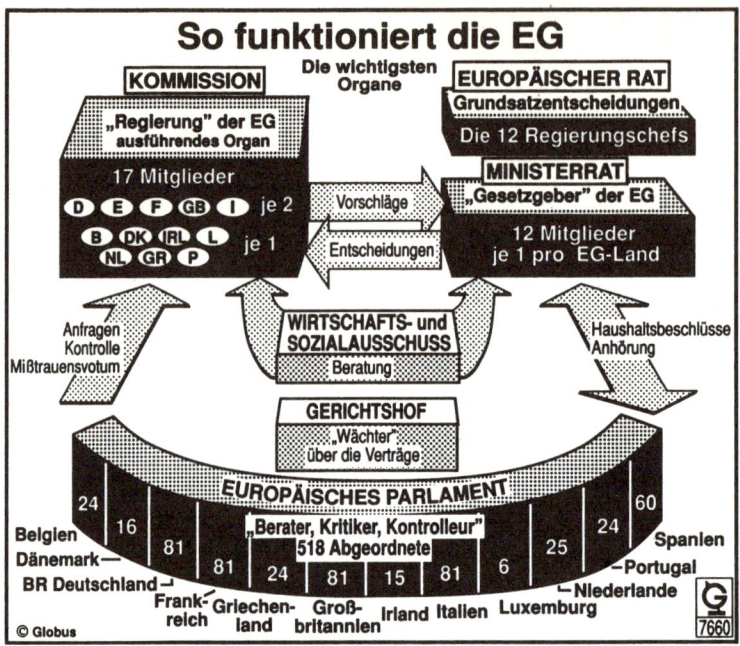

So funktioniert die EG

Die wichtigsten Organe

KOMMISSION
„Regierung" der EG
ausführendes Organ
17 Mitglieder
D E F GB I je 2
B DK IRL L je 1
NL GR P

EUROPÄISCHER RAT
Grundsatzentscheidungen
Die 12 Regierungschefs

MINISTERRAT
„Gesetzgeber" der EG
12 Mitglieder
je 1 pro EG-Land

Vorschläge
Entscheidungen

Anfragen
Kontrolle
Mißtrauensvotum

WIRTSCHAFTS- und SOZIALAUSSCHUSS
Beratung

Haushaltsbeschlüsse
Anhörung

GERICHTSHOF
„Wächter"
über die Verträge

EUROPÄISCHES PARLAMENT
„Berater, Kritiker, Kontrolleur"
518 Abgeordnete

24 16 81 81 24 15 81 6 25 24 60

Belgien
Dänemark
BR Deutschland
Frankreich
Griechenland
Großbritannien
Irland Italien Luxemburg
Niederlande
Portugal
Spanien

© Globus
7660

Inwieweit die EG zu einer Erweiterung bereit ist oder ob die EG, bevor sie neue Mitglieder aufnimmt, zuerst die innere Entwicklung der Gemeinschaft zur politischen Union vorantreibt, bleibt abzuwarten.

So funktioniert die EG

Die EG entstand aus den Vorformen der Montanunion und der EWG aus dem gemeinsamen wirtschaftlichen Interesse der Mitglieder. Entscheidungen waren grundsätzlich nur möglich auf der Basis schwieriger Kompromisse zwischen den nationalen Interessen der Partner. Dieses nationale Interesse schlug sich auch in der Zusammensetzung und Zuständigkeit der Organe der EG nieder. Das Hauptgewicht der Entscheidung kommt auch heute dem *Europäischen Rat* und dem *Ministerrat* zu. In beiden vertreten vorrangig die Einzelstaaten ihre eigenen Interessen. Die europäischen Institutionen, *Kommission* und *Parlament,* dagegen sind in die Entscheidungen zwar eingebunden, treffen sie aber nicht oder nur in begrenztem Umfang.

Organe der EG

Europäischer Rat: Den Europäischen Rat bilden die 12 Staats- und Regierungschefs und der Präsident der Kommission. Sie treffen sich zweimal jährlich, um die wichtigen Probleme europäischer Politik zu beraten, Lösungen vorzuzeichnen und Grundsatzentscheidungen zu fällen.

Ministerrat: Er setzt sich aus den Außenministern bzw. Fachministern (Außenministerrat, Agrarministerrat, Verkehrsministerrat usw.) zusammen, die die nationalen Interessen der Mitgliedstaaten vertreten. Er ist neben dem Europäischen Rat das wichtigste Entscheidungsorgan der EG und wird deshalb häufig als „Gesetzgeber" der EG bezeichnet. Er trifft Entscheidungen, erläßt Ordnungen, verabschiedet Richtlinien. Die Mitglieder des Ministerrats verfügen je nach Größe des Landes über 2 bis 10 Stimmen. Bei Entscheidungen über Steuerrecht gilt das Einstimmigkeitsprinzip. Für andere wichtige Entscheidungen genügt eine qualifizierte Mehrheit (54 von 76 Stimmen), ansonsten reicht die relative Mehrheit aus.

EG-Kommission: Sie besteht aus Kommissaren, die für unterschiedliche Fachbereiche zuständig sind und für eine Amtszeit von vier Jahren ernannt werden. Die Kommission ist ein wichtiges Initiativorgan: Sie bringt Entscheidungsprozesse voran, bereitet Rechtsakte des Ministerrats vor, stellt den Haushalt der EG auf. Darüber hinaus nimmt die Kommission viele ausführende und kontrollierende Aufgaben wahr. Als europäische Institution, die unabhängig von nationalen Interessen arbeitet, vertritt die Kommission den europäischen Einheitsgedanken in starkem Maße.

Europäisches Parlament: Seit 1979 wird das Europäische Parlament von den Bürgern der Mitgliedstaaten direkt gewählt. Im Unterschied zu nationalen Parlamenten sind die Entscheidungsmöglichkeiten des EP eingeschränkt. Man kann seine Funktionen eher im Bereich der Beratung, Kritik und Kontrolle der anderen EG-Organe sehen. Das Parlament berät den Haushalt und kann ihn insgesamt ablehnen; es kann der Kommission das Mißtrauen aussprechen und damit deren Sturz herbeiführen. Neue Beitritts- oder Assoziierungsanträge sind von der Zustimmung des Europäischen Parlaments abhängig. Das Recht, Gesetze für die EG zu beschließen, wird aber bisher dem Parlament vorenthalten. Immer wieder ringt das Parlament mit anderen Organen der EG um Erweiterung seiner Machtbefugnisse, dennoch bleibt die Macht der gewählten Völkervertreter hinter der Macht der anderen Organe weit zurück.

Europäischer Gerichtshof: In Fragen des Gemeinschaftsrechts entscheidet der Europäische Gerichtshof. Er wacht über die Einhaltung europäischer Verträge und Rechtsakte der EG. Er entscheidet bei Streitigkeiten zwischen EG-Organen und Mitgliedstaaten. Er kann auch von einzelnen EG-Bürgern angerufen werden. Seine Entscheidungen haben Vorrang vor nationalem Recht.

Wirtschafts- und Sozialausschuß: Vertreter der Arbeitgeber- und Arbeitnehmerorganisationen, der Verbraucher, der Landwirte und anderer gesellschaftlicher Gruppen bilden den Wirtschafts- und Sozialausschuß und beraten die Kommission und den Ministerrat in wirtschafts- und sozialpolitischen Fragen.

Demokratische Defizite

Mit der Schaffung gemeinsamer Organe betrat die EG Neuland, denn vorher gab es weder auf nationaler noch auf internationaler Ebene Vorbilder für die politischen Institutionen einer Staatengemeinschaft, die ein allmähliches Zusammenwachsen anstrebt. Die EG ist ein Staatenverbund, in dem einerseits nationale Souveränität erhalten bleibt und fortbesteht, andererseits immer mehr verbindliche überstaatliche Entscheidungen fallen. Immer tiefer durchdringen EG-Beschlüsse Politik, Wirtschaft und Lebensbedingungen der Bürger. Schwieriger dagegen wird die demokratische Kontrolle dieser Entscheidungen.

Die demokratischen Defizite der EG werden immer deutlicher sichtbar:

- Die Bündelung nationaler Eigeninteressen im Europäischen Rat und Ministerrat führt zur *Entmachtung nationaler Parlamente,* die nicht mehr in der Lage sind, EG-Beschlüsse zu kontrollieren.

- Europäischer Rat und Ministerrat erfahren einen ständigen Machtzuwachs. *Nationale Egoismen* verhindern jedoch Mehrheitsentscheidungen.

- Dem *Europaparlament fehlt* mit dem *Gesetzgebungsrecht* die wichtigste parlamentarische Entscheidungsmöglichkeit. Es ist das einzige von den Bürgern der Mitgliedstaaten direkt gewählte Organ der EG, hat aber keine hinreichende Möglichkeit, die Exekutive zu kontrollieren.

- Das Europäische Parlament wird *nicht nach einheitlichem Wahlrecht,* sondern nach unterschiedlichem Recht der Nationalstaaten gewählt. In Deutschland gilt z.B. die Fünf-Prozent-Klausel, in anderen EG-Staaten nicht. Daraus ergeben sich unterschiedliche Chancen der Parteien bei der Wahl.

- Es gibt *keine gesamteuropäisch organisierten Parteien.* Bei der Europawahl setzen sich die großen nationalen Parteien durch.

- Der schwierige *Willensbildungsprozeß* in der EG ist für den einzelnen Bürger *weder nachvollziehbar noch durchschaubar.*

Die Probleme der Demokratisierung der EG werden seit vielen Jahren diskutiert. Zahlreiche Reformvorschläge wurden gemacht. Einschneidende Änderungen und Fortschritte sind erst zu erwarten, wenn die EG bereit ist, den Weg zur politischen Union zu beschreiten. Solange diese Entscheidung offen bleibt, werden greifbare Ergebnisse der Demokratisierung auf sich warten lassen.

Klaus Hänsch, SPD-Abgeordneter im Europäischen Parlament, schildert diese Situation so:

„Längst wird in Brüssel viel mehr entschieden, als es sich die nationalen Parlamente überhaupt träumen lassen. [...]
In den letzten zweieinhalb Jahren sind dem Deutschen Bundestag über 1800 Richtlinienvorschläge und Empfehlungen von Kommission und Rat zugegangen. Davon sind nur 106 im Plenum des Deutschen Bundestages behandelt worden, weil die nationalen Parla-

23

mente allgemein weder die Zeit noch die Möglichkeit haben, die Fülle europäischer Entscheidungen nachzuvollziehen und zu kontrollieren."

(Zitiert nach: *Das Parlament* Nr. 31 vom 1. 8. 1981, S. 11.)

Gemeinsamer Markt – Beispiel für Integration

Viele EG-Bürger assoziieren mit dem Stichwort Agrarmarkt Weinseen, Obsthalden, Butter- und Rindfleischberge und Bauernproteste, Hinweise auf Erfolge und Mißerfolge zugleich.

Als sich die Mitgliedstaaten bei der Gründung der EWG auf die Schaffung eines gemeinsamen Agrarmarktes verständigten, hatten sie die schlechte Versorgungslage der Nachkriegszeit vor Augen. Nie wieder sollten die Völker der EG Hunger leiden. Außerdem sollte die EG im Agrarbereich unabhängig sein von den Einflüssen des Weltmarktes, insbesondere von den USA.

Im *EWG-Vertrag* einigte man sich auf folgende *Ziele:*

– die Produktivität der Landwirtschaft durch Förderung des technischen Fortschritts, Rationalisierung der landwirtschaftlichen Erzeugung und den bestmöglichen Einsatz der Produktionsfaktoren, insbesondere der Arbeitskräfte, zu steigern;

– auf diese Weise der landwirtschaftlichen Bevölkerung, insbesondere durch Erhöhung des Pro-Kopf-Einkommens der in der Landwirtschaft tätigen Personen, eine angemessene Lebenshaltung zu gewährleisten;

– die Märkte zu stabilisieren;

– die Versorgung sicherzustellen;

– für die Belieferung der Verbraucher zu angemessenen Preisen Sorge zu tragen.

Bei der Frage nach dem Setzen von Prioritäten bei diesen Zielen mußte es über kurz oder lang zu Konflikten kommen.

Für die gemeinsame Organisation der Märkte gelten in der EG-Agrarpolitik drei Grundprinzipien:

– der *freie Warenverkehr aller Agrarprodukte* auf der Grundlage einheitlicher Preise,

– der *gemeinsame Außenschutz,* der das Preisniveau der Gemeinschaft gegenüber Drittländern sichern und der EG-Produktion Vorzug gewähren soll,

– die *finanzielle Solidarität* bei der Finanzierung der gemeinsamen Agrarpolitik, zunächst durch Beiträge der Einzelstaaten, seit 1975 durch eine eigenständige Finanzierung der EG.

Seit 1962 sind für fast alle landwirtschaftlichen Produkte einheitliche Regeln und Steuerungsmechanismen geschaffen worden, die heute über 90 Prozent der Agrarproduktion erfassen. Damit ist die *Landwirtschaft der am weitesten integrierte Bereich der EG* und dem Binnenmarkt am nächsten. Alle agrarpolitischen Entscheidungen fallen in der EG gemeinschaftlich, sind also der nationalen Kompetenz entzogen. Es gibt aber immer noch unterschiedliche Rechts- und Verwaltungsvorschriften, die zu Wettbewerbsverzerrungen führen. So bedarf es weiterer Harmonisierung im Bereich Pflanzenschutz- und Tierzuchtrecht, in der Tierhaltung, im Lebensmittelrecht (Hygienevorschriften), bei den indirekten Steuern (Mineralöl-, Alkohol- und Biersteuer), im Umweltrecht (Düngung) und im Währungsbereich. Erst wenn dies gelungen ist, werden für alle EG-Mitglieder gleiche Wettbewerbsbedingungen herrschen und wird die Integration in vollem Umfang vollzogen sein.

Marktordnung

Die Marktordnung bzw. Marktorganisationen, die die EG für einzelne Produkte erließ, sichern in unterschiedlicher Weise die Einkommen der Bauern.

– Bei 70 Prozent der Produkte (z. B. Getreide, Zucker, Milch, Rindfleisch, Wein) gibt es *garantierte Mindestpreise* (Interventionspreise), die jährlich festgelegt werden. Bei einem Preisverfall muß die EG diese Produkte unter bestimmten Bedingungen zu diesen Preisen aufkaufen (intervenieren). Ein entsprechender Außenschutz sichert das innere Preisniveau ab.

– Andere Produkte werden lediglich *gegenüber billigeren Einfuhren geschützt* (z. B. Blumen, Eier, Geflügel, Reis), ohne daß die EG Preisgarantien gibt.

– Für einige Erzeugnisse gibt es *direkte Beihilfen* (z. B. Flachs, Saatgut, Tabak); ihre Preise sind ebenfalls nicht abgesichert.

Problem der Überproduktion

Schneller als erwartet erholte sich die Landwirtschaft in den 50er und 60er Jahren in Europa. Abnahme- und Preisgarantien steigerten die Produktivität der landwirtschaftlichen Betriebe und führten zu enormer Überproduktion bei fast allen landwirtschaftlichen Erzeugnissen. Da die Konsumenten die angebotenen Produkte nicht verbrauchen konnten, mußte die EG die Überschüsse mit hohen Kosten einlagern und dann entweder mit Hilfe hoher Subventionen auf dem Weltmarkt verkaufen oder an Altenheime, Krankenhäuser der EG bzw. an Länder der Dritten Welt verschenken.

Da die Kosten für den gemeinsamen Agrarmarkt immer höher stiegen – sie erreichten zeitweise 70 Prozent des EG-Haushalts –, mußte Abhilfe durch Reformen geschaffen werden. Ein erster Schritt zur *Mengenbegrenzung* wurde beim Milchmarkt gemacht. Jeder Landwirt erhält ein bestimmtes Milchkontingent (Quote). Dafür erhält er einen festgelegten Preis. Produziert er mehr Milch, muß er erhebliche Preiseinbußen hinnehmen. In der Folgezeit reduzierten sich die Milchmengen der EG erheblich. Die Lagerbestände wurden abgebaut, das Marktgleichgewicht annähernd erreicht. Deshalb führte die EG ab 1988 die Reform auch bei pflanzlichen Produkten durch. Auch hier gibt es Produktionsobergrenzen, die jährlich neu festgelgt werden. Werden sie überschritten, treten automatisch Preissenkungen in Kraft. Zur weiteren Senkung der Produktion beschloß die EG Prämien bei Aufgabe bäuerlicher Betriebe und für Flächenstillegungen.

Die Agrarpolitik wird auch künftig ein Sorgenkind der EG bleiben. Wenn nicht nur die Agrarprodukte aus der Dritten Welt, sondern auch aus Osteuropa auf den EG-Markt drängen, werden Anpassungsprozeß und Strukturwandel in der EG-Landwirtschaft weitergehen müssen.

Entwicklungshilfe der EG

Historische Gründe waren ausschlaggebend für das erste Abkommen über *wirtschaftliche Zusammenarbeit* zwischen der EWG und 18 afrikanischen Staaten im Jahre 1963. Mehrere EWG-Staaten waren Kolonialmächte gewesen, z. B. Belgien und Frankreich, und hatten nach der Unabhängigkeit der Kolonialgebiete ein Interesse an der Erhaltung besonderer Beziehungen. Nach dem EG-Beitritt Großbritanniens wurde die Zusammenarbeit zwischen den Entwicklungsländern und der EG ausgebaut und erweitert.

An dem im Jahre 1975 abgeschlossenen *Handels- und Kooperationsabkommen von Lomé,* Togo, beteiligten sich die EG und die AKP-Staaten, 46 Staaten Afrikas, der Karibik und des Pazifik. Das vierte Lomé-Abkommen mit einer Laufzeit von zehn Jahren, gültig bis zum Jahre 2000, bezieht 69 AKP-Staaten ein.

Hauptinhalte dieses Abkommens sind:
- freier Zugang für Produkte der AKP-Staaten zum EG-Markt,
- Stabilisierung der Ausfuhrerlöse der AKP-Staaten,
- industrielle und landwirtschaftliche Zusammenarbeit,
- Finanzhilfen aus dem EG-Entwicklungsfond.

Damit gewährt die EG den AKP-Staaten, von denen viele zu den ärmsten Entwicklungsländern gehören, weitgehende *Handelserleichterungen.* Mit Ausnahme einiger Agrarprodukte können die AKP-Länder zollfrei auf dem europäischen Markt anbieten, ohne daß die EG im Gegenzug Zollfreiheit bei Export europäischer Produkte einfordert.

Da die Rohstoffpreise am Weltmarkt großen Schwankungen ausgesetzt sind und viele Entwicklungsländer vom Export weniger Produkte abhängen, entschloß sich die EG zur Stabilisierung der Exporterlöse bei einer Vielzahl agrarischer und mineralischer Rohstoffe, z. B. bei Tee, Erdnüssen, Kupfer, Bauxit usw. Sinkt der Mindesterlös für Produkte aus den AKP-Staaten unter ein festgesetztes Limit, werden die Verluste aus der EG-Kasse ausgeglichen.

Darüber hinaus gewährt die EG *finanzielle und technische Entwicklungshilfe,* insbesondere bei Projektförderungen, und ergreift Maßnahmen zur *Sicherung der Ernährung,* zur *Verbesserung der Landwirtschaft und des Umweltschutzes.*

Nicht nur mit den AKP-Staaten, sondern auch mit vielen anderen Entwicklungsländern bzw. -regionen hat die EG Kooperationsabkommen geschlossen, seit 1972 mit nicht entwickelten Regionen des Mittelmeerraumes wie Sizilien und Südgriechenland, seit 1980 mit fünf Staaten Südostasiens (ASEAN-Staaten) und 1983 mit

23

mehreren Staaten Südamerikas. Dabei verfolgt die EG durchaus eigene Interessen. Sie ist stark rohstoffabhängig und hat als stärkste Welthandelsmacht ein elementares Interesse an wirtschaftlich und sozial stabilen Partnern in der Dritten Welt.

EG-Binnenmarkt

Um in Konkurrenz mit den amerikanischen und japanischen Märkten bestehen zu können, verwirklicht die EG stufenweise bis 1993 den freien, gemeinsamen Binnenmarkt. Dazu sind nach Vorschlägen der EG-Kommission rund 280 gesetzliche Einzelmaßnahmen notwendig, von denen bis Mitte 1991 etwa drei Viertel als EG-Recht vom Ministerrat unter Mitwirkung des Europäischen Parlaments in Kraft gesetzt wurden.

Einige wichtige *Ziele des Binnenmarktes:*
- Wegfall der Personen- und Warenkontrollen,
- freier Handel von Gütern und Dienstleistungen,
- freie Wohnorts-, Arbeitsplatz- und Studienplatzwahl ohne zeitliche Beschränkung,
- Niederlassungsfreiheit für Unternehmen, Handwerker und Freie Berufe,
- Harmonisierung bzw. gegenseitige Anerkennung unterschiedlicher Normen und Standards für Produkte (Sicherheits- und Umweltschutzbedingungen, Zulassungs- und Prüfverfahren),
- Angleichung der Mehrwertsteuersätze und der Verbrauchssteuern für Alkohol, Tabak und Mineralöl,
- Liberalisierung des öffentlichen Auftragswesens, freie Wahl der Versicherungen, Banken, Bausparkassen usw.

Ein Markt für über 340 Millionen Menschen, ein Markt mit Wachstumschancen. Nach Vereinheitlichung der Vorschriften und Wegfall der Grenzkontrollen rechnet man in der EG mit größerem Wettbewerb und der Ausweitung der Wirtschaftstätigkeit. Freier Verkehr von Personen, Waren, Dienstleistungen und Kapital sollen zur Steigerung des Bruttosozialprodukts und zur Schaffung neuer Arbeitsplätze führen. Zum Schutz der Arbeitnehmer sollen soziale Mindestrechte in allen Ländern der EG gewährleistet sein. Der allgemeine Wohlstand soll

wachsen. Zeitgleich mit der Vollendung des EG-Binnenmarktes 1993 werden die Staaten der Europäischen Gemeinschaft und die Staaten der Europäischen Freihandelszone (EFTA) einen gemeinsamen Wirtschaftsraum bilden. Dieser Europäische Wirtschaftsraum (EWR) erweitert den Binnenmarkt der EG durch die EFTA (Island, Norwegen, Schweden, Finnland, Schweiz, Liechtenstein, Österreich) und soll für 380 Millionen Menschen in ganz Westeuropa die Bewegungsfreiheit für Personen, Waren, Kapital und Dienstleistungen sicherstellen. Die Beteiligung am EWR ist für die EFTA-Staaten möglicherweise eine Vorstufe zur Mitgliedschaft in der EG.

Wirtschafts- und Währungsunion

Der Binnenmarkt setzt weitere Bedingungen für die europäische Integration. Er kann nur dauerhaft funktionieren, wenn die EG-Staaten ihre Währungen angleichen und die nationale Finanz-, Steuer- und Wirtschaftspolitik eng aufeinander abstimmen. Diese Entwicklung soll einmünden in eine gemeinsame Wirtschafts- und Währungsunion, die nach dem Beschluß des Europäischen Rates bis 1999 verwirklicht werden soll.

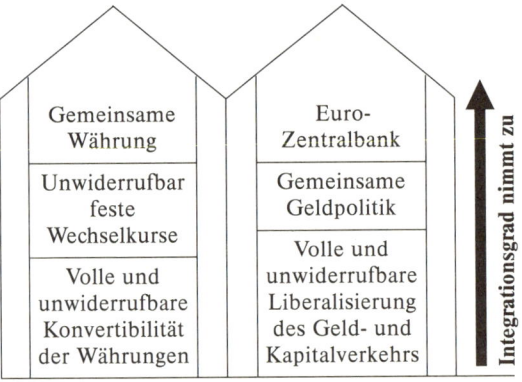

Europäische Währungsunion

Gemeinsame Währung	Euro-Zentralbank
Unwiderrufbar feste Wechselkurse	Gemeinsame Geldpolitik
Volle und unwiderrufbare Konvertibilität der Währungen	Volle und unwiderrufbare Liberalisierung des Geld- und Kapitalverkehrs

Integrationsgrad nimmt zu

Nach früheren Plänen sollte eine Wirtschafts- und Währungsunion schon 1980 verwirklicht sein. Nationale Vorbehalte verhinderten dies. Einen ersten erfolgreichen Schritt unternahm die EG 1979 durch Einführung des *Europäischen*

Währungssystems (EWS). Die Wechselkurse der EG-Währungen wurden durch Intervention und Stützung der nationalen Notenbanken stabil gehalten und durften nur innerhalb enger Bandbreiten schwanken. Dadurch wurden die Risiken beim Waren-, Dienstleistungs- und Kapitalverkehr gemindert. Wie kann man sich die Verwirklichung der Währungsunion vorstellen?

Europäisches Währungssystem

Die *wirtschaftlichen Vorteile* einer Union sind *unbestritten*. Der gesamte Zahlungsverkehr würde verbessert und vereinfacht. Viele Kosten entfielen bei einer Vereinheitlichung.

Bis die Pläne zur vollständigen Harmonisierung der Wirtschafts- und Währungsunion vollzogen sind, bis eine auf Geldwertstabilität verpflichtete, unabhängige Eurozentralbank und eine Eurowährung entstehen können, müssen die EG-Staaten erhebliche *Souveränitätsverzichte* zugunsten der Gemeinschaft leisten. Der Schritt zur Gemeinschaftswährung wird einigen Regierungen und vielen EG-Bürgern schwer fallen. Verbindet sich doch mit Drachme, Franc, Gulden, Krone, Lira, Mark, Peseta oder Pfund die Vorstellung nationaler Eigenständigkeit und Unabhängigkeit.

Andererseits brächte eine einheitliche Währung den EG-Bürgern bei beruflichen und privaten Reisen in Europa bessere Möglichkeiten zum Preisvergleich und finanzielle Vorteile durch Wegfall der Geldwechselgebühren von einer zur anderen Landeswährung. Außerdem hätte eine einheitliche EG-Währung hohe Symbolkraft. Nichts könnte das Zusammengehörigkeitsgefühl und das Gemeinschaftsbewußtsein der Europäer mehr fördern als einheitliche Münzen und Geldscheine, die Gültigkeit haben von Dublin bis Athen, von Kopenhagen bis Lissabon.

Wie „kleinstaaterisch" das Europa der EG heute noch im Geldwesen ist, kann man sich klar machen, wenn man sich vorstellt, die USA hätten keine gemeinsame Landeswährung, sondern in jedem der 50 Bundesstaaten eine eigene.

Die Wirtschafts- und Währungsunion Europas wird aus Kosten-, Wettbewerbs- und Stabilitätsgründen angestrebt.

Politische Union

Die EG ist heute schon ein wirtschaftlicher Koloß. Sie wird durch Realisierung des Binnenmarktes und des Europäischen Wirtschaftsraumes 1993 wirtschaftlich in der Welt weiter an Gewicht zulegen. Wirtschafts- und Währungsunion werden diese Tendenzen verstärken. Politisch blieb die EG weit hinter der wirtschaftlichen Integrationsentwicklung zurück. Dies zeigt deutlich das Jahr 1991. Weder im Golfkrieg noch beim Putsch in der UdSSR, noch im Jugoslawienkonflikt erwies sich die EG außen- bzw. sicherheitspolitisch als handlungsfähig oder effektiv.

Schon die EWG war davon ausgegangen, daß im Gefolge der wirtschaftlichen die politische Integration entstünde. Der Europäische Rat hat sich 1983 in einer feierlichen Deklaration zur Politischen Union bekannt und dieses Ziel in der *Einheitlichen Europäischen Akte,* einer Änderung und Ergänzung der EG-Verträge, im Jahre 1987 bestätigt. Im Dezember 1991 hat die Gipfelkonferenz der Staats- und Regierungschefs der EG Grundlinien und Fahrplan für eine Politische Union festgelegt.

In der Vergangenheit verhinderten nationale Vorurteile, nationaler Eigensinn und Angst vor nationaler Machteinbuße immer wieder das politische Zusammenwachsen. Über die freiwillige politische Zusammenarbeit hinaus, wie sie in der Außenpolitik zwischen den EG-Staaten seit 1970 versucht wird, wurden keine vertraglichen, institutionellen und organisatorischen Konsequenzen für eine Gemeinschaftspolitik der EG gezogen.

Das Entstehen einer Politischen Union wird entscheidend davon abhängen, ob die Mitglieder der EG bereit sind, nationale Interessen und Standpunkte aufzugeben zugunsten eines europäischen Zusammenschlusses. Wenn die EG sich ihrer weltpolitischen Verantwortung bewußt ist, wenn sie sich als Ganzes den Herausforderungen, die mit dem Bau eines gesamteuropäischen Hauses verbunden sind, stellt, wird sie lernen müssen, in der Außen-, Sicherheits- und Verteidigungspolitik mit einer Stimme zu sprechen und gemeinsam zu handeln. Dies ist nur möglich durch den Umbau der EG-Organe, durch demokratische Institutionen und durch verkürzte Entscheidungsfindungen.

23

C. Arbeitsteil

Entschließung des Deutschen Bundestags zum europäischen Bundespakt vom 26. 07. 1950:

„In der Überzeugung, daß die gegenwärtige Zersplitterung Europas in souveräne Einzelstaaten die europäischen Völker von Tag zu Tag mehr in Elend und Unfreiheit führen muß, tritt der in freien Wahlen berufene Bundestag der Bundesrepublik Deutschland für einen Europäischen Bundespakt ein, wie ihn die Präambel und Artikel 24 des Grundgesetzes für die Bundesrepublik Deutschland vorsieht. Dieser Europäische Bundespakt soll

1. eine übernationale Bundesgewalt schaffen, die sich auf allgemeine, unmittelbare und freie Wahlen gründet und über gesetzgebende, ausübende und richterliche Kompetenzen verfügt,

2. diese Gewalt mit allen Befugnissen ausstatten, die erforderlich sind, um

a) die wirtschaftliche Einheit Europas auf der Grundbasis sozialer Gerechtigkeit herbeizuführen,

b) eine gemeinsame europäische Außenpolitik zu ermöglichen, die dem Frieden in der Welt dient,

c) die Gleichheit der Rechte aller europäischen Völker herzustellen und weiterhin zu sichern,

d) die Grundrechte und menschlichen Freiheiten der europäischen Bürger zu garantieren und unter Rechtsschutz zu stellen."

(Zitiert nach: Helmut Krause/Karl H. Reif: *Geschichte in Quellen, Die Welt seit 1945.* Bayerischer Schulbuchverlag, München 1980, S. 353 f.)

Arbeitsaufgaben

1. *Erklären Sie, warum der Deutsche Bundestag für einen europäischen Bundespakt eintritt.*
2. *Überprüfen Sie, welche Forderungen des Bundestages inzwischen verwirklicht sind.*

Lektion 24

„Schwestern, zerreißt Eure Ketten" –
Zur Geschichte der Frauenemanzipation in Deutschland

A. Überblick

In den letzten 20 Jahren hat die Geschichtswissenschaft die Geschichte der Frauen als Thema entdeckt. Bis dahin waren Frauen in der Historiographie (Geschichtsschreibung) selten und meist nur am Rande beachtet worden. Diese Ignoranz fand ein Ende, als in den 60er und 70er Jahren mehr Frauen als jemals zuvor studierten und zugleich an den Universitäten eine autonome Frauenbewegung entstand. Nunmehr begannen Historikerinnen (und zu einem kleinen Teil auch Historiker) damit, das Leben und Wirken von Frauen in der Vergangenheit zu untersuchen. Es zeigte sich, daß der Feminismus des 20. Jahrhunderts auf eine lange – bis dahin fast unbekannte – Tradition zurückblicken kann, weil es schon seit Entstehung der bürgerlichen Gesellschaft Vorkämpferinnen für die Frauenemanzipation gegeben hat. Manche Texte dieser frühen Frauenrechtlerinnen sind auch heute noch verblüffend aktuell; viele damalige Forderungen sind mittlerweile erfüllt worden.

Die Auseinandersetzung mit der „Frauenfrage" setzte in Deutschland bereits zur Zeit der Französischen Revolution ein. Die Anfänge einer deutschen Frauen*bewegung* wurden aber erst während der 1848er-Revolution sichtbar. Mit ihrem Scheitern wurden jedoch auch diese Emanzipationsversuche jäh gestoppt, und erst 1865 kam es zu einer Neuorganisation der Frauenbewegung, die um die Jahrhundertwende ihre größte Resonanz und ihre größten Erfolge erzielte. In diese Zeit fiel jedoch auch die Spaltung in eine proletarische Richtung und verschiedene bürgerliche Flügel. Aufgrund dieser Spaltung und des Erreichens vieler ursprünglicher Ziele in der Weimarer Republik zeigte die Frauenbewegung in den späten 20er und frühen 30er Jahren Auflösungstendenzen, bis sie schließlich mit der Machtübernahme der Nationalsozialisten gleichgeschaltet oder aufgelöst wurde bzw. sich selbst auflöste.

Zeittafel

1848
Gründung demokratischer Frauenvereine; erstmaliges Erscheinen verschiedener politischer „Frauen-Zeitungen".

März 1850
Das Preußische Vereinsgesetz untersagt Frauen die Mitgliedschaft in politischen Vereinigungen. Erst die Aufhebung des Gesetzes im Jahr 1908 ermöglicht den Frauen eine offizielle Parteimitgliedschaft.

Oktober 1865
Auf der ersten Deutschen Frauenkonferenz in Leipzig wird der Allgemeine Deutsche Frauenverein (ADF) gegründet. In den folgenden Jahren entstehen weitere Vereine, die sich u. a. für das Recht auf Bildung für Frauen einsetzen.

1884
„Die Staatsbürgerin", die erste Frauenzeitung der proletarischen Frauenbewegung, erscheint.

1893
In Karlsruhe eröffnet das erste Mädchengymnasium.

März 1894
Gründung des Bundes Deutscher Frauenvereine (BDF)

1901
An den Universitäten Freiburg und Heidelberg immatrikulieren sich die ersten Studentinnen.

Januar 1919
Bei den Wahlen zur Nationalversammlung besitzen Frauen erstmals das aktive und passive Wahlrecht; 37 weibliche Abgeordnete werden gewählt.

August 1919
Die Weimarer Verfassung schreibt die politische Gleichberechtigung der Frauen vor.

1933
Alle Frauenvereine werden entweder gleichgeschaltet oder aufgelöst.

24

Zentrale Begriffe

Gleichberechtigung – Frauenrechtsbewegung – Feminismus – Geschlechterrollen – Gewalt gegen Frauen

Lernziele

Nach der Sendung sollten Sie in der Lage sein, die Begründung und Festschreibung von weiblichen und männlichen Rollen sowie die Konsequenzen, die sich daraus ergaben, darzustellen und die Unterschiede und Gemeinsamkeiten der Frauenrechtsbewegung des 19. Jahrhunderts und der Frauenbewegung des 20. Jahrhunderts zu bennenen.

Anmerkungen zur Sendung

Der Schwerpunkt der Sendung liegt auf dem 19. Jahrhundert. Mit der Durchsetzung der bürgerlichen Gesellschaft kam eine neue Familienideologie zum Tragen, die Frauen auf die Rolle als Hausfrau und Mutter festzulegen suchte. Argumentiert wurde dabei mit Theorien über die „von Natur aus" verschiedene „Bestimmung" von Mann und Frau. Von den emanzipatorischen Verheißungen der Französischen Revolution und den bürgerlichen Errungenschaften wie Bildung, politische Willensbildung und Beteiligung am politischen Leben blieben Frauen ausgeschlossen. Seit Mitte des letzten Jahrhunderts begannen Frauen jedoch, gegen diese Benachteiligungen aufzubegehren. Agitation und Selbsthilfe waren dabei die entscheidenden Mittel. Der erfolgreiche Kampf um Bildung konnte jedoch über die Spaltung der Frauenbewegung

nicht hinwegtäuschen. Bei allen Erfolgen im Kampf um eine juristische Gleichstellung von Frauen und deren tatsächlicher Umsetzung im politischen Leben blieb doch ein sehr traditionelles Frauenbild erhalten, das die Nationalsozialisten für ihre Politik nutzten und das auch in den ersten Jahrzehnten nach Gründung der Bundesrepublik Deutschland unhinterfragt akzeptiert wurde.

B. Darstellung

„Und drinnen waltet die züchtige Hausfrau" (Friedrich Schiller, 1792)

Die Entstehung des bürgerlichen Frauenbildes

Das bürgerliche Zeitalter begann mit einem Widerspruch und baute auf diesem auf. Man stritt zwar für die bürgerlichen Ideale wie Freiheit und Gleichheit, klagte die Partizipation am politischen Leben ein und betrachtete die Bildung als Mittel für den sozialen Aufstieg, aber all das sollte selbstredend nur für Männer gelten. Auf ihre traditionelle Vormachtstellung gegenüber den Frauen zu verzichten, dazu waren die Männer des Bürgertums keineswegs bereit. Die ungleiche Stellung von Frauen und Männern war nicht neu. Auch in der vorbürgerlichen und vorindustriellen Gesellschaft hatte der Mann das Sagen und bestand eine Arbeitsteilung zwischen Männern und Frauen. Aber die frühere notwendige Zusammenarbeit von „Hausvater" und „Hausmutter" wich nun einer vollständigen Trennung von männlichen und weiblichen Aufgaben und Lebenswelten (vgl. Band 1, Lektion 4). Begründet wurde die *Trennung von männlichen und weiblichen Lebenswelten* sowie die ungleiche Behandlung von Männern und Frauen nicht mehr wie früher durch religiöse Glaubenssätze, sondern durch medizinisch-biologische Theorien. Ausgehend von der unterschiedlichen Beschaffenheit des Körpers von Mann und Frau versuchten seit der Aufklärung Generationen von Medizinern, Wissenschaftlern und Philosophen, Unterschiede in Charakter und Geist, deren Existenz sie voraussetzten, zu erklären. Männer und Frauen galten nun als gänzlich verschiedene Lebewesen. Frauen wurden mit Attributen wie „gefühlsbetont", „sanftmütig" und „sittsam" belegt, während man von Männern sagte, daß sie von natur aus „verstandesbetont", „kühn" und „zielstrebig" seien. Es wurde eine Geschlechterpolarität konstruiert, die die Ungleichbehandlung und die Benachteiligung von Frauen legitimieren sollte. Verbreitet wurden solche Theorien mittels Zeitungen, Zeitschriften oder Lexika. Der aufgeklärte Pädagoge *Johann Heinrich Campe* schrieb 1789 in seinem „Väterlichen Rath an meine Tochter":

„Es ist also der übereinstimmende Wille der Natur und der menschlichen Gesellschaft, daß der Mann des Weibes Beschützer und Oberhaupt, das Weib hingegen die sich ihm anschmiegende, sich an ihn haltende, uns stützende treue, dankbare und folgsame Gefährtin und Gehülfin seines Lebens seyn solle. [...] Sey endlich diesem allen zufolge fest überzeugt, daß Geduld, Sanftmuth, Nachgiebigkeit und Selbstverläugnung die allerunentbehrlichsten Tugenden deines Geschlechts sind, ohne welches ein weibliches Geschöpf, das seine natürliche Bestimmung erreichen, d.i. Gattin und Mutter werden will, unmöglich glücklich und zufrieden leben kann."
(Zitiert nach Ute Gerhard: *Verhältnisse und Verhinderungen. Frauenarbeit, Familie und Rechte der Frauen im 19. Jahrhundert.* Frankfurt/Main 1978, S. 375.)

Ein anderes Leben als das der Hausfrau und Mutter war demzufolge für bürgerliche Frauen nicht vorgesehen. Vor einem anderen Lebensentwurf, vor dem Wunsch nach einem eigenständigen Leben, vor Regelverletzungen wurden Frauen eindringlich gewarnt. Es war *Adolf Freiherr von Knigge,* der 1788 in seinem Buch „Über den Umgang mit Menschen" den Verhaltenskodex des Bürgertums beschrieb und maßgeblich prägte. Darin heißt es:

„Ich muß gestehen, daß mich immer eine Art von Fieberfrost befällt, wenn man mich in Gesellschaft einer Dame gegenüber oder an die Seite setzt, die große Ansprüche auf Schöngeisterey, oder auf Gelehrsamkeit macht. Wenn die Frauenzimmer doch nur überlegen wollten, wie viel mehr Interesse diejenigen unter ihnen erwecken, die sich einfach an die Bestimmung der Natur halten, und sich unter dem Haufen ihrer Mitschwestern durch treue Erfüllung ihres Berufs auszeichnen!"
(Zitiert nach Ute Gerhard: *Verhältnisse ...,* a.a.O., S. 127.)

Sich außerhalb dieser strikten Normen, dieser weiblichen Lebensräume zu bewegen, war für die allermeisten Frauen nicht möglich. Nur ganz wenigen gelang es Anfang des 19. Jahrhunderts, sich zumindest teilweise über die Konvention

hinwegzusetzen, indem sie *literarische Salons* veranstalteten wie *Rahel Varnhagen* oder *Caroline Mendelssohn.* Erst in den Jahren des Vormärz und der Revolution 1848/49 schienen sich auch für Frauen größere gesellschaftliche und politische Handlungsräume zu ergeben.

(Aus: Grubitzsch/Cyrus/Haarbusch [Hrsg.]: *Grenzgängerinnen.* Düsseldorf 1985, S. 104.)

„*Dem Reich der Freiheit werb ich Bürgerinnen*" (Louise Otto, 1849)

Frauenaktivitäten im Zeichen der Revolution

In vielfältiger Weise traten Frauen im Vormärz und 1848/49 erstmals in die bürgerliche Öffentlichkeit, die ihnen bis dahin weitgehend verschlossen war. So unterschiedlich die Frauen und ihr Handeln auch waren, sie verknüpften mit den demokratischen und revolutionären Bestrebungen auch die Hoffnung auf ein freieres Leben für sich selbst, auf vermehrte persönliche, gesellschaftliche und politische Rechte für die Frauen. In dieser Zeit wagten es „skandalumwitterte" Frauen wie *Louise Aston,* an die Öffentlichkeit zu gehen. Sie rauchte Zigarren, trug Män-

24

nerkleidung und trat für die Emanzipation der Frauen ein und für ein freies Liebesleben, welches sie allem Anschein nach auch lebte. Die Ehe hingegen hielt sie für ein „unsittliches Institut":

„Ich verwerfe die Ehe, weil sie zum Eigentum macht, was nimmer Eigenthum sein kann: die freie Persönlichkeit; weil sie ein Recht giebt auf Liebe, auf die es kein Recht geben kann; bei der jedes Recht zum brutalen Unrecht wird."
(Zitiert nach Ute Gerhard: *Unerhört. Die Geschichte der deutschen Frauenbewegung.* Reinbek 1990, S. 45.)

Frauen wie Louise Aston oder jene, die aktiv auf den Barrikaden oder als verrufene „Amazonen" mit den aufständischen Truppen kämpften, stellten jedoch eher eine Minderheit dar (zur Revolution von 1848 vgl. Lektion 5, S. 68 ff. und Lektion 7, S. 90). Die meisten der politisch interessierten Frauen engagierten sich vielmehr in den neugegründeten *demokratischen Frauenvereinen* oder den ebenfalls entstehenden *Arbeiterinnenvereinen.* In diesen Vereinen war es für die Frauen erstmals möglich, die Spielregeln der politischen Öffentlichkeit einzuüben, d. h. Vorträge zu halten, an politischen Diskussionen teilzunehmen und abzustimmen. Vereinsziel war die Unterstützung der Revolution. So wurde beispielsweise den Familien von gefallenen oder geflohenen Revolutionären materiell geholfen oder Flüchtigen Unterschlupf gewährt. Die Unterstützung der Revolution durch die Frauen änderte jedoch nichts daran, daß sie von der „großen" politischen Öffentlichkeit weitgehend ausgeschlossen blieben. In der Frankfurter Paulskirche waren lediglich zweihundert „Damenplätze" für Zuschauerinnen reserviert. Auf die Idee, die Frauen mitreden oder gar mitbestimmen zu lassen, kam offensichtlich keiner der Demokraten. In den erstmals erscheinenden politischen Frauenzeitungen spiegelt sich die Enttäuschung über die mangelnde Unterstützung durch die Männer. Eines der wichtigsten Organe der neuen weiblichen politischen Öffentlichkeit war die *Frauen-Zeitung,* die *Louise Otto* 1849 gründete. In der ersten Ausgabe schreibt sie:

„Die Geschichte aller Zeiten, und die heutige ganz besonders, lehrt: daß diejenigen auch vergessen werden, welche an sich selbst zu denken vergaßen. [...] Mitten in den großen Umwälzungen, in denen wir uns alle befinden, werden sich die Frauen vergessen sehen, wenn sie selbst an sich zu denken vergessen!

Wohlauf denn , meine Schwestern, vereinigt Euch mit mir, damit wir nicht zurückbleiben, wo alles um uns und neben uns vorwärts drängt und kämpft. Wir wollen auch unser Teil fordern und verdienen an der großen Welt-Erlösung, welche der ganzen Menschheit, deren eine Hälfte wir sind, endlich werden muß."
(Zitiert nach: Hermes Handlexikon (hrsg. v. Daniela Weiland): *Geschichte der Frauenemanzipation in Deutschland und Österreich.* Düsseldorf 1983, S. 98.)

Mit dem Scheitern der Revolution wurden auch die Hoffnungen der Frauen zunichte gemacht. Als Reaktion auf die Frauenaktivitäten in der Revolution verbot das *Preußische Vereinsgesetz* von 1850 Frauen die Mitgliedschaft oder die Anwesenheit bei Versammlungen von Vereinen, „welche bezwecken, politische Gegenstände in ihren Versammlungen zu erörtern".
Für die demokratischen Frauenvereine und die Arbeiterinnenvereine bedeutete dieses Gesetz das Aus. Auch Zeitungen wie Louise Ottos „Frauen-Zeitung" wurden schließlich verboten.

„Nur Einigkeit macht stark, nur Bildung macht frei" (Allgemeiner Deutscher Frauenverein, 1865)

Der Kampf um Bildung

Die Frauenbewegung machte erst 1865 einen organisatorischen Neuanfang. Auf der ersten Allgemeinen Frauenkonferenz in Leipzig, die die zeitgenössische Presse als „Leipziger Frauenschlacht" verspottete, wurde der *Allgemeine Deutsche Frauenverein* (ADF) gegründet. Initiatorin war wiederum Louise Otto. Vereinsziel waren *bessere Erwerbsmöglichkeiten* für Frauen und eine *Reform der Mädchenbildung.* Ein Jahr später erschien das Vereinsorgan *Neue Bahnen,* das die Kommunikation unter den Mitgliedern sichern sollte. Schon 1889 hatte der Allgemeine Deutsche Frauenverein ca. 12 000 Mitglieder. Ausgehend von dieser Organisation kam es in den folgenden Jahren zu vielen weiteren Initiativen und Vereinsgründungen.
Die Bildungsreform sollte zunächst zum zentralen Thema der bürgerlichen Frauenbewegung werden. Denn während die Familien viel Zeit und Geld in die Ausbildung der Söhne steckten, um diesen einen sozialen Aufstieg zu ermöglichen, blieben den Töchtern die Gymnasien und erst recht die Universitäten verschlossen. Der

Platz in der Gesellschaft wurde für sie durch eine mehr oder weniger „gute Partie" bestimmt, nicht aber durch eigene Leistung. In den „Höheren Töchter-Schulen" wurden die Mädchen eher auf die Ehe vorbereitet als auf ein Berufsleben: Der Unterricht konzentrierte sich auf musische Fächer wie Literatur, Französisch, Religion und Handarbeiten. Bürgerlichen Frauen, die nicht heiraten konnten oder wollten, und deren Zahl stieg im 19. Jahrhundert beträchtlich, blieb der wenig geachtete Beruf einer Gouvernante, das Dasein als Stiftsdame oder als „alte Jungfer" bei Brüdern und Verwandten. Nur manche konnten die sogenannten Lehrerinnen-Seminare besuchen, was sie später zum Unterricht in den unteren Schulklassen berechtigte. Wenigen war ein Studium im Ausland möglich.

Für viele Frauen des Bürgertums waren somit verbesserte Bildungs- und Erwerbsmöglichkeiten von existentieller Bedeutung. Dennoch lassen sich die Bestrebungen der Frauenbewegung nicht auf eine „Brotfrage" reduzieren. Die verbesserte Bildung sollte auch der Weg zu größerer Selbständigkeit, Selbstverwirklichung und zu den (staats-)bürgerlichen Rechten sein. Der Kampf um Bildung wurde von beiden Seiten mit großer Vehemenz geführt. Im neugegründeten Deutschen Reich, das sich mit „männlichen" Attributen wie Tapferkeit und Entschlossenheit definierte, war der *Zugang von Frauen zur Wissenschaft nicht erwünscht,* wurde doch 1871, im Jahr der Reichsgründung, den Universitäten untersagt, Frauen als Gasthörerinnen zuzulassen. Mit vielfältigen (und ebenso einfältigen) Argumenten suchten die Professoren den befürchteten Ansturm der Frauen auf die Hochschulen abzuwehren: Der zarte weibliche Körperbau, die Sittsamkeit, der mangelnde weibliche Verstand, all dies mache die Frauen ungeeignet für die Wissenschaft. Viele argumentierten ähnlich wie der Anatomieprofessor Bischoff:

„Ihre Sittsamkeit, Demut, Geduld, Gutmütigkeit, Aufopferungsfähigkeit, teilnehmende Lebensstimmung, Frömmigkeit sind viel größer als beim Manne. Der wahre Geist der Naturwissenschaft wird deshalb dem Weibe stets verschlossen bleiben."

Und sein Kollege, der Staatsrechtler Giercke, stellte fest, daß das deutsche Volk besseres zu tun habe, „als gewagte Versuche mit Frauenstudium anzustellen. Sorgen wir vor allem dafür,

daß unsere Männer Männer bleiben." Andernfalls, so glaubte Bischoff, drohe dem deutschen Volk der Zerfall.

Die engagierten Frauen antworteten auf ihre Weise. Es war insbesondere *Hedwig Dohm,* die sich mit solchen Thesen auseinandersetzte. Im Alter von vierzig Jahren begann die Mutter von fünf Kindern sich der Frauenfrage zuzuwenden und wurde zu einer der radikalsten Befürworterinnen der Frauenemanzipation. Professor Bischoffs Thesen konterte sie 1874 mit der Schrift *Die wissenschaftliche Emanzipation der Frau:*

„Denken Sie sich, Herr von Bischoff, unser Friedrich Schiller wäre in seiner Feldscheer-Familie als kleine Friederike zur Welt gekommen. Was würde wohl Großes in der kleinen Mädchenschule zu Marbach aus dieser Friederike geworden sein? Ich kann es mir lebhaft vorstellen. Schillers Riekchen hätte in der Schule beim schläfrigen Lese- oder Rechen-Unterricht anstatt aufzupassen, ihre Bücher mit Versen beschmiert, und ahnungslos würde der Lehrer die Sappho'schen Kleckse mit Fingerklopfen bestraft haben. [...] Riekchen hätte frühzeitig ihren guten Ruf verloren wegen verprudelter Handarbeiten und Ungeschicklichkeit beim Aalschlachten. Ihr wäre auch kein Mann zu Theil geworden; denn der Verdacht zukünftiger Blaustrümpfigkeit hätte jeden soliden Marbacher abgeschreckt. Riekchen wäre frühzeitig gestorben – an einem Herzfehler."
(Zitiert nach Hermes Handlexikon, a. a. O., S. 75.)

Hedwig Dohm publizierte nicht nur eine Reihe feministischer Schriften, sie gehörte 1888 auch zu den Mitbegründerinnen des *Frauenvereins Reform.* Auf Initiative dieses Vereins wurde fünf Jahre später in Karlsruhe *das erste Mädchengymnasium* eröffnet. Parallel dazu gab es in Berlin sogenannte Gymnasial-Kurse, die die Mädchen extern auf das Abitur vorbereiteten. Initiiert waren diese Kurse von *Helene Lange,* die dem konservativen Flügel der Frauenbewegung zuzurechnen war. Bekannt geworden war sie unter anderem durch ihre „Gelbe Broschüre" an das Preußische Kultusministerium, in der konkrete Schritte zur Reform der Mädchenbildung eingefordert wurden.

Nach jahrelanger Agitation und den erfolgreichen Versuchen der Selbsthilfe wurde ein Wandel der öffentlichen Meinung deutlich; die Behörden und Ministerien konnten sich einer *Reform der Mädchen- und Frauenbildung* nicht länger widersetzen. Zum Sommersemester 1901

24

konnten sich *die ersten Studentinnen* an den Universitäten Freiburg und Heidelberg immatrikulieren; in den nächsten Jahren folgten nach und nach auch andere Universitäten diesem Beispiel. 1908 schließlich wurde das Mädchenschulwesen neu gegliedert: staatliche Mädchengymnasien führten nun zum Abitur.

Die Bildungsreform war einer der größten Erfolge der engagierten Frauen. Aber in den zwei Jahrzehnten, in denen die Frauenbewegung ihre größte Resonanz hatte, war sie bereits durch unüberbrückbare Gegensätze gekennzeichnet. Die Zeiten, als 1865 August Bebel noch Ehrengast bei der Gründung des ADF war, waren längst vorbei. Drei Richtungen bestimmten bis in die Weimarer Republik hinein die Diskussionen: die *proletarische, sozialdemokratisch orientierte Frauenbewegung,* die *gemäßigten bürgerlichen Frauenrechtlerinnen* und die sogenannten *Radikalen,* die den linken Flügel der bürgerlichen Frauenbewegung bildeten. Klassengegensätze, parteipolitische und ideologische Konflikte trennten diese Gruppierungen ebenso wie die Ansichten über die Wege und Ziele der Frauenemanzipation. Hinzu kamen konträre Ansichten über „private" Fragen wie Ehe, bürgerliche Moral und Sexualität.

„Die deutsche Arbeiterinnenbewegung ist über die Zeit frauenrechtlerischer Harmonieduselei längst hinaus"
(Clara Zetkin, 1894)

Die proletarische Frauenbewegung

Als Ausgangspunkt der organisierten Arbeiterinnen gilt allgemein das Jahr 1869. Im sächsischen Crimmitschau entstand die „Internationale Gewerksgenossenschaft der Manufaktur-, Fabrik- und Handarbeiter". Dies war die erste gewerkschaftliche Organisation, in der Männer und Frauen gleichberechtigt Mitglied sein konnten.

Wirkte sich das preußische Vereinsgesetz schon hemmend auf fast alle Frauenvereine aus – mußten sie doch stets ihren „unpolitischen" Charakter betonen –, so galt dies erst recht für die Arbeiterinnenvereine. Das *Sozialistengesetz* (1878–1890) erschwerte deren Arbeit zusätzlich und führte auf der einen Seite zu einer Hinwendung der Arbeiterinnen zur Arbeiterbewegung und zur Sozialdemokratie und auf der anderen Seite zu einer Distanzierung der bürgerlichen Frauenbewegung von den Proletarierinnen: sei es aus Angst, ebenfalls vom Sozialistengesetz betroffen zu sein, sei es aus Gegnerschaft zum Sozialismus. Nach der Aufhebung des Sozialistengesetzes war die *Spaltung der Frauenbewegung* perfekt, zumal *Clara Zetkin* sich bei den sozialistischen Frauen durchsetzen konnte. Sie vertrat eine Politik der strikten Abgrenzung gegenüber der bürgerlichen Frauenbewegung; auch eine partielle Zusammenarbeit lehnte sie ab. Wenngleich sie gegen frauenfeindliche Tendenzen innerhalb der Sozialdemokratie kämpfte („Wie der Arbeiter vom Kapitalisten unterjocht wird, so die Frau vom Manne; und sie wird unterjocht bleiben, solange sie nicht wirtschaftlich unabhängig dasteht."), war für sie die *Frauenfrage* dennoch stets der *Klassenfrage* untergeordnet:

„[…] Denn die bürgerlichen Frauenrechtlerinnen erstreben nur durch einen Kampf von Geschlecht zu Geschlecht, im Gegensatz zu den Männern ihrer eigenen Klasse, Reformen zugunsten des weiblichen Geschlechts innerhalb des Rahmens der bürgerlichen Gesellschaft, sie tasten den Bestand dieser Gesellschaft selbst nicht an. Die proletarischen Frauen dagegen erstreben durch einen Kampf von Klasse zu Klasse, in enger Ideen- und Waffengemeinschaft mit den Männern ihrer Klasse - die ihre Gleichberechtigung voll und ganz anerkennen -, zu Gunsten des gesamten Proletariats die Befreiung der bürgerlichen Gesellschaft. Reformen zu Gunsten des weiblichen Geschlechts, zu Gunsten der Arbeiterklasse sind ihnen nur Mittel zum Zweck; den bürgerlichen Frauen sind Reformen der ersteren Art Endziel. Die bürgerliche Frauenrechtlerei ist nicht mehr als Reformbewegung, die proletarische Frauenbewegung ist revolutionär und muß revolutionär bleiben."
(Zitiert nach Ute Gerhard: *Unerhört…,* a.a.O., S. 180.)

Ab der Jahrhundertwende wurde die proletarische Frauenbewegung zur Massenbewegung, die von Clara Zetkin geleitete Zeitschrift *Die Gleichheit* zum Massenblatt. Eine starke Stellung innerhalb der SPD konnte die Frauenbewegung jedoch nie erreichen. Die Politikfelder, die man den Frauen überließ, waren durch „weibliche" Themen wie Frauen- und Sozialpolitik bestimmt.

„... besonders an die Stellung der Frau als Gattin und Mutter dürfen wir nicht rühren" (Henriette Goldschmidt, 1895)

Die gemäßigte bürgerliche Frauenbewegung

Ebenso wie Clara Zetkin eine Zusammenarbeit mit den Gemäßigten ablehnte, so lehnten auch die Wortführerinnen der gemäßigten bürgerlichen Frauenorganisationen eine Zusammenarbeit mit den Sozialistinnen ab. Als 1894 der *Bund deutscher Frauenvereine* als Dachverband gegründet wurde, blieben die Arbeiterinnen- und sozialdemokratischen Frauenvereine von vornherein ausgeschlossen. Das Politikverständnis der gemäßigten Frauenrechtlerinnen wird gemeinhin mit dem Schlagwort „organisierte Mütterlichkeit" charakterisiert. Frauen wie Helene Lange stellten das Konzept der Wesensverschiedenheit von Männern und Frauen und die unterschiedlichen Rollenzuweisungen durchaus nicht in Frage. Die eigentliche Bestimmung der Frau blieb die Mutterrolle. Was sich ändern sollte, war die politische, soziale und rechtliche Benachteiligung, die sich aus dieser Rolle ergab:

„Die Frauenbewegung will der Frau die freie Entfaltung all ihrer Kräfte und volle Beteiligung am Kulturleben sichern. Sie erkennt an, daß die Geschlechter in ihrem Wesen und ihren Aufgaben nach verschieden sind, und ist gerade deshalb überzeugt, daß die Kultur sich um so reicher, wertvoller und lebendiger gestaltet, je mehr Mann und Frau gemeinsam an der Lösung aller Kulturaufgaben wirken."
(Zitiert nach Ute Gerhard: *Unerhört...,* a. a. O., S. 147.)

Ebenso gemäßigt wie die Programmatik erscheint aus heutiger Sicht auch der Weg, der zur Frauenemanzipation führen sollte: Nicht durch aggressive Forderungen und Verhaltensweisen sollte die rechtliche und politische Gleichstellung der Frauen erreicht werden, sondern indem die weiblichen kulturellen und sozialen Fähigkeiten und Leistungen öffentlich gemacht wurden; männliche und weibliche Eigenschaften und Aufgaben sollten als gleichwertig anerkannt werden. Das Wahlrecht beispielsweise war ein Fernziel, von dem zahlreiche Frauen glaubten, daß sie sich diesem Recht erst würdig erweisen müßten. So erklärt sich auch die Tatsache, daß viele bürgerliche Frauen den Ersten Weltkrieg unterstützten, bot er ihnen doch die Möglichkeit, die „Heimatfront" zu organisieren. In dieser Zeit lag das Fürsorgewesen fast ausschließlich in den Händen von Frauen. Und wie die meisten Sozialdemokraten, so hielten sich auch die gemäßigten Frauenrechtlerinnen an einen „Burgfrieden" und stellten frauenspezifische Forderungen zugunsten der gemeinsamen Sache des Krieges zurück. Indem sie staatsbürgerliches Pflichtbewußtsein an den Tag legten, hofften sie, sich endgültig würdig für staatsbürgerliche Rechte zu erweisen.

„... alle Freiheiten und Rechte unbedingt und uneingeschränkt ..." (Hedwig Dohm, 1902)

Die Radikalen der bürgerlichen Frauenbewegung

Zwischen den gemäßigten bürgerlichen Frauen und den Sozialistinnen standen die sogenannten „Radikalen". Sie suchten zu vermitteln und lehnten die Ausgrenzung der Sozialistinnen aus dem BDF ab. Und dennoch standen sie quer zu allen Fronten. Denn was die gemäßigten Frauen in kleinen Schritten erreichen wollten, das forderten sie wesentlich vehementer und spektakulärer ein. Das *Wahlrecht,* für das sie auf die Straße gingen, war für die Radikalen nicht Fernziel, sondern Voraussetzung und *Bedingung der Frauenemanzipation.* Und im Unterschied zu den gemäßigten Frauenrechtlerinnen und den meisten Sozialistinnen *stellten* sie das bestehende *Geschlechterverhältnis* generell *in Frage.* Mutter und Gattin zu sein galt ihnen nicht als einzig legitime Rolle der Frau; sie forderten das, was heute als „Selbstbestimmung" bezeichnet werden könnte. Was die Radikalen auch aus heutiger Sicht so modern erscheinen läßt, ist die Tatsache, daß sie „private" Fragen wie die bürgerliche Moral und Sexualität öffentlich machten und daß sie diese privaten Fragen in die politische Diskussion einbrachten. In der *Sittlichkeitsbewegung* der Jahrhundertwende wandten sie sich gegen doppelte Moral, wie sie bei der staatlichen Reglementierung der Prostitution zutage trat. Während man die Prostituierten für ihr Gewerbe bestrafte, hatten Zuhälter und Freier keine gesetzlichen Sanktionen zu

24

fürchten; Bordelle wurden geduldet. Um eine neue Sexualmoral ging es auch in der „Neuen Ethik", wie sie von *Helene Stöcker* gefordert wurde. Zum Entsetzen der bürgerlichen Öffentlichkeit ging sie davon aus, daß Frauen die gleichen sexuellen Bedürfnisse wie Männer hätten und auch ein Recht, diese zu leben. Sie forderte das Recht auf freie Liebe, konsequenterweise auch die rechtliche Gleichstellung unehelicher Kinder und lediger Mütter, die Freigabe von Verhütungsmitteln und die Abschaffung des Paragraphen 218 des Strafgesetzbuches. Der Paragraph aus dem Jahr 1871 sah bei Abtreibungen Zuchthausstrafen von bis zu fünf Jahren vor. Verschärft wurde die Spaltung durch die pazifistische Haltung, die Radikale wie *Anita Augspurg* oder *Lida Gustava Heymann* während des Ersten Weltkrieges einnahmen.

Innerhalb des BDF verloren die Radikalen zunehmend an Einfluß, so daß diesem mehr und mehr das innovative Moment verlorenging und im Programm von 1919 wieder ein konservatives Frauenbild überwog. Als in der Weimarer Republik wesentliche Ziele wie das aktive und passive Wahlrecht erreicht waren, zeigte die organisierte Frauenbewegung weitgehende Auflösungstendenzen. Der Machtübernahme der Nationalsozialisten hatte die organisierte Frauenbewegung nichts entgegenzusetzen. Einen Tag vor der Gleichschaltung löste sich der BDF selbst auf. Stöcker, Augspurg, Heymann, Zetkin emigrierten, andere starben in Konzentrationslagern, verstummten oder arrangierten sich mit dem neuen Regime. Zwar gab es nach dem Zweiten Weltkrieg in der Bundesrepublik Organisationen, die versuchten, an die alte Tradition der Frauenbewegung wieder anzuknüpfen, so etwa den 1949 gegründeten *Deutschen Frauenring;* politischer Einfluß und gesellschaftliche Sprengkraft jedoch gingen von diesen Organisationen in der Zeit des Wiederaufbaus und der Vergangenheitsverdrängung nicht aus. Zu einem Thema mit politischer und gesellschaftlicher Brisanz wurde die „Frauenfrage" erst wieder Ende der 60er/Anfang der 70er Jahre, als im Zuge der Studentenbewegung allenthalben Macht- und Herrschaftsverhältnisse hinterfragt wurden. Kernpunkt des neuen Feminismus wurde der Kampf gegen die gesellschaftlich definierte Frauenrolle.

„Das Private ist politisch"
Aufbruch der neuen Frauenbewegung

Ähnlich wie die Radikalen der Jahrhundertwende, so stellte auch die neue Frauenbewegung, die sich aus der *Studentenbewegung* entwickelt hatte, das bestehende Geschlechterverhältnis grundlegend in Frage, kritisierte die vorherrschende Rollenverteilung und machte „private" Fragen der Sexualität und der persönlichen Beziehungen zwischen Mann und Frau zum Politikum. Denn auch für viele APO-Männer, die für die Befreiung der Menschheit kämpften, spielten Frauen eine unter- und nachgeordnete Rolle. Eine Studentin von damals schildert das so:

„All die neu erkämpften Rechte und Freiheiten an den Universitäten, die Vielfalt der politischen Aktionen und vor allem auch die vielgepriesene sexuelle Freiheit bürdeten uns neue Lasten auf: Die Männer hatten noch weniger Lust, zu Hause zu bleiben, Kinder und Haushalt zu teilen. [...] Unsere Ausbeutung im Haus, unser Problem mit ihrer ausgelebten Sexualität sollte unser Privatproblem sein. Wir sollten uns von unseren veralteten Verhaltensweisen lösen. Sie machten indessen die große Politik, bemitleideten und verhöhnten uns, da wir ‚noch nicht so weit wären'. Inzwischen wollen wir nicht mehr ‚so weit kommen wie sie'. Wir wollen ihnen nicht mehr nacheifern, wir haben andere Ziele."
(Zitiert nach Ute Frevert: *Frauen-Geschichte. Zwischen bürgerlicher Verbesserung und neuer Weiblichkeit.* Frankfurt/Main 1986, S. 278.)

Die Unzufriedenheit mit der privaten, politischen und gesellschaftlichen Rolle artikulierte sich zunächst nur in Studentinnengruppen an einzelnen Universitäten. Zum eigentlichen Kristallisationspunkt für die Entstehung einer neuen, autonomen, d.h. parteiunabhängigen und feministischen Bewegung wurde die *Auseinandersetzung um den § 218,* dessen ersatzlose Streichung vielfach gefordert wurde. Im Juni 1971 veröffentlichte der *Stern* eine Titelgeschichte, in der sich mehrere hundert, teilweise prominente Frauen dazu bekannten, illegal abgetrieben zu haben.

Für die Feministinnen symbolisierte der § 218 die Herrschaft von Männern über Frauen in der Gesellschaft und verletzte deshalb in elementarer Weise das Selbstbestimmungsrecht der

Frauen. Denn – so wurde argumentiert – es seien die Frauen, die beinahe immer alleine die Folgen der gemeinsamen Sexualität in Form einer ungewollten Schwangerschaft zu tragen hätten; um Kindererziehung und Haushalt kümmerten sich die wenigsten Männer. Gleichzeitig seien es aber die Männer – Politiker, Kirchenmänner und Juristen –, die Frauen, die abgetrieben haben, zu Kriminellen stempelten. Die Mittel, mit denen die Feministinnen ihre Ziele erreichen wollten, waren ähnlich wie die der Frauenbewegung des 19. Jahrhunderts: Agitation und Selbsthilfe. Mit zahlreichen Unterschriftenaktionen, Flugblättern und Demonstrationen machten die Frauen die Öffentlichkeit auf ihre Positionen aufmerksam. Gleichzeitig gründeten sie autonome Beratungsstellen für schwangere Frauen. Hier wurden Informationen über Abtreibungsmöglichkeiten weitergegeben. Teilweise organisierten diese Beratungsstellen gemeinsame Fahrten in holländische Kliniken, wo Abtreibung nicht strafbar war. Wenngleich sich 1973 über 80 Prozent der Frauen für eine Abschaffung des §218 aussprachen, scheiterten die Bemühungen. 1975 erklärte das Bundesverfassungsgericht die Fristenlösung, die Straffreiheit bei Schwangerschaftsabbrüchen in den ersten drei Monaten vorsah, für verfassungswidrig. Trotz dieses Fehlschlages löste sich die Frauenbewegung nicht auf. Die entstandenen Strukturen, wie zum Beispiel die neugegründeten Frauenzentren, blieben erhalten. Wenngleich viele Frauen zeitweise in weiblichen Selbsterfahrungsgruppen den „Rückzug nach innen" (Herrad Schenk) antraten, behielt die Frauenbewegung eine auf gesellschaftspolitische Veränderungen drängende Kraft. Seit den 70er Jahren verstehen die Feministinnen ihr Engagement als ein Engagement gegen die *Gewalt gegen Frauen,* wobei dieser Begriff in einem sehr umfassenden Sinn aufgefaßt wird.

Gewalt, das ist zunächst einmal ganz konkret die *körperliche Gewalt* von Männern gegenüber ihren (Ehe-)Frauen. 1976 wurde in Berlin das erste Frauenhaus eröffnet, in dem geschlagene und mißhandelte Frauen Zuflucht finden konnten. Viele dieser Häuser entstanden zunächst in Eigeninitiative und galten als Provokation, deren Notwendigkeit bestritten wurde. Gewalt gegen Frauen bezeichnet auch die Angst von Mädchen und Frauen vor *Vergewaltigung.* Nach Schätzungen werden in der Bundesrepublik (alte Bundesländer) jährlich zwischen 100 000 und 200 000 Frauen Opfer eines solchen Verbrechens. In den wenigen Fällen, die vor Gericht verhandelt werden, fallen die Urteile überwiegend mild aus. „Männerjustiz" nennen das die Feministinnen. Die entstandenen Notruf-Stellen für vergewaltigte Frauen, in denen Beratung und Hilfeleistung angeboten werden, arbeiten bis heute überwiegend ehrenamtlich. Der Begriff „Gewalt" bezieht sich aber nicht nur auf körperliche Gewalt. Die Frauenbewegung versteht darunter auch die *gesellschaftliche Benachteiligung* von Mädchen und Frauen. Denn obgleich Frauen formal dieselben Rechte haben wie Männer – die Gleichberechtigung der Geschlechter besitzt bekanntlich Verfassungsrang (Art. 3 Abs. 2 GG: „Männer und Frauen sind gleichberechtigt.") – sieht die gesellschaftliche Realität anders aus. Trotz der Berufstätigkeit hat sich an der Vorstellung, daß Frauen zuständig für Haushalt und Familie sind, noch wenig geändert. Von einer gleichberechtigten Beteiligung an gesellschaftlicher, politischer und wirtschaftlicher Macht sind Frauen Ende des 20. Jahrhunderts noch weit entfernt. Jungen und Mädchen haben zwar dieselben Bildungschancen, weil sie dieselben Schulen und Hochschulen besuchen können, und dennoch erlernten Mädchen noch 1988 überwiegend schlecht bezahlte Berufe mit wenig Aufstiegschancen. Traditionelle Rollenvorstellungen über „weibliches" und „männliches" Verhalten sowie die Erziehung von Mädchen zu künftigen Hausfrauen verhindern nach wie vor eine veränderte Berufsstruktur für Frauen. Traditionelle Rollenvorstellungen bedingen auch, daß die Arbeiten im Haushalt und bei der Kindererziehung immer noch fast ausschließlich weibliche Tätigkeitsfelder sind. Die Aufgaben der Hausfrau und Mutter bleiben, auch wenn vielfach die Frauen erwerbstätig sind. Die Vereinbarung von Beruf und Familie ist bislang Sache der Frauen, sie haben die sogenannte *Doppelbelastung* zu tragen. Wegen dieser Doppelbelastung wird Frauen im Beruf weniger Leistung und Kompetenz zugetraut. Das gilt auch für diejenigen Frauen, die einen sogenannten Männerberuf ergriffen oder studiert haben. Ein Beispiel: Während fast die Hälfte der Studierenden Frauen sind, waren

24

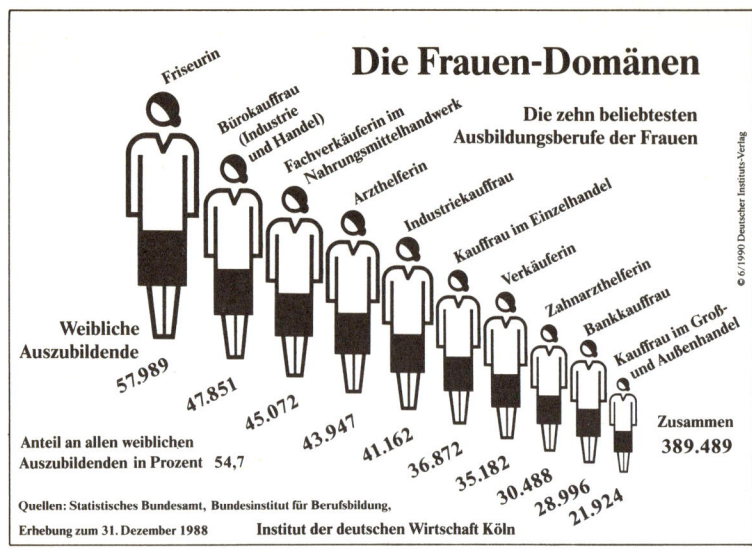

Die Frauen-Domänen

Die zehn beliebtesten
Ausbildungsberufe der Frauen

Friseurin

Bürokauffrau
(Industrie
und Handel)

Fachverkäuferin im
Nahrungsmittelhandwerk

Arzthelferin

Industriekauffrau

Kauffrau im Einzelhandel

Verkäuferin

Zahnarzthelferin

Bankkauffrau

Kauffrau im Groß-
und Außenhandel

Weibliche
Auszubildende

57.989

47.851

45.072

43.947

41.162

36.872

35.182

30.488

28.996

21.924

Anteil an allen weiblichen
Auszubildenden in Prozent 54,7

Zusammen
389.489

Quellen: Statistisches Bundesamt, Bundesinstitut für Berufsbildung,
Erhebung zum 31. Dezember 1988   Institut der deutschen Wirtschaft Köln

© 6/1990 Deutscher Instituts-Verlag

(Aus: *Handelsblatt,*
27. Februar 1990.)

1986 lediglich fünf Prozent aller Professuren von Wissenschaftlerinnen besetzt. Ähnliche Zahlen gelten für politische Ämter oder Führungspositionen in der Wirtschaft. Diese „strukturelle" Gewalt, der Widerspruch zwischen formaler Gleichberechtigung und faktischer Ungleichheit, führte zu einer *Institutionalisierung der Frauenbewegung.* Parallel zu den feministischen *Selbsthilfe-Projekten* wie den Frauenhäusern begannen Feministinnen innerhalb bestehender Institutionen und Organisationen eine Politik der Frauengleichstellung einzufordern. Verschiedene Mittel werden seit den 80er Jahren diskutiert und erprobt, um die Beteiligung der Frauen an gesellschaftlicher, wirtschaftlicher und politischer Macht sicherzustellen. Ein Mittel sind Frauen- oder Gleichstellungsbeauftragte, die in Kommunen und Betrieben arbeiten. Die erarbeiteten Gleichstellungs-Pläne sollen weibliche Chancengleichheit im Berufsleben sicherstellen und beispielsweise dafür sorgen, daß Frauen bei Stellenvergaben nicht benachteiligt werden und in ihren Berufen Aufstiegschancen erhalten. In engem Zusammenhang zu Gleichstellungs-Plänen steht auch die politisch und verfassungsrechtlich umstrittene Forderung nach einer Quotierung, die Frauen einen bestimmten Anteil an Ämtern und Positionen sichern soll. Nachdem die Grünen 1986 eine 50-Prozent-Frauenquote für alle parlamentarischen und parteiinternen Ämter

beschloß und durchführte, bemühen sich auch die anderen Parteien, die Frauen verstärkt an den Ämtern zu beteiligen. Befürworterinnen und Befürworter einer gesetzlich vorgeschriebenen Quotierung gehen davon aus, daß der Staat damit seiner Verpflichtung nachkäme, den Gleichheitsgrundsatz des Grundgesetzes (Art. 3 Abs. 2 GG) zu erfüllen und zu sichern. Bisher vorenthaltene Rechte sollen gewährt und damit der Verfassungsauftrag verwirklicht werden. Hingegen argumentieren die Gegnerinnen und Gegner im wesentlichen damit, daß die Grundrechte Individualrechte und keine Kollektivrechte seien und daß einzelne Männer nun nicht benachteiligt werden dürften, nur weil Frauen im allgemeinen in der Vergangenheit Nachteile erlitten hätten. 1991 liegen dem Bundesverfassungsgericht in Karlsruhe bereits mehrere Klagen gegen Quotierungsregelungen im öffentlichen Dienst und kommunale Gleichstellungsstellen vor.

Deutschland, einig Vater-land?

Mit der Wiedervereinigung der beiden deutschen Staaten im Jahr 1990 sind viele politische, soziale und wirtschaftliche Probleme entstanden, die, so befürchten viele Feministinnen, auf Kosten der Frauen gelöst werden sollen. Die Frauen in den neuen Bundesländern sind prozentual höher von den Entlassungen betroffen als ihre männlichen Kollegen. Und da auch in der DDR Kindererziehung Frauensache blieb, sind sie diejenigen, die unter der Schließung der Kindertagesstätten und Kindergärten zu leiden haben. Und schließlich ist zu vermuten, daß die in den neuen Bundesländern geltende Fristenlösung im Rahmen einer gesamtdeutschen Regelung des § 218 aufgehoben wird.

(Zeichnung: Barbara Hömberg.)

C. Arbeitsteil

Ute Frevert kommt im Schlußkapitel ihres Buches *Frauen-Geschichte. Zwischen Bürgerlicher Verbesserung und Neuer Weiblichkeit* zu folgendem Ergebnis:

„Das in dem Motto ‚Gleichwertigkeit, nicht Gleichartigkeit‘ zusammengefaßte Programm der bürgerlichen Frauenbewegung stieß zwar anfangs auf Widerstand und Ablehnung, ließ sich langfristig jedoch relativ reibungslos mit den Trends wirtschaftlicher Expansion und politischer Partizipation vereinbaren. Seit dem frühen 20. Jahrhundert wurden zahlreiche berufliche und politische ‚Männerräume‘ für Frauen geöffnet: Frauen durften studieren, akademische Berufe ergreifen, wählen und gewählt werden, sie fanden Beschäftigung in vormaligen ‚Männer‘-Industrien und besetzten neue Arbeitsplätze im kommerziellen und Dienstleistungssektor. Selbst das ‚Dritte Reich‘ konnte diese Entwicklung, trotz anderslautender Absichtserklärungen, nicht rückgängig machen: Die Berufsintegration von Frauen schritt weiter voran, und der Staat selbst trug zur Lockerung familialer Bindungen und Orientierungen bei. Zugleich blieb jedoch die grundsätzliche Differenz zwischen männlichen und weiblichen Lebensentwürfen erhalten, woran sich auch in der Bundesrepublik nur wenig änderte. Nach wie vor fallen Hausarbeit und Kindererziehung so gut wie ausschließlich in den Zuständigkeitsbereich von Frauen, während Männer von Kindheit an auf Bewährung in Beruf und Öffentlichkeit vorbereitet werden. Eben diese ‚wesensgemäße‘ Familienorientierung führt dazu, daß Frauenerwerbstätigkeit in den meisten Fällen die klassischen Dimensionen einer Berufsrolle nicht erfüllt, damit aber die strukturell ungleiche Position der Geschlechter sowohl im außerhäuslichen Arbeitsleben als auch in Politik, Kultur und Öffentlichkeit immer wieder neu zementiert wird. Nur eine konsequente Gleichverteilung von Haus-, Familien- und Erwerbsarbeit auf Männer und Frauen vermag die seit 200 Jahren gültige Einbahnstraßenregelung aufzuheben, die Frauen zwar langsam in männlich besetzte und definierte Sphären vordringen läßt, ohne Männer jedoch im gleichen Maße an den Pflichten, Lasten und Freuden des weiblichen Familienraums zu beteiligen.“

(Ute Frevert, *Frauen-Geschichte. Zwischen Bürgerlicher Verbesserung und Neuer Weiblichkeit.* Frankfurt/Main 1986, S. 312 f.)

Arbeitsaufgaben

1. *Stellen Sie die Kernaussagen des Textes zusammen.*
2. *Worin sieht Ute Frevert das strukturelle Problem bei der Gleichstellung von Mann und Frau?*

Lektion 25
Der Weg Japans zur Wirtschaftsmacht

A. Überblick

Toyota - Sanyo - Yamaha - Fuji - in vielen Bereichen der Wirtschaft gehören japanische Produkte zu den Spitzenprodukten des Weltmarktes. Japan zählt gegenwärtig zu den drei größten Wirtschaftsmächten der Welt - und dies, nachdem es im Zweiten Weltkrieg eine vollständige Niederlage erlitten hat. In den 80er Jahren hat sich Japan zu einer politischen und wirtschaftlichen Macht entwickelt, die auf internationaler Ebene eine wichtige Rolle spielt, da sich ihr Handel mit allen Großmächten stabilisierend auf deren Beziehungen auswirkt. Japan ist ein Land großer Gegensätze: Einerseits ist ihm die Industrialisierung so vollständig gelungen wie bisher noch keinem anderen nichtwestlichen Staat; die Voraussetzungen, die dies ermöglicht haben, sollen in dieser Lektion erörtert werden. Andererseits ist dieser hochmoderne Staat in mancher Hinsicht noch alten Traditionen verhaftet; so gibt es einen Kaiser, der in ein tausendjähriges Zeremoniell eingebunden ist.

Welche Ereignisse und Veränderungen haben die Geschichte Japans bestimmt seit der Zeit, als es - nach rund 200 Jahren freiwillig gewählter Abkapselung - Mitte des vergangenen Jahrhunderts von den USA und einigen europäischen Staaten gewaltsam dem Handel der westlichen Welt „geöffnet" wurde? Welche Strukturen sind in dieser Zeit angelegt worden? Mit der „Öffnung" beginnt ein Modernisierungsprozeß, in dessen Verlauf Japan sich die Kenntnisse und Fertigkeiten der europäischen Zivilisation aneignete. Bald ging Japan daran, seine politische und wirtschaftliche Macht im ostasiatischen Raum auszudehnen. Den imperialistischen Bestrebungen der Großmächte Rußland, England, Frankreich, USA trat es mit eigenen Expansionswünschen entgegen. Die Industrialisierung Japans wurde begünstigt durch die aktive Wirtschaftspolitik des Staates, der nicht nur als Gesetzgeber, sondern auch als Unternehmer fungierte und durch viele Maßnahmen das industrielle Wachstum förderte.

Der wirtschaftliche Aufstieg Japans während des Ersten Weltkrieges und in den 20er Jahren war mit gesellschaftlichen und politischen Veränderungen verbunden: Langsam begannen im kaiserlich regierten Japan die Prinzipien der westlichen Demokratien sich durchzusetzen. Die traditionellen japanischen Werte wie Disziplin und Gehorsam wurden zunehmend in Frage gestellt.

In dieser Umbruchsituation löste die Weltwirtschaftskrise, die auch Japan traf, einen Rückschlag aus. Die traditionellen Kräfte gewannen unter der Führung des Militärs die Oberhand. Japans politischer Weg führte statt zur inneren Reform zur außenpolitischen Expansion; im Zweiten Weltkrieg strebte Japan eine Hegemonialstellung an. Mit der Kapitulation im Jahre 1945 endete diese Phase.

Unter dem Einfluß der USA begann nun erneut ein Demokratisierungsprozeß. Im Zuge dieser Entwicklung stieg Japan zu einem Wirtschaftsgiganten auf. Diese Prozesse dürfen jedoch nicht als bloße Übernahme westlicher Strukturen verstanden werden; vielmehr hat eine aktive Anverwandlung und Ausbildung eigener Strukturen - bei gleichzeitiger Beibehaltung von traditionellen - stattgefunden, die deutlich machen, daß sich Japan hinsichtlich seiner Lebensform und Denkweisen in vielem von anderen modernen Industriegesellschaften unterscheidet.

Zentrale Begriffe

Öffnung Japans - Tenno - Samurai - Arbeitsverhältnis auf Lebenszeit - Modernisierung - wirtschaftliche Weltmacht.

Zeittafel

Innenpolitik	Außenpolitik
17. Jh. Völlige Abschließung gegen das Ausland. Feudalstaat; der Kaiser hat die nominelle, ein Shogun die effektive Gewalt. **18. Jh.** Aufhebung des Büchereinfuhrverbots	
	1853/54 Öffnung Japans durch die USA **1858** Handelsvertrag mit den USA
ab 1867 Meiji-Zeit: Epoche der Modernisierung, Beginn der Industrialisierung **1889** Verfassung mit parlamentarisch-demokratischen Ansätzen	
	1894/95 Chinesisch-japanischer Krieg (Formosa an Japan) **1904/05** Russisch-japanischer Krieg (Südsachalin an Japan) **1910** Annexion Koreas **1919** Pariser Friedensbestimmungen Japan erhält die deutschen Kolonien in Ostasien und im Pazifik.
1925 Allgemeines Wahlrecht für Männer ab 25 Jahre **ab 1927** Wirtschaftskrise, Depression	
	1931/32 Mandschurei-Konflikt **1936** Antikominternpakt mit Deutschland
1940 Einparteienregierung	**1940** Militärpakt mit Italien und Deutschland (Achse Berlin–Rom–Tokio) **1941** Überfall japanischer Truppen auf den amerikanischen Stützpunkt Pearl Harbor
1945 US-General MacArthur übernimmt die Befehlsgewalt in Japan. **1947** Parlamentarische Verfassung; Wahlrecht für alle ab 20 Jahre	**1945** Atombombenabwurf auf Hiroshima und Nagasaki; Kapitulation

Seit 1952 Aufbau der japanischen Industrie; Abschluß von Handelsverträgen mit den USA, der VR China, der UdSSR; Olympische Spiele 1964 und 1972

25

Sie sollten die entscheidenden Phasen der japanischen Geschichte seit der Mitte des letzten Jahrhunderts bis zur Gegenwart kennen.

Sie sollten verstehen, inwiefern Japan durch das Beibehalten traditioneller Strukturen und Lebensweisen einen anderen Weg in die moderne Industriegesellschaft eingeschlagen hat als westliche Industriestaaten. Einige Besonderheiten der japanischen Mentalität sollten Ihnen einsichtig werden.

Sie sollten die außenpolitischen Rahmenbedingungen kennen, die Japans Aufstieg zur wirtschaftlichen Weltmacht ermöglicht haben.

Anmerkungen zur Sendung

Die Sendung setzt mit der gewaltsamen „Öffnung" Japans durch amerikanische Kriegsschiffe ein. Gesellschaftliche Strukturen und religiöse Vorstellungen der vorangegangenen Zeit werden kurz beleuchtet. Dann verfolgt die Sendung die Schritte zur Modernisierung und Industrialisierung, die von einem militärischen Ausgreifen auf ostasiatische Gebiete begleitet sind – eine Phase, die bis zum Zweiten Weltkrieg dauert. Die nächsten Sequenzen richten den Blick auf die Reformen, die nach der Kapitulation einsetzen, auf Organisation und Struktur moderner japanischer Industriebetriebe und auf die Einstellung der Beschäftigten zu Arbeit, Arbeitgeber und Betrieb.

B. Darstellung

Die Geschichte Japans bis zur „Öffnung"

Um die Wende vom 4. zum 5. Jahrhundert wird die Geschichte Japans faßbar: Ein Clan in Zentraljapan erringt eine militärische und religiöse Vormachtstellung vor anderen, ebenfalls mächtigen Clans und gründet einen *ersten japanischen Staat,* an dessen Spitze ein Kaiser steht (der *Tenno,* was soviel wie „himmlischer Herrscher" bedeutet). Seit dem 7. Jahrhundert beruht dieser Staat auf folgenden Grundlagen: Das Land ist vermessen und an Bauern neu verteilt worden; sie bezahlen nun Steuern. Es herrscht eine zentrale Verwaltung, das Recht ist schriftlich fixiert. Der Kaiser legitimiert sich durch seine Abstammung vom Sonnengott (dies übrigens bis heute). Der Staat ist religiös und kulturell durch den Buddhismus geprägt.

Mit den politisch-gesellschaftlichen Veränderungen im 12. Jahrhundert endet das japanische *Altertum,* das *Mittelalter* beginnt: Neben den Kaiser, der in Kioto residiert, tritt der höchste militärische Befehlshaber, der *Shogun.* Sein Sitz ist Kamakura bei Tokio. Die Regierungsgewalt liegt von nun an in seinen Händen und bei seinen Gefolgsleuten, Angehörige eines Kriegeradels, die mit Land und Steuereinnahmen für ihre Dienste belohnt werden. Ihnen obliegt die Kontrolle der einzelnen Provinzen des Staates. Wir sprechen bei einer solchen Herrschaftsstruktur von einer Feudalstruktur (s. L. 1, S. 17 f.). Diese Militär- und Provinzgouverneure werden bald zu selbständigen Herren in ihren Verwaltungsbezirken. Um ihre Wohnsitze, Burgen gleich, siedeln sie ihre Ritter, die *Samurai,* an, dazu Handwerker, Bauern, Kaufleute und Priester. Straßen, Städte und Märkte entstehen, die die Ausbreitung von Handel und Kultur fördern.

Seit dem 16. Jahrhundert kommen die Europäer mit den Japanern in Berührung. Bis dahin war ihnen Japan nur aus den Berichten von *Marco Polo* bekannt; jetzt knüpfen Portugiesen, Spanier, Holländer und Engländer Handelskontakte mit den Japanern. Auch christliche Missionare, vor allem Jesuiten, wirken zunächst sehr erfolgreich. Allerdings endet das sogenannte „christliche Jahrhundert" mit dem *Abschließungsedikt* (1636), das allen Ausländern den Handel mit Japan und das Betreten Japans untersagt. Den Japanern werden bei Todesstrafe die Einfuhr von Büchern und Auslandsreisen verboten. Diese Abschließung Japans fällt in die Epoche, in der die erneute Einigung zu einem japanischen Staat stattfindet und die den Beginn der japanischen Neuzeit markiert.

Kennzeichen des japanischen Staatswesens der *Neuzeit* - also von der staatlichen Einigung (ca. 1600) bis zur Öffnung der Häfen (1853) - sind:

- Japan wird zu einem einheitlichen *Binnenmarkt,* dessen Nutznießer die Kaufleute und Händler sind.
- Der *wirtschaftliche Aufschwung* begünstigt das *Anwachsen der Städte,* in denen allerdings

wegen der umfassenden Regierungskontrolle kein selbständiges Bürgertum lebt.

- Die Städte sind auch *Bildungszentren;* Schulen werden zunehmend von den meisten Schichten besucht; um 1860 haben bereits 40 Prozent der männlichen und 10 Prozent der weiblichen Bevölkerung eine Schulbildung.
- In der japanischen Gesellschaft sind die *Stände* strikt voneinander getrennt. Es gibt die *Krieger* (Samurai), die allein das Recht haben, Waffen zu tragen, die *Bauern,* die *Handwerker* und die *Kaufleute.* Soziale Mobilität ist nicht möglich.
- Japan entwickelt sich ca. 200 Jahre lang in völliger Isolierung von außen; es erlebt eine ebenso lange *Friedenszeit,* die im 19. Jahrhundert durch *soziale Unruhen* und innenpolitische Forderungen beendet wird. Ihrer Unzufriedenheit machen die Bauern Luft, die hohe Steuern entrichten, Fronarbeit leisten müssen und nicht in die Städte abwandern dürfen. Viele sind gezwungen, Pächter oder Tagelöhner zu werden. Unruhe gibt es auch bei den Samurai, die ihrer ursprünglichen Aufgabe als Krieger beraubt und zu schlechtbesoldeten Beamten gemacht werden. Geld im Handel zu verdienen ist ihnen aufgrund ihres gesellschaftlichen Ranges verboten. Politisch wird die Forderung laut, daß der Kaiser grundsätzlich auch die Macht des Shogun innehaben sollte.
- Trotz der Abschließung des Landes ist man über die holländische Faktorei, die auf der Insel Deshima, gegenüber dem Hafen von Nagasaki, geduldet wird, über technische Neuerungen in Europa informiert, und seit dem 18. Jahrhundert studiert man auch in Japan ausländische Bücher technischen und militärischen Inhalts.

So befindet sich der japanische Staat Mitte des 19. Jahrhunderts in einer Umbruchsituation, die durch das Auftauchen amerikanischer Kriegsschiffe vor japanischen Häfen plötzlich verschärft wird.

Die „Öffnung" Japans und die Modernisierung

Seit Beginn des 19. Jahrhunderts wird die Forderung europäischer, russischer und amerikanischer Staatsmänner und Kaufleute nach der Möglichkeit, japanische Häfen anlaufen und mit Japan Handel treiben zu können, immer drängender. Im Frühjahr 1852 entschließt sich die Regierung der USA, eine Expedition nach Japan zu senden, die nötigenfalls mit massivem Druck einen Handelsvertrag mit Japan abschließen soll. *Commodore Perry* verleiht den Forderungen militärischen Nachdruck – er läßt Teile seines Geschwaders in die Bucht von Tokio einlaufen. Die japanische Regierung ist vor die Entscheidung gestellt nachzugeben oder sich zu weigern, auch auf die Gefahr hin, daß die militärisch überlegenen Ausländer mit Gewalt eindringen. Der Opiumkrieg Englands gegen China (1840–42) war ein Beispiel für solch ein Vorgehen. Der Shogun stimmt der Öffnung der Häfen *Shimoda* und *Hakodate* für den amerikanischen Handel zu. Später erzwingen weitere – europäische – Staaten ähnlich *ungleiche,* also für Japan nachteilige Handelsverträge wie die Amerikaner.

Die *Unzufriedenheit mit dem Shogun* wächst, bis dieser seine *Regierungsgewalt an* die alte Autorität, *den Kaiser,* zurückgibt (1867). Um nicht das Schicksal Chinas erleiden zu müssen, dessen innere Schwäche dazu führt, daß es nach und nach kolonialisiert wird, macht man sich nun in Japan in vielen Bereichen an die *Modernisierung.*

- Die *kaiserliche Zentralregierung* erhält die Gerichtsbarkeit und Finanzhoheit über das ganze Land. Sie befehligt allein die Truppenverbände. Die *Institutionen des Feudalwesens werden abgeschafft.*
- Eine *Verfassung* tritt 1889 in Kraft: In ihr behält der Kaiser seine starke Stellung, daneben treten *parlamentarische und demokratische Institutionen,* z. B. ein Zwei-Kammer-System und ein eingeschränktes Wahlrecht.
- Auf wirtschaftlichem Gebiet wird das *Verkehrs- und Fernmeldewesen* gefördert, werden vor allem Schlüsselindustrien wie *Bergbau und Textilherstellung* auf- und ausgebaut.
- Im gesellschaftlichen Bereich wird die starre *Ständeeinteilung aufgegeben.* Die Privilegien der Samurai werden beseitigt, eine *allgemeine Wehrpflicht* eingeführt. Eine *Bodenreform* ermöglicht es den Bauern, eigenen Boden zu bewirtschaften. Grundsätzlich darf nun jeder Boden besitzen, kaufen und verkaufen.

25

- Zusätzlich holt man *ausländische Berater* nach Japan und schickt japanische *Studenten* zur Erlernung des technisch-wissenschaftlichen Know-hows *ins Ausland.*
- Das Erziehungswesen wird umgestaltet. Seit 1872 gilt die allgemeine *Schulpflicht.* Nach preußischem Vorbild werden Mittelschulen, Höhere Schulen, Fachschulen und Universitäten eingerichtet.

Das Bemühen der Japaner, westliche Strukturen der Herrschaft, Verwaltung und Erziehung zu übernehmen und den eigenen Verhältnissen anzupassen, läßt Japan für die USA und die europäischen Staaten in politischer und wirtschaftlicher Hinsicht zu einem gleichwertigen Partner werden: Die ungleichen Handelsverträge werden in der Folge revidiert und Japan wird *als souveräner Staat anerkannt* (ab 1894).

Der Aufstieg Japans zur politischen und wirtschaftlichen Großmacht

Japans Außenpolitik

Zur gleichen Zeit wie die Modernisierung beginnt das *Ausgreifen* Japans *auf das asiatische Festland.* Zu Konflikten mit China kommt es durch die Ansprüche beider Staaten auf Korea. Nach der ersten militärischen Auseinandersetzung, dem *chinesisch-japanischen Krieg,* muß China im *Frieden von Schimonoseki* (1895) Formosa an Japan abtreten und die Unabhängigkeit Koreas anerkennen. Der russischen Expansion, die sich bis in die Mandschurei und bis Korea erstreckt, begegnet Japan mit dem Überfall auf Port Arthur. Im *Krieg gegen Rußland* siegt Japan und versetzt damit dem Zarenreich einen schweren Schock. Die erste russische Revolution von 1905 ist die Antwort der Opposition an den Zaren auf diese Niederlage (s. L. 12, S. 156). Japan gewinnt Süd-Sachalin, Port Arthur und erhält das Protektorat über die Südmandschurei und Korea, das es 1910 annektieren wird. Japan wird somit eine neue *Großmacht.* Als solche ist es nach dem 1. Weltkrieg mit den *Pariser Friedensbestimmungen* nicht zufrieden. Zwar erhält es die deutschen Kolonien in China und im Pazifik, die es schon im ersten Kriegsjahr erobert hatte, die japanischen Militärs hatten sich jedoch viel größere territoriale Gewinne in Ostasien versprochen und ein japanisches Protektorat über China avisiert. Solche expansionistischen Wünsche bleiben vorerst unerfüllt.

Die Industrialisierung Japans

Innerhalb weniger Jahrzehnte (von etwa 1868 bis ins erste Jahrzehnt des 20. Jahrhunderts hinein) gelingt es Japan, den Industrialisierungsprozeß voranzutreiben. Mehrere Faktoren begünstigen diese Entwicklung:
- Japan ist bereits ein *hochentwickelter Beamtenstaat* mit einer ausgebildeten Bürokratenschicht.
- Eine relativ breite Schicht besitzt ein *hohes Bildungsniveau.*
- Es gibt eine große Gruppe von Handwerkern und Kaufleuten, die über ein relativ *hohes technisches Können* verfügen.
- Der Landwirtschaft kommt besondere Bedeutung zu: Sie wirft *Grundsteuern* ab, und diese sind die wichtigste Einnahmequelle für den Staat. *Agrarprodukte* wie Tee und Reis und Erzeugnisse der dörflichen Nebengewerbe wie Lackwaren und Papier machen einen *Großteil* des aufblühenden japanischen *Exportes* aus.
- Der Staat betreibt von den 70er Jahren an eine *aktive Wirtschaftspolitik.* Er holt ausländische Techniker und Ingenieure ins Land, er gründet Staatsbetriebe, deren Produkte zunächst auch vom Staat abgenommen werden. Später verkauft er sie an Finanzgruppen, die er wiederum durch Kredite, Staatsaufträge und Steuerbegünstigungen unterstützt. Solche *Pilotfabriken* richtet die Regierung im Eisenbahnwesen, im Bergbau, im Schiffs- und Maschinenbau und in der Seidenspinnerei ein. Die Pilotprojekte sollen die Investitionsbereitschaft der Kaufleute anregen, die zunächst zurückhaltend reagieren. Die Regierung ermöglicht durch entsprechende Gesetze die *Gründung von Banken.* Ganz besonders betreibt sie den *Ausbau der Infrastruktur.*
- Durch die hohe Bevölkerungszahl verfügt Japan über genügend Arbeitskräfte.
- Der Bedarf an Rohseide steigt auf dem Weltmarkt.
- Bereits um 1890 ist die Textilindustrie (Seide und Baumwolle) der einträglichste Wirtschaftssektor.

Abschnitte der Entwicklung der japanischen Wirtschaft, 1850 bis 1945

1850		
	1853 Perry nach Japan	Japans industrielle Lehrzeit
1860		
	1868 Meiji-Restauration	
1870		
		Schaffung einer Infrastruktur durch staatliche Initiative Pilotfabriken
1880		
1890		Industrielle (Leichtind.) Gründungsphase („take-off") (Schwerind.)
	1894/95 Chin.-Jap. Krieg	
1900		
	1904/05 Russ.-Jap. Krieg	
1910		Herausbildung der industriellen Struktur Japans mit Groß- und Kleinbetrieben (typisch jap. Ausprägung = Abhängigkeit)
	1918 Reisunruhen	
1920		
	1923 Kanto-Erdbeben	Krise und Anpassung (Niedergang der Textilindustrie, Aufstieg von Schwer- und Chemieindustrie)
1930	1931/32 Mandschurei-Krise	
	1937 Jap.-Chin. Krieg	Aufschwung und Vollbeschäftigung
1940		
	1941 Pazifischer Krieg 1945 Zusammenbruch	„Kontrollierte Wirtschaft" und Kriegswirtschaft (Tendenz zur Planwirtschaft)
1950		

Mit und nach dem 1. Weltkrieg nimmt die japanische Industrie einen erneuten Aufschwung. Japan hat keine Kriegsschäden erlitten, es kann nun auch die Länder mit Waren beliefern, die bislang von europäischen Ländern ihre Güter bezogen haben. Zwischen 1913 und 1919 verdoppelt sich die Zahl der Industriearbeiter; zum Teil arbeiten sie für einen Hungerlohn und in völlig ungesicherten Verhältnissen. Zwischen 1900 und 1920 bildet sich die für Japan typische *Dualstruktur der industriellen Betriebe* heraus, d. h., daß es neben den wenigen großen Unternehmensgruppen viele kleine und kleinste Industriebetriebe gibt. Die handwerkliche Produktionsweise ist großenteils durch die industrielle abgelöst; 1920 liegt erstmals der Anteil der industriellen Produktion am Bruttosozialprodukt über dem aus der agrarischen Produktion. Japan ist spätestens zu diesem Zeitpunkt eine *Industrienation*.

Japan zwischen Tradition und Fortschritt

Die Orientierung am westlichen Können – in Verwaltung, Wirtschaft und Bildungswesen – ist nicht problemlos für die japanische Gesellschaft, die jahrhundertelang von Werten wie Unterordnung, Anspruchslosigkeit, Gehorsam gegenüber Autoritäten geprägt war. Mächtige Konzerne ahmen die Geschäftspraktiken ihrer Konkurrenten in den USA nach – dennoch wird weiterhin der Konzernherr wie eine Art Familienoberhaupt angesehen. Die jungen Japanerinnen lernen westliche Arbeitsweisen kennen, sollen aber japanische Lebensformen beibehalten. Dieses Nebeneinander von Tradition und Fortschritt führt Ende der 20er Jahre zu Konflikten. Die Weltwirtschaftskrise bringt auch für Japan entscheidende Veränderungen.

25

(Aus: Erich Pauer: Japans Aufstieg zur Weltwirtschaftsmacht. In: *Der Bürger im Staat: Mythos Japan,* hg. v. der Landeszentrale für politische Bildung Baden-Württemberg, Jahrgang 35, Heft 1, März 1985, S. 34.)

Tee-Zeremonie
(Foto: Süddeutscher Verlag)

Die Tokioter Börse
(Foto: Süddeutscher Verlag)

Die Antwort Japans auf die Weltwirtschaftskrise – Expansion und Militarisierung

Japan lebt in dieser Zeit vom Export, und zwar hauptsächlich von Rohseide und Baumwollwaren. Mitte der 20er Jahre bestehen 40 Prozent des gesamten Exports aus Rohseide; 95 Prozent davon gehen in die USA. Ab 1929 gerät die amerikanische Wirtschaft in eine schwere Krise. Deshalb sinken ab 1930/31 die Rohseidepreise um die Hälfte. Dies trifft besonders die japanischen Bauern, denn in den ländlichen Gebieten wird hauptsächlich Rohseide hergestellt. Die Wirtschaftskrise erfaßt auch andere Industriezweige, mit dem Ergebnis, daß die Fabrikarbeiter oft am Rande des Existenzminimums zu leben gezwungen sind. Die durchschnittliche tägliche Arbeitszeit liegt im übrigen bei 10 Stunden, bei einem Anspruch auf ca. 4 arbeitsfreie Tage im Monat. Schuld an der Misere in der Wirtschaft geben Bauern und Militärs der *Verwestlichung* und damit der *Vernachlässigung alter japanischer Werte*. Ein fanatischer Patriotismus breitet sich aus. Politiker werden Opfer von politischen Attentaten; schließlich setzen *Militärs* die zivile Parteienregierung ab und *übernehmen* selbst *die Macht*. Die Armee sichert sich nach einem inszenierten Sabotageakt die Mandschurei, eine rohstoffreiche Provinz Chinas. *Expansion* und *militärische Stärke,* das ist also die Antwort auf die Weltwirtschaftskrise. 1940 wird Japan in einen straff organisierten *Einheitsstaat ohne Parlament* verwandelt. Gleichzeitig betreiben die militärischen Machthaber Propaganda: Die Japaner seien ein einzigartiges Volk, der Kaiser sei göttlich, Japan zu Großem ausersehen. Beeinflußt von dieser Propaganda und einer dem Faschismus ähnlichen Ideologie gehen die Japaner den Weg in den Krieg; sie kämpfen gegen China (seit 1937) und besetzen weite Teile dieses Landes; sie bemächtigen sich Französisch-Indochinas. Nachdem Japan bereits 1936 mit dem Deutschen Reich den *Antikominternpakt* „gegen den Weltkommunismus" geschlossen hat (s. L. 16, S. 37) – 1937 tritt Italien bei –, vereinbaren diese drei Mächte 1940 eine enge Zusammenarbeit und die Abstimmung ihrer Expansionswünsche. Alle drei Staaten stimmen überein in ihrem Kampf gegen den Kommunismus und Liberalismus. Sie betreiben Expansionspolitik, überzeugt von ihrer geschichtlichen Sendung und Überlegenheit.

Japan ist bei seiner Kriegsführung auf Erdöllieferungen aus den USA angewiesen. Nachdem die USA die Erdöllieferung nach Japan gestoppt haben und sie erst wieder aufnehmen wollen, wenn sich Japan aus den seit 1931 eroberten Gebieten zurückgezogen hätte, reagieren die Japaner mit dem Überfall auf den amerikanischen Flottenstützpunkt *Pearl Harbor* auf Hawaii. Nach anfänglichen Erfolgen muß Japan die Überlegenheit der USA hinnehmen. Im sogenannten „Inselspringen" erobern die Amerikaner einen Teil des Pazifiks nach dem anderen zurück. Ab Ende 1944 bombardieren sie japanische Städte. Im Sommer 1945 ist Japan militärisch am Ende, will aber noch nicht die in Potsdam geforderte bedingungslose Kapitula-

tion annehmen. Der Abwurf der Atombomben auf *Hiroshima* und *Nagasaki* im August 1945 erzwingt diese Kapitulation; sie wird wenige Tage später durch den Kaiser verkündet. Sie bedeutet das Ende des Militarismus in Japan. Amerikanische Truppen besetzen das zerstörte Land und übernehmen die Macht.

Der Neubeginn nach 1945

Innen- und außenpolitische Grundlagen

Die amerikanische Besatzungsmacht verfolgt das Ziel, die japanische Gesellschaft zu demokratisieren, um auf Dauer den aggressiven Militarismus zu beseitigen. Unter General *MacArthur,* dem Oberkommandierenden der Besatzungstruppen, beginnen wichtige Veränderungen: Eine *Landreform* teilt den Großgrundbesitz auf; das Land wird an die bisherigen Pächter vergeben. Eine *Arbeitsrechtsreform* ermöglicht die Bildung von Gewerkschaften; eine *Bildungsreform* soll die Lehrinhalte im Sinne der *reeducation* neu formulieren. Schließlich wird durch eine *Verfassungsreform* der Kaiser entmachtet und damit die japanische Staatstradition beendet. Japan erhält eine *demokratische Verfassung* nach englischem Vorbild, in der die Grundrechte verankert sind und die auf dem *Prinzip der Volkssouveränität* aufbaut (Wahlrecht für alle). Heute hat sich das japanische Regierungssystem als stabil erwiesen, es wird allerdings durch die politischen, wirtschaftlichen und sozialen Probleme, die der Wirtschaftsaufschwung mit sich bringt, immer wieder auf die Probe gestellt.

Die *Zeit der Besatzung* (1945–1952) verläuft in Japan anders als in Deutschland. Es wird nicht geteilt; die Amerikaner führen ihre Besatzungspolitik mit Hilfe der japanischen Regierung, die als Institution erhalten bleibt, durch. Japan hat also nie seine Souveränität vollständig verloren. Bald sehen die USA im Ost-West-Konflikt und nach Ausbruch des Koreakriegs in Japan einen wichtigen Vorposten im Kampf gegen den Kommunismus. 1951 schließen die USA mit Japan einen *Friedensvertrag,* dem sich 48 Staaten anschließen. Ein *Sicherheitsvertrag* zwischen den USA und Japan tritt 1952 in Kraft. Er garantiert den amerikanischen Truppen das Recht, sich auf japanischem Boden aufzuhalten und hindert Japan daran, aus dem westlichen Bünd-

25

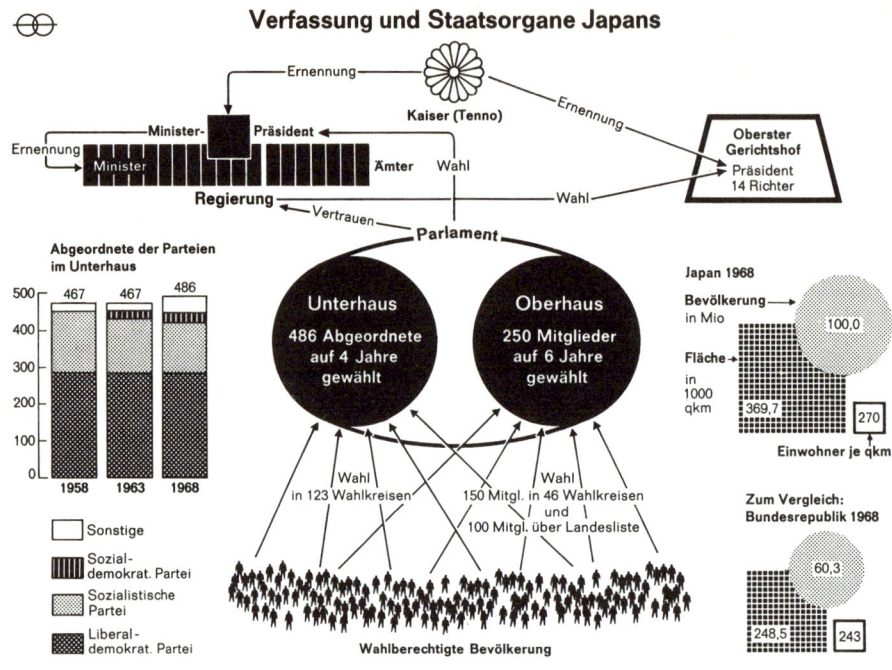

Verfassung und Staatsorgane Japans

Ernennung — Kaiser (Tenno) — Ernennung

Minister-Präsident

Ernennung — Minister — Ämter — Wahl

Regierung — Vertrauen

Oberster Gerichtshof — Präsident — 14 Richter

Wahl

Parlament

Abgeordnete der Parteien im Unterhaus

500 — 467 — 467 — 486
400
300
200
100
0 — 1958 — 1963 — 1968

☐ Sonstige
▥ Sozial-demokrat. Partei
▦ Sozialistische Partei
■ Liberal-demokrat. Partei

Unterhaus — 486 Abgeordnete auf 4 Jahre gewählt

Oberhaus — 250 Mitglieder auf 6 Jahre gewählt

Wahl in 123 Wahlkreisen

Wahl 150 Mitgl. in 46 Wahlkreisen und 100 Mitgl. über Landesliste

Wahlberechtigte Bevölkerung

Japan 1968

Bevölkerung in Mio — 100,0

Fläche in 1000 qkm — 369,7 — 270

Einwohner je qkm

Zum Vergleich: Bundesrepublik 1968

60,3

248,5 — 243

(Erich Schmidt Verlag)

nissystem auszutreten. Mit dem Inkrafttreten des Sicherheitsvertrags endet die Besatzungszeit in Japan. Konsequent bleibt Japan bei einer *Verteidigungspolitik;* seine Ausgaben für den Verteidigungsetat sind gering. Obwohl Japan auch weiterhin wirtschaftlich und militärisch mit den USA verbunden bleibt, sind die Beziehungen etwas lockerer geworden als zu Beginn. Das ermöglicht es Japan, auch mit der UdSSR und China Kontakte aufzunehmen. Gute Beziehungen zu den drei wichtigsten Großmächten kommen Japans Interessen als große Industriemacht zugute. Ohne sich in ideologische Diskussionen verwickeln zu müssen, spielt Japan aufgrund dieser Beziehungen eine *wichtige Rolle zur Erhaltung des Gleichgewichts in der Welt.*

Der Wirtschaftsriese Nippon

1945 ist die Lage in Japan desolat: 3,1 Millionen Einwohner – davon 800 000 Zivilisten – sind umgekommen, ein Drittel der Bevölkerung ist obdachlos. Bombenabwürfe, vor allem die Explosion zweier Atombomben haben der Bevölkerung entsetzliche Leiden zugefügt und einen furchtbaren Schock versetzt. Japan hat die ganze Mandschurei, Taiwan, Sachalin, Korea verloren. Der Zugang zu wichtigen Rohstoff-

lagern ist verschlossen und ein großer Markt weggefallen. Mehr als 6 Millionen Japaner müssen auf den vier Hauptinseln eine neue Heimat und vor allem Arbeit finden. Auf Jahre hinaus sind Tausende japanischer Arbeitnehmer unterbeschäftigt und arbeiten für Niedriglöhne. Massenarbeitslosigkeit gibt es auch in der Nachkriegszeit nicht, wohl aber Armut und Not. Dennoch erhebt sich Japan erstaunlich rasch von seinen materiellen und moralischen Trümmerfeldern. Das liegt an der politischen Führung durch die USA, aber auch daran, daß die Japaner die Schuld an der Niederlage auf die Militaristen abwälzen, die ihre Strafe erhalten; es liegt vor allem an dem überraschenden wirtschaftlichen Aufstieg, der trotz düsterer Prognosen erfolgt. Japans Ausfuhr bricht zunächst völlig zusammen, folglich müssen die USA die notwendigen Einfuhren an Lebensmitteln und Rohstoffen selbst finanzieren. Bald geben sie aus ökonomischen Gründen die Demontage der Großbetriebe auf, so daß sich die Wirtschaft langsam zu erholen beginnt. Der *Koreakrieg* (1950–1953) fördert diesen Prozeß, da die amerikanischen Militärbehörden und Soldaten in Japan einkaufen und Devisen ins Land bringen. 1952 hat Japan den Stand der Vorkriegsproduktion wieder erreicht. Zunächst werden hauptsächlich *Konsumgüter* produziert, von der Mitte der 50er Jahre an basiert das Wirtschaftswachstum auf *technischen Innovationen*. Aus den USA werden mit den im Außenhandel verdienten Devisen Technologien importiert, diese Technologien führen zu hohen Investitionen, diese wiederum zum Ansteigen des Lebensstandards und zur vermehrten Nachfrage nach Konsumgütern. Die japanischen Unternehmer legen eine Investitionsfreude an den Tag, die noch größer ist als die in der Zeit vor dem Krieg. Bald muß Japan nicht mehr Lizenzen kaufen, sondern es verkauft selbst Lizenzen an europäische und amerikanische Länder. In mehreren Technologien ist heute die japanische Wirtschaft der westeuropäischer Staaten voraus. Bis 1973 hält der Aufwärtstrend mehr oder minder an, die *Ölkrise* beendet das rasche Wirtschaftswachstum. Japan kann aber doch seine Stellung als Wirtschaftsmacht behaupten und sogar weiter ausbauen. Der japanische Staat greift weiterhin fördernd, z.B. durch Investitionen, in die Wirtschaft ein. Er versteht sich allerdings nicht als Interventionsstaat, der gesellschaftliche Prozesse korrigiert oder soziale Verantwortung in der Gesellschaft übernimmt.

Als günstig erweist sich bis heute die sogenannte *Dualstruktur,* die sich schon zu Beginn des Jahrhunderts herausgebildet hat. Neben den hochtechnisierten Großbetrieben gibt es zahllose arbeitsintensive Kleinbetriebe. Diese sind ein Konjunkturpuffer in Zeiten der Konjunkturschwächung. 70 Prozent der Unternehmen sind Kleinstbetriebe mit bis zu vier Beschäftigten. Freilich konnten und können die Großbetriebe in Zeiten hohen Wirtschaftswachstums große Gewinne erzielen; die Löhne und Sozialleistungen sind folglich besser als die der Kleinbetriebe. Allerdings sind die Kleinbetriebe weniger konjunkturanfällig.

Dazu kommt die besondere *Betriebsmentalität* der Japaner, die sich ebenfalls schon anfangs des Jahrhunderts abzeichnete. Oft nennen die Japaner, nach ihrem Beruf gefragt, den Betrieb, in welchem sie arbeiten. Diese Einstellung zum Arbeitsplatz äußert sich z.B. in der Firmenhymne des Elektro-Konzerns Matsushita. Sie stammt aus dem Jahr 1949 und wird auch heute noch häufig bei Arbeitsbeginn gesungen:

„Für den Aufbau eines neuen Japans
laßt uns Muskelkraft und Geist vereinen!
Laßt uns unser Bestes geben,
um die Produktion voranzutreiben.
Schickt unsere Erzeugnisse,
gleich einem großen Strom,
in alle Länder der Welt,
wie die Wasser eines Springbrunnens.
Blühe, Industrie, in Harmonie und Aufrichtigkeit,
Blühe, blühe, Industrie,
Matsushita-Electric."

(Aus: *Geschichtsbuch,* Bd. 4, B, hg. von Hüttenberger, Mütter, Zwölfer. Berlin 1988, S. 84.)

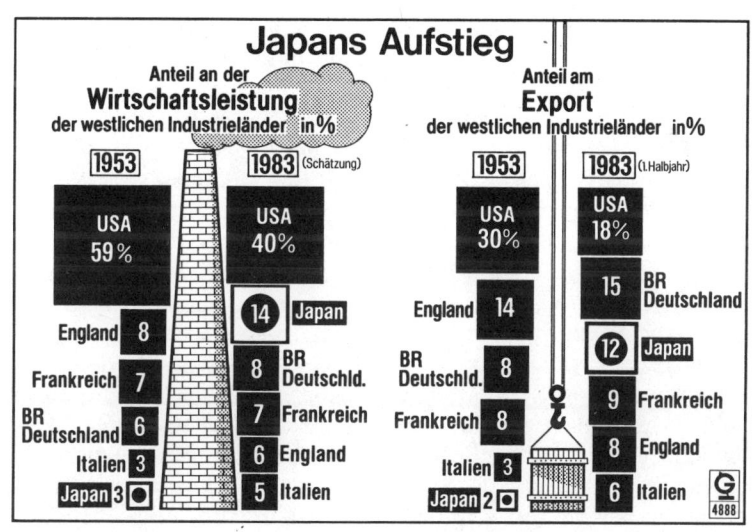

Die Zusammenstellung von Fehl- und Arbeitstagen, Urlaubstagen und tatsächlich verbrauchtem Urlaub wirft ein bezeichnendes Licht auf die Arbeitseinstellung der Japaner:

Arbeitstage, Fehltage, Abwesenheitsrate, Urlaubstage, konsumierte Urlaubstage und Urlaubsverbrauchsrate nach Betriebsgröße 1981 (Betriebe über 30 Beschäftigte)

	30–99 Beschäftigte	100–999 Beschäftigte	über 1000 Beschäftigte	Summe
Arbeitstage	286,2	276,5	262,8	274,3
Fehltage	7,1	4,9	2,1	4,5
Abwesenheitsrate (%)	2,5	1,8	0,8	1,6
Urlaubstage	12,6	14,3	17,1	15,0
Konsumierte Urlaubstage	6,6	7,8	9,9	8,3
Urlaubsverbrauchsrate (%)	52	55	58	55

(Aus: Rôdô daijin kanbô tôkei jôhô-bu [Hrsg.]: *Rôdô tôkei yôran 1983*, Tôkyô 1983, S. 190–191.)

In den großen Firmen werden die leitenden Ingenieure sorgfältig ausgesucht; sie werden durch große materielle Vorteile oder/und Heirat an den Betrieb gebunden. *Arbeitsverhältnis auf Lebenszeit* und *Beförderung nach Dienstjahren* – das sind die Prinzipien im Arbeitsverhältnis. Bedingung für eine lebenslange Einstellung ist die Bereitschaft zur Mobilität innerhalb des Betriebs. Der Arbeitgeber verpflichtet sich seinerseits zu *Sozialleistungen,* die von Unterstützungen für Wohnungen, Darlehen, Freizeiteinrichtungen bis hin zur Fürsorge und Beratung in vielen Lebenslagen reichen. Nur rund ein Drittel aller japanischen Arbeitnehmer kommt in den Genuß solcher Vergünstigungen, Kleinbetriebe sind dazu nicht in der Lage. Allgemein sind die Löhne im Vergleich zu den westlichen Industrienationen immer noch niedriger, und die Arbeitszeit ist länger.

Im Gegensatz zur BRD werden 30 Prozent des Familienbudgets gespart. Nur 1 Prozent des Brutto-Volkseinkommens wird für Militärausgaben aufgewendet. So erklärt es sich, daß Japan das notwendige Investitionskapital und weiteres Kapital zum freien Einsatz auf dem Weltmarkt im Land selbst hat und nicht zu sehr vom Ausland abhängig ist.

In den 80er Jahren stand Japan an erster Stelle im Schiffsbau und in der Herstellung von Kunstseide und Transistoren; an zweiter Stelle steht es heute in der Herstellung von Äthylen, Fernsehapparaten und elektronischen Rechenmaschinen. An dritter Stelle liegt es in der Stahlherstellung, der Autoindustrie (ca. 1 700 000

Stück), der Zementproduktion, der Papierfabrikation und auf dem Gebiet der Ölraffinerie.

So hat Japan sein größtes Problem der Zwischenkriegs- und Nachkriegszeit, die Lebensgrundlage seiner Bevölkerung zu sichern, heute bewältigt, und es hat diese Aufgabe mit friedlichen Mitteln gelöst. Trotz dieses eindeutigen Erfolgs weist die japanische Gesellschaft aus der europäischen Perspektive manches Defizit auf. So ist beispielsweise eine *Aufwärtsmobilität* von Arbeiterkindern nicht in vergleichbarem Maßstab gegeben (60 Prozent bleiben Arbeiter); Söhne von Arbeitern und kleinen Angestellten sind in der Wirtschaftselite unterrepräsentiert. Es besteht in Japan ein großer *gesellschaftlicher Druck zum Eingehen einer Ehe.* Nur eine bis zwei von 100 Personen sind im Alter von 50 Jahren noch nie verheiratet gewesen. Unverheiratete sind in einer Außenseiterposition, bemitleidet oder verachtet. Etwa die Hälfte aller Heiraten geht auf Vermittlung zurück. Die Frauen hören in aller Regel mit der Geburt des ersten Kindes auf, berufstätig zu sein. Ein Wiedereinstieg in den Beruf ist nicht leicht: In den meisten Fällen gibt es dann nur Teilzeitarbeit gegen niedrigen Lohn und ohne Aufstiegschancen. Der japanische Ehemann hilft kaum im Haushalt; soweit er Karriere machen will, widmet er seine ganze Arbeitskraft dem Betrieb, oft auch samstags. Sicher aber sind es nicht nur diese Defizite im gesellschaftlichen Bereich, die Japan trotz „Europäisierung" in mancher Hinsicht als eine andere Welt ausweisen. Zudem zeichnen sich auch hinsichtlich des eben Gesagten Änderungen ab. Nicht alle Japanerinnen geben sich heute noch mit der Rolle der stillen Hausfrau zufrieden, die gegebenenfalls auch die Pflege der Schwiegereltern zu übernehmen hat. Immer häufiger werden Scheidungen von Frauen eingereicht, und häufiger als noch vor 30 Jahren wird ihnen das Elternrecht für die Kinder zugesprochen, worin sich eine stärker gewordene Position der Frau ausdrückt.

C. Arbeitsteil

Der Weg Japans vom feudalen Agrarstaat zum modernen Industriestaat:

„Ausgehend von der Hypothese, der Industrialisierungsprozeß, den Japan ab 1868 [...] durchmachte, lasse sich andernorts beliebig wiederholen, sichtete ich das Material zum historischen Ablauf der Entwicklung zunächst unter dem Gesichtspunkt, wie haben die Japaner diese Entwicklung vollbracht, und was läßt sich auf andere Entwicklungsländer übertragen? Es stellte sich bald heraus, daß man der Fragestellung nicht gerecht werden konnte, wenn man die Industrialisierung, die keineswegs als geradliniger, vom politischen Willen der Regierung abhängiger Prozeß verlief, getrennt von der gesellschaftlichen Entwicklung untersuchte. Es handelt sich in Japan um einen komplexen Vorgang, bei dem der politische Wille zur Reform einerseits und der Entwicklungsprozeß in Politik, Wirtschaft und Gesellschaft andererseits von den herkömmlichen Strukturen beherrscht blieb.

Durch diese Feststellung wurde meine anfängliche Hypothese, Japan könne als Modellfall für andere Entwicklungsländer dienen, hinfällig. Ein Wandel, der von den spezifischen Bedingungen einer bestimmten Gesellschaft in einer bestimmten Epoche abhängt, ist singulär und unübertragbar [...].

Bei der Suche nach den inhärenten Kräften, die den Wandel vorbereiteten, fanden sich Gleichförmigkeiten des sozialen Lebens, die nur für diese Gesellschaft in dieser Epoche Gültigkeit hatten. An sie knüpfte die sich in der Meiji-Zeit herausbildende neue Gesellschaftsstruktur an; die im Gange befindlichen Entwicklungsprozesse und die Konflikte der traditionellen Gesellschaft setzten sich auch nach 1868 fort; die vorhandenen offenen oder verdeckten Kräfte suchte die Regierung in den Aufbauprozeß zu integrieren. Aus den Bedingungen und Eigenarten der vorindustriellen Wirtschaft und Gesellschaft wurde erkennbar, welche Kräfte und Ordnungssysteme das Land einzusetzen hatte, um eine wirtschaftliche Entwicklung sui generis hervorzubringen. Denn gewisse herkömmliche Gleichförmigkeiten prägten das soziale Leben auch noch, als die Schwelle zur Industrialisierung bereits überschritten war.

Wenn Japan, das, verglichen mit Europa, den Industrialisierungsprozeß mit Verspätung begann, sich nicht scheute, die Vorteile zu nutzen, die ihm die fortgeschrittenen Länder boten, so ist das ein Vorgang der Akkulturation, der sich zu jeder Zeit an jedem Ort abspielen kann. Es hängt jedoch von der spezifischen Struktur der Gesellschaft ab, mit welchem Erfolg Errungenschaften integriert werden können. Als förderlich für Japans Übernahme aus dem Westen erwiesen sich etwa folgende Voraussetzungen:
- eine solide handwerkliche Tradition, die für die schrittweise Übernahme abendländischer Technik genutzt werden konnte;
- traditionelle Verwaltungsorgane und eine für den Dienst am Allgemeinwohl erzogene, patriotisch eingestellte Elite, die den Aufbau einer modernen Regierung erleichterten;
- ein herkömmliches, für eine weite Verbreitung der Bildung verantwortliches Erziehungssystem, dem es zuzuschreiben ist, daß moderne westliche Technik und Wissenschaft auf Verständnis und Aufgeschlossenheit stießen;
- ein progressiv eingestelltes, ländliches Unternehmertum, das die gebotenen Neuerungen für die von ihm getragene „Entwicklung von unten" begierig aufnahm.

Diese keineswegs vollständige Liste läßt natürlich keine Verallgemeinerung zu, denn es ist durchaus denkbar, daß in anderen Ländern andere Bedingungen die Modernisierung begünstigten, mögen sich auch einige fundamentale Vorgänge in allen Entwicklungsländern wiederholen. [...]"

(Aus: Annelotte Piper, *Japans Weg von der Feudalgesellschaft zum Industriestaat,* Köln 1976, S. 9 f.)

Arbeitsaufgaben

1. Wie begründet die Historikerin A. Piper den raschen Aufstieg Japans zum modernen Industriestaat?

2. Wodurch unterscheidet sich die Entwicklung in Japan von der in England und Deutschland (s. Lektion 6)?

Der japanische Wirtschaftswissenschaftler Michio Morishima über die japanische „Betriebsmentalität":

„In Japan hingegen war die Beschäftigung für den Betrieb wie für den einzelnen eine Bindung auf Lebenszeit, vergleichbar mit einer Ehe. Daher erachtete es ein Unternehmen bei einer Neueinstellung für ebenso wichtig, den Charakter des Bewerbers, sein Verständnis für Treue und seine Fähigkeit, der Firma langfristig etwas zu bringen, kennenzulernen wie seine reine Arbeitsproduktivität und seine betrieblichen Fertigkeiten. [...]

25

In einer solcherart geprägten Gesellschaft stößt man daher auf wenig Verständnis für einen Arbeitsvertrag im westlichen Sinne. Arbeit wird nicht als ein hochwertiges Wirtschaftsgut angesehen; es ist der Geist der Loyalität, der zählt. Der ‚Markt', auf dem man seine Treue anbietet, steht jedermann nur einmal im Leben offen. [...] Ein ‚Samurei', der das Unglück hat, mit seinem ersten Herrn unzufrieden zu sein, muß sich hernach wie ein herrenloser Samurei auf dem Marktplatz für Söldner umsehen. Arbeit wird also nicht nur als Wirtschaftsgut betrachtet, sondern als Treuedienst an der Gesellschaft, und das hat dazu geführt, daß diese konfuzianische Gesellschaft unweigerlich einen gespaltenen Arbeitsmarkt hervorgebracht hat. Das heißt, der ‚Markt der Treue' steht jedem Arbeitnehmer nur einmal offen: wenn das auf Lebenszeit eingegangene Arbeitsverhältnis in einer Katastrophe endet, dann hat der Arbeitnehmer keine andere Wahl, als sich auf dem Markt für Söldner nach einem neuen Arbeitgeber umzusehen, dann aber muß er von vornherein einen niedrigeren Lohn in Kauf nehmen. [...]

Der Wettbewerb, dem man sich aussetzen muß, wenn man sich bei einem japanischen Großunternehmen bewirbt, ist erwartungsgemäß hart. Die Einstellungsprüfung eines Großunternehmers kann man nur einmal im Leben machen. Da man wenig Aussicht hat, von einer Firma eingestellt zu werden, wenn man nicht von einer guten Schule oder einer guten Universität kommt, gibt es bereits beim Eintritt in die guten Universitäten einen heftigen Wettbewerb, folglich auch harten Wettbewerb beim Eintritt in gute höhere Schulen und weiter, bis hinunter zur niedrigsten Stufe der Ausbildung. In extremen Fällen ist der Wettbewerb so rücksichtslos, daß er schon beginnt, wenn man ein Kind in den Kindergarten schickt: Man versucht, das Kind in einen guten Kindergarten zu geben, und damit dies gelingt, erhalten einige Kinder schon zu Hause Vorbereitungsunterricht."

(Aus: M. Morishima, *Warum Japan so erfolgreich ist. Westliche Technologie und japanisches Ethos.* München 1985, S. 122–125 und 179.)

Arbeitsaufgaben

3. *Erläutern Sie, welcher gesellschaftliche Wert nach Meinung des Verfassers der Arbeit in Japan zugemessen wird.*

4. *Beschreiben Sie, wie sich dieses Verständnis der Arbeit nach Ansicht des Verfassers auf die japanische Gesellschaft auswirkt.*

5. *Vergleichen Sie unter den Gesichtspunkten Arbeit und Wettbewerb die dargestellte Situation in Japan mit den Grundsätzen der sozialen Marktwirtschaft.*

Ist das berühmte Arbeitsethos im Schwinden?

„Aus Meinungsumfragen ist zu ersehen, daß das berühmte japanische Arbeitsethos langsam in Veränderung begriffen ist. Im Dezember 1982 sagten bei einer Erhebung 57% der Befragten, daß die Arbeit für sie nur ein Mittel zum Geldverdienen wäre, und nur 46% fanden in der Arbeit ihren hauptsächlichen Lebensinhalt (Mehrfachantworten möglich, daher Summe über 100%!). Auf eine andere Frage meinten 36%, daß sie bereit wären, für die Firma Abstriche in ihrem persönlichen Leben hinzunehmen, während 57% der gegenteiligen Ansicht waren. Die Jugend scheint ebenfalls nicht mehr so interessiert daran zu sein, so schnell wie möglich eine sichere Stelle bei einer guten Firma zu bekommen. Immer mehr Studenten verzögern ihren Abgang von der Universität um ein oder zwei Jahre über die vorgeschriebenen vier Jahre hinaus, ehe sie sich dem Ernst des Erwachsenenlebens stellen. Ein japanischer Kulturkritiker spricht in diesem Zusammenhang von ‚Moratoriums-Menschen'.

Obwohl diese geringere Hingabe an die Arbeit und an die Firma der japanischen Regierung große Sorgen zu bereiten scheint, weshalb sie auch immer wieder großangelegte internationale Vergleichsuntersuchungen über die *Werthaltungen der Jugend* in der Gegenwart durchführen läßt und die Gefahr der ‚englischen Krankheit' an die Wand malt, ist sie nur zu verständlich. In einer Zeit des materiellen Überflusses ist es schwer, die Menschen zu motivieren, von früh bis spät schwer zu arbeiten, und auch viele Japaner möchten heute die Früchte ihrer Arbeit genießen. Vom Journalismus werden in diesem Zusammenhang seit Jahren bereits zwei Schlagworte gebraucht: *mai hômu shugi* (ein japanisches Lehnwort aus dem Englischen: *my home* und jap. *shugi* = ismus: *my homeism*) und *rejâ bûmu* (vom englischen *leisure boom*) Mai hômu war zunächst nur eine Werbephrase [...]. Mit der Zeit bedeutete es aber die Abkehr vom *messhi hôkô*-Ideal der Vergangenheit, vom Ideal der Aufopferung des Ich für das Allgemeinwohl oder, auf das Berufsleben übertragen, für die Firma. Nicht nur konservative Kreise kritisierten diese neue Lebenshaltung, auch die Linke lehnte sie als ‚kleinbürgerlich' ab, was aber nicht verhindern konnte, daß sie immer mehr um sich griff. Die Anschaffung von Farbfernsehgeräten, von Klimaanlagen und von PKWs trug natürlich auch zu einer neuen, bisher völlig unbekannten Lebensqualität im privaten Bereich bei."

(Aus: Linhart, Sepp: Die japanische Gesellschaft. In: *Der Bürger im Staat: Mythos Japan*, a. a. O., S. 24.)

Arbeitsaufgabe

6. *Vergleichen Sie die Aussagen dieser Quelle mit den Aussagen Morishimas. Welche Unterschiede ergeben sich?*

Lektion 26
Die Dritte Welt

A. Überblick

Mehr als fünf Sechstel der Staaten dieser Erde zählen zu den „Entwicklungsländern"; sie stellen in den Vereinten Nationen eine überwältigende Mehrheit. In den Entwicklungsländern leben etwa 3,7 Milliarden Menschen: mehr als drei Viertel der Weltbevölkerung. Im Gegensatz dazu aber beträgt der Anteil der Entwicklungsländer am Bruttosozialprodukt der Welt (der Wert der Gesamtheit der produzierten Güter und Dienstleistungen) sowie am Welthandel nur etwa ein Fünftel.

Die sich in diesen Zahlen andeutenden Unterschiede der Lebenschancen in Entwicklungsländern im Vergleich zu denen in Industrieländern werden von vielen Beobachtern als *die* soziale Frage der zweiten Hälfte des 20. Jahrhunderts eingestuft; sie dürfte weit in das 21. Jahrhundert fortbestehen. Da die meisten Entwicklungsländer sich auf der südlichen Erdhalbkugel befinden, wird das Gefälle zwischen Entwicklungs- und Industrieländern zugespitzt auch als Nord-Süd-Konflikt bezeichnet.

Wer über die Probleme der Entwicklungsländer sprechen will, hat es gegenwärtig nicht leicht, sich Gehör zu verschaffen. Die Veränderungen in Mittel- und Osteuropa, die Entspannung zwischen den Weltmächten und die Vereinigung Deutschlands bestimmen das politische und wirtschaftliche Interesse. Nicht nur in den Ländern der Dritten Welt, sondern auch unter Entwicklungspolitikern und Dritte-Welt-Gruppen hierzulande wächst die Sorge, daß der wirtschaftliche Aufbau des Ostens und die angestrebte europäische Zusammenarbeit zu Lasten der Ärmsten der Armen gehen könnte.

Dabei eröffnet gerade die Ost-West-Annäherung neue Chancen in der Entwicklungspolitik. Angesichts der politischen und militärischen Entspannung könnten Rüstungsausgaben erheblich vermindert und die freigesetzten Mittel in der Entwicklungsarbeit eingesetzt werden. Ost und West könnten auch in der Entwicklungspolitik zusammenarbeiten und ihre Verantwortung gegenüber der Dritten Welt gemeinsam wahrnehmen. Die armen Länder wären nicht länger Spielball der Interessen der Großmächte; diese wiederum würden nicht länger diktatorische und korrupte Regime unterstützen. Denn so bedeutsam die Überwindung des Ost-West-Gegensatzes für das friedliche Zusammenleben der Menschen auch ist – für die Bewahrung der zukünftigen Lebensmöglichkeiten wird es entscheidend darauf ankommen, die Kluft zwischen Nord und Süd zu überbrücken. Es ist nicht allein die humanitäre Verpflichtung angesichts des Hungers und Elends in weiten Teilen der Welt, sondern mehr noch die den ganzen Planeten bedrohende Umweltkatastrophe, die die Beschäftigung mit dem Thema dringlich macht. Risse in der Ozonschicht, saurer Regen, vergiftete Böden und Gewässer mahnen uns, daß der industriell-technische „Fortschritt" nicht länger ungestraft gegen die Natur durchzusetzen ist und daß die Folgen vor nationalen Grenzen nicht Halt machen. Globales Denken und Handeln tut not; denn die ökonomischen und ökologischen Probleme in der sogenannten „Dritten Welt" sind von uns mitverursacht und wirken auf unsere Gesellschaft zurück. Unsere Probleme sind in vielfältiger Weise mit den Problemen der Dritten Welt verknüpft.

Lernziele

Sie sollten erkannt haben, wie problematisch der Begriff „Entwicklungsländer" ist.

Sie sollten in der Lage sein, unterschiedliche Annahmen über die Ursachen der „Unterentwicklung" zu erläutern.

Letztlich sollten Sie in der Lage sein, verschiedene Auswirkungen des Nord-Süd-Konflikts zu erörtern.

26

Zentrale Begriffe

Dependenztheorie – Dritte Welt – Entwicklung – Entwicklungshilfe – Entwicklungsländer – Landflucht – Least Developed Countries (LDC) – Monokultur – Nord-Süd-Konflikt – Opec – Schwellenländer – Teufelskreis der Armut – Unterentwicklung – Vierte Welt

Anmerkungen zur Sendung

Die Sendung beschäftigt sich mit Namibia, der letzten Kolonie in Afrika, die 1989 selbständiger Staat wurde und so den Schlußstein des Entkolonialisierungsprozesses in Afrika bildet. Am Beispiel von Namibia werden die ökonomischen, politischen und gesellschaftlichen Probleme eines Landes der Dritten Welt aufgezeigt. Neben die allgemeinen Kennzeichen Armut, Unterernährung, fehlende medizinische Versorgung und hohe Arbeitslosigkeit tritt die Tatsache, daß der neue Staat gesellschaftlich alles andere als eine Einheit darstellt, weil die Kolonialmächte an einer solchen nicht interessiert waren. Außerdem sind keine wirtschaftlichen, sozialen und politischen Strukturen da, die eine rasche Besserung der Lebensbedingungen ermöglichen könnten. Wirtschaftlich ist das Land zweigeteilt in einen agrarischen Norden, in dem die Menschen allerdings nur das anbauen, was sie unmittelbar zur eigenen Versorgung brauchen, und in einen Süden, wo erste Schritte zur Industrialisierung unternommen werden. Die Folge ist eine große Landflucht der Männer, weil nur der Süden Arbeitsplätze verspricht.
In beiden Regionen versucht man über Entwicklungshilfe, das Erbe der Kolonialzeit zu überwinden und neue Strukturen – Handwerk, Verwaltung und eine marktorientierte Landwirtschaft – aufzubauen. Das allerdings geht nicht ohne Probleme vor sich. Neben dem Stadt-Land-Gefälle erweist sich auch die Tatsache, daß Namibia keine eigene verarbeitende Industrie für seine Rohstoffe hat, als ein großes Handicap. Denn so bleibt dieses Land der Dritten Welt weiterhin abhängig von den Rohstoffpreisen und einem ausländischen Unternehmen, das die gesamte Bergbauindustrie kontrolliert. Damit fehlt ihm derzeit noch die Möglichkeit, durch Export von Fertigwaren das nötige Kapital zum Aufbau einer eigenen Industrie zu erwirtschaften.

Zeittafel

1944
Gründung des Internationalen Währungsfonds (IWF) zur Förderung der wirtschaftlichen und währungspolitischen Zusammenarbeit in der Welt

1945
Gründung der Vereinten Nationen zur Erhaltung des Weltfriedens

1946/47
Beginn des Prozesses der Dekolonisation in Asien. Indien und die Philippinen werden selbständige Staaten.

1947
Vereinbarung über das Allgemeine Zoll- und Handelsabkommen (GATT), um international Handelsschranken abzubauen; IWF und GATT werden zu den wichtigsten wirtschaftlichen Grundlagen einer Weltwirtschaftsordnung.

1955
Konferenz von Bandung. 29 afro-asiatische Staaten verurteilen den Kolonialismus und geben den Anstoß zur Gründung der Bewegung der Blockfreien Staaten.

1957
Beginn des Prozesses der Dekolonisation in Afrika

1961
Erste Gipfelkonferenz der Blockfreien Staaten in Belgrad
Mit U Thant (Burma) wird erstmals ein Vertreter aus der Dritten Welt UNO-Generalsekretär.

1964
Zusammenschluß der „Entwicklungsländer" in der „Gruppe 77" auf der ersten Handelskonferenz der Vereinten Nationen (UNCTAD)

1965
Die Staaten der Dritten Welt sind die größte Staatengruppe in der UNO.

1974
Erste UN-Rohstoffkonferenz
UN-Welternährungskonferenz

B. Darstellung

Entwicklungsländer – ein problematischer Begriff

Bis heute bereitet es Schwierigkeiten, die Länder der südlichen Erdhalbkugel angemessen und vorurteilsfrei zu bezeichnen. So werden die nach dem Zweiten Weltkrieg vorherrschenden Begriffe „rückständige" und „unterentwickelte" Länder inzwischen vermieden, da sie nicht die eigenständige Entwicklung dieser Länder berücksichtigen. Kritiker haben allerdings darauf hingewiesen, daß auch der Begriff *Entwicklungsländer* vorbelastet sei und zu Fehlschlüssen verleite. Er unterstelle in unangemessen optimistischer Weise, daß diese Länder sich tatsächlich entwickeln. Dabei sei doch gerade die Frage klärungsbedürftig, ob und wie sie sich entwickeln. Daneben bleibt die inhaltliche Frage, was unter *Entwicklung* zu verstehen ist. Die Annahme, selbstverständlich könne das Ziel nur eine „nachholende" Entwicklung nach dem Modell der westlichen Industrieländer sein, ist aus zwei Gründen höchst fragwürdig. Zum einen erscheint es sehr zweifelhaft, ob es allen Entwicklungsländern gelingen kann, in absehbarer Zukunft eine Entwicklung zum Industrieland nachzuvollziehen, da viele Entwicklungsländer dafür sehr ungünstige Voraussetzungen mitbringen. Zum anderen wird vor dem Hintergrund wachsender Umwelt- und anderer Probleme in den Industrieländern zunehmend die Frage gestellt, ob diese als nachahmenswerte „Entwicklungsmodelle" anzusehen sind.

Die 1977 unter Vorsitz des früheren Bundeskanzlers Willy Brandt eingesetzte internationale *Nord-Süd-Kommission* stellt dazu fest:

„Der Begriff *Entwicklung* wird und kann niemals zur allgemeinen Zufriedenheit definiert werden. Er bezeichnet, weit gefaßt, den erwünschten sozialen und wirtschaftlichen Fortschritt – und es wird immer unterschiedliche Auffassungen darüber geben, was erwünscht ist. Ganz gewiß muß Entwicklung Verbesserungen der Lebensbedingungen bedeuten, wofür Wirtschaftswachstum und Industrialisierung wesentlich sind. [...] Entwicklung ist jedoch mehr als der Übergang von Arm zu Reich, von einer traditionellen Agrarwirtschaft zu einer komplexen Stadtgemeinschaft. Sie trägt in sich nicht nur die Idee des materiellen Wohlstands, sondern auch die von mehr menschlicher Würde, der Sicherheit, Gerechtigkeit und Gleichheit."

Damit wird immerhin deutlich, daß zur Beurteilung von „Entwicklung" nicht nur *materielle Aspekte* wie das Wirtschaftswachstum oder der Stand der Industrialisierung zu beachten sind, sondern auch die *Frage nach der Einhaltung der Menschenrechte* zu stellen ist.

In Abgrenzung zur *Ersten Welt,* der westlich-kapitalistischen, und zur *Zweiten Welt,* der (ehemaligen) östlich-sozialistischen Staaten, werden die Entwicklungsländer allgemein auch als *Dritte Welt* bezeichnet. Dieser Begriff wird von den betreffenden Ländern selbst durchaus geschätzt, da er ihnen eine eigenständige Rolle in der Weltpolitik zuweist. Gleichwohl ist auch die Bezeichnung „Dritte Welt" nicht unproblematisch, da sie eine Einheit vortäuscht, welche tatsächlich nicht gegeben ist. Die etwa 130 unabhängigen Entwicklungsländer weisen nämlich hinsichtlich ihrer Größe und Bevölkerungszahl, ihrer Rohstoffvorkommen und ökonomischen Bedingungen sowie ihrer politischen und gesellschaftlichen Struktur z. T. erhebliche Unterschiede auf. Insbesondere folgende Gruppen sind zu unterscheiden:

a) Die am wenigsten entwickelten Länder

Die LDCs (= *Least Developed Countries*) sind 42 Entwicklungsländer mit zusammen rund 400 Millionen Menschen. Sie gelten als die „Ärmsten der Armen" und werden auch als *Vierte Welt* von den übrigen Entwicklungsländern abgegrenzt.

b) Die ölexportierenden Länder

Der OPEC *(Organization of the Petroleum Exporting Countries)* gehören gegenwärtig 13 Staaten mit insgesamt 400 Millionen Menschen an. Trotz ihres Ölreichtums weisen diese Länder schwerwiegende wirtschaftliche und gesellschaftliche Probleme auf (z. B. unproduktive Verwendung der Öleinnahmen, soziale Gegensätze), weshalb sie weiterhin zu den Entwicklungsländern zählen.

c) Die Schwellenländer

Einige Entwicklungsländer scheinen gegenwärtig im Begriff, sich von den als typisch angesehenen Merkmalen der „Unterentwicklung" zu befreien und die „Schwelle" zu einem modernen

26

173

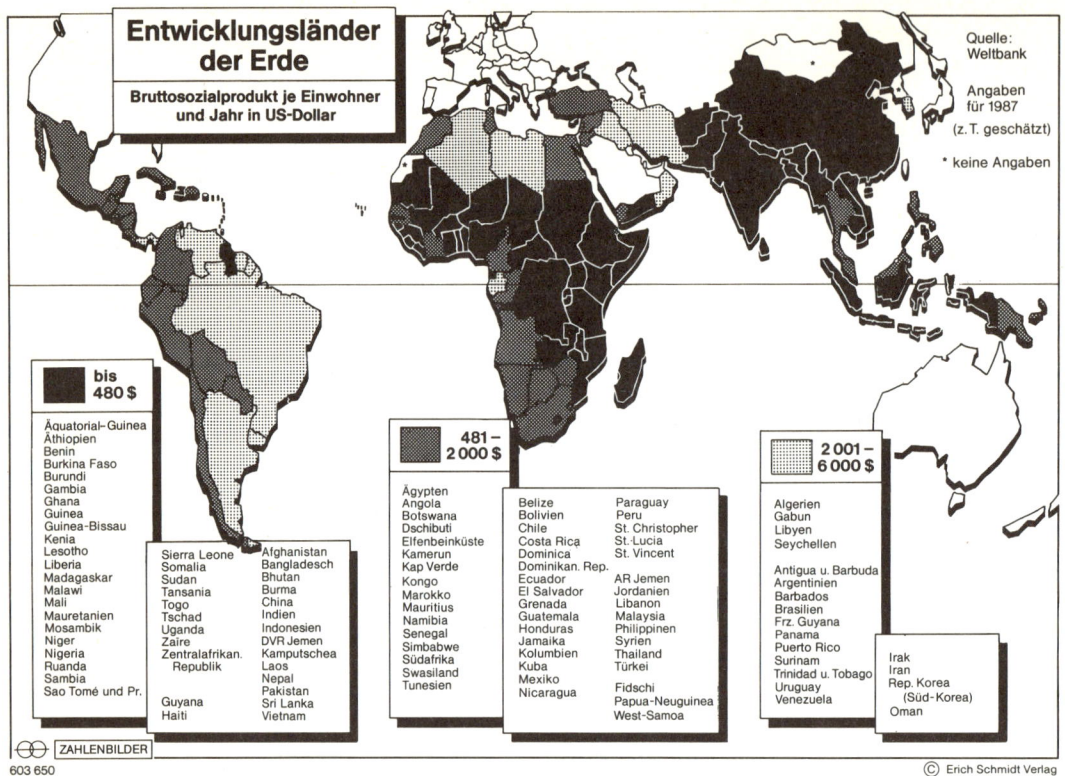

Entwicklungsländer der Erde

Bruttosozialprodukt je Einwohner und Jahr in US-Dollar

Quelle: Weltbank

Angaben für 1987 (z. T. geschätzt)

* keine Angaben

bis 480 $

Äquatorial-Guinea
Äthiopien
Benin
Burkina Faso
Burundi
Gambia
Ghana
Guinea
Guinea-Bissau
Kenia
Lesotho
Liberia
Madagaskar
Malawi
Mali
Mauretanien
Mosambik
Niger
Nigeria
Ruanda
Sambia
Sao Tomé und Pr.

Sierra Leone
Somalia
Sudan
Tansania
Togo
Tschad
Uganda
Zaire
Zentralafrikan.
　Republik

Guyana
Haiti

Afghanistan
Bangladesch
Bhutan
Burma
China
Indien
Indonesien
DVR Jemen
Kamputschea
Laos
Nepal
Pakistan
Sri Lanka
Vietnam

481 – 2 000 $

Ägypten
Angola
Botswana
Dschibuti
Elfenbeinküste
Kamerun
Kap Verde
Kongo
Marokko
Mauritius
Namibia
Senegal
Simbabwe
Südafrika
Swasiland
Tunesien

Belize
Bolivien
Chile
Costa Rica
Dominica
Dominikan. Rep.
Ecuador
El Salvador
Grenada
Guatemala
Honduras
Jamaika
Kolumbien
Kuba
Mexiko
Nicaragua

Paraguay
Peru
St. Christopher
St.-Lucia
St. Vincent

AR Jemen
Jordanien
Libanon
Malaysia
Philippinen
Syrien
Thailand
Türkei

Fidschi
Papua-Neuguinea
West-Samoa

2 001 – 6 000 $

Algerien
Gabun
Libyen
Seychellen

Antigua u. Barbuda
Argentinien
Barbados
Brasilien
Frz. Guyana
Panama
Puerto Rico
Surinam
Trinidad u. Tobago
Uruguay
Venezuela

Irak
Iran
Rep. Korea
　(Süd-Korea)
Oman

ZAHLENBILDER

603 650

© Erich Schmidt Verlag

Industriestaat zu überschreiten. Diese Länder zeichnen sich durch ein überdurchschnittliches Wirtschaftswachstum, einen wachsenden Anteil des Industriesektors und einen zunehmenden Export von Fertigwaren aus. Aufgrund des geringen Lohnniveaus sind sie - wie z. B. die ostasiatischen Staaten Taiwan, Südkorea, Singapur und Hongkong - sogar zu einer ernsthaften Konkurrenz für die Industrieländer geworden.

Kennzeichnend für die Schwellenländer ist jedoch auch, daß die politische und soziale Entwicklung hinter dem wirtschaftlichen Fortschritt zurückbleibt.

Insgesamt ist festzustellen, daß es *die* Dritte Welt nicht gibt; es gibt vielmehr verschiedene „Entwicklungswelten". Ein Hinweis darauf ist die ungleiche wirtschaftliche Leistungskraft.

Aber nicht nur zwischen den Entwicklungsländern, auch innerhalb der einzelnen Länder hat sich häufig ein Entwicklungsgefälle zwischen Reich und Arm herausgebildet.

Merkmale und Probleme der Entwicklungsländer

Auch über die unterschiedlichen Merkmale der Entwicklungsländer gibt es Meinungsunterschiede. Die folgende Zusammenstellung berücksichtigt die häufiger genannten Merkmale und die besonderen Probleme der Entwicklungsländer, wobei der Übersichtlichkeit wegen eine Zuordnung zu wirtschaftlichen, ökologischen, demographischen, soziokulturellen und politischen Merkmalgruppen vorgenommen wird. Diese grobe Einteilung soll weder eine Rangordnung andeuten, noch werden damit Überschneidungen oder Abhängigkeiten zwischen den einzelnen Merkmalen ausgeschlossen. Natürlich treffen auf kein Entwicklungsland alle Kennzeichen zu; vielmehr wurden sie von sehr unterschiedlichen Ländern der dritten Welt gesammelt.

a) Ökonomische (= wirtschaftliche) Merkmale

- *Geringes* durchschnittliches *Pro-Kopf-Einkommen.*

- Extrem *ungleiche Verteilung der Einkommen:* Die reichsten 10 Prozent der Bevölkerung verfügen über etwa 40 Prozent des Gesamteinkommens, die ärmsten 20 Prozent dagegen nur über etwa 5 Prozent des Einkommens.
- *Unzureichende Infrastruktur:* Der Aufbau der Wirtschaft wird z.B. durch ein mangelhaft ausgebautes Verkehrsnetz behindert.
- *Hohe Analphabetenquote:* Trotz teilweise großer Anstrengungen im Bildungs- und Schulbereich wird die Zahl derjenigen, die weder lesen noch schreiben können, z.Zt. auf 860 Millionen geschätzt.
- *Ausbildungsmängel:* Das Fehlen des nötigen Know-how auf fast allen Qualifikationsstufen.
- *Geringe Produktivität* (Leistung pro Arbeitsstunde), mitbedingt einerseits durch Kapitalmangel und den Stand der Technologie, andererseits durch Mängel in Bildung und Ausbildung.
- Bei den Produktionsbereichen *überragende Bedeutung des primären Sektors,* d.h. der Landwirtschaft, und ein vergleichsweise niedrigerer Industrialisierungsgrad.
- *Hohe Arbeitslosigkeit:* Von Arbeitslosigkeit ist nach Schätzungen z.Zt. etwa ein Drittel der arbeitsfähigen Bevölkerung betroffen.
- *Unzureichende Ernährung:* Verbreitete Unter- und Mangelernährung bis zu Hungerkatastrophen sind für Hunderte von Millionen Menschen in der Dritten Welt – Schätzungen bewegen sich zwischen 600 Millionen und einer Milliarde – z.Zt. und auch in absehbarer Zukunft bittere Realität.
- *Gesundheitsmängel* und unzureichende medizinische Versorgung: Die Verbreitung von Krankheiten wird unter anderem beeinflußt von der unzureichenden Ernährung, aber auch von den Wohnverhältnissen, den hygienischen Verhältnissen und insbesondere dem fehlenden schnellen Zugang zu einwandfreiem Trinkwasser in ausreichender Menge.
- Relativ *niedrige Lebenserwartung:* Die durchschnittliche Lebenserwartung liegt bei 61 Jahren, das sind 13 Jahre weniger als in den Industrieländern. Dies ist z.T. auf Mangelernährung, unzulängliche ärztliche Versorgung sowie Auswirkungen der häufigen kriegerischen Auseinandersetzungen zurückzuführen.

b) Merkmale der Außenwirtschaft

- Starke *außenwirtschaftliche Abhängigkeit* von den Industrieländern sowie starke Ausrichtung der Wirtschaftsstruktur an den Bedürfnissen der Industrieländer.
- *Abhängigkeit von wenigen Exportprodukten:* Die Exportpalette der Dritten Welt ist einseitig zusammengesetzt mit einem hohen Anteil mineralischer und agrarischer Rohstoffe und wenig verbreiteten Erzeugnissen. Bei einer Reihe von Entwicklungsländern stammt der überwiegende Teil der Exporterlöse sogar nur aus dem Verkauf eines Produktes, wie z.B. im Falle Ugandas von Kaffee (87 Prozent der Exporte) oder Sambias von Kupfer (86 Prozent). Daraus folgt eine extreme Empfindlichkeit gegenüber den Nachfrageschwankungen bei diesen Produkten und ihrer Preisentwicklung auf dem Weltmarkt.
- *Starke Auslandsverschuldung:* Die Auslandsverschuldung ist in den siebziger und achtziger Jahren explosionsartig angestiegen. Die Ursache der Schuldenexplosion für viele Länder der Dritten Welt liegt im Zusammenwirken verschiedener Gründe, die für jedes Land anders ausfallen. Allgemein waren die wichtigsten:
  - die *Ölpreissteigerung* für die ölimportierenden Länder;
  - der *Preisverfall für wichtige Rohstoffe der Dritten Welt* und zunehmende *Handelshemmnisse der Industrieländer* gegenüber Fertigprodukten der Entwicklungsländer im Gefolge des weltwirtschaftlichen Abschwungs;
  - zeitweilig *extremer Zinsanstieg,* ausgelöst durch die Hochzinspolitik der USA;
  - teilweise auch die *unwirtschaftliche Verwendung der Kreditmittel* durch Entwicklungsländer (z.B. für Prestigeobjekte oder Waffenkäufe).

c) Ökologische (= Umwelt-)Merkmale

Vielfach hat die Dritte Welt mit ähnlichen Umweltproblemen zu kämpfen, wie sie aus den Industrieländern bekannt sind; Umweltbelastungen durch Zersiedlung, hoher Landschaftsverbrauch, Überdüngung der Böden und ähnliches mehr. Das Tempo dieser Ver-

26

änderungen und der teilweise armutbedingte Verzicht auf ökologische Auflagen und Schutzmaßnahmen führen aber zu einer enormen Verschärfung der Umweltprobleme. Hinzu kommt, daß es sich in der Dritten Welt teilweise um besonders empfindliche, störanfällige Ökosysteme handelt. Besondere öffentliche Aufmerksamkeit gefunden haben der fortschreitende Prozeß der „Verwüstung" in der Sahel-Zone, wo die Wüste jährlich bis zu zehn Kilometer vordringt, und der „Entwaldung", also der rapide Verlust des Waldbestandes in der Dritten Welt, z. B. in den tropischen Amazonaswäldern, einem der im Hinblick auf das Weltklima und die Artenvielfalt wichtigsten Waldgebiete der Erde.

An den wachsenden Umweltproblemen sind häufig auch die Industriestaaten direkt oder indirekt beteiligt. Ein besonders problematisches Beispiel ist der *Mülltourismus,* bei dem unter Ausnutzung der Notlage und mit Hilfe von Korruption häufig gefährliche Abfallstoffe aus Industrieländern in Entwicklungsländer exportiert werden.

d) Demographische (= Bevölkerungs-)Merkmale

– *Bevölkerungsexplosion:* Als eines der Schlüsselprobleme für die Entwicklungschancen der Dritten Welt erweist sich das extreme Bevölkerungswachstum. Der *medizinische Fortschritt* hat auch in Entwicklungsländern zu einem *Rückgang der Sterbeziffer* geführt, auch wenn in den letzten Jahren mit *Aids* ein neuer Risikofaktor aufgetaucht ist. Anders als in den Industrieländern ist die *Geburtsziffer nicht in entsprechendem Maße abgesunken.* Die Folge ist ein *jährliches Wachstum der Weltbevölkerung von zur Zeit noch 1,7 Pro-*

zent. Dies führt in 40 Jahren zu einer Verdoppelung der Weltbevölkerung. Für das Jahr 2000 wird mit einer Weltbevölkerung von 6,2 Milliarden Menschen gerechnet; davon dürften 80 Prozent in der Dritten Welt leben.

Das Wachstum der Städte

	1960	1970	1975	2000 (Schätzung)
	Mill. Einwohner			
Kalkutta	5,5	6,9	8,1	19,7
Mexico City	4,9	8,6	10,9	31,6
Groß-Bombay	4,1	5,8	7,1	19,1
Groß-Kairo	3,7	5,7	6,9	16,4
Djakarta	2,7	4,3	5,6	16,9
Seoul	2,4	5,4	7,3	18,7
Delhi	2,3	3,5	4,5	13,2
Manila	2,2	3,5	4,4	12,7
Teheran	1,9	3,4	4,4	13,8
Karatschi	1,8	3,3	4,5	15,9
Bogotá	1,7	2,6	3,4	9,5
Lagos	0,8	1,4	2,1	9,4

(Aus: *Global 2000, Der Bericht an den Präsidenten,* Washington 1980, S. 44.)

Negative Auswirkungen der wachsenden Kinderzahl sind die dadurch entstehenden großen Belastungen (Nahrung, Wohnungen, Schulen), die enormen Investitionen für die erforderlichen Arbeitsplätze und die *Gefahr einer Überlastung der natürlichen Ressourcen* (natürliche Vorkommen). Das bisher durchaus beachtlich gestiegene Bruttosozialprodukt in den Ländern der Dritten Welt hatte aufgrund des Bevölkerungswachstums eine Steigerung des Pro-Kopf-Einkommens

Die Wachstumsrate der Weltbevölkerung

Jahr	Gesamtbevölkerung	Jährl. Wachstumsrate	Verdoppelungszeit
1 Mio. v. Chr.	wenige Tausend	–	–
8000 v. Chr.	8 Millionen	0,0007 %	100 000 Jahre
1	300 Millionen	0,046 %	1 500 Jahre
1750	800 Millionen	0,06 %	1 200 Jahre
1900	1 650 Millionen	0,48 %	150 Jahre
1970	3 678 Millionen	1,9 %	36 Jahre
2000	6 199 Millionen	1,7 %	41 Jahre

Quelle: UNESCO
(Aus: BMZ [Hrsg.], *Journalisten-Handbuch Entwicklungspolitik 1987,* Bonn 1987, Seite 221.)

zur Folge, die nur halb so groß war, wie es die bei gleichgebliebener Bevölkerungszahl gewesen wäre.

Die meisten Entwicklungsländer streben daher mehr oder minder entschlossen eine Verringerung des Bevölkerungswachstums an, weil dieses „unter dem Strich" als ein wichtiger Hemmfaktor des Entwicklungsprozesses gilt.

Bisherige Erfahrungen zeigen, daß es für die Verringerung der Geburtenzahl nicht zuletzt auf eine Veränderung der Rahmenbedingungen ankommt. Die allgemeine Verbesserung der Lebensqualität, eine nicht mehr allein durch eine große Kinderzahl gesicherte Altersversorgung, aber auch Einstellungsveränderungen, z.B. weg von der alleinigen Wertschätzung männlicher Nachkommen, sind wichtige Faktoren.

- *Schnelle Verstädterung:* Zu den Merkmalen der Dritten Welt gehört nicht nur das explosive Bevölkerungswachstum, sondern auch dessen ungleiche Verteilung zwischen Stadt und Land. Auch wenn die Verstädterung nicht nur Nachteile hat, werden vor allem die Verwaltungen der Großstädte überfordert, wenn sie die nötigen städtischen Infrastrukturleistungen bereitstellen sollen. Es kommt zu einer *verstärkten Slumbildung,* zu einem *Anstieg der Kriminalität* und zu allgemeinen sozialen Schwierigkeiten.

e) Soziokulturelle (= gesellschaftlich-kulturelle) und politische Merkmale

- *Starke Orientierung an Primärgruppen:* insbesondere enge Bindung an die Großfamilie, aber auch den Stamm oder das Dorf. Das hat Folgen, z.B. für die Loyalität gegenüber „abstrakteren" Sozialgebilden wie dem Staat, oder führt für die „Besitzer" einer Stelle in der Verwaltung leicht zu der Verpflichtung, auch für das „Unterbringen" von Verwandten zu sorgen.
- *Geringe soziale Mobilität:* Diese ist in traditionellen Wert- und Verhaltensmustern verankert und teilweise religiös untermauert, wie z.B. beim indischen Kastenwesen.
- *Schwacher Staat:* Gemeint ist die unzulängliche Fähigkeit, staatliche Entscheidungen auch wirklich durchzusetzen, sie der Bevöl-

kerung zu vermitteln. Ein Element des „schwachen Staates" ist die weit verbreitete Korruption.
- *Hohe Zahl gewaltsamer Konflikte:* Seit 1945 konzentrierten sich etwa drei Viertel der weit über hundert Kriege oder kriegsähnlichen innerstaatlichen Konflikte auf die Dritte Welt. Eine Folge der häufig gewaltsamen Konfliktaustragung in der Dritten Welt ist die hohe Zahl von Flüchtlingen, die weltweit auf über 12 Millionen Menschen geschätzt wird.

f) Der Teufelskreis der Armut

Viele der genannten Merkmale beeinflussen sich gegenseitig so, daß sie sich verstärken. Es sind daher unterschiedliche Ursachenketten zusammengestellt worden, die als Teufelskreis bezeichnet werden. Der Begriff Teufelskreis soll verdeutlichen, daß es sich um negative Verstärkerkreise handelt, aus denen es schwer ist auszubrechen.

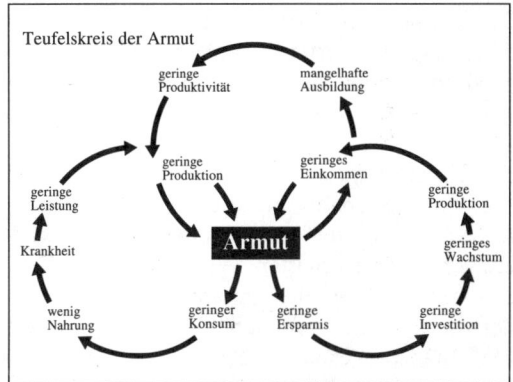

(Aus: Uwe Andersen: *Der Nord-Süd-Konflikt. Informationen zur politischen Bildung,* Nr. 196, Bonn 1982, S. 6.)

Theorien zur Erklärung von „Unterentwicklung"

Während die Feststellung, daß die Entwicklungschancen zwischen Nord und Süd äußerst ungleich verteilt sind, allgemein anerkannt wird, gehen die Ansichten über die Ursachen dieser Ungleichheit weit auseinander. So gibt es eine Vielzahl von Theorien, die die Armut und Unterentwicklung in der Dritten Welt zu erklä-

26

ren versuchen. Die Diskussion bewegt sich zwischen zwei Grundpositionen: Die eine geht davon aus, daß die Probleme der Dritten Welt auf *inneren Ursachen* beruhen, die in den natürlichen Gegebenheiten (z. B. Klima, Boden, Ressourcen) oder auch in den gesellschaftlichen Strukturen der betreffenden Länder zu suchen sind *(endogene Theorien);* nach der anderen Auffassung muß die Unterentwicklung hingegen auf *äußere Einflüsse* zurückgeführt werden, insbesondere auf die koloniale Ausbeutung und fortdauernde Benachteiligung der Entwicklungsländer im Handel mit den Industrieländern *(exogene Theorien).*

a) Die Modernisierungstheorie (endogene Theorie)

Ihre Vertreter begreifen die ökonomische und soziale Entwicklung in den westlichen Industrieländern als einen zielgerichteten Prozeß, der zur *modernen Gesellschaft* hinführt. Die Länder der Dritten Welt werden demgegenüber als *traditionelle Gesellschaften* gekennzeichnet, deren Entwicklungsstand hinter dem der Industrieländer zurückgeblieben ist. Da die Modernisierung als ein allgemeiner Vorgang angesehen wird, ist auch der Zustand der Dritte-Welt-Länder nur vorübergehend. Sie können die Entwicklung der Industrieländer in einem Prozeß der Nachahmung und Angleichung nachholen, sofern die entsprechenden Voraussetzungen dafür geschaffen werden.

Ausgangspunkt ist die Annahme, daß der Wandel von der „traditionellen" Agrar- zur „modernen" Industriegesellschaft in bestimmten Schritten verläuft; der Amerikaner *Walt W. Rostow* unterscheidet fünf Stufen:

1. die *traditionelle Gesellschaft,*
2. die *Gesellschaft im Übergang,*
3. das *Stadium des wirtschaftlichen Aufstiegs* („Take-off"),
4. die *Entwicklung der Reife,*
5. das *Zeitalter des Massenkonsums.*

Mit der strengen Abfolge bestimmter Entwicklungsstufen versucht die Modernisierungstheorie auch zu erklären, warum die Dritte Welt den Stand der entwickelten Industrieländer nicht einfach von heute auf morgen, sondern erst allmählich in einem Generationen übergreifenden Prozeß erreichen kann. Nach dem Wachstumsmodell Rostows befinden sich die Entwicklungsländer noch in der *Phase des Übergangs.* Wie die historische Erfahrung der mitteleuropäischen Industriegesellschaften gezeigt hat, ist gerade diese Phase aufgrund der *Umformung herkömmlicher Denk- und Verhaltensweisen* ein besonders langwieriger und schwieriger Prozeß.

Überhaupt scheint ein Durchbruch nur möglich, wenn sich gleichzeitig ein *umfassender gesellschaftlicher Wandel* vollzieht. Nach dieser Theorie stehen gerade die traditionellen gesellschaftlichen Strukturen einem wirtschaftlichen Aufschwung im Wege.

Als ein grundlegendes Hindernis des sozialen Wandels sind in den letzten Jahren die extrem *einseitigen Besitz- und Machtverhältnisse* in den Entwicklungsländern angeprangert worden. Die Kritik richtet sich zum einen gegen die traditionellen Oberschichten, die den Grundbesitz in ihren Händen halten und sich jedem Versuch einer Landreform zugunsten der Kleinbauern widersetzen. Zum anderen wird den neuen Staatseliten vorgehalten, daß sie zur Sicherung ihrer Herrschaft vorrangig ihre sowie die Bedürfnisse der Stadtbevölkerung zu befriedigen suchen und darüber die Probleme der Landbevölkerung vernachlässigen.

b) Die Dependenztheorie (exogene Theorie)

Diese Theorie erklärt die Unterentwicklung als eine Folge der *Abhängigkeit* (Dependenz) der Entwicklungsländer von den Industrieländern. „Unterentwicklung" erscheint hier nicht mehr als ein bloßes Zurückbleiben hinter dem Entwicklungsstand „moderner" Staaten, sondern auch als das Ergebnis eines historischen Prozesses, innerhalb dessen die Industrieländer auf die heutigen Entwicklungsländer eingewirkt haben.

Historischer Ansatzpunkt ist das Zeitalter des *Kolonialismus,* in dem die heutige Dritte Welt durch Kolonialmächte unterdrückt und in ihrer bis dahin eigenständigen und ausgeglichenen Entwicklung unterbrochen wurde. Die Produktionsstrukturen wurden auf die Bedürfnisse der „Mutterländer" ausgerichtet. So entstanden *Monokulturen* (auf ein Agrarprodukt ausgerichtete Wirtschaften), die bis in unsere Tage hinein

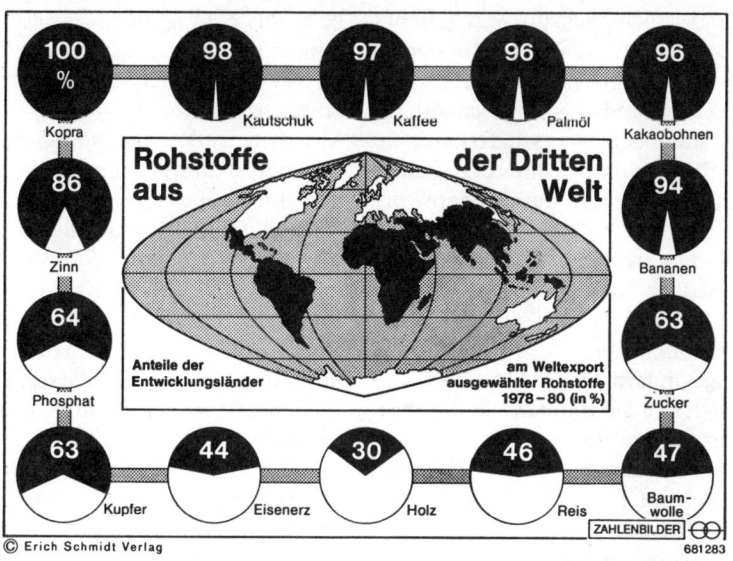

Rohstoffe aus **der Dritten Welt**

Anteile der Entwicklungsländer am Weltexport ausgewählter Rohstoffe 1978–80 (in %)

Kopra 100 %
Kautschuk 98
Kaffee 97
Palmöl 96
Kakaobohnen 96
Zinn 86
Bananen 94
Phosphat 64
Zucker 63
Kupfer 63
Eisenerz 44
Holz 30
Reis 46
Baumwolle 47

ZAHLENBILDER
681283

© Erich Schmidt Verlag

die Volkswirtschaft der Entwicklungsländer prägen und sie im internationalen Handel benachteiligen.

Die Ausrichtung der wirtschaftlichen Strukturen auf die Interessen der Industrieländer wird auch als *strukturelle Abhängigkeit* bezeichnet. Diese Abhängigkeit führt innerhalb der Entwicklungsländer zu einer Veränderung gesellschaftlicher Strukturen. So ist beispielsweise durch den Handel mit den Industrienationen eine Bevölkerungsschicht herangewachsen, die aus diesem Handel in besonderem Maße Vorteile ziehen konnte. Diese Schicht hat sich in ihrem Konsumverhalten zunehmend an westlichen Standards ausgerichtet; sie erweitert deshalb die Ausfuhr von Agrarprodukten und anderen Rohstoffen, um aus deren Erlös vor allem Konsumgüter aus den Industrieländern einzuführen. Dadurch werden die inneren wirtschaftlichen Entwicklungen vernachlässigt und traditionelle Produktionszweige zerstört.

Die anhaltende Benachteiligung der Entwicklungsländer gegenüber den Industrieländern wird vor allem in der *ungleichen internationalen Arbeitsteilung* gesehen. So haben die Entwicklungsländer auf den Weltmärkten überwiegend *Rohstoffe* anzubieten, die aufgrund des Überangebots und der Ausweichmöglichkeiten der Industrieländer (z.B. Ersatzstoffe, Recycling) einem starken Preisdruck ausgesetzt sind.

Beide Theorien sind stark kritisiert worden, da sie zu einseitigen Erklärungen neigen. Die neuere Diskussion ist deshalb bestrebt, „Unterentwicklung" als eine Mischung von inneren und äußeren Ursachen zu begreifen, die von Land zu Land anders sind und in jedem Fall eine nähere Untersuchung erfordern.

Als eine wesentliche Ursache der Unterentwicklung sind in den letzten Jahren die *kriegerischen Auseinandersetzungen* und die wachsende *Aufrüstung* in der Dritten Welt erkannt worden. Von 170 Kriegen, die zwischen 1945 und 1989 gezählt wurden, fanden 160 unter Beteiligung von mehr als 60 Ländern in den Regionen der Dritten Welt statt. Die entwicklungspolitischen Schäden lassen sich kaum erfassen: unzählige Opfer, auch unter der Zivilbevölkerung, Flüchtlings- und Asylantenprobleme, Verwüstungen und Zerstörungen von wirtschaftlichem Potential, Umweltschäden und viele andere.

Entwicklungspolitische Maßnahmen

Aus der unterschiedlichen Beurteilung der Ursachen der Unterentwicklung sind auch *unterschiedliche Vorschläge zur Überwindung der Entwicklungsprobleme* der Dritten Welt hervorgegangen.

Die Anhänger der Modernisierungstheorie sind davon überzeugt, daß Unterentwicklung nur

26

179

durch einen verstärkten Wachstumsprozeß im Sinne des Rostowschen *„Take-off"* (siehe oben) überwunden werden kann. Zu diesem Zweck müsse die in den meisten Entwicklungsländern vorherrschende staatliche Wirtschaftslenkung zugunsten der *Privatinitiative* und der freien Preisbildung auf den Märkten aufgegeben werden.

Die *Forderung nach marktwirtschaftlichen Grundsätzen* erscheint jedoch unglaubwürdig, solange die Industrieländer nicht bereit sind, ihre eigenen Märkte für konkurrierende Produkte aus den Entwicklungsländern zu öffnen. Deshalb wird auch verlangt, daß die Industrieländer ihre offenen und verdeckten Einfuhrbeschränkungen abbauen. Nur so können die Entwicklungsländer als gleichberechtigte Partner in den Welthandel einbezogen werden.

Kritiker dieses marktwirtschaftlichen Konzepts weisen darauf hin, daß eine mit Gewalt vorangetriebene Wachstumspolitik in der Dritten Welt meist nur den Besitzenden, den gebildeten Oberschichten Vorteile bringe und die Massen in noch größeres Elend stürze. Grundsätzlich wird eingewandt, daß eine weltweite Entwicklung nach westlichem Vorbild ökologisch nicht zu verkraften sei und die kulturelle Identität der Menschen zerstöre.

Während die Modernisierungstheorie für eine Angleichung der wirtschaftlichen Strukturen der Entwicklungsländer und deren Integration in den Weltmarkt eintrat, gelangen die Vertreter der Dependenztheorie zu der umgekehrten Schlußfolgerung, daß sich die Dritte-Welt-Länder im Interesse einer eigenständigen Entwicklung für eine gewisse Zeit vom Weltmarkt „abkoppeln" müssen. Mit diesem Programm einer nach innen gerichteten Entwicklung knüpfen die Dependenztheoretiker an eine Zielvorstellung an, die auch von politischen Führern der Dritten Welt verfolgt wurde: an die Idee der *Self-reliance* (des Sich-Verlassens auf die eigene Kraft).

Nach der Ansicht von Kritikern jedoch würde diese Politik in eine Sackgasse führen. Insbesondere kleinere, bevölkerungs- und ressourcenarme Länder würden durch die Abkoppelung vom Weltmarkt in noch größere Schwierigkeiten geraten. Diese Politik hat denn auch in den meisten Entwicklungsländern keinen großen Widerhall gefunden. Ihre Regierungen sind vielmehr

bestrebt, eine gerechtere Beteiligung am Welthandel und damit bessere Chancen zu erhalten, die für die Entwicklung erforderlichen Devisen zu erwirtschaften.

Mit dem Ende der *Entkolonialisierung* in den sechziger Jahren begannen die Dritte-Welt-Länder, ihre *Stimmenmehrheit in der UNO* für eine stärkere Diskussion der Bedingungen der Weltwirtschaft zu nutzen. Sie erreichten die Gründung der *UNCTAD* (United Nations Conference on Trade and Development), die ein wichtiges Forum für die Interessenvertretung gegenüber den Industrienationen darstellt.

In den ersten Jahrzehnten nach dem Zweiten Weltkrieg verfolgte auch die UNO eine Entwicklungspolitik im Sinne der Modernisierungstheorie: Durch steigende Wachstumsraten des Bruttosozialprodukts sollten die Entwicklungsländer Anschluß an die Industrieländer finden; im Zuge eines sich selbst tragenden Aufschwungs sollten die Einkommenszuwächse auch zu der Masse der Armen „durchsickern". Zu Beginn der siebziger Jahre zeigte sich aber, daß die Wachstumserfolge fast ausschließlich den ohnehin besser gestellten Gruppen zugute gekommen waren. Die zunehmende Kritik an der Wachstumspolitik führte zu einer neuen Zielbestimmung: der *Orientierung an den Grundbedürfnissen,* wie sie auf einer UN-Fachtagung 1974 in Cocoyoc/Mexiko gefordert wurde:

„Als erstes müssen wir überhaupt Ziel und Zweck von Entwicklung definieren. Es kann sich nur darum handeln, den Menschen, nicht die Dinge, zu entwickeln. Menschen haben bestimmte Grundbedürfnisse: Nahrung, Unterkunft, Kleidung, Gesundheit und Bildung. Jeder Wachstumsvorgang, der nicht zur Befriedigung dieser Bedürfnisse führt - oder sogar störend eingreift -, ist eine Verkehrung des Entwicklungsgedankens. [...]
Wir sind nach dreißig Jahren Erfahrung der Meinung, daß sich die Hoffnung, daß schnelles wirtschaftliches Wachstum zum Nutzen weniger zur Masse des Volkes ,durchsickern' wird, als illusorisch erwiesen hat. Deshalb verwerfen wir den Gedanken: Erst Wachstum - Gerechtigkeit bei der Verteilung des Nutzens später."

In engem Zusammenhang mit der Orientierung an Grundbedürfnissen ist es auch zu einer Rückbesinnung auf die *Probleme und Entwicklungsmöglichkeiten der ländlichen Bevölkerung* gekommen. Insbesondere die kirchlichen Hilfswerke sind schon seit längerem um eine Verbesserung der Arbeits- und Lebensbedingungen auf dem Lande bemüht. Im Vordergrund steht die Förderung der Agrarproduktion und des Kleingewerbes, die nicht nur die Selbstversorgung mit Nahrungsmitteln sicherstellen, sondern auch zur Eingliederung der arbeitslosen und unterbeschäftigten Bevölkerung (die in den Entwicklungsländern überwiegend auf dem Lande lebt) und damit zu vermehrter und gerechterer Einkommensbildung beitragen soll. Ein wichtiger Gesichtspunkt ist die unmittelbare Beteiligung der Betroffenen an der Planung und Durchführung sämtlicher Entwicklungsmaßnahmen, z. B. durch die Bildung von Genossenschaften und Selbsthilfegruppen.

Träger, Ziele und Formen der Entwicklungspolitik

Unter *Entwicklungspolitik* sind alle Zielsetzungen und Maßnahmen zu verstehen, die von Entwicklungs- und Industrieländern ergriffen werden, um die wirtschaftliche und soziale Entwicklung in der Dritten Welt zu fördern. Der Begriff *Entwicklungshilfe* ist dagegen enger gefaßt; er bezieht sich auf alle Lieferungen und Leistungen an die Dritte Welt, die eine echte Vergünstigung (z. B. bei der Kreditvergabe) enthalten. Entwicklungshilfe kann somit als ein Mittel oder Instrument der Entwicklungspolitik gesehen werden.

Wie schon der Begriff „Entwicklungsländer" sind auch die Begriffe „Entwicklungspolitik" und „Entwicklungshilfe" nicht unproblematisch, da sie z. B. Überlegenheitsgefühle beim Geber und Abhängigkeitsgefühl beim Empfänger auslösen können. Im offiziellen Sprachgebrauch werden deshalb neutralere Bezeichnungen bevorzugt, wie z. B. *wirtschaftliche Zusammenarbeit*.

Entwicklungspolitik und -hilfe kann auf zwei Ebenen durchgeführt werden: zwischen einzelnen Industrie- und Entwicklungsländern *(bilaterale Hilfe)* oder über internationale Organisationen wie der EG oder den Einrichtungen der UNO *(multilaterale Hilfe)*.

Entwicklungspolitik ist stets von unterschiedlichen Motiven beeinflußt; neben humanitären Erwägungen spielen immer auch außenpolitische und wirtschaftliche Interessen eine Rolle. So hat es in der Bundesrepublik - nicht zuletzt als Reaktion auf nationale und internationale

Veränderungen - einen mehrfachen Wandel der entwicklungspolitischen Konzepte gegeben.

Die Entwicklungspolitik der Bundesrepublik wird in der Hauptsache von dem 1961 gebildeten *„Bundesministerium für wirtschaftliche Zusammenarbeit"* (BMZ) getragen. Die beiden wichtigsten Formen der bilateralen Hilfe sind die *Finanzielle Zusammenarbeit* (auch: Kapitalhilfe) und die *Technische Zusammenarbeit;* daneben gibt es noch die Katastrophen- und die Nahrungsmittelhilfe.

Die öffentliche Entwicklungshilfe der Bundesrepublik betrug 1989 insgesamt 9,3 Milliarden DM. Dieser Betrag macht allerdings nur 0,41 Prozent des Bruttosozialproduktes aus, womit die Bundesrepublik - wie die meisten anderen Industrieländer - die 1970 von der UNO festgelegte Zielgröße (0,7 Prozent) immer noch deutlich verfehlt. Die regionalen Schwerpunkte bilden seit längerem die afrikanischen und asiatischen Länder, unter denen sich viele LDCs befinden.

Neben der öffentlichen Entwicklungshilfe gibt es in der Bundesrepublik eine Vielzahl privater Träger, wie z. B. die *kirchlichen Hilfswerke* „Brot für die Welt" und „Misereor". Auch wenn die öffentliche Hilfe einen weitaus größeren finanziellen Umfang besitzt, sind die Leistungen privater Organisationen nicht zu unterschätzen. Für ihre Tätigkeit spricht vor allem, daß sie durch Kontakte mit verwandten Gruppen in den betreffenden Ländern die örtlichen Gegebenheiten besser einschätzen können und mit ihrer Hilfe oft näher an die wirklichen Bedürfnisse herankommen.

Trotz aller Entwicklungshilfe ist die Kluft zwischen Nord und Süd eher größer als kleiner geworden. Trotz aller Bemühungen ist es auch nur unzureichend gelungen, die Lebensbedingungen der ärmsten Schichten und der ärmsten Länder zu verbessern.

Trotz der Schwierigkeiten und Mißerfolge lassen sich aber auch positive Beispiele für Entwicklungshilfe anführen. Nach den Erfahrungen der Vergangenheit kommt es - neben der richtigen Einschätzung der politischen und soziokulturellen Bedingungen - entscheidend darauf an, daß die jeweilige Zielgruppe sich mit den angestrebten Maßnahmen zu identifizieren vermag und selbsttätig in die Projektarbeit einbezogen wird.

26

C. Arbeitsteil

1. Auslandsgelder haben die Empfänger verarmen lassen

„Falls Entwicklungshilfe eine unverzichtbare Voraussetzung für die Überwindung der Armut wäre, hätten sich die reichen Länder von heute nicht entwickeln können, denn sie haben nie Entwicklungshilfe erhalten. Das gleiche gilt für die vielen Entwicklungsländer, die in den vergangenen einhundert Jahren rasche Fortschritte gemacht haben. Mehr noch – Millionen armer Individuen und Gruppen sind zu Reichtum gekommen ohne Hilfe von außen.

Umgekehrt garantiert Entwicklungshilfe keinen wirtschaftlichen Fortschritt, wie die jüngste Geschichte zahlreicher unterentwickelter Länder zeigt. In ihnen ist – nach vielen Jahren gewährter Entwicklungshilfe – der Lebensstandard extrem niedrig und die wirtschaftliche Lage kritisch. [...] Daher ist Entwicklungshilfe weder notwendige noch hinreichende Bedingung für materiellen Fortschritt. [...] Selbst wenn Entwicklungshilfe die Investitionen vergrößern sollte, stimuliert sie nicht notwendigerweise das Witschaftswachstum, da sie häufig die eigentlichen Determinanten wirtschaftlicher Entwicklung beeinträchtigt.

Zu diesen Determinanten gehören: Leistungswille, Einstellung zur Arbeit, Werte, Normen und Motivationen, soziale und politische Institutionen zuammen mit natürlichen Ressourcen und entsprechenden Marktchancen. [...] Die Entwicklungshilfe [...] hat diese Faktoren in den armen Ländern häufig negativ beeinflußt. [...] Der ständige Strom von Auslandsgeldern hat die Empfänger verarmen lassen, da er bei ihnen die Vorstellung weckte, Geschenke seien der wichtigste Faktor für die Existenz und die Entwicklung eines Landes. Durch die Vorstellung, wirtschaftlicher Fortschritt sei stärker von Auslandshilfe abhängig als von menschlichen Fähigkeiten, Einstellungen und Werten sowie vom Abbau entwicklungshemmender Strukturen, wurde die Bedeutung von Eigenverantwortung und Eigeninitiative für die wirtschaftliche Entwicklung vernachlässigt oder sogar bewußt herabgesetzt."

(Peter Bauer, Dissent on Foreign Aid; hier zitiert nach: Gerald Braun, *Nord-Süd-Konflikt und Dritte Welt*, Schöningh, Paderborn 1987, S. 233.)

2. Tödliche Hilfe?

„Mein Entschluß, der Entwicklungshilfe den Rücken zu kehren, war das Ergebnis jahrelanger Erfahrungen in der Entwicklungspolitik und zahlreicher Diskussionen innerhalb und außerhalb des BMZ. Den Anlaß bildeten die Erlebnisse auf meiner letzten Dienstreise nach Bangladesch. [...]

Ich konnte die Einsicht nicht mehr verdrängen: Entwicklungshilfe schadet allen, denen sie angeblich nützen soll, ganzen Ländern wie einzelnen Betroffenen. Sie muß deshalb sofort beendet werden. Ohne Entwicklungshilfe ginge es den Menschen in den Ländern der Dritten Welt besser. [...]

Vielleicht kann man mir in Einzelheiten Fehler oder vielleicht nicht genügend ausgewogene Wertungen vorwerfen. Das wird aber nichts an der Schlußfolgerung ändern: Entwicklungshilfe trägt dazu bei, in den meisten Entwicklungsländern ausbeuterische Eliten an der Macht zu halten und im Namen von Modernisierung und Fortschritt Verelendung und Hungertod zu bringen. [...]

Saatgut: Import versus Eigenproduktion

Das Projekt ‚Förderung von Weizensaatgut' soll Hochertragssorten von Weizen und Reis im Land verbreiten und so die Nahrungsmittelproduktion im Land verstärken. In Bangladesch gibt es nur einige einheimische Weizensorten mit geringen Erträgen. Der Vorteil von Weizen ist, daß er weniger Wasser als Reis benötigt. Er kann aber auf der anderen Seite bei den feuchten Klimaverhältnissen nur mit viel größerem Aufwand für Trocknung und chemische Schutzmaßnahmen gelagert werden. Er wird im März geerntet, und im Mai beginnt die Regenzeit mit einer entsprechend hohen Luftfeuchtigkeit. Selbst wenn er nur im Winter angebaut wird, kann sich seine Anbauzeit mit der des Frühjahrsreises überschneiden und diesem dann Konkurrenz machen. [...]

Wir finanzieren seit Jahren zusammen mit der EG ‚Lieferungen von Weizensaatgut' nach Bangladesch. Diese Lieferungen sollten das Projekt zur Förderung der Produktion von Weizensaatgut, welche das Land von solchen Importen unabhängig machen soll, vorläufig noch ergänzen. Die größte Sorge unserer Experten war nun, daß unsere eigenen Weizensaatgutlieferungen die mit ihrer Hilfe aufgebaute Eigenproduktion von Saatgut wieder zerstörten.

Im letzten Jahr hatten sie schon erhebliche Schwierigkeiten gehabt. Die staatliche Aufkauforganisation bevorzugte es, an Stelle des im eigenen Land produzierten Saatguts das kostenlos importierte Saatgut an die Bauern zu verkaufen. Nur eine energische Intervention des Projektleiters brachte sie dazu, wenigstens 70-80 % der einheimischen Produktion abzunehmen. Die restlichen 20-30 % mußten die Bauern zu geringeren Preisen als Konsumweizen auf dem Markt absetzen. Diese Erfahrung verleidet es ihnen, die Kosten und Mühen des Saatgutanbaus nochmals für nichts und wieder nichts auf sich zu nehmen. So schadet jedes importierte Korn der Eigenproduktion, weil die Bauern mit der Konkurrenz des geschenkten und billig verkauften Saatguts nicht mithalten können."

(Brigitte Erler, *Tödliche Hilfe. Bericht von meiner letzten Dienstreise in Sachen Entwicklungshilfe*, Freiburg i. Br. 1985, S. 8 f., S. 43 f.)

3. Positive Bilanz

„Die Kritik an der Entwicklungszusammenarbeit (früher: Entwicklungshilfe) ist schärfer geworden. [...]
Eine grobe Bilanzierung der Entwicklungspolitik der letzten Jahrzehnte führt zu dem Ergebnis, daß ein Entwicklungshilfepessimismus nicht gerechtfertigt ist. Zwar sind in der Vergangenheit und Gegenwart Fehler gemacht worden und Fehlschläge zu verzeichnen gewesen, doch darf bei aller Enttäuschung nicht übersehen werden, daß

- zum ersten Mal in der Geschichte der Menschheit die Zahl der Menschen, die lesen und schreiben können, größer ist als die Zahl der Analphabeten,
- heute 94% der Kinder eingeschult werden, während es vor 25 Jahren nur 50% waren,
- das Pro-Kopf-Einkommen der Entwicklungsländer sich in den letzten 25 Jahren trotz des enormen Bevölkerungswachstums verdoppelt hat,
- die durchschnittliche Lebenserwartung in diesem Zeitraum um über zehn Jahre gestiegen ist und die Kindersterblichkeit um die Hälfte gemindert werden konnte und
- die landwirtschaftliche Produktion der Entwicklungsländer seit 1945 verdoppelt werden konnte.

Die entwicklungspolitische Bilanz rechtfertigt es m. E. deshalb nicht, ein sofortiges Einstellen dieser Politik zu fordern. Es ist vielmehr so, daß eine solche Forderung Gefahr läuft, Bewährtes aufzugeben, ohne wirklich deutlich zu machen, welche Strategien bessere Resultate zeitigen könnten.

Dieser Trend einer ‚entwicklungspolitischen Reorientierung' hat sich seit Beginn der achtziger Jahre verstärkt. Marktwirtschaftliche Gesichtspunkte sowie eigene exportpolitische Interessen der Bundesrepublik werden seitdem deutlicher betont. An dieser sogenannten ‚Lieferbindung' der Entwicklungspolitik ist sicherlich solange nichts Fragwürdiges, solange das Hauptziel bleibt, die Entwicklungen in einem konkreten Land X zu fördern und nicht den Absatz bestimmter deutscher Firmen. Denn es ist in der Tat nicht einzusehen, warum z.B. in einem landwirtschaftlichen Projekt ein japanischer Geländewagen angeschafft werden soll, wenn auch einer aus der Bundesrepublik geeignet ist. Eine vernünftige Handhabung der Eigeninteressen in solch konkreten Fällen dient schließlich auch der Verbesserung der Akzeptanz von Entwicklungspolitik in der breiten Öffentlichkeit."

(Rolf Arnold, Tödliche Hilfe oder tödliche Kritik? Zur Kritik der Entwicklungspraxis, in: *Gegenwartskunde,* 3/1988, S. 321 ff.)

Arbeitsaufgaben

1. *Welche Einwände kann man gegen die Ausführungen von Peter Bauer erheben (Quelle 1)?*
2. *Erläutern Sie Konsequenzen, die sich aus B. Erlers Ausführungen für die Entwicklungspolitik ergeben (Quelle 2). Welche Argumente führt R. Arnold (Quelle 3) gegen diesen Denkansatz an?*

26

Lösungsvorschläge zu den Aufgaben

Lektion 14

Aufgabe 1

Der Verfasser lehnt die Weimarer Republik ab, weil sie von dem „liberalen Menschen" getragen und aus dem Geist der Revolution, aus „Verrat" und „Dummheit" entstanden sei; Weimar bedeutet für ihn Erfüllung ausländischer Forderungen und Anerkennung der „nationalen Schmach", die Deutschland durch den Weltkrieg erlitten habe. Außerdem spricht er sich gegen die Demokratie aus und fordert statt dessen einen Staat, der auf einem Führerprinzip aufgebaut werden soll. Die Konsequenz ist ein Einparteienstaat, der sich in erster Linie einem deutschen Nationalismus verschreibt.

Aufgabe 2

Im vierten Absatz behauptet der Verfasser, daß die Revolution und damit der vorher erfolgte militärische Zusammenbruch aufgrund eines Verrats entstanden sei. Diese Deutung geht an der Wahrheit vorbei, da die OHL es war, die die Regierung aufforderte, Verhandlungen über einen Waffenstillstand einzuleiten, mit der Begründung, daß Deutschland militärisch am Ende sei. Der Verfasser gibt sich damit als Anhänger der Dolchstoßlegende zu erkennen. Die Ursachen für die Novemberrevolution sind ebenfalls nicht mit Verrat zu erklären; der Verfasser übersieht bewußt die allgemeine Kriegsmüdigkeit, die schlechte Nahrungssituation, den Autoritätsverlust des Kaiserreichs und die unglaubwürdige Politik der OHL.

Lektion 15

Aufgabe 1

Die Maßnahmen, mit denen eine „Revolution des Geistes" durchgeführt werden sollte, kann man unter das Motto stellen „Verführung und Gewalt". Durch Propaganda (siehe Reichspropagandaministerium) und die Maßnahmen zur Gleichschaltung sollten mögliche Einflüsse, die dem nationalsozialistischen Denken widersprachen, verhindert werden. Alle bisherigen Verbände und Berufsorganisationen wurden den neuen nationalsozialistischen einverleibt oder, wenn sie sich dagegen sperrten, aufgelöst. Die Jugend erfaßte man in den Organisationen der Hitler-Jugend. An die Stelle der Gewerkschaften trat die DAF, der RAD übernahm die Aufgabe einer ideologischen Indoktrination. Die Reichskulturkammer überwachte die öffentliche Meinung im Bereich von Politik und Kultur. Das Ziel war die kritiklose Gefolgschaft im Sinne der nationalsozialistischen Weltanschauung.

Da der Prozeß der Gleichschaltung mit gewaltsamer Zerschlagung jeder Opposition verbunden war, widerspricht dies einem Begriff des Geistes, wie er in der Fragestellung erläutert wurde; auch die Art der Propaganda, bei der es nicht auf Überzeugung und geistige Auseinandersetzung mit Andersdenkenden ankam, sondern nur auf rücksichtslose Durchsetzung der eigenen Positionen, läßt sich mit diesem Begriff des Geistes nicht vereinbaren.

Aufgabe 2

Die Konsequenzen aus Hitlers Darlegungen sind: Schule und Jugendarbeit gilt es, besondere Aufmerksamkeit zu schenken nach dem Motto: „Wer die Jugend hat, hat die Zukunft". Deshalb mußte die Schule zu einer reinen Weltanschauungsschule umgeformt werden. Um die Massen emotional erfassen und beeinflussen zu können, mußten spektakuläre Veranstaltungen arrangiert werden: gigantische Aufmärsche, öffentliche Feiern wie die Reichsparteitage oder die Organisation der Olympischen Spiele, Fackelzüge und andere. Daneben wurde versucht, durch pompöse Architektur die Menschen von dem „neuen Aufbruch" zu überzeugen oder durch KdF-Aktionen patriotische Empfindungen für die eigene politische Zielsetzung auszunützen, ohne daß den Menschen dabei bewußt werden sollte, daß alle diese Maßnahmen auf den Krieg ausgerichtet waren. Zugleich wollten sich die Nationalsozialisten auch als eine Bewegung darstellen, die durch technische Modernisierung etwas gänzlich Neues schaffen will; Beispiel dafür ist die Propagierung des „Volkswagens" oder die Verbreitung des „Volksempfängers".

Aufgabe 3

Der Volksbegriff von Frick gründet in einer rassistisch begründeten Auffassung vom Volk („gewachsene Blutsgemeinschaft"); dieser Volksbegriff bildet im Nationalsozialismus den Mittelpunkt staatlichen Handelns. Der Staat ist damit nicht mehr für das Individuum da, sondern der einzelne ist für die Volksgemeinschaft dazusein, d. h. ihr zu dienen und sich notfalls auch für sie zu opfern. Der Dienst am Volk ist höchste Pflicht und fordert z. B. von jedem die „Reinerhaltung" dieser Blutsgemeinschaft oder die Bereitschaft, die auszuschließen, die nicht zur Blutsgemeinschaft gehören (siehe Judenverfolgung). Ein solcher Volksbegriff ist wissenschaftlich rational nicht begründbar und eine rein ideologische Setzung. Weitere Konsequenzen sind, daß Menschenrechte nicht mehr gelten, sondern nur das, was dem Volk nützt. Das war das Ende aller individuellen Freiheitsrechte und der demokratischen Grundrechte. An die Stelle einer parlamentarischen und demokratischen Willensbildung trat das Führerprinzip.

Aufgabe 4

Im Führerstaat galt der Grundsatz des Befehls von oben und der Verantwortung nach oben, nicht nach unten. Zum Führerstaat gehörte der Personenkult, da der Führer, so wurde verbreitet, durch seine Person den „Geist" und den „Wille(n)" des Staates allein beseelte; er erhob den Anspruch, allein und ohne jegliche Einschränkung und Kontrolle die Macht im Staat zu verkörpern. Für alle anderen Menschen bestand nicht nur die Pflicht zum Gehorsam, sondern auch zur Gefolgschaft. Der Führerstaat mußte demnach ein Einparteienstaat sein, in dem der Führer auch allein das Recht bestimmte (Ende der Gewaltenteilung, Gewaltmonopol beim Führer und seiner Partei). Die Wehrmacht hatte nicht auf die Verfassung oder auf den Staat, sondern auf den Führer einen Eid zu leisten.

Lektion 16

Aufgabe 1

Es handelt sich um Maßnahmen, die die Erziehung der Jugend betreffen. Himmler unterscheidet zwei Gruppen, auf die sich verschiedene Maßnahmen richten. Die Zugehörigkeit zu der einen oder anderen Gruppe wird nach der Zugehörigkeit zu der einen oder anderen „Rasse" des Betreffenden entschieden. Wer als „rassisch tadellos" bezeichnet wird, soll in Deutschland eine bessere Ausbildung genießen können. Diejenigen, die nach der nationalsozialistischen Unterscheidung nicht dieser Gruppe angehören, werden einem Verdummungsprozeß ausgesetzt. Die „Verehrung der Deutschen" soll in diesem Prozeß als Ersatzreligion angenommen werden.
Ziel ist also die Dummheit und Kritiklosigkeit der polnischen Bevölkerung. Die Entstehung einer der deutschen „ebenbürtigen Führerschicht" in Polen soll damit verhindert und die Bevölkerung zu einem „führerlosen Arbeitsvolk" gemacht werden. Himmler setzt diese Maßnahmen in Gegensatz zu einer „physischen Ausrottung", spricht also von einer „psychischen Ausrottung".

Aufgabe 2

Es kam entgegen Himmlers Behauptung zu einer „physischen Ausrottung". Die in der Lektion geschilderten Zusammenhänge zeigen deutlich, daß die ideologische Bereitschaft zum Völkermord schon vor der Entstehung der Quelle zu erkennen war: Hitlers „Mein Kampf" läßt sie erkennen, ebenso die Zitate aus den Jahren 1938–1940, die in der Lektion abgedruckt sind. Etwa zur Entstehungszeit der Quelle wird der Madagaskarplan fallengelassen, ein Jahr danach beginnen die Ermordungen in Polen, ein weiteres halbes Jahr später findet die „Wannsee-Konferenz" statt, auf der die grausame Systematik des Völkermordes erörtert wurde.
Himmler spricht also von Plänen, die niemals auszuführen beabsichtigt waren. Schon 1940 lief alles auf den Völkermord hinaus. Zu fragen ist, warum auf höchster Parteiebene nicht offen gesprochen wurde. Wahrscheinlich gaben taktische Überlegungen dazu den Anlaß. Vielleicht sollte so die Reichswehr manipuliert werden, sich in der Ausführung dieser „Besatzungspolitik" mehr zu engagieren, als sie es hätte tun wollen, wenn offen von Vernichtung gesprochen worden wäre. Vielleicht sollte – vor allem durch den unverfrorenen Satz, den Polen werde es unter deutscher Herrschaft besser als unter polnischer gehen – Loyalität hergestellt und gefestigt werden bei denen, die in Polen die Pläne Himmlers ausführen sollten.

Lektion 17

Aufgabe 1

Truman konstatiert eine instabile Lage im östlichen Mittelmeergebiet. Verliert Griechenland seine Freiheit, ist auch die Türkei bedroht und der ganze Mittlere Osten gefährdet. Ohne die Sowjetunion direkt beim Namen zu nennen, ist klar, daß sie es ist, die der indirekten Aggression bezichtigt wird. Durch diese Politik ist der Frieden der ganzen Welt gefährdet. Truman verlangt, daß der bedrohten Region wirtschaftliche und finanzielle Hilfe gewährt wird. Diese Hilfe, durch den Marshall-Plan auf viele europäische Länder ausgeweitet, ist die Voraussetzung für die Erhaltung der Freiheit.

Aufgabe 2

Die Truman-Doktrin ist die Basis der amerikanischen Eindämmungsstrategie und damit kaum verschleiert gegen die Sowjetunion gerichtet. Die Welt wird als geteilt verstanden: auf der einen Seite die freie Welt mit einem Wertesystem, das mit demjenigen der Vereinigten Staaten identisch ist; auf der anderen die Welt der totalitären Regime, in der Terror und

L

Unterdrückung herrschen. Damit ist die ideologische Basis für den Ost-West-Konflikt gegeben. Direkte politische Konsequenzen der Truman-Doktrin sind weiter: die Ausweitung des Marshall-Plans auf die westlichen Besatzungszonen in Deutschland, die Konstituierung der Bundesrepublik Deutschland und die Gründung der NATO.

Aufgabe 3

Friedliche Koexistenz ist nach Seleznev auf das Gebiet der internationalen Beziehungen beschränkt, also auf Zusammenarbeit von Staaten im Bereich der Beilegung bilateraler Streitigkeiten, des Außenhandels wie auch der Rüstungskontrolle. Friedliche Koexistenz schließt nach ihm den ideologischen Kampf zwischen Kapitalismus und Sozialismus keineswegs aus. Dieser Kampf wird - so behauptet er - notwendig mit dem Sieg des sozialistischen Systems enden.

Aufgabe 4

Entspannungspolitik kann aus sowjetischer Sicht nur bedeuten, die Gefahren eines militärischen Aufeinanderprallens der beiden Supermächte und der beiden Paktsysteme zu beseitigen und durch ökonomische Kooperation weiteren wirtschaftlichen Fortschritt für die Sowjetunion zu ermöglichen. Entspannungspolitik bedeutet nicht die endgültige Überwindung des Ost-West-Konflikts. Dessen eigentliche Ursache, der Kampf zweier einander ausschließender Gesellschaftssysteme, bleibt bestehen, so daß der Klassenkampf - auf nationaler wie internationaler Ebene - andauert.

Aufgabe 5

Es wird ausdrücklich davon gesprochen, daß „das Zeitalter der Teilung und Konfrontation zu Ende ist", man reicht sich „die Hand zur Freundschaft". Festgestellt wird eine gemeinsame Wertebasis („pluralistische Demokratie, Rechtsstaatlichkeit, Menschenrechte"). Der Sicherheitsbegriff hat sich in Richtung der Sicherheitspartnerschaft gewandelt. Nicht mehr Rüstungsbegrenzung, sondern Abrüstung auf allen militärischen Sektoren wird angestrebt.

Aufgabe 6

Zentrale Voraussetzung ist die sowjetische Reformpolitik, die sich außen- wie innenpolitisch niederschlägt. Das „Neue Denken" in der sowjetischen Außenpolitik bedeutet, daß Koexistenz nicht mehr als taktische Maßnahme auf dem Weg zum endgültigen Sieg des Sozialismus, sondern als Ziel einer Partnerschaft mit dem Westen interpretiert wird. Innenpolitisch wird ein Demokratisierungsprozeß eingeleitet, der einerseits in die Abschaffung des Machtmonopols der KPdSU einmündet und es andererseits den Warschauer-Pakt-Staaten ermöglicht, einen eigenen Weg in Richtung pluralistischer Demokratie zu gehen.

Lektion 18

Aufgabe 1

Die neue Rolle, die Roosevelt dem Staat zuweist, kann mit dem Begriff Interventionsstaat bezeichnet werden, weil der Staat bewußt in die gesellschaftliche Entwicklung eingreifen soll, um ein „gesellschaftliches Gleichgewicht" aufrechtzuerhalten. Zu den Aufgaben der Regierung gehört außerdem, daß sie die ökonomische Grundrechtserklärung unterstützen soll, um eine höhere Stabilität zu garantieren. Ziel dieser neuartigen Zusammenarbeit mit der Wirtschaft ist, jedem Bürger eine Chance zu geben, seine Bedürfnisse erfüllen zu können. Der Staat übernimmt die Aufgabe, sich um das Wohl seiner Bürger aktiv zu sorgen. Damit sind die Weichen in Richtung eines sozial verantwortlichen Staates von Roosevelt gestellt worden. Konkret bedeutet das, daß der Staat das Recht auf uneingeschränkte Ausweitung des persönlichen Eigentums eingrenzen durfte, wenn es die individuelle Lebensgestaltung der sozial Schwachen zu schützen galt. Wesentlich ist, daß ein Eingreifen des Staates in die Wirtschaft („Regulierung") nur als letztes Mittel verstanden wurde, und zwar dann, wenn die Privatinitiative zum Scheitern verurteilt war.

Aufgabe 2

Der New Deal bedeutete einen gewichtigen Einschnitt in der amerikanischen Staatsauffassung, weil erstmals die bis dahin gültige Lehre des klassischen Laissez-faire-Liberalismus korrigiert wurde. Soziales Verantwortungsbewußtsein zu übernehmen gehörte bisher nicht zu den Aufgaben einer amerikanischen Regierung, das war Sache des einzelnen oder selbständiger gesellschaftlicher Gruppen. Der New Deal beendete die strikte Trennung von Staat und gesellschaftlicher Entwicklung. Dennoch hat der New Deal noch nicht zu einem sozialstaatlichen Denken wie in Europa geführt, wo nach der Jahrhundertwende die staatliche Fürsorge in staatliche Vorsorgemaßnahmen umzuschlagen im Begriff war. Trotz des New Deal kennt Amerika noch keine so ausgeprägte Sozialstaatsgesetzgebung (siehe Krankenkassenwesen und Arbeitslosenversicherung). Wichtiger als die von Roosevelt in die Wege geleiteten staatlichen Maßnahmen zur Ankurbelung und Kontrolle der Wirtschaft sowie zur Stärkung der Interessenorganisation der Arbeitnehmer war die Tatsache, daß er durch sein Programm und seine Persönlichkeit den Amerikanern das Gefühl vermittelt hat, daß man die Wirtschaftskrise mit dem demokratischen System überwinden kann, ohne daß demokratische Grundpositionen auf der Strecke bleiben müssen.

Aufgabe 3

Folgende Einwände hätte ein Anhänger der traditionellen Staatsauffassung geltend machen können: Verlust der persönlichen Freiheit und Eigenverantwortung, Verlust der Eigeninitiative als Garant des Fortschritts, zu große Stärkung der staatlichen Macht und Reglementierung, Besinnung auf die Selbstheilungskräfte der Wirtschaft als besserer Ausweg aus der Krise, unproduktive Eingriffsmöglichkeiten des Staates in die freie Entwicklung der Gesellschaft, Förderung von Bequemlichkeitsdenken und von Anspruchsdenken, beides Faktoren, die den Wettbewerbsgedanken unterlaufen.

Lektion 19

Aufgabe 1

Gorbatschow will mehr Glasnost, d.h. mehr Offenheit, öffentliche Diskussion innerhalb der Basis (des Volkes), um dadurch die Verantwortungsbereitschaft für die wirtschaftliche und gesellschaftliche Entwicklung zu stärken. Auch will er dem Wähler in Teilbereichen eine größere Wahlmöglichkeit geben, um das politische Leben innerhalb der Partei und des Staates zu aktivieren, und den Obrigkeitsstaat abzubauen. Dadurch sollen Kritik und Kontrolle vor allem auch von unten in das sowjetische Herrschaftssystem Einzug finden. Allerdings hält er am Machtmonopol der Partei fest, einen Parteienpluralismus lehnt er weiterhin ab. Auch das Prinzip der Kaderorganisation und der Verbindlichkeit der Beschlüsse der oberen Parteigremien für die unteren will er beibehalten. Demokratisierung heißt also nicht Mitbestimmung der Basis, sondern dient nur der Aktivierung, der Bereitschaft zur Verantwortung und soll die Effektivität des Systems steigern.

Aufgabe 2

Ambarzumow will die Freiheit so weit ausgedehnt sehen, daß in Politik, Wirtschaft und Gesellschaft das Prinzip der Konkurrenz und des Pluralismus Einzug halten kann. Wettbewerb soll den neuen Sozialismus stärken und die freie Entwicklung des Menschen in allen Bereichen ermöglichen. Er will also einen pluralistischen Sozialismus, in dem der Staat nicht mehr in der Hand einer Partei ist, sondern Sache der Bürger wird.

Lektion 20

Aufgabe 1

Der Marxismus-Leninismus erhebt den Anspruch, eine wissenschaftliche Weltanschauung zu sein. Die Entwicklung der menschlichen Gesellschaft verläuft – so die These – nach erkennbaren Gesetzen. Die SED ging in der Gestaltung ihrer Politik von diesen „Gesetzmäßigkeiten" aus. Die Partei behauptete, daß infolgedessen Politik historisch notwendig und richtig, also wahr und objektiv sei.

Aufgabe 2

Kennzeichen waren: bewußte Vorhut der Arbeiterklasse; politisch-ideologische Erziehung der Parteimitglieder und Funktionäre im Geiste des Marxismus-Leninismus, d.h. Abkehr von einem eigenen Weg zum Sozialismus; kollektive Führung bei strikter Einhaltung des Grundsatzes des demokratischen Zentralismus, nämlich strengste Parteidisziplin. Unterschiede waren die nunmehrige Anpassung der SED an die KPdSU und Anerkennung ihrer Führerschaft; die SED versteht sich nunmehr als marxistisch-leninistische Kampfpartei.

Aufgabe 3

Die Wirtschaft ist der zentrale Bereich jeder Gesellschaft, jeder Bürger nimmt an den wirtschaftlichen Prozessen teil, sei es als Produzent oder als Konsument; wer also die Wirtschaft kontrolliert, kontrolliert die Bürger. Die Kontrolle der wirtschaftlichen Prozesse war für die SED unerläßlich, weil durch Prioritätensetzungen der Entwicklungsgang der Gesellschaft bestimmt und damit nach jenem Bilde geformt werden konnte, das die SED von der bestehenden und künftigen Gesellschaft entwarf. Der Einfluß auf die Wirtschaft war Teil des ausgeklügelten Herrschaftsinstrumentariums der SED.

Aufgabe 4

Honecker richtete das Hauptaugenmerk auf die Sozialpolitik, er verschob die ökonomischen Proportionen weg von der Bevorzugung der Schwer- und Investitionsgüterindustrie hin zur Konsumgüterindustrie. Im Mittelpunkt des sozialpolitischen Programms standen der Wohnungsbau und die Verbesserung der Lebenssituation arbeitender Frauen.
Honecker erhoffte sich von diesem Kurswechsel eine freiwillige Anerkennung der SED-Politik durch die Bürger und dadurch eine Art Legitimation für das Herrschaftsmonopol der SED.

Aufgabe 5

Die Gorbatschowsche Reformpolitik seit 1985 löste in anderen sozialistischen Ländern, z.B. in Polen und

L

Ungarn, Veränderungen aus, die die Substanz der sozialistischen Ordnung berührten. Die Tatsache, daß die Sowjetunion nicht intervenierte, stärkte die Reformkräfte. Das Festhalten der DDR-Führung an althergebrachten Praktiken der Politik veranlaßte mutige Bürger, ihren Protest gegen die Partei- und Staatsführung auf die Straße zu tragen; diese massenhafte, öffentliche Abwendung von dem alten Herrschaftsapparat und seinen Praktiken trieb die Parteiführung in eine Sackgasse.

Lektion 21

Aufgabe 1

Aus der ersten Grafik geht hervor, daß sich das Verhältnis von Jugendlichen, die in das Berufsleben eintreten werden, und alten Menschen, die aus dem Berufsleben ausgeschieden sind, immer stärker zugunsten der zweiten Gruppe verschiebt. Das heißt: immer weniger junge, arbeitende Menschen müssen immer höhere Beiträge für die Alterssicherung aufbringen, wenn der Generationenvertrag (siehe dynamische Rente) eingehalten werden soll.

Zweite Grafik: In den Lohnkosten sind viele soziale Beiträge enthalten, so daß der „Lohn neben dem Lohn" sehr stark angewachsen ist, und zwar durch die Zunahme der sozialen Gratifikationen. Das führt dazu, daß die Lohnkosten für den Unternehmer im Verhältnis zu den anderen Kosten immer belastender werden; um konkurrenzfähig zu bleiben und die Preise nicht allzu stark in die Höhe schnellen zu lassen, ist aus der Unternehmersicht eine neue Rationalisierung geboten.

Die dritte Grafik zeigt, daß seit den 80er Jahren die Zahlen der Sozialhilfeempfänger gestiegen sind, was die Haushalte von Bund, Ländern und Gemeinden höher belastet. Dabei fällt auf, daß in erster Linie Arbeitslose Sozialhilfe beanspruchen (31 Prozent); die Zahl der Kranken und wenig Verdienenden, die sich ans Sozialamt wenden, ist deutlich geringer (6 Prozent bzw. 7 Prozent). Insgesamt wird deutlich, warum Politiker von einer „neuen sozialen Frage" zu sprechen beginnen.

Aufgabe 2

Durch den Begriff *Sozialstaatspostulat* ist die Verpflichtung des Staates umschrieben, innerhalb des Systems der Marktwirtschaft sozialpolitische Stützmaßnahmen für diejenigen zu ergreifen, die zu den Schwachen in diesem Gesellschaftssystem gehören. Sozialpolitik als eine Ordnungspolitik ist demnach eine wichtige Aufgabe des Staates. Umgedreht bedeutet dies, daß der einzelne einen Rechtsanspruch auf soziale Hilfe von seiten des Staates hat. War im Kaiserreich soziale Politik allenfalls eine Art Fürsorge, so ist durch das Grundgesetz der Bundesrepublik der Staat zur sozialen Vorsorge für seine Bürger verpflichtet. Die Ausweitung der Sozialleistungen läßt aber das Problem der Finanzierbarkeit einer solchen Politik immer deutlicher werden.

Aufgabe 3

Die Positionen der Arbeitgeberverbände und der Gewerkschaften unterscheiden sich in grundsätzlichen Punkten. Gemeinsam ist beiden, daß sie Sozialpolitik grundsätzlich bejahen. Die Arbeitgeber allerdings sehen darin eigentlich nur eine „Absicherung gegen die Wechselfälle des Lebens" und befürchten, daß durch eine Ausweitung staatlicher sozialer Leistungen die individuelle Verantwortung für die Eigenvorsorge abnimmt. Deshalb fordern sie, von einem flächendeckenden Prinzip abzugehen und die tatsächliche Bedürftigkeit zum Maßstab zu nehmen. Außerdem befürchten sie, daß durch zu hohe Sozialleistungen der Anreiz, sich Einkommen durch Arbeit zu verschaffen, verloren gehen könnte. Ihr Hauptargument ist ökonomischer Art, da sie ja immer einen Teil der Sozialbeiträge mit aufbringen müssen. Wegen einer soliden Finanzierbarkeit dürfe – so sagen sie – die Staatsquote nicht zu hoch sein. Statt Ausweitung des Sozialleistungssystems verlangen sie eindeutige Prioritäten. Dies aber gehe nur durch ein neues generelles „Ordnungskonzept".

Die Arbeitgeber wollen keinen Wohlfahrtsstaat, der in allen sozialen Fällen die Hilfeleistung an sich reißt und dadurch in immer mehr Bereiche bürokratisch hineinregiert, sondern einen Staat, der die Eigenverantwortung und die Verantwortung der kleineren Lebenskreise (etwa Subsidiarität durch die Familie) stärker fördert als eine generelle Ausweitung sozialer Hilfe nach dem Gießkannenprinzip.

Die Gewerkschaften dagegen wollen Sozialpolitik auch auf den Bereich der Vorbeugung ausweiten und sehen darin ein Mittel der Umverteilung zwischen Reich und Arm. Sozialpolitik ist Ordnungspolitik mit dem Ziel, eine größere gesellschaftliche Gleichheit zu schaffen. Nicht Absicherung gegen Wechselfälle des Lebens ist das Ziel, sondern Erhaltung des Lebensstandards durch Absicherung des Anspruchs. Zugleich sehen sie darin eine Möglichkeit, die gesellschaftliche Mitbestimmung auszuweiten. Ihr Staatsbegriff stützt sich weniger auf den Gedanken einer freien Eigenverantwortlichkeit für soziale Notfälle, sondern mehr auf den Gedanken einer breiten gesellschaftlichen Solidarität, und deshalb begrüßen sie eine Machtausweitung des Staates.

Lektion 22

Aufgabe 1

Die Bundesrepublik verstand sich von Anfang an als der einzig rechtmäßige deutsche Staat, da Parlament und Regierung vom Volk in freien Wahlen legitimiert waren. Daraus erwuchs der Alleinvertretungsanspruch für das ganze deutsche Volk.

Die DDR hat bis 1968 am Begriff der Wiedervereinigung festgehalten. Allerdings bestand nie ein Zweifel daran, daß das wiedervereinigte Deutschland eine sozialistische Gesellschaftsordnung haben müsse, vergleichbar der der DDR.

Ab 1969 trat in der Bundesrepublik die Forderung nach staatlicher Wiedervereinigung in den Hintergrund. Seither sollte die „Einheit der Nation" bewahrt werden.

Die DDR gab ihren Wiedervereinigungsanspruch auf und bezeichnete die Teilung Deutschlands als ein Ergebnis der Geschichte mit Dauerwirkung. Seither wurde eine Politik der Abgrenzung gegenüber der Bundesrepublik betrieben.

Aufgabe 2

Für die Bundesrepublik war das Selbstbestimmungsrecht für alle Deutschen die entscheidende Bedingung, um über die Zukunft des geteilten Deutschland entscheiden zu können.

Als Grundlage der politischen Ordnung eines zukünftigen einigen Deutschland galt immer die westliche Auffassung der parlamentarischen Demokratie.

Die DDR ging hingegen davon aus, daß die sozialistische Gesellschaftsordnung auf die wissenschaftliche Weltanschauung des Marxismus-Leninismus gründe, also einer historischen, objektiven Notwendigkeit entsprang.

Die SED gab vor, sich an den wirklichen Interessen der Menschen zu orientieren und diese zu vertreten. Mit dieser Behauptung begründete sie die weitere Behauptung einer Höherwertigkeit der sozialistischen Demokratie im Vergleich zur westlichen Demokratie.

Aufgabe 3

Zwar bemühte sich die SED, die Mauer in Berlin und die Grenze zur Bundesrepublik als antifaschistischen Schutzwall zu bezeichnen, der der Abwehr feindlicher, äußerer Bedrohung diene, aber für jedermann war klar, daß diese Grenze den Strom der Flüchtlinge zum Erliegen bringen sollte. Die SED vermochte nicht, die Erwartungen und Hoffnungen der DDR-Bürger zu erfüllen. Diese resignierten und zogen es vor, in die Bundesrepublik abzuwandern.

Der SED schien es ein Gebot des Überlebens für den Staat DDR zu sein, die Grenze zu schließen und damit die Bürger am Weggehen zu hindern.

Aufgabe 4

Die Unterzeichner des Aufrufs „Für unser Land" wollen den sogenannten „dritten Weg" gehen. Sie sind gegen eine Preisgabe der eigenstaatlichen Entwicklung der DDR und wollen nach der Überwindung des SED-Regimes in der DDR eine neue staatliche und gesellschaftliche Ordnung etablieren, die sich auf bestimmte Grundwerte des sozialistischen Denkens stützt: Solidarität und soziale Gerechtigkeit bei Freiheit und Freizügigkeit für den einzelnen Bürger. Durch einen Anschluß an die Bundesrepublik könnten, so befürchten sie, wesentliche „moralische" und gesellschaftliche Werte ihres Systems verlorengehen.

Aufgabe 5

Die Einwände des Verfassers der „Stellungnahme" resultieren aus dem Versuch, die Lage und das Denken der Bevölkerung in der DDR nüchtern einzuschätzen. Er steht auf dem Boden des Selbstbestimmungsrechts und erkennt den Willen der Bevölkerung als ausschlaggebend für das weitere Vorgehen an. Deshalb wehrt er sich gegen alle Versuche, Weichenstellungen vorzunehmen, bevor der Wähler sein Votum abgegeben hat. Das Ergebnis der Wahlen im März 1990 bestätigt die Berechtigung dieser Haltung. Auch seine Zweifel hinsichtlich der Frage, ob eine sozialistische Erneuerung von der Mehrheit der Bevölkerung als glaubwürdige Alternative akzeptiert werden würde, haben sich als eine realistische Einschätzung erwiesen.

Lektion 23

Aufgabe 1

Der Bundestag ist gegen die Zersplitterung Europas in Einzelstaaten, weil sich - so wird argumentiert - Elend und Not der Nachkriegszeit nicht von Einzelstaaten bewältigen lassen und weil nur Zusammenschlüsse freier Staaten ein Abgleiten in die Unfreiheit - gemeint ist der Machtanspruch der Sowjetunion über die Staaten Osteuropas - verhindern können.

Aufgabe 2

Von der Vielzahl europäischer Staaten haben nur die Mitglieder der EG überstaatliche Organe geschaffen.

189

L

Sie entsprechen in ihrer Zuständigkeit teilweise der Forderung des Bundestages. Weitere Fortschritte hängen von der Ausgestaltung der EG zur Politischen Union ab. Auch die wirtschaftliche Einigung ist in der EG durch den Beschluß von Zollunion und Binnenmarkt, der 1993 verwirklicht werden soll, weit fortgeschritten und soll durch die Wirtschafts- und Währungsunion erweitert werden. Eine gemeinsame Außenpolitik der EG ist dagegen über Ansätze nicht hinausgekommen.

Rechtsgleichheit sichert der Europarat, dem die meisten Staaten Europas angehören, seinen Mitgliedern zu.

Die europäische Konvention zum Schutz der Menschenrechte und Grundfreiheiten wurde 1953 vom Europarat verbindlich für alle Mitglieder in Kraft gesetzt. Menschenrechtsverletzungen können beim Europäischen Gerichtshof für Menschenrechte eingeklagt werden.

Lektion 24

Aufgabe 1

1. Die in dem Programm der bürgerlichen Frauenbewegung mit dem Motto „Gleichwertigkeit, nicht Gleichartigkeit" enthaltenen Forderungen können seit Anfang des 20. Jahrhunderts nach und nach durchgesetzt werden. Für Frauen öffnen sich berufliche und politische „Männerräume".
2. Doch die Vorstellung von der Zuständigkeit der Frau für Hausarbeit und Kindererziehung bleibt davon weitgehend unberührt.
3. Die Verfasserin zieht den Schluß, daß nur der Übergang zu einer Gleichverteilung von Haus-, Familien- und Erwerbsarbeit auf Frauen *und* Männer aus dem Problem der Doppelbelastung heraus und zu einer wirklichen Gleichberechtigung führen kann.

Aufgabe 2

Solange die Struktur bestehen bleibt, in der Frauen für die Bereiche „Hausarbeit" und „Kindererziehung" als allein zuständig erklärt werden, kann von Gleichstellung nicht gesprochen werden; für Frauen, die berufstätig sind, folgt hieraus zudem eine Doppelbelastung. Erst wenn die traditionelle Aufgabenverteilung grundsätzlich abgeschafft wird und Bereiche der Tätigkeit nicht mehr geschlechtsspezifischen Rollenzuweisungen unterliegen, kann die Gleichstellung von Mann und Frau möglich werden.

Lektion 25

Aufgabe 1

Der rasche Aufstieg ist durch folgende Umstände bedingt:
- Die Regierung integriert die nach Reformen und Neuerungen strebenden Kräfte in den Aufbauprozeß.
- In der vorindustriellen Gesellschaft und Wirtschaft Japans sind bereits Kräfte und Ordnungssysteme wirksam, die für die Industrialisierung genützt werden können, z. B.
  - eine solide handwerkliche Tradition,
  - traditionelle Verwaltungsorgane,
  - eine für den Dienst am Allgemeinwohl erzogene Elite,
  - ein Erziehungssystem, das die Voraussetzungen dafür schuf, daß westliche Technik und Wissenschaft auf Aufgeschlossenheit stießen,
  - ein progressives Unternehmertum.

Aufgabe 2

In England setzte die Industrialisierung über hundert Jahre früher ein als in Japan; ihr ging eine Agrarrevolution voraus, die getragen war von einer Unternehmerschicht aus bürgerlichen und adligen Kreisen. Der Staat griff nicht ein (Manchestertum).
Wie später Japan, so konnte auch Deutschland aus der Entwicklung in England und auf diese Weise Umwege und Fehler vermeiden. Der preußische Staat hat bei der Industrialisierung eine große Rolle gespielt. In Japan wurden die bestehenden, traditionellen Strukturen nicht aufgelöst, sondern beibehalten. In England und Deutschland entstand durch die Industrialisierung eine starke gesellschaftliche Polarisierung (Bürgertum–Proletariat).

Aufgabe 3

Arbeit bedeutet nach Meinung des Verfassers Treueverhalten: Ebenso wichtig wie die effektiv geleistete Arbeit ist vieles von dem, was für ein lebenslängliches Verhältnis notwendig ist: Loyalität, Treue, Charakterstärke. Einen offenen Arbeitsmarkt in europäischem Sinn gibt es nicht. Nur einmal hat man die Möglichkeit, auf dem „Markt der Treue" einen Arbeitsplatz zu suchen, danach steht nur noch der „Söldnermarkt", auf dem schlechtere Arbeitsplätze angeboten werden, offen.

Aufgabe 4

Dieses Streben nach einem Treueverhältnis auf Lebenszeit hat sich nach Ansicht des Verfassers so ausgewirkt, daß keine Industriegesellschaft nach westlichem Muster entstanden ist, sondern eine Gesellschaft, in der vor allem Großunternehmer wie Patriarchen Menschen und Betrieb lenken. Die gesellschaftlichen Normen sind Loyalität, Disziplin, Gehorsam. Auf den einzelnen wird Druck zur Anpassung ausgeübt, individualistische Tendenzen werden in der Regel unterdrückt.

Aufgabe 5

Durch den harten Wettbewerb, der schon im Kindesalter beginnt, besteht die Gefahr, daß Kinder oder Jugendliche, die einer solchen Wettbewerbssituation nicht gewachsen sind, sich keinen Platz in der Gesellschaft erkämpfen können und auch von keinem sozialen Netz aufgefangen werden. Wenn der Staat keine Fürsorgepflicht anerkennt, bleibt der sozial Schwache im Abseits.

Aufgabe 6

Im Gegensatz zu Morishima, der vom konservativen Standpunkt, von der Seite der Arbeitgeber her argumentiert, betont Linhart, daß sich die Japaner mit fortschreitender Industrialisierung und steigendem Wohlstand von den traditionellen Werten und Einstellungen entfernen. Dies betrifft vor allem die junge Generation, die die Einbindung in die Berufswelt der Erwachsenen zunehmend herauszuzögern bestrebt ist. Ganz allgemein zeichnet sich bei vielen Japanern die Tendenz ab, nicht mehr von früh bis spät arbeiten zu wollen, d.h. sich nicht mehr mit der Firma zu identifizieren – eine Haltung, die sowohl von der politischen Linken wie auch von der Rechten kritisiert wird. Die Ergebnisse der Befragungen der Arbeitnehmer, auf die sich Linhart bezieht, relativieren also die Darstellung Morishimas.

Lektion 26

Aufgabe 1

Sicher hat P. Bauer prinzipiell recht, wenn er sagt, daß Entwicklungshilfe allein kein Garant für die Überwindung der Armut sei, wenn nicht in den Entwicklungsländern politische und soziale Strukturen aufgebaut würden, um ihnen die Möglichkeit zu geben, aus eigener Kraft den wirtschaftlichen Fortschritt in Gang zu bringen. Dennoch kann man gegen seine Argumentation einwenden, daß der Sinn der Entwicklungshilfe eben darin gesehen werden müßte, Hilfe zu leisten, um ökonomische Strukturen und soziale und politische Institutionen zu errichten, die es den Ländern ermöglichen, eine eigene Rolle auf dem Weltmarkt zu spielen. Entwicklungshilfe als Hilfe zur Selbsthilfe müßte auch im Sinne einer aufklärerischen Erziehung die von Bauer genannten Determinanten (Leistungswille, Einstellung zur Arbeit) erfassen und sie einem langsamen Wandel unterwerfen. Letztlich gehört zur Entwicklungshilfe auch das Bemühen, durch Änderung gewisser Bestimmungen der Weltwirtschaftsordnung (z.B. dem Abbau der Schutzzölle der EG) die Voraussetzungen zu schaffen, die den Ländern der Dritten Welt einen besseren (und bezahlbareren) Zugang zu den Rohstoffquellen ermöglichen.

Aufgabe 2

Die Konsequenz aus B. Erlers Argumentation wäre, daß die reichen Nationen in Europa, Asien und Amerika das Elend der Dritten Welt tatenlos hinnehmen würden und dabei riskierten, daß das Nord-Süd-Gefälle sich noch weiter verschärfen würde, was zwangsläufig zu brisanten sozialen und politischen Krisen führen müßte (vgl. auch das Asylantenproblem in Europa). Gegen alle drei Stimmen ist einzuwenden, daß sie sofort das Ob, niemals aber das Wie einer Entwicklungshilfe thematisieren und somit die Diskussion unzulässig verkürzen.

Bei aller Fragwürdigkeit einzelner Entwicklungshilfemaßnahmen, die B. Erler durchaus richtig beurteilt, ist der Denkansatz von B. Arnold richtiger, weil breiter und politisch prinzipieller angelegt. Die Erfolge der Entwicklungshilfe, die nicht gleich sichtbar werden (z.B. in den Bereichen Schule, Berufsausbildung, Lebenserwartung), sind nicht von der Hand zu weisen; die Bemühungen müssen fortgeführt werden, wenn die internationale wirtschaftliche Zusammenarbeit halten soll. Gegen das Prinzip einer Hilfe sprechen Einzelbeispiele nicht. Ein Abbrechen der Entwicklungshilfe könnte schlimme Folgen für Europa und die Welt haben, weil es die Bereitschaft zur ökonomischen Kooperation, der wir alle unseren Lebensstandard verdanken, abtötet und zu politischen Krisen führen könnte, für die kein friedenssicherndes internationales Management zur Verfügung stehen würde.

Personenregister

Adenauer, Konrad (1876–1967), 1917–1933 Oberbürgermeister von Köln, 1920–1933 Präsident des preußischen Staatsrats, 1945 Mitbegründer der CDU im Rheinland, 1946 Vorsitzender der CDU, Mitglied des → Parlamentarischen Rats, 1949–1963 Bundeskanzler; führte die → Westintegration der Bundesrepublik durch; Begründer der deutsch-französischen Freundschaft; → Pariser Verträge.

Aston, Luise (1814–1871), gehörte zu den radikalen frühen Feministinnen, veröffentlichte einen Roman über ihre desolate Ehe mit dem englischen Industriellen Aston („Aus dem Leben einer Frau"); nach der Scheidung zog sie nach Berlin u. gründete den „Club Emanzipierter Frauen"; sie schloß sich als Barrikadenkämpferin den 48er-Revolutionären an; nach der Revolution mußte sie aus Berlin fliehen, heiratete den Arzt E. Meier, lebte in Rußland u. Polen, starb im Allgäu.

Benesch, Eduard (1884–1948), Demission als Staatspräsident der ČSSR nach dem → Münchener Abkommen. Haupt der tschechoslowakischen Exilregierung in London, 1945 wieder Staatspräsident in der wiedererrichteten tschech. Republik, 1948 Rücktritt nach kommunistischem Staatsstreich.

Brandt, Willy (geb. 1913), von 1957–1966 regierender Bürgermeister von Berlin; ab 1964 Vorsitzender der SPD, 1966 Außenminister, 1968 Bundeskanzler, 1970 Treffen mit → W. Stoph in Erfurt, 1974 Rücktritt (Guillaume-Affäre), 1972 Friedensnobelpreis.

Brüning, Heinrich (1885–1970), 1924–1933 Abgeordneter des Zentrums. Nach dem Bruch der → Großen Koalition 1930 Reichskanzler ohne ausreichenden politischen Rückhalt. Zur Eindämmung der Wirtschaftskrise → deflationistische Wirtschaftspolitik, durch das → Notverordnungsrecht des Reichspräs. abgesichert; 1932 entlassen.

Bulganin, Nikolai (1895–1975), sowjetruss. Staatsfunktionär, Vorsitzender des Ministerrats der UdSSR 1955–1958.

Bush, George (geb. 1924), 41. Präsident der USA. Republikaner, Wirtschaftswissenschaftler. 1970–73 Botschafter bei der UNO, 1975–76 Direktor des CIA, 1981–89 Vizepräsident, seit 1989 Präsident der USA.

Castro, Fidel (geb. 1927), kubanischer Politiker, vorher Rechtsanwalt; führte von 1956 an einen erfolgreichen Guerillakrieg gegen den Diktator Batista, 1959 Min.-Präs. in Kuba, errichtete von 1965 an als 1. Sekretär der KP das kommunistische System, enteignete im Zuge einer Bodenreform die amerikanischen Zuckerplantagen, verstaatlichte die gesamte Wirtschaft des Landes und setzte die Planwirtschaft durch. Antwortete auf den politischen Druck der USA mit starker Aufrüstung und einem engen Anschluß an die Sowjetunion (Höhepunkt Kuba-Krise durch Stationierung von Raketen auf Kuba). Unterstützt seit 1970 durch kubanische Truppen viele kommunistische Befreiungsorganisationen in Afrika. Gegner der Reformpolitik von Gorbatschow.

Chamberlain, Arthur Neville (1869–1940), 1930–1940 Parteiführer der Konservativen in England, 1937–1940 Premierminister, Mitunterzeichner des → Münchener Abkommens.

Chruschtschow, Nikita (1894–1971), 1931–1937 Parteisekretär in Moskau, 1935–1966 Mitglied des ZK der KPdSU, 1949–1953 Sekretär des ZK, 1959–1964 1. Sekretär des ZK; Initiator der → Entstalinisierung (XX. Parteitag der KPdSU 1956), 1964 aller Ämter enthoben.

Churchill, Winston (1874–1965), von 1906–1929 Mitglied der Regierung, von Mai 1940 bis Juli 1945 Premierminister, Symbol des nationalen Widerstandes; 1951 erneut Premier, 1955 Rücktritt aus Altersgründen, 1953 Literatur-Nobelpreis.

Dohm, Hedwig (1833–1919), Schriftstellerin und Theoretikerin des radikalen Feminismus; forderte schon 1873 öffentlich das Frauenstimmrecht; verheiratet mit E. Dohm, dem Redakteur der satirischen Zeitschrift „Kladderadatsch". In vielen Schriften und Büchern wandte sie sich gegen Theorien, die eine Minderwertigkeit der Frauen wissenschaftlich zu beweisen suchten. 1917 wandte sie sich öffentlich gegen den Krieg.

Dulles, John Foster (1888–1959), US-amerikan. Politiker, Berater Marshalls in London 1947, 1953–1959 Außenminister unter → Eisenhower (→ Roll-back-Politik).

Ebert, Friedrich (1871–1925), ab 1912 Mitglied des RT (SPD), 1918 prov. Reichskanzler; zusammen mit Hugo Preuß Vorsitzender des → Rates der Volksbeauftragten, von 1919–1925 RP der Weimarer Republik.

Eisenhower, Dwight D. (1890–1969), Juni 1942 Oberbefehlshaber der amerikan. Truppen in Europa, Juni 1944 Leitung der Invasion in Nordfrankreich; Juli bis Nov. Oberbefehlshaber der amerik. Besatzungstruppen in Deutschland und Mitglied des → Alliierten Kontrollrats, 1952–1961 Präsident der USA.

Erhard, Ludwig (1897–1977), dt. Politiker (CDU), Studium der Volks- u. Betriebswirtschaft; seit 1948 Direktor für Wirtschaft des vereinigten Wirtschaftsgebietes, setzte nach der Währungsreform die soziale Marktwirtschaft gegen den Widerstand der SPD durch und gilt als „Vater des deutschen Wirtschaftswunders". Bis 1963 war er Wirtschaftsminister, danach gegen Adenauers Widerstand Bundeskanzler; 1966 trat er als Bundeskanzler zurück.

Franco Bahamonde, Francisco (1892–1975), General u. Politiker, sicherte sich im Spanischen Bürgerkrieg eine führende Rolle, herrschte danach als Diktator, wobei er sich auf die Armee u. die Einheitspartei der Falange sowie die katholische Kirche stützte. Trotz Anlehnung an die Achsenmächte hielt er Spanien aus dem 2. Weltkrieg heraus. Ab 1957 war er Staatschef, Reg.-Chef, militärischer Oberbefehlshaber und Führer der Einheitspartei. Unter seinem Nachfolger König Juan Carlos I. wurde Spanien zu einer parlamentarischen Demokratie.

De Gaulle, Charles (1890–1970), franz. General und Politiker, 1944–1946 Ministerpräsident der Prov. Regierung, organisierte die ‚résistance', 1958–1969 Präsident der 5. Republik, mit → Adenauer Wegbereiter der deutsch-franz. Freundschaft.

Goebbels, Joseph (1897–1945), 1929 Reichspropagandaleiter, ab 1933 Reichsminister für Volksaufklärung und Propaganda, Präs. der Reichskulturkammer; ab 1944 Generalbevollmächtigter für den totalen Kriegseinsatz; 1945 Selbstmord.

Gorbatschow, Michail (geb. 1931), studierte Jura; in den 50er Jahren trat er als Experte für Landwirtschaft der KPdSU bei, 1970 Mitglied des Obersten Sowjet, danach auch des Politbüros, 1985 Generalsekretär der KPdSU, 1988 bis zur Auflösung der UdSSR (Ende 1991) Staatspräsident. Er erhielt 1990 den Friedensnobelpreis.

Göring, Hermann (1893–1946), seit 1922 Mitglied der NSDAP, 1933 Reichsminister ohne Geschäftsbereich, bis Kriegsende preuß. Min.präs., seit Mai 1933 Reichsmin. für Luftfahrt, dazu ab 1935 Oberbefehlshaber der Luftwaffe; im → Nürnberger Prozeß verurteilt, Selbstmord.

Heuss, Theodor (1884–1963), 1924–1933 RT-Abgeordneter der DDP; 1946 Mitbegründer der FDP; Kultusminister von Württemberg-Baden, Mitglied des

→ Parlamentarischen Rates zur Ausarbeitung des Bonner Grundgesetzes, 1949–1959 Bundespräsident der Bundesrepublik Deutschland.

Heydrich, Reinhard (1904–1942), 1934 Leiter des Geheimen Staatspolizeiamtes in Berlin; 1936 Chef der Sicherheitspolizei und des Sicherheitsdienstes, 1939 eigene Behörde: Reichssicherheitshauptamt, 1941 SS-Obergruppenführer; treibende Kraft bei der Verfolgung und Liquidation der europ. Juden (→ „Endlösung"), 1942 Tod durch Attentat.

Himmler, Heinrich (1900–1945), 1923 Teilnahme am Hitler-Putsch, 1929 „Reichsführer SS", seit 1936 als Staatssekretär im Reichsinnenmin.; Chef der ges. deutschen Polizei; seit 1939 zuständig für Umsiedlungs- und Zwangsgermanisierungspolitik im Osten und Südosten Europas, Organisator der → „Endlösung", 1943 Reichsinnenminister, 1945 Organisator des Volkssturms; nach Anbahnung von Kapitulationsverhandlungen mit dem Westen von Hitler aller Ämter enthoben und aus der Partei ausgestoßen; Selbstmord in engl. Gefangenschaft.

Hindenburg, Paul von (1847–1934), 1914 Sieger bei Tannenberg und den Masurischen Seen; übernahm mit Ludendorff die OHL, entscheidender Einfluß auf Wirtschaft und Politik; 1918 Durchsetzung eines Waffenstillstandsgesuchs; stellte sich dem Rat der Volksbeauftragten zur Verfügung; 1925 als Kandidat der Rechtsparteien zum RP gewählt (trotz H.s beständigem Mißtrauen gegenüber dem parlamentarischen System der Weim.Rep.); ab 1930 immer stärker in die Regierungspolitik einbezogen: sichert die Regierung Brüning mit Notverordnungsparagraph, ebenso die Präsidialkabinette → Papen und → Schleicher; trotz pers. Bedenken Ernennung Hitlers zum RK.

Hitler, Adolf (1889–1945), Führer der NSDAP, 1923 Putsch-Versuch, Verhaftung; von 1933–1945 vereinigte er als Führer und Reichskanzler die Ämter des Partei-, Reg.- u. Staatschefs, hatte den Oberbefehl über die Wehrmacht, die auf seine Person vereidigt wurde, 1945 Selbstmord.

Honecker, Erich (geb. 1912), gelernter Dachdecker, 1929 Mitglied der KPD, 1935 von den Nazis verhaftet und zu einer Zuchthausstrafe verurteilt, 1946–55 Vorsitzender der FDJ, seit 1946 Mitglied des Parteivorstandes der SED, seit 1958 Sekretär des ZK der SED; 1971 löste er als 1. Sekretär Ulbricht ab, zugleich Vorsitzender des Nat. Verteidigungsrates und Mgl. des Staatsrates der DDR. Er wurde 1989 nach Ausbruch der Unruhen in der DDR zum Rücktritt gezwungen.

Hugenberg, Alfred (1865–1951), nationalkons. Politiker (DNVP), Mitbegründer des Alldeutschen Verbandes; von 1916–1933 Aufbau des Hugenbergkonzerns;

Zusammenfassung von großen Tageszeitungen, Nachrichtenbüros etc., Einfluß auf öffentliche Meinung im nationalkonservativen und antirepublikanischen Sinn; Mitbegründer der Harzburger Front; in der Reg. Hitlers Wirtschafts- und Ernährungsminister; 1933 (Juni) Rücktritt Hugenbergs und Auflösung der DNVP.

Jelzin, Boris (geb. 1931), Bauingenieur, ab 1978 Deputierter im Obersten Sowjet, ab 1984 Mitglied des Präsidiums, 1986–88 Kandidat des Politbüros der KPdSU, 1985–87 Stadt-Parteichef von Moskau. 1989 in den Kongreß der Volksdeputierten gewählt. 1990 Austritt aus der KPdSU. Im Juni 1991 zum 1. Präsidenten Rußlands gewählt (freie Wahlen).

Johnson, Lyndon Baines (1908–1973), ursprünglich Lehrer, 1937–49 Abgeordneter der Demokr. Partei im Repräsentantenhaus, 1949–61 Senator von Texas; Kennedy benannte ihn 1960 zum Vizepräsidenten, nach dessen Ermordung wurde J. Präsident (1963), ein Jahr später mit großer Mehrheit wiedergewählt. Er setzte erfolgreich Kennedys Sozial- und Bürgerrechtspolitik durch unter der Parole einer „Great Society". Als er den Vietnamkrieg nicht erfolgreich beenden konnte, verzichtete er 1968 auf eine weitere Kandidatur.

Kapp, Wolfgang (1858–1922), 1906–1920 Generallandschaftsdirektor in Ostpreußen; 1917 Gründung (zus. mit Tirpitz) der Deutschen Vaterlandspartei, um gegen ein Verständigungsprogramm des RT zu kämpfen; 1920 Putschversuch in Berlin. Zwar hatte die Reichswehrführung der Reichsregierung den Schutz versagt und die Regierung mußte nach Stuttgart ausweichen, aber die Gewerkschaften riefen zum Generalstreik auf: Scheitern des Kapp-Putsches.

Kennedy, John Fitzgerald (1917–1963), ermordet in Dallas, 35. Präsident der USA (1961–1963). Aus wohlhabender Familie irischer Herkunft stammend, im 2. Weltkrieg Marineoffizier, danach für die Demokraten Mitglied des Repräsentantenhauses u. des Senats; gewann 1960 knapp die Präsidentenwahlen gegen Nixon; versuchte als Präsident die Grundwerte der amerikanischen Demokratie neu zu beleben („New Frontier") u. gab den Intellektuellen großen Einfluß auf die Politik. In der Außenpolitik bemühte sich K., den Kalten Krieg zu überwinden, entwickelte nach der Kuba-Krise neue Beziehungen zur Sowjetunion; gründete eine Allianz für den Fortschritt in Lateinamerika; unter ihm engagierten sich die USA zur Sicherung ihres Einflusses in SO-Asien im Vietnamkrieg. Die Hintergründe seiner Ermordung sind bis heute noch nicht restlos aufgeklärt.

King, Martin Luther (1929–1968), Führer der Bürgerrechtsbewegung in den USA, Theologe, entwickelte unter Einfluß von Gandhi den gewaltlosen Widerstand zur Durchsetzung der Bürgerrechte für die Schwarzen in den USA; eröffnete den Weg zur Überwindung der Rassentrennung. Seit 1964 wurde er zunehmend von der militanten Bewegung der Schwarzen bedrängt. Erhielt 1964 den Friedensnobelpreis. 1968 ermordet.

Kohl, Helmut (geb. 1930), ab 1959 in Rheinland-Pfalz CDU-Politiker, später Fraktions- u. Landesvorsitzender, 1969–76 Ministerpräsident des Landes, seit 1973 Parteivorsitzender, 1976 Kanzlerkandidat der CDU/CSU; 1982 wurde er durch ein konstruktives Mißtrauensvotum als Nachfolger von H. Schmidt Bundeskanzler.

Lange, Helene (1848–1930), Repräsentantin der gemäßigten Richtung der bürgerlichen Frauenbewegung, Mitbegründerin des „Allgemeinen Deutschen Lehrerinnenvereins" u. Vorsitzende des „Allgemeinen Deutschen Frauenvereins"; gründete 1889 eine Anstalt mit „Realkursen für Frauen", die später in Gymnasialkurse umgewandelt wurden; 1896 gingen aus dieser Anstalt die ersten Abiturientinnen hervor.

Lenin, Wladimir Iljitsch (1870–1924), Teilnahme am ersten russ. Revolutionsversuch 1905 in Petersburg, Exil; 1917 Rückkehr nach Rußland, Leitung der bolschew. Partei und Vorbereitung der Rev., danach Vorsitzender des Rates der Volkskommissare, entscheidender Kopf beim Aufbau des Sowjetsystems.

Ley, Robert (1890–1945), NS-Politiker, am 2.5.1933 Übernahme der gleichgeschalteten Gewerkschaften und Überführung in die → DAF (Deutsche Arbeitsfront); Selbstmord vor Beginn der Nürnberger Prozesse.

Liebknecht, Karl (1871–1919), seit 1912 RT-Abgeordneter (SPD), bekämpfte die Burgfriedenspolitik der SPD, proklamierte am 9.11.1919 die „Freie sozialistische Republik", gründete zusammen mit Rosa Luxemburg die KPD; beteiligt am Januaraufstand gegen die Volksbeauftragten, 1919 zus. mit → R. Luxemburg von Freikorpsoffizieren ermordet.

Ludendorff, Erich (1865–1937), bildete zusammen mit → Hindenburg ab 1916 die OHL; 1923 Beteiligung am Hitler-Putsch, ab 1926 publizistischer Kampf gegen die „überstaatlichen Mächte": Juden, Jesuiten, Marxisten, Freimaurer etc.

Luxemburg, Rosa (1871–1919), bekämpfte den Revisionismus; nahm 1905 an der russ. Rev. teil; kritisierte seit Kriegsbeginn die Burgfriedenspolitik der SPD;

gehörte mit → Liebknecht zu den entscheidenden Initiatoren des Spartakusbundes, maßgebliche Rolle bei der Gründung der KPD; zus. mit Liebknecht 1919 ermordet.

Marx, Wilhelm (1863–1946), dt. Politiker, 1923–24 RK (Zentrum), 1925 Kandidat des Bürgerblocks bei der Präsidentschaftswahl.

Mao Tse-tung (1893–1976), Mitbegründer der KP Chinas, Organisator der Bauernrevolution und „Roten Armee", propagierte den abweichenden Weg zum Kommunismus durch Bauernrevolution; 1949 Ausrufung der Volksrepublik China, seit 1960 in ideolog. Konflikt mit Moskau.

Monroe, James (1758–1831), US-Präsident von 1817–1825, Verfasser der → Monroe-Doktrin: „Amerika den Amerikanern!"

Mussolini, Benito (1883–1945), italienischer Politiker, in seiner Jugend durch sozialistische Tradition geprägt, später als Redakteur tätig; wegen seines Eintretens für den Krieg (1914) Bruch mit den Sozialisten; 1919 gründete er die „Fasci di combattimento", eine antisozialistische u. antikapitalistische Bewegung, die 1921 zu einer nationalen Partei umgewandelt wurde. 1922 Marsch auf Rom und Übernahme der Macht im Staat; Aufbau einer Einparteiendiktatur unter Ausschaltung aller nichtfaschistischen Parteien. Als „Duce" wurde er zum Prototypen einer auf Massenloyalität hin ausgerichteten Diktatur. Außenpolitisch enge Anlehnung an Hitler-Deutschland (Stahlpakt 1939, Dreimächtepakt 1940), wodurch er die Vorherrschaft im Mittelmeerraum erlangen wollte.

Nagy, Imre (1896–1958), kommunistischer Politiker Ungarns, maßgebend beteiligt an der sozialistischen Umgestaltung Ungarns nach 1945, von Stalinisten 1955 aus der KP ausgeschlossen; 1956 war er einer der Führer des Volksaufstands u. Präsident der rev. Koalitionsregierung, die Ungarns Neutralität verkündete. Auf Veranlassung Moskaus wurde er 1958 in einem Geheimprozeß zum Tode verurteilt und hingerichtet.

Nixon, Richard (1913 geb.), 1968–1974 Präsident der USA; → „Nixon-Doktrin"; stürzte aufgrund der Watergate-Affäre.

Papen, Franz von (1879–1969), Juni 1932 Reichskanzler, Rücktritt Dez., im Kabinett Hitlers Vizekanzler; in diplomatischer Mission nach Wien entsandt zur Vorbereitung des „Anschlusses"; im → Nürnberger Prozeß freigesprochen.

Rathenau, Walther (1867–1922), nach 1918 wirtschaftlicher Berater der Reichsregierung und Mitglied der Sozialisierungskommission; ab Februar 1922 Reichsaußenmin., Abschluß des → Rapallo-Vertrags (1922); als → Erfüllungspolitiker diffamiert und 1922 von Angehörigen einer rechtsradikalen Geheimorganisation ermordet.

Reagan, Ronald Wilson (geb. 1911), 40. Präsident der USA 1981–1989, früher Film- und Fernsehschauspieler; erst Demokrat, dann Republikaner, 1967–75 Gouverneur von Kalifornien. Nach anfänglicher Konfrontation mit dem sowjetischen Staatschef Gorbatschow gelingt ihm der Durchbruch zu weltweiter Entspannung, verbunden mit einer generellen Abrüstung.

Ribbentrop, Joachim von (1893–1946), außenpol. Berater Hitlers, 1938–1945 Reichsaußenminister und SS-Obergruppenführer; im → Nürnberger Prozeß zum Tod verurteilt und hingerichtet.

Roosevelt, Franklin D. (1882–1945), Präs. der USA 1933–1945; Umorientierung der amerikan. Politik vom ‚laissez faire' zum Sozialstaat (→ New Deal); Unterstützung der Alliierten mit Kriegsmaterial (Leih- und Pachtgesetz), nach Pearl Harbor Kriegseintritt der USA; Beteiligung an den Kriegskonferenzen in → Casablanca, Teheran, → Jalta.

Scheidemann, Philipp (1865–1939), SPD-Politiker; Ausrufung der Republik am 9. 11. 1918; Mitglied des → Rates der Volksbeauftragten und der Weimarer Nationalversammlung.

Schenk von Stauffenberg, Claus (1907–1944), gehörte zur Widerstandsgruppe um Beck und Goerdeler; generalstabsmäßige Ausarbeitung eines Attentats- und Putschplans, nach Scheitern des Attentats am 20. 7. 1944 Verhaftung, standgerichtliche Verurteilung und Erschießung.

Schleicher, Kurt von (1882–1934), entscheidender Einfluß bei der Entlassung Brünings; 1932 Reichswehrminister im Kabinett Papen, Anfang Dez. RK; Versuch, die NSDAP zu spalten, scheitert, Januar 1933 Entlassung durch Hindenburg.

Schmid, Carlo (1896–1979), seit 1945 Mitglied der SPD, einer der „Väter des Grundgesetzes", Mitglied des → Parlamentarischen Rats, 1949–1966 und 1969–1972 Vizepräsident des BT, 1966–1969 Bundesratsminister.

Schmidt, Helmut (1918 geb.), SPD-Politiker; 1961–1965 Innensenator in Hamburg, 1967 Vorsitzender der SPD-Fraktion und stellvertretender Parteivorsitzender, von 1974–1982 Bundeskanzler.

Schumacher, Kurt (1895–1952), sozialdem. Politiker; während des Nationalsoz. im KZ, nach 1945 Aufbau der SPD, widersetzte sich der angestrebten Vereinigung mit der KPD; ab 1946 Vorsitzender der SPD; einer der „Väter des Grundgesetzes", Gegner der Politik → Adenauers.

Schuman, Robert (1886–1963), franz. Politiker; 1947–1948 Min.präs.; entscheidender Verfechter eines europäischen Zusammenschlusses; als Außenmin. schlug er den Schumanplan vor (Montanunion) und förderte die EVG; 1958–1960 Präs. des Europ. Parlaments.

Solschenizyn, Aleksandr Isajewitsch (geb. 1918), russ. Schriftsteller, studierte Naturwissenschaften u. Philosophie, war Mathematiklehrer; 1945 zu acht Jahren Straflager verurteilt, nach 1953 wieder Lehrer. Erregte großes Aufsehen durch seine Erzählung „Ein Tag im Leben des Iwan Denissowitsch" (1962), in der er aus der Sicht eines Lagerhäftlings das Dasein in einem stalinistischen Internierungslager schilderte. Weitere Erzählungen und Romane wurden in der Sowjetunion verboten. 1970 erhielt S. den Nobelpreis für Literatur, durfte aber nicht zur Feier nach Schweden reisen.

Stalin, Jossip (1879–1953), seit 1905 Kontakt zu Lenin, 1922 Generalsekretär der KP, 1924–29 „Ausschaltung" innerparteilicher Rivalen, ab 1928 Intensivierung der Industrialisierung und rücksichtslose Kollektivierung der Landwirtschaft, ab 1935 mehrere blutige „Säuberungen" in Partei, Armee, Staat. 1939 Nichtangriffspakt mit Hitler; auf den Konferenzen in Teheran, Jalta, Potsdam zeigen sich seine Absichten: Ausdehnung und Anerkennung der sowj. Einfluß- und Machtsphäre in Osteuropa.

Stoph, Willi (1914 geb.), Politiker der DDR; 1947 Parteivorstand der SED; seit 1950 im ZK der SED, seit 1964 Min.präs. 1970 Treffen mit Brandt in Erfurt.

Strauß, Franz-Joseph (1915–1987), deutscher Politiker, Mitbegründer der CSU in Bayern, ab 1949 Mitglied des Bundestags, leitete seit 1953 mehrere Ministerien, 1962 Rücktritt als Verteidigungsmin. wegen der Spiegelaffäre, 1966–69 Finanzminister der großen Koalition, ab 1978 Ministerpräsident in Bayern mit sehr großem Einfluß auf das rechte Spektrum der CDU/CSU, unterlag 1980 als Kanzlerkandidat H. Schmidt.

Stresemann, Gustav (1878–1929), von 1907–1912 und 1914–1918 RT-Abgeordneter der Nationallib., 1918 Mitbegründer der DVP, Aug. bis Nov. 1923 Reichskanzler der Großen Koalition; Abbruch des passiven Widerstands im Ruhrgebiet; von 1923–1929 Reichsaußenmin.; betrieb die Verständigung mit Frankreich.

Tito, Josip (1892–1980), kommun. kroat. Politiker; 1945–1953 Min.präs. der Jugoslaw. Föd. Volksrep.; 1953–1980 Staatspräs., führender Politiker der „blockfreien Länder".

Trotzki, Leo D. (1879–1940), seit 1897 an rev. Umsturzversuchen beteiligt; Theorie der „Permanenten Revolution" im Gegensatz zu Lenin; an der Rev. 1905 beteiligt; als Vorsitzender des 1917 gebildeten militär. Revolutionskomitees organisierte er den erfolgreichen Aufstand der Bolschewisten gegen die prov. Regierung unter Kerenski (Oktoberrev.); bei der Delegation in Brest-Litowsk; als Oberbefehlshaber der Roten Armee am Sieg der Bolschewisten im Bürgerkrieg beteiligt; im Kampf um die Nachfolge Lenins Stalin unterlegen; 1929 ins Exil, 1940 von der sowjet. Geheimpolizei in Mexiko ermordet.

Truman, Harry S. (1884–1972), Präs. der USA 1945–1953; → Truman-Doktrin.

Ulbricht, Walter (1893–1973), deutscher Politiker, ursprünglich Mitglied der SPD, nach 1919 Übertritt zur KPD, arbeitete für die Komintern, emigrierte in die Sowjetunion, 1943 Mitbegründer des Nationalkomitees Freies Deutschland, 1949 Mitglied des Zentralkomitees der SED, ein Jahr später 1. Sekretär, bestimmte als Vorsitzender des Staatsrates der DDR maßgebend die Politik des Stalinismus in der DDR. 1971 trat er zurück, blieb aber bis zu seinem Tod Vorsitzender des Staatsrats.

Wehner, Herbert (1906–1990), dt. Politiker; 1927 Beitritt zur KPD, 1935 Emigration, ab 1946 wieder in Deutschland, Anschluß an die SPD, nach dem Tod Schumachers 1952 Führungsposition in der SPD; bekämpfte die Außenpolitik Adenauers; seit 1969 Fraktionsführer der SPD im BT.

Wilson, Thomas Woodrow (1865–1924), Präs. der USA 1913–1921; Scheitern seines Friedenskonzeptes (→ Vierzehn-Punkte-Programm) auf der Versailler Konferenz; trotz persönlicher Vorbehalte Unterzeichnung des Vertrags, 1919 Friedensnobelpreis.

Zetkin, Klara (1857–1933), deutsche Politikerin, schloß sich 1878 der sozialdemokratischen Bewegung an u. baute die sozialistische Frauenbewegung auf; lange Jahre im schweizer. und franz. Exil. Mitbegründerin der Spartakusgruppe u. der USPD; 1919–1924 Mitglied der Zentrale der KPD, später im ZK; Vorsitzende des Internationalen Frauensekretariats der Komintern.

Sachregister

Das Sachregister beschränkt sich auf wesentliche in den Lektionen und Sendungen auftretende historische Begriffe und Tatbestände.

Alliierter Kontrollrat: Zur Verwaltung Deutschlands durch die USA, Großbritannien und UdSSR auf der → Konferenz von Jalta 1945 beschlossen; von 1945–48 Ausübung der Regierungsgewalt in Deutschland durch Befehlshaber der Besatzungstruppen, dann wegen Unstimmigkeiten kein Zusammentreten mehr. (L. 20, S. 93 f.; L. 21, S. 106).

Antikominternpakt: 1936 von Hitlers außenpolitischem Berater Ribbentrop ausgehandelter Vertrag zwischen Japan und dem Dt. Reich zur „gemeinsamen Abwehr gegen die kommunistische Internationale", 1937 Beitritt Italiens. (L. 16, S. 37).

Atlantik-Charta: Gemeinsame Erklärung Roosevelts und Churchills vom August 1941 über die Grundsätze und Ziele der Nachkriegspolitik, z. B. Selbstbestimmungsrecht der Völker. (L. 17, S. 47).

Block:

> **Blockbildung:** Die nach dem 2. Weltkrieg entstandene machtpolit. u. ideolog. „Zweiteilung" der Welt unter der Führung von UdSSR und USA. (L. 17, S. 50).

> **Blockfreiheit:** Politik der „blockfreien" Staaten, die einen Weg zwischen Ost- und Westblock nach 1945 suchten, auch neutrale Staaten genannt; → Bandungkonferenz.

Blockade Berlins: Durch die Sowjets vom 24. 6. 1948 bis 12. 5. 1949 aufgrund der von den westl. Besatzungsmächten durchgeführten Währungsreform; die USA organisierten eine Luftbrücke. (L. 21, S. 109).

Breschnew-Doktrin: s. Doktrin.

Brüsseler Fünfmächtevertrag: s. Vertrag.

Casablanca: s. Konferenz.

COMECON: s. RGW.

Commonwealth of Nations: Staatengemeinschaft des ehemaligen brit. Weltreichs.

Containment Policy: s. Eindämmungspolitik.

DAF: Abk. für Deutsche Arbeitsfront; nach Zerschlagung der früheren Gewerkschaften wurde die DAF gegründet als Organisation, die Arbeitgeber u. Arbeitnehmer zusammenschloß (1933). (L. 15, S. 24).

Dawes-Plan: s. Plan.

Deflationspolitik: Verminderung des Geldumlaufs, um den Geldwert zu steigern und die Preise zu senken, z. B. Sparmaßnahmen Brünings (1923). (L. 14, S. 14).

Demontage: Abbau von Maschinen; Demontage auf 50 % der Kapazität von 1938 sollte nach dem 2. Weltkrieg erfolgen als Teil der Reparationen, die die Alliierten von Dtld. eintrieben. (L. 21, S. 106).

Dependenztheorie: Bezeichnung für politologische und soziologische Modelle, die die „Unterentwicklung" der Entwicklungsländer als Folge der Abhängigkeit (Dependenz) von den Industrieländern zu erklären suchen. (L. 25, S. 178 f.).

Diktatur: Auf unbeschränkte Vollmacht einer Person oder Gruppe gegründete Herrschaft in einem Staat.

Doktrin: Lehre:

> **Breschnew-Doktrin:** 1968 formulierte B. die These von der begrenzten Souveränität der sozialistischen Staaten im Falle einer Gefahr für die „sozialistische Gemeinschaft"; sie ist der Versuch zu rechtfertigen, daß der Warschauer Pakt bzw. seine Mitglieder Instrument der sowjet. Großmachtpolitik sind und sich dieser einzufügen haben. (L. 19, S. 83).

> **Hallstein-Doktrin:** Nach W. Hallstein (1951–57 Staatssekr. im Ausw. Amt) benannter Grundsatz der westdt. Außenpolitik seit 1955, nach dem die diplom. Beziehungen zu den Staaten abzubrechen sind, die die DDR anerkennen; seit 1967 durchbrochen, mit der → Ostpol. der soz.-lib. Koalition aufgegeben. (L. 21, S. 123).

> **Monroe-Doktrin:** 1823; Abkehr von Europa, Isolationismus, „Amerika den Amerikanern!" Roosevelts Zusatz: Ordnungs- und Schutzfunktion der USA für den mittelamerikan. Raum (1905).

> **Nixon-Doktrin:** 1969; Zurückhaltung bei der Gewährung milit. Hilfe für Nationen, die die USA um Hilfe bitten; Rücksicht auf vertragl. Bindungen.

> **Truman-Doktrin:** 1947; der US-Präsident versprach allen in ihrer Freiheit bedrohten freien Völkern amerikan. Militär- und Wirtschaftshilfe; Anfang der → Eindämmungspolitik. (L. 17, S. 49).

Dolchstoßlegende: Nach dem 1. Weltkrieg verbreitete Auffassung, die milit. Niederlage sei auf die polit. Sabotage der linken Sozialdemokratie in der Heimat zurückzuführen: „Dolchstoß in den Rücken der siegreichen Armee"; Kampfparole der extremen Rechten gegen „Novemberverbrecher" und → „Erfüllungspolitiker". (L. 14, S. 8 f.).

Dominotheorie: Theorie der amerikan. Außenpolitik im Vietnamkrieg: Wenn Südvietnam ein Opfer der komm. Aggression Nordvietnams u. Chinas würde, fielen auch alle anderen südostasiat. Staaten um wie Dominosteine. (L. 17, S. 54).

Dritte Welt: Bezeichnung a) für Entwicklungsländer, b) für die Gruppe der blockfreien Staaten (1. W.: westl. Industrienationen USA, Westeuropa, Japan; 2. W.: Industriestaaten im Ostblock). (L. 26).

Eindämmungspolitik: „containment policy"; Phase in der amerikan. Außenpolitik seit 1949, die die Ausbreitung des Kommunismus zu verhindern versucht. (L. 18, S. 70). (→ Truman-Doktrin).

Einheitsliste: Kennzeichen einer Scheinwahl; die Wähler können nur noch über eine von der Partei aufgestellte Liste für ein Parlament abstimmen, z.B. in der DDR. (L. 20, S. 97).

Endlösung: Auf der → Wannseekonferenz (1942) gefundene Tarnvokabel für die seit 1941 von Hitler beabsichtigte Ermordung aller im dt. Machtbereich lebenden Juden. (L. 16, S. 41).

Entkolonialisierung: Histor. Prozeß, der z.T. nach dem 1. Weltkrieg, verstärkt nach dem 2. Weltkrieg einsetzte und zur staatlichen u. nationalen Selbständigkeit ehemaliger Kolonien (→ Kolonialismus, Band 1) führte. (L. 26, S. 180).

Entnazifizierung: Das Vorgehen der Besatzungsmächte 1945 mit dem Ziel, die Nationalsoz. aus ihren Stellungen zu entfernen und zur Verantwortung zu ziehen. (L. 21, S. 107). (→ Potsdamer Konf.).

Entspannungspolitik: Von USA und UdSSR Ende der 60er Jahre begonnen, seit der Aufnahme dipl. Bez. zwischen USA u. China; Ziel: Entspannung durch Abrüstungsverhandlungen. (L. 17, S. 52 f. u. 55). Versuch der Normalisierung im dt.-dt. Verhältnis. (L. 22, S. 124 ff.).

Entstalinisierung: Auf dem XX. Parteitag der KPdSU 1956 durch die Rede Chruschtschows eingeleitet: Verurteilung des Personenkultes u. der Terrorherrschaft → Stalins; auf dem XXII. Parteitag 1961 öffentliche Verurteilung Stalins; Folge: in den meisten Ostblockstaaten Sturz der Stalinisten, Übernahme der Reg. durch gemäßigte Komm. (L. 19, S. 79 f.).

Entwicklungsländer: Gebiete, in denen Armut, Hunger und Krankheit die Bev. ständig bedrohen; ³/₄ der Erdbev. leben in E.; Hilfe gewähren seit 1950 die reichen Industrieländer. (L. 26).

Erfüllungspolitiker: Schimpfwort für die Politiker der Weim. Rep., die versuchten, mit den Gegebenheiten des → Vers. Vertrages fertigzuwerden. (L. 14, S. 10 f.).

Ermächtigungsgesetz: 1923 unter RK → Stresemann vom RT erwirkt: Reg. wird ermächtigt, Maßnahmen auch gegen Grundrechte ohne Zustimmung des Parl. zu treffen; das E. vom 23. 3. 1933, „Gesetz zur Behebung der Not von Volk und Staat", war - zwar auf 4 J. befristet, aber bis 1945 immer wieder verlängert - die gesetzl. Grundlage der nationalsoz. Dikt. in Dtld. (L. 15, S. 20).

Europa: (L. 23) bes. folgende Begriffe:

EFTA: Abk. für European Free Trade Association, europ. Freihandels-Vereinigung; 1960 gegründet von westeurop. Staaten, die nicht der EWG angehörten; nach dem Beitritt Großbritanniens, Dänemarks, Irlands 1973 zur EWG schlossen sie ein Freihandelsabkommen mit der EWG.

EG: Abk. für Europäische Gemeinschaften, nämlich EGKS, EWG, EURATOM; gemeinsame Organe: europ. Parlament, Ministerrat, Europ. Kommission.

EGKS: Abk. für Europ. Gemeinschaft für Kohle und Stahl, auch Montanunion genannt; 1951 von Frankreich, Italien, den Beneluxstaaten und der Bundesrepublik Deutschland gegründeter gemeinsamer Markt für Kohle und Stahl.

ERP: Abk. für Europ. Wiederaufbauprogramm, → Marshall-Plan.

EVG: Abk. für Europ. Verteidigungsgemeinschaft; ging auf den Plan des franz. Außenmin. Schuman zurück, dessen Ziel eine europ. Verteidigungsgemeinschaft war als Vorstufe einer polit. Einheit Europas, scheiterte an der Ablehnung durch das frz. Parlament (1952).

EWG: Abk. für Europ. Wirtschaftsgemeinschaft; seit 1958, zunächst Zus.schluß von Frankreich, Italien, den Beneluxstaaten und der Bundesrepublik Deutschland zu einer Wirtschaftseinheit mit gemeinsamem Markt; seit 1968 gemeinsamer Außenzoll; seit 1973 gehören noch Großbritannien, Irland, Dänemark zur EWG.

Europäische Kommission: Exekutivorgan der → Europ. Gemeinschaft.

Europäisches Parlament: Von den Bürgern der Mitgliedstaaten der EG direkt gewählte Abgeordnete; das Parl. hat gegenüber dem Min.rat beratende, gegenüber der Europ. Kommission kontrollierende Funktion.

Europarat: 1949 gegründet zur Förderung der europ. Einheit, Sitz Straßburg; er besteht aus einem Minister-Ausschuß und der Beratenden Versammlung; die Mitglieder des Min.Aus. (Außenmin. der Mitgliedstaaten) sind an die Weisungen ihrer Reg. gebunden; die Ber. Vers. (aus den Parlamenten der Mitgliedstaaten entsandte Abg.) kann nur „Empfehlungen" an den Min.Aus. richten, der Zus.schluß ist also nur sehr lose; fast alle nichtkomm. europ. Länder sind Mitglieder.

Faschismus: Bewegung, die in Europa zw. 1920 und 1945 mächtig war und z.T. bis heute anhält; der Begriff wurde ursprünglich nur für die Bewegung Mussolinis benützt; der F. ist eine polit. Bewegung, die sich durch eine Anti-Haltung auszeichnet; sie verfolgt nationalist. u. imperialist. Ziele; Einparteien-Staat. (L. 15, 16).

Freikorps: Milit. Freiwilligenverbände, die in Dtld. nach 1918 entstanden, vgl. → Kapp-Putsch. Nach Einrichtung der Reichswehr verloren sie an Bedeutung. (L. 14, S. 9).

Frieden:

    Friedensbotschaft: → Vierzehn-Punkte-Programm → Wilsons

Führerstaat: Herrschaftsform, bei der alle Bereiche von Staat und Gesellschaft dem Machtanspruch eines Führers (Diktators) untergeordnet sind; vor allem im → Faschismus, besonders in Deutschland während der NS-Herrschaft. (→ Hitler, → Gleichschaltung, → Nationalsozialismus, → Totalitärer Staat). (L. 15, S. 20 ff.).

Geheime Staatspolizei: Machtinstrument in totalitären Staaten: politische Polizei, die die Bürger überwacht. Im Dritten Reich hieß diese Polizei Gestapo; sie unterstand dem Reichsführer SS → Himmler, der mit ihrer Hilfe die Herrschaft Hitlers im Innern sicherte; die G. war unabhängig von jeder gerichtl. Kontrolle. (L. 15).

Gewerkschaft: Arbeiterorganisation zur Verbesserung der Arbeitssituation, s. auch → DAF.

Ghetto: Abgesperrter Stadtteil, in dem zwangsweise die Juden lebten, z.B. Warschauer Ghetto, (L. 16, S. 40); Ghettoisierung der Schwarzen in den USA. (L. 18).

Glasnost: (russ. Öffentlichkeit) Neben → Perestroika Kernbegriff der Politik Michail Gorbatschows. Glasnost bedeutet: Herstellung einer Öffentlichkeit, durch die die Bürger zu konstruktiver Kritik, Verantwortungsbewußtsein, Eigeninitiative und Partizipation am gesellschaftlichen und ökonomischen Geschehen gebracht werden sollen. (L. 19, S. 84 f.).

Gleichschaltung: Prozeß in den Jahren 1933–1934 im Dt. Reich; Umformung aller Organisationen im Staat nach dem Führerprinzip mit dem Ziel der Verbreitung der → nationalsoz. Ideologie. (L. 15, S. 21).

Grundgesetz: 1949 vom → Parlamentar. Rat ausgearbeitete Verfassung; die Bezeichnung G. sollte den provisor. Charakter des westdt. Teilstaates verdeutlichen. (L. 21, S. 110).

Grundlagenvertrag: Bezeichnung für den Vertrag zwischen DDR und Bundesrepublik Deutschland von 1972, der die Normalisierung der Bez. zwischend den beiden dt. Staaten zum Ziel hatte. (L. 22, S. 126).

Hallstein-Doktrin: s. Doktrin.

Hitler-Stalin-Pakt: 1939 geschlossen; beinhaltet die Teilung Polens und eine wesentliche Erweiterung des sowjetruss. Einflußgebietes in Osteuropa. (L.16, S.39).

Ideologie: Theorie und Anschauungen, die der Rechtfertigung von Interessen gesellschaftl. Gruppierungen und Parteien dienen. Für I. ist charakteristisch, daß weder der Rechtfertigungscharakter noch das Verhüllen der wirklichen Interessen eingestanden werden. Die Forderungen werden als allgemeingültig ausgegeben; vgl. → Faschismus; → Kommunismus; → Nationalsozialismus; → Sozialismus (Band 1).

Inflation: („Anschwellen") Geldentwertung, starke Erhöhung der umlaufenden Geldmenge gegenüber dem Güterumlauf, wesentliche Erhöhung des Preisniveaus.

Integration: (Wieder-)Herstellung eines Ganzen, einer Einheit; Eingliederung; I. Europas als übernat. europ. Staat. (L. 23).

    Westeuropäische Integration: Der nach dem Scheitern der gesamteuropäischen Pläne übrig gebliebene wirtschaftl. Zus.schluß der westeurop. Länder zu einer Einheit, bei der die Souveränität der Nationalstaaten erhalten bleibt. (L. 23, S. 136).

    Westintegration: Politik → Adenauers, die durch eine Annäherung an die Westmächte zuerst eine außenpolit. Handlungsfreiheit (Souveränität) der Bundesrepublik Deutschland erreichen wollte, um dann das Ziel der Wiedervereinigung mit den Westmächten anzugehen. (L. 21, S. 114).

Isolationismus: Außenpolit. Konzept eines Staates, der Bündnisfreiheit anstrebt; schließt eine Außenwirtschaftspolitik nicht aus; Haltung der USA im 19. Jh. (→ Monroe-Doktrin) und nach dem 1. Weltkrieg. (L. 18).

Jalta: s. Konferenz

Kalter Krieg: Bezeichnung für machtpolit. u. ideolog. Auseinandersetzung zwischen USA und UdSSR nach dem 2. Weltkrieg; Methoden: Stützpunktabkommen, Wirtschaftshilfe, Propaganda, Militärbündnisse; vgl. auch → Ost-West-Konflikt. (L. 17, S. 49 ff.).

Kampfverbände: In der Weimarer Republik uniformierte politische Abteilungen; → SA, → SS (nationalsoz.), Roter Frontkämpferbund (komm.), Stahlhelm (deutschnat.), Reichsbanner Schwarz-Rot-Gold (Weimarer Koalition).

Kapp-Putsch: s. Kapp.

Koalition: Vereinigung, Bündnis; jeder freiwillige Zus.schluß, z.B. der Arbeitnehmer bzw. der Arbeitgeber zu Gewerkschaften oder Verbänden; im parlamentar. System das Bündnis zweier Parteien bzw. ihrer Fraktionen im Parlament mit dem Ziel, gemeinsam die Regierung zu stellen;

    Weimarer Koalition: SPD, Zentr., DDP. (L. 14, S. 7).

Große Koalition: In Weimar: SPD, DDP, Z, DVP, BVP. (L. 14); in der Bundesrepublik: CDU/CSU und SPD (1966). (L. 21, S. 115).

Koalitionsrecht: Forderung der Arbeiterbewegung.

Koalitionsverbot: Verbot, daß sich Arbeitnehmer zur Erlangung höherer Löhne und besserer Arbeitsbedingungen zus.schließen.

Koexistenz: „Miteinanderleben"; auf dem XX. Parteitag der KPdSU 1956 von → Chruschtschow proklamiert als offizielle außenpolit. Leitlinie der SU; der Gedanke der K. entsprang taktischen, nicht ideolog. Überlegungen. Er richtete sich auf das Verhältnis von kapitalist. und kommunist. Staaten, nicht auf das Verhältnis der Staaten des Warschauer Paktes untereinander. (L. 19, S. 80 f.).

Kolchose: Kollektivwirtschaft; der nach 1917 in der SU auf der Grundlage der Freiwilligkeit, seit 1928 durch zwangsweisen Zus.schluß bäuerlicher Einzelbetriebe entstandene landw. Großbetrieb; die Genossenschaft der Kollektivbauern tritt als Unternehmer auf.

Kollektivierung: Maßnahme der KPdSU, um die Zerrüttung der Landwirtschaft in den Griff zu bekommen; das Privateigentum geht dabei nicht in Volks- oder Staatsbesitz über, sondern in das Eigentum der Arbeitenden im Betrieb (→ Kolchose).

Kominform: s. Komintern.

Komintern: Abk. für Kommunistische Internationale, die Vereinigung aller komm. Parteien; 1919 gegründet auf Anregung Lenins; der Einfluß der Sowjetunion machte aus der K. ein Instrument der Moskauer Außenpolitik; 1943 aufgelöst, weil damit das Mißtrauen der westl. Alliierten abgebaut werden sollte; 1947 als Kominform (= komm. Informationsbüro) in Moskau wiedergegründet, wobei die KPdSU die verbindlichen ideolog. Grundsätze für alle KPs aufstellte. (L. 17, S. 49).

Kommunismus: 1. Gemeinschaftsordnung auf der Grundlage völliger Gleichheit ohne pers. Eigentum; 2. politisches und soz. Programm der Kommunisten, wie es im Kommunist. Manifest von Marx und Engels festgehalten wurde: Solidarität der Proletarier gegen den Kapitalismus und die herrschende Klasse der Bourgeoisie, (Welt-)Revolution und Diktatur des Proletariats zur Errichtung einer klassenlosen Gesellschaft, Aufbau des Sozialismus; 3. im Marxismus-Leninismus die 3. Stufe in der Entwicklung nach der Revolution (d. h. der Diktatur des Proletariats und des Sozialismus). Die Verfassung der UdSSR von 1977 gibt dafür als Voraussetzung an: Schaffung einer materiell-ökonom. Basis, Erziehung der Menschen und Verbesserung ihrer Beziehungen zueinander („komm. Gesellschaftsbeziehungen"). Merkmale des Komm.: Arbeit ist ein Lebensbedürfnis des Menschen und daher freiwillig; da ein vollkommener Produktionsapparat vorhanden ist, kann jeder nach seinen Bedürfnissen versorgt werden; keine Unterschiede zwischen geistiger und körperl. Arbeit; die Gesellschaft verwaltet sich und ihr Gemeineigentum selbst; Staat und Partei sterben ab. (L. 19).

Konferenzen:

Bandung: 1955, Konferenz mit Delegierten aus afrikan. und asiat. Ländern, die weit über die Hälfte der ges. Menschheit vertraten: neutrale Haltung im → Ost-West-Konflikt; wirtschaftl. und kultur. Zus.arbeit; Unterstützung der noch abhängigen Staaten im Kampf um die Freiheit; Kampf für Menschenrechte u. allg. Abrüstung. (L. 26).

Casablanca: 1943, Treffen von → Roosevelt, → Churchill; Verständigung über die Formel der bedingungslosen Kapitulation des Dt. Reiches. (L. 20, S. 93).

Jalta (Krim): 11. 2. 1945, Treffen der „Großen Drei", → Churchill, → Stalin, → Roosevelt, um über das Nachkriegsdeutschland und Nachkriegseuropa Entscheidungen zu treffen (Westverschiebung Polens, Einteilung Dtlds. in Besatzungszonen). (L. 17, S. 47).

KSZE: Abk. für Konferenz über Sicherheit und Zusammenarbeit in Europa. Eröffnung am 3. 7. 1973 in Helsinki, beendet am 1. 8. 1975 mit der „Schlußakte von Helsinki". Thematische Schwerpunkte: Sicherheit und Abrüstung; Zusammenarbeit u. a. in den Bereichen Wirtschaft und Umwelt; Erleichterungen der zwischenmenschlichen Kontakte zwischen Ost und West. (L. 17, S. 53).

Potsdam: 17. 6.–2. 8. 1945, Treffen der Regierungschefs von Großbrit., USA und UdSSR; wichtige Entscheidungen über Dtld.: → Alliierter Kontrollrat, → Entnazifizierung; Ausbruch des → „Kalten Krieges" verhinderte die völlige Verwirklichung. (L. 20, S. 93 f.).

Konflikt: Interessengegensatz (ideolog. machtpolit., wirtschaftl.):

Nord-Süd-Konflikt: Bezeichnet die polit., soz., wirtschaftl. Spannungen zwischen den „reichen" Industriestaaten (auf der nördlichen Hemisphäre) und den „armen", unterentwickelten Ländern auf der südlichen Hälfte. (L. 26, S. 171).

Ost-West-Konflikt: Der nach Beendigung des 2. Weltkrieges entstandene Konflikt zwischen der westl. Welthälfte unter der Führung der USA und der östl. unter Führung der UdSSR. Er hatte machtpolit. und ideolog. Ursachen und weitete sich über die ganze Welt aus. Im Dezember 1989 durch Bush und Gorbatschow beendet. (→ Berlin-Blockade, → Korea-Krieg, → Kalter Krieg). (L. 17–22).

Konstruktives Mißtrauensvotum: Im Art. 67 des Bonner → Grundgesetzes verankert; der Bundeskanzler kann vom Bundestag nur gestürzt werden, wenn gleichzeitig die Mehrheit des Parlaments sich auf einen neuen Kandidaten einigt. (L. 21, S. 110).

Konzentrationslager: Internierungslager, in die in der Zeit des Nationalsoz. aufgrund der „Verordnung zum Schutz von Volk und Staat" zunächst „Schutzhäftlinge" eingeliefert wurden, und zwar Gegner der Nationalsozialisten - Kommunisten, sozialdem. Funktionäre -, dann „volksschädigende Elemente" - Homosexuelle, Straftäter, Juden; seit 1943 lag die Organisation der K. in den Händen der SS unter → Himmler; im 2. Weltkrieg wurde eine bes. Form der K. eingerichtet, die Vernichtungslager, in denen die systematische Ausrottung der Juden begann (Auschwitz, Treblinka). (L. 16, S. 39 ff.).

Korea-Krieg: 1950–1953; 1945–49 aufgrund alliierter Absprachen sowjet.-amerikan. Besetzung (sowjet. in Nord-, amerikan. in Südkorea). 1950 Überfall nordkorean. Truppen auf Süd-K.; UNO entsendet Truppen, verurteilt den Überfall; 1953 Waffenstillstand von Panmunjon: Teilung Koreas. (L. 17, S. 50 f.).

Kriegsschuldfrage: Sie beschäftigt sich mit dem Problem der Verantwortung für den Ausbruch des 1. Weltkrieges; Dtld. mit der alleinigen Kriegsschuld belastet. (L. 14, S. 8).

Krisen:

Kuba-Krise: 1962 wurden auf Kuba - das dem sozialist. Lager angehört - sowjet. Raketenbasen errichtet. → Kennedys entschlossene Haltung zwang die SU zum Abzug; Wendepunkt von der Politik des → Kalten Krieges zur Politik des Status quo (Akzeptieren des „gegenwärtigen Zustandes"). (L. 17, S. 52; L. 18, S. 70).

Sudeten-Krise: Von der dt. Führung im Sept. 1938 provozierter Konflikt um das zur Tschechoslowakei gehörende deutschsprachige Sudetengebiet. Hitler forderte in ultimativer Form die Abtretung dieser Gebiete an das Dt. Reich und drohte mit Krieg. Die Krise wurde durch das → Münchener Abkommen auf Kosten der Tschechoslowakei beigelegt, die Abtretung des Sudetengebiets beschlossen. (L. 16, S. 38).

Weltwirtschaftskrise: Die 1928/29 von den USA („Schwarzer Freitag") ausgehende Krise, die auch auf Europa übergriff und zum Zus.bruch der nationalen Wirtschaften vor allem in Dtld. und Österr. führte und das Ende des freien Weltmarktes bedeutete. (L. 14, S. 13; L. 18, S. 61).

LDC: Abk. für Least Developed Countries, d. s. die 42 am wenigsten entwickelten Länder; werden auch als „Vierte Welt" bezeichnet („die Ärmsten der Armen"). (L. 26, S. 173).

Lebensraum: Als Lebensraum eines Volkes wurde in Deutschland vom Ende des ersten Weltkriegs an bis zum Ende der nationalsoz. Herrschaft das Gebiet bezeichnet, das die Möglichkeit zu wirtschaftl. und polit. Entfaltung geben sollte. L. im Osten: eines der Schlagworte der nationalsoz. Propaganda. (L. 16, S. 33 f.).

Locarno-Vertrag: s. Vertrag.

Machtergreifung → Hitlers: Von den Nationalsoz. wurde die Ernennung Hitlers zum RK als M. bezeichnet; in Wirklichkeit war es eine Machtübergabe der trad. antidemokrat. Eliten, die glaubten, dadurch H. für die eigenen polit. Zwecke einspannen zu können (Einrahmungstheorie). (L. 14, S. 15).

Marshall-Plan: s. Plan.

Modernisierungstheorie: Bezeichnung für politologische und soziologische Modelle, die Möglichkeit und Ablauf des Wandels von Ländern der Dritten Welt (traditionelle Agrarstaaten) zu modernen Industriegesellschaften zu bestimmen suchen. Die M. versteht diesen Wandel als Prozeß der Nachahmung und Anpassung, der über bestimmte Entwicklungsstufen läuft. (L. 26, S. 178).

Monroe-Doktrin: s. Doktrin.

Montanunion: s. EGKS.

Münchener Abkommen: Am 29. 9. 1938 getroffene Vereinbarung zwischen → Hitler, → Chamberlain, Daladier und → Mussolini: Abtretung der sudetendt. Gebiete durch die Tschechoslowakei an das Dte. Reich. (L. 16, S. 38).

Nationalsozialismus: Die dte. Form des → Faschismus; bes. gekennzeichnet durch einen aggressiven Nationalismus, fußend auf einer kämpferischen antidemokrat. Massenbewegung, der Ideologie der Volksgemeinschaft, der Anwendung des Führerprinzips und der → Rassenlehre. (L. 15 und 16).

NATO: Abk. für North Atlantic Treaty Organization; zwischen den USA, Kanada, Großbritannien, Frankreich, It., Dänem., Norw., Isl., Port., den Beneluxstaaten 1949 abgeschlossenes Verteidigungsbündnis gegen die UdSSR; das Bündnis gilt für unbeschränkte Zeit; 1952 Beitritt Griechenlands u. der Türkei, 1955 der Bundesrepublik Deutschland. Vgl. → Pariser Verträge. (L. 17, S. 50).

New Deal: Wörtl. „Neuausgeben der Karten" beim Kartenspiel; Wirtschaftsprogramm der USA nach der Weltwirtschaftskrise von Roosevelt verkündet (L. 18); damit beendet die USA die Wirtschaftspolitik des „laissez faire" und geht zu einer Sozial- und Wirtschaftspolitik des Staates über. (L. 18, S. 61 ff.).

Nord-Süd-Konflikt: s. Konflikt.

Notverordnung: In der Weimarer Republik nach Art. 48 der Verfassung: Sonderrecht des Präs., bei Gefährdung der öffentl. Sicherheit u. Ordnung, Verordnungen mit Gesetzeskraft zu erlassen u. dabei vorübergehend → Grundrechte außer Kraft zu setzen; vgl. auch → Ermächtigungsgesetz. (L. 14, S. 14).

Nürnberger Gesetze: 1935 aus Anlaß des Reichsparteitages in Nürnberg beschlossene Gesetze, vor allem „Gesetz zum Schutz des dt. Blutes und der dt. Ehre": Verschärfung der Judenverfolgung. (L. 15, S. 29).

Nürnberger Prozesse: Die 1945 in Nürnberg von einem internationalen Militärtribunal vorgenommenen Prozesse gegen NS-Kriegsverbrecher. (L. 21, S. 107).

Oder-Neiße-Linie: auf der → Konferenz von Potsdam wurde die O. bis zur endgültigen Regelung in einem Friedensvertrag als vorläufige poln. Westgrenze festgelegt. 1970 verpflichtete sich die Bundesrepublik, die Unantastbarkeit dieser Grenze zu achten. Nach der Wiedervereinigung schließen die BRD und Polen am 14. 11. 1990 ein Abkommen, das die O. endgültig als W.-Grenze Polens festlegt; es wird am 17.10.1991 durch den Deutschen Bundestag ratifiziert. (L. 20, S. 93; L. 21, S. 116).

OEEC: Abk. für Organization of European Economic Cooperation = Org. für europ. wirtschftl. Zus.arbeit (s. → Europa); 1948 fanden sich auf der Grundlage des → Marshall-Planes 16 europ. Staaten zur wirtschftl. Zus.arbeit bereit. Moskau verbot den osteurop. Staaten die Teilnahme. Seit 1960 Nachfolgeorganisation OECD, Abk. für Organization of Economic Cooperation and Development. (L. 23, S. 136).

OPEC: Abk. für Organization of Petroleum Exporting Countries = Zus.schluß der erdölexport. Länder. (L. 26, S. 173).

Ostpolitik: Bezeichnung für die nach 1961 (Bau der Berliner Mauer) von der Bundesreg. unternommenen Versuche, trotz der ungelösten dt. Frage und unter Anerkennung, daß die Wiedervereinigung auf absehbare Zeit nicht zu erreichen sei, mit den Staaten des Warschauer Paktes (vor allem aber mit der UdSSR und der DDR) zu einem vertragl. geregelten Nebeneinander zu kommen. Nach der Preisgabe der → Hallstein-Doktrin wurden mit Polen, Ungarn, Rumänien, Bulgarien, Jugoslawien und der ČSSR, dann auch mit der DDR und der UdSSR Verträge abgeschlossen. (L. 21, S. 116; L. 22, S. 124 ff.).

Ost-West-Konflikt: s. Konflikt.

Pariser Verträge: s. Vertrag.

Parlamentarischer Rat: Der nach Übergabe der Frankfurter Dokumente von den Länderparlamenten bestimmte Ausschuß, der den Entwurf des Grundgesetzes ausarbeitete. (L. 21, S. 109).

Pearl Harbor: Flottenstützpunkt der USA im paz. Raum, der 1941 durch einen Überraschungsangriff der Japaner vernichtet wurde; Beginn des japan.-amerikan. Krieges. (L. 17, S. 47; L. 18, S. 62; L. 25, S. 165).

Perestroika: (russ. Umbau, Umgestaltung) Neben → Glasnost Kernbegriff der Politik Michail Gorbatschows. Perestroika bedeutet: Umgestaltung der Strukturen des sowjetischen Systems. (L. 19, S. 85).

Plan:

Dawes-Plan: Internat. Vertrag über die dt. Reparationsleistungen nach dem 1. Weltkrieg, benannt nach dem amerikan. Experten Dawes. (L. 14, S.12).

Fünfjahresplan: Seit 1928 in der UdSSR, um die wirtschaftl. u. gesellschaftl. Entwicklung zu lenken: Alle Produktionsbetriebe erhalten entsprechend dem Gesamtziel ihr Plansoll. Nach dem Vorbild der UdSSR erfolgt die Mehrjahresplanung auch in den RGW-Staaten. (L. 19).

Marshall-Plan: Wirtschaftsplan zum Wiederaufbau Europas, genannt nach dem amerikan. Außenmin. George Marshall, eigentl. ERP; die UdSSR verhinderte die Einbeziehung der osteurop. Staaten und gründete die RGW. (L. 21, S. 108 f.).

Vierjahresplan: 1936 von Hitler verkündet, um einen stärkeren Einfluß des Staates und der Partei auf die Wirtschaft zur Verwirklichung der krieger. Ziele durchzusetzen. (L. 15).

Young-Plan: der 1929 vorgelegte neue Reparationsplan, benannt nach dem Amerikaner Young; der Plan sah eine Zahlung bis 1988 vor. Die nationale Opposition sprach aufhetzend von einer „Versklavung auch der Enkel", scheiterte aber mit ihrem Volksbegehren gegen den Y. (L. 14, S. 13).

Planwirtschaft: siehe Sachregister Band 1.

Pluralismus: (lat.: plures „mehrere") Bedeutet allg. das Nebeneinanderbestehen sozialer und weltanschaulicher Gruppen in einem Staat, die um einen Anteil an der staatlichen Willensbildung ringen (z.B. Verbände); P. ist nur möglich in einem Staat, der mit den Menschen- und Bürgerrechten den einzelnen und den Gruppen freie Entfaltungsmöglichkeiten bietet; P. ist so ein Kennzeichen der westlichen Demokratie.

Präsidialregierung: Regierungsgewalt wird von einem Präsidenten ausgeübt, dessen Mandat unabhängig ist vom Vertrauen des Parlaments; in der Weim. Rep. die durch den Präs. aufgrund bes. Vollmachten (Notverordnung) ernannte Regierung, die unabh. vom Parlament war. (L. 14, S. 14).

Präventivkrieg: Angriffskrieg, der dem voraussichtlichen Angriff des Gegners zuvorkommt.

Räterepublik: Bez. für eine Staatsform, in der die Gewaltenteilung aufgehoben ist und die Exekutive und Legislative in der Hand gewählter, jederzeit abberufbarer Vertreter von gesellsch. Gruppen liegen; richtet sich gegen das kap. System, gegen die parl. Demokratie und gegen die Bürokratie. (L. 14, S. 5).

Rapallo-Vertrag: s. Vertrag.

Rasse, Rassismus: Ein Begriff der Zoologie, der eine größere Gruppe von Einzelwesen bezeichnet, die gemeinsame Erbmerkmale haben. Im 19. Jh. wurde der Begriff auf die menschliche Gesellschaft angewendet, wobei der Begriff für die Erfassung histor. Erscheinungen ungeeignet bleibt. Die *Rassenlehre* ist ein Kernbegriff der nationalsoz. Ideologie. Danach ist es Aufgabe der „höchsten Rasse", der nord.-arischen „Herrenmenschen", über die „minderwertigen" Rassen und Völker zu herrschen. Die arische R. steht vor allem im Kampf gegen die „kulturzerstörende R. der Juden". Um den Kampf zu gewinnen, muß die arische R. „reingehalten" werden, d. h. durch planmäßige „Zucht" gestärkt werden (→ Nürnberger Gesetze). In der NS-Rassenlehre spielen der Sozialdarwinismus, der Antisemitismus und ein übersteigerter Nationalismus eine große Rolle. (L. 15, 16).

Rat der Volksbeauftragten: Die durch die Novemberrev. (9./10. 11. 1918) eingesetzte provisorische Regierung in Berlin. Paritätische Besetzung durch jeweils drei Mitglieder der Unabhängigen Sozialisten (USPD) und der Mehrheitssozialisten (MSPD). (L. 14).

Rechtsstaat: siehe Sachregister Band 1.

Reichskristallnacht: Am 9./10. 11. 1938 wurden überall im Dt. Reich durch → SA und → SS Synagogen, jüd. Geschäfte und Häuser angezündet und zerstört. (L. 15, S. 29 f.).

Reparationen: Wiedergutmachung von Kriegsschäden in Form von Geldzahlungen und/oder Demontagen; in den Bestimmungen des Versailler Vertrages (L. 14, S. 8); nach dem 2. Weltkrieg (L. 20, S. 94; L. 21, S. 106).

RGW: Abk. für Rat für Gegenseitige Wirtschaftshilfe; engl. COMECON; 1949 von der UdSSR gegründet als wirtschaftl. Zusammenschluß der sozialist. Ostblockländer unter der Führung der UdSSR. (L. 23, S. 138 f.).

Roll-back-Politik: („Zurückwerfen") amerikan. außenpolit. Konzeption, die auf den Außenmin. John F. → Dulles zurückgeht. Danach sollte der Kommunismus durch eine Politik der Stärke (polit. und milit.) zurückgedrängt werden. (L. 17, S. 54; L. 18, S. 70).

SA: Abk. für Sturmabteilung; → Kampfverband der NSDAP; ursprünglich aus Angehörigen der Freikorps und Bürgerwehren in Bayern rekrutiert; paramilit. Charakter; 1923 verboten, 1925 wiedergegründet; SA-Führung im sog. Röhm-Putsch 1934 liquidiert. (L. 15, S. 21).

Säuberungen: Maßnahmen in der Ära Stalins gegenüber sog. Volksfeinden (Internierung, Deportation, Liquidierung). (L. 19, S. 76).

Satellitenstaat: Formal selbständiger Staat, der aber in Wirklichkeit in großer Abhängigkeit von einer Großmacht steht; z. B. die Ostblockstaaten im Verhältnis zur UdSSR. (L. 17, S. 48 f.; L. 19, S. 78).

Soziale Marktwirtschaft: Von der sog. neo-liberalen Freiburger Schule (Walter Eucken 1891–1950) entwickelte Konzeption einer Wirtschaftsordnung. Bezeichnung für die von L. Erhard 1948 durchgesetzte Wirtschaftsform; sie versucht die Prinzipien der freien Wettbewerbswirtschaft mit dem Prinzip der sozialen Verantwortung zu verbinden; seit 1967 durch das Stabilitätsgesetz ergänzt. (L. 21, S. 111).

Sozialismus: siehe Sachregister Band 1.

Sozialpolitik: siehe Sachregister Band 1.

SS: Abk. für Schutzstaffel; „Elitetruppe" der NSDAP, 1925 zum Schutz des Führers und zur Störung gegnerischer Parteiversammlungen gegründet. 1929 wurde → Himmler Führer der SS; sie wurde weltanschaulich ausgerichtet, nach dem Ausleseprinzip organisiert und erhielt einen „Ordenscharakter"; seit 1934 hatte die SS eine führende Rolle im Staat. (L. 15, S. 22).

Stagflation: Kurzwort aus Stagnation und Inflation, bezeichnet den Stillstand des Wirtschaftswachstums bei gleichzeitiger Geldentwertung.

Stalinismus: siehe Sachregister Band 1.

Sudetenkrise: s. Krise.

Tauwetter: Eigentlich Titel eines Romans von I. Ehrenburg; Bezeichnung für die nach dem XX. Parteitag einsetzende Lockerung und Rehabilitierung der Opfer des Stalinismus, s. auch → Entstalinisierung. (L. 19, S. 80).

Terms of Trade: „Bedingungen des Handels"; Begriff, der das Verhältnis der Exportpreise zu den Importpreisen eines Landes umschreibt; die T. sind ein Indikator für den Grad an Austauschgerechtigkeit im Weltwirtschaftssystem; für die Entwicklungsländer – ausgenommen die erdölexportierenden – haben sich die T. in den letzten 20 Jahren ständig verschlechtert. (L. 26).

Totalitärer Staat: Eine erst im 20. Jh. durch die mod. Technik und Bürokratie entstandene Form der Diktatur: Staatsform, in der eine herrschende Gruppe alle Bereiche des öffentl. u. privaten Lebens unter ihre Kontrolle gebracht hat; der einzelne wird dem Willen des Staates völlig unterworfen. Die Stützen sind: radikale Ideologie, Führerprinzip, Geheimpolizei, Nachrichtenmonopol, z. B. → Nationalsozialismus.

UNO: Abk. für United Nations Organization, Vereinte Nationen, 1945 in San Francisco von den verbündeten Siegerstaaten des 2. Weltkrieges als Nachfolger des → Völkerbundes gegründete Weltorganisation; die Mitgliedstaaten verpflichteten sich, für die Erhaltung des Weltfriedens (notfalls durch Sanktionen oder Bereitstellung von UNO-Truppen) und die Einhaltung der Menschenrechte zu sorgen. Wichtigste Organe: Sicherheitsrat, Generalsekretariat, Vollversammlung; Unterorganisationen: UNCTAD (Welthandel- und Entwicklungskonferenz der UN), UNESCO u. a. (L. 17, S. 47; L. 26, S. 180).

Vertrag:

Brüsseler Fünfmächtevertrag: 1948 zwischen Großbrit., Frankr., den Beneluxstaaten geschlossene Vereinbarung über Koordination der Wirtschaftspolitik und gegenseitige Verpflichtung, sich im Falle eines Angriffs von seiten Deutschlands milit. zu unterstützen. (L. 23, S. 136).

Einigungsvertrag: Am 31. 8. 1990 unterzeichneten im Ostberliner Palais Unter den Linden Verhandlungsführer Bundesinnenminister Schäuble und DDR-Staatssekretär Krause den Einigungsvertrag, der in 46 Artikeln den Beitritt der DDR-Länder zur BRD zum 3. Oktober 1990 regelte. (L. 21, S. 117 f.; L. 22, S. 129).

Pariser Verträge: Durch dieses Vertragswerk, das am 5. 5. 1955 in Kraft trat, erhielt die Bundesrepublik Deutschland die staatl. Souveränität zurück und wurde gleichberechtigtes Mitglied in der NATO. (L. 21, S. 114).

Römische Verträge: 1957; Verträge der EWG, die den Gemeinsamen Markt konstituiert haben, vgl. EWG. (L. 23, S. 137).

Ungleiche Verträge: Handelsabkommen zwischen China, Japan und den europ. Mächten einschl. den USA. (L. 25, S. 161).

Vertrag von Locarno: 1925 getroffene Vereinbarung über ein wechselseitiges Sicherheitssystem in Westeuropa (Anerkennung der Westgrenzen durch Deutschland); beteiligt Großbrit., Frankr., Bel., It., Dt. Reich. (L. 14, S. 12).

Vertrag von Rapallo: 1922 zwischen der UdSSR und dem Dt. Reich geschlossen zur Normalisierung der Verhältnisse: Wiederaufnahme der dipl. Beziehungen, Ende der außenpolit. Isolierung der UdSSR, Verzicht der UdSSR auf alle Ansprüche gegenüber Dtld. (L. 14, S. 11).

Vertrag von Versailles: 1919; (L. 14, S. 7 f.).

Viermächte-Abkommen: Regelt den Status von West-Berlin, insbes. die Beziehungen der Stadt zur Bundesrepublik Deutschland und den Transitverkehr; 1971 von den Westmächten und der UdSSR unterzeichnet. (L. 22, S. 125 f.).

Vierzehn-Punkte-Programm: am 18. 1. 1918 von Präs. → Wilson veröffentlichte Grundsätze für eine Friedensordnung nach dem 1. Weltkrieg.

Völkerbund: Zur Sicherung des Weltfriedens und der territorialen Integrität der Länder gegründet auf Initiative Präs. Wilsons 1920. Teil des Versailler Vertrags, bestand bis 1946. (L. 16, S. 36).

Völkischer Staat: Im → Nationalsozialismus galt der Grundsatz, daß das Gemeinwesen nicht das Individuum, sondern das „Volk" zu schützen habe. Oberster Grundsatz der völkischen Staats-„Ideologie" war die Abwehr innerer und äußerer Feinde des Volkes („nicht-arische Rassen" bzw. Bolschewisten). Der Führer des Staates nahm für sich allein das Recht in Anspruch zu bestimmen, wer diese Feinde seien. (→ Führerstaat; → Rasse, Rassismus). (L. 15, S. 28 ff.; L. 16, S. 33 f.).

Volksdemokratie: Bezeichnung für die nach 1945 errichteten Herrschaftssysteme, vor allem in den Staaten Osteuropas; äußerlich werden die Institutionen der parl. Demokratie beibehalten, das gesellsch., wirtsch., polit., kultur. Leben wird aber von der komm. Partei bestimmt. Die V. gilt als Übergang vom bürgerlichen zum sozialistischen Staat.

Volksgerichtshof: 1943 in Berlin zur Aburteilung von Hoch- und Landesverrätern gebildet. Gegen seine Entscheidungen war kein Rechtsmittel möglich. Tausende von Todesurteilen gegen → Widerstandskämpfer.

Währungsreform: Stabilisierung der Währung auf einer neuen Grundlage nach Zerrüttung der Geldverhältnisse. (L. 21, S. 109).

Wannseekonferenz: Tagung von Vertretern der obersten Reichs- und Parteibehörden am 20. 1. 1942 unter Vorsitz Heydrichs über die „Judenfrage"; Beschluß von Zwangsaussiedlung und Völkermord. (L. 16, S. 41).

Warschauer Pakt: 1955 als Freundschafts- und Beistandspakt der Ostblockländer geschlossen zwischen UdSSR, Polen, ČSSR, Ungarn, Rumänien, Bulgarien und DDR (seit 1956). Ab 1958 vereinigtes Oberkommando in Moskau. (L. 17, S. 51; L. 22, S. 99).

Weimar: Wegen des bewaffneten Aufstandes linksradikaler Kräfte gegen den Rat der Volksbeauftragten 1919 in Berlin wurde die Nationalversammlung nach W. einberufen; daher Weimarer Verfassung, Weimarer Republik. (L. 14).

Westintegration: s. Integration.

Widerstand: Passiver Widerstand gegen die Ruhrgebietsbesetzung 1923 (L. 14); aktive Widerstandsbewegung im Nationalsoz. Höhepunkt Attentat gegen Hitler am 20. 7. 1944; gescheitert.

Widerstandsgruppen: Rote Kapelle, Kreisauer Kreis, Goerdeler-Gruppe, Weiße Rose, Edelweißpiraten.

Wiederaufrüstung: Die seit dem Korea-Krieg von den USA geforderte, von Adenauer seit 1952 vorangetriebene Remilitarisierung der Bundesrepublik Deutschland im Zusammenhang mit der Integration in das westl. Bündnissystem. (L. 21, S. 114).

Young-Plan: s. Plan.

ZK: Abk. für Zentralkomitee; in komm. Parteien das nominell oberste Führungsorgan; Prinzip der kollektiven Führung; das ZK wird von den Delegierten des Parteitages gewählt. (L. 19, S. 86).